JN433639

우송
김태길 전집

철학 그리고 현실

우리 현실 무엇이 문제인가

우송 김태길 전집

철학 그리고 현실
우리 현실 무엇이 문제인가

철학과 현실사

1980년 11월 회갑 기념 모임, 가족들과 함께

1980년대 후반 한복을 입은 모습

차례

철학 그리고 현실

우리 현실 무엇이 문제인가

철학 그리고 현실

서문

철학이라는 학문은 전문가들의 독점물로만 가두어 둘 것이 아니라고 믿어 왔다. 생각하며 살아가는 모든 사람들에게 철학은 깊은 관심사가 아닐 수 없다. 전문가 아닌 일반 독자를 위한 글을 가끔 쓰게 되었다. 여기 실린 소론(小論)들은 모두 그렇게 쓰인 글로서 아직 단행본으로 묶은 일이 없는 것들이다.

더러는 상당히 오래전에 쓴 글도 있다. 세월은 흘렀지만 지금 읽어도 뜻이 있으리라고 생각되기에, 버리지 않고 싣기로 하였다. 글의 마지막에 기록한 연도를 참조하여 시대적 배경을 염두에 두고 읽어 주기 바란다.

특히 「에로스 소고(小考)」는 30대 중반에 쓴 것으로서 치졸(稚拙)한 점도 없지 않다. 그러나 그런대로 젊은 독자를 위한 읽을거리가 됨직하고, 또 아직 어느 지면에도 발표된 적이 없는 글이기에 하나의 기록으로서 실어 보기로 하였다.

책 한 권 낼 때마다 여러 사람들에게 고마운 신세를 지게 된다. 원고 정리와 교정, 그 밖의 일로 수고가 컸던 몇 분에게 진심으로 감사드린다.

1978년 1월

김 태 길

차례

1부
철학과 인간

1장 철학이란 무엇인가

1. 왜 철학을 공부하는가

금단(禁斷)의 열매에 관한 성경의 이야기는 매우 상징적이다. 하나님은 에덴 동산의 모든 열매를 마음대로 먹을 것을 두 사람에게 허락했으나, 좋음과 나쁨에 관한 지식의 나무 열매만은 먹지 말라고 명령했다. 먹으면 반드시 죽음을 부르리라는 엄중한 경고였다. 그러나 뱀의 유혹을 이기지 못하여 우선 여자가 그 열매를 따서 먹었으며, 이어 남자도 그것을 맛보았다. 이에 그들은 곧 눈이 열려 자신들의 몸이 벗었음을 깨닫고 무화과나무 잎을 엮어 옷을 삼았다. 이 광경을 바라본 여호와 하나님은 이미 좋음과 나쁨을 헤아릴 수 있게 된 인간이 다시 손을 내밀어 생명의 나무 열매까지 따서 먹고 영생(永生)을 누릴까 두려워한 나머지, 그들 두 사람을 에덴 동산으로부터 추방하여 땅을 갈게 하였다.

이 은밀하고도 화려한 이야기가 과연 무엇을 의미하느냐에 관해서는 사람들의 해석이 다를 것이다. 그러나 이 이야기가 인간이 지능을 가진 동물이라는 사실에 주목하는 동시에, 그 지능의 소유가 인간의 운명과 깊은 관련성을 가졌다는 것을 암시하고 있다는 점만은 아무도 부인하지 못할 것이다.

인간은 지능을 가진 동물이다. 그리고 지능으로 말미암아 그는 이 지구 위에서 특수한 지위를 차지하게 되었다. 체력이나 체질로 본다면 결코 생물의 세계에서 가장 강한 존재가 될 수 없는 인간이 지구 위의 패권을 잡게 된 것은 오로지 그의 지능의 덕분이라 하여도 과언이 아니다.

그러나 지능은 인간을 위해서 반드시 고맙고 유익한 기능이기만 한 것도 아니다. 인간의 지능이, 신(神)의 그것이 그렇다고 상상되고 있듯이 완전무결한 것이었다면, 그것은 인간을 위해서 오로지 고맙기만 한 은혜임에 틀림이 없었을 것이다. 그렇지만 사실은 인간의 지능이 매우 불완전하며 때로는 오류를 범하기 쉬운 안타까운 기능인 까닭에, 까딱하면 차라리 없느니 만도 못한 화근(禍根)으로 작용할 경우도 적지 않았다. 금단의 열매 속에 담긴 우의(寓意)도 저 위험한 지능이 부를지도 모를 불행을 경고하는 뜻을 바탕으로 삼았다고 보아서 크게 어긋나지 않을 것이다.

지능이 인간을 위해서 어느 정도 고마운 것이며, 또 어느 정도 위태로운 것이냐에 관해서는 사람들의 견해가 구구할 것이다. 그러나 인간이 지능을 가졌으며, 또 그 지능이 절대자(絕對者)의 그것처럼 완전한 것이 아니라, 어떤 한계를 가진 기능이라는 점에는 의심의 여지가 없다. 그리고 우리가 지금 그것이 무엇일까 하고 궁금히 여기는 저 철학이라는 이름의 것이 바로 그 유한한 인간의 기능으로서의 지능과 불가분의 관계를 가졌다고 하는 것도 누구나 의심할 수 없는 분명한 사실이다. 인간에게 만약 지능이 없었더라면 철학이라는 것이 생겼을 리가 없으며, 또 그 지능이 절대자의 그것처럼 완전했더라도 철학은 없었을 것이다.

지(知)에 대한 사랑

철학이라는 말의 서양 어원은 그리스어의 'philosophia'에 있다고 하는데, 이 말은 본래 지(知)에 대한 사랑을 뜻하는 합성어다. 어원의 분석이 반드시 현대적 어의(語意)의 전부를 밝히는 묘방(妙方)은 아닐 것이다. 그러나 지혜 또는 지식에 대한 뜨거운 사랑이 철학하는 정신의 근본임에는 예나 지금이나 다를 바 없다. 지능을 가진 존재이기에 인간은 항상 알기를 원하며, 또 그 지능이 신의 그것처럼 무한하지 못한 까닭에 지에 대한 인간의 사랑에는 충만되지 못한 아쉬움이 있고, 거듭된 노력에 따르는 괴로움이 있는 것이다.

철이 들기도 전의 어린 시절부터 우리는 많은 호기심과 놀라움의 시선으로 주위를 바라보며 살아왔다. 이것은 무엇인가, 저것은 왜 그러한가 하며 무수한 질문을 퍼부으면서 자라는 동안에 알게 된 것도 적지 않으나, 사실은 대부분 겉만 좀 알다 말고 깊은 속은 후일을 위한 숙제로서 남겨 두었다. 국민학교로부터 중학교를 거쳐 고등학교로 진학하며 배우는 동안에 실로 많은 것을 알게 되기도 하였으나, 알면 알수록 의문의 반경(半徑)도 커지고, 자랄수록 사회적 책임이 커짐에 따라서 당면하는 문제도 많아지는 까닭에, 결국 나이를 먹으면 먹을수록 모르는 것이 많아지는 것도 사실이다. 날이 갈수록 늘어 가며 생각할수록 어려워지는 이 문제들을 굳이 해결하려고 애쓰지 않고, 되는 대로 모르는 대로 그저 살아가기를 원하는 사람들도 있다. 그러나 많은 사람들은 그러한 생활 태도에 만족을 느끼지 못한다. 특히 교육을 많이 받은 사람들의 경우에 있어서는 자기 앞을 가로막는 문제들을 시원하게 풀고 싶은 의욕이 강하게 발동하는 것이 보통이다. 그리고 이러한 의욕이 안내하는 대로 따라가면 그 끝에는 철학이라는 것이 기다리고 있다.

자연의 본체

신비로운 자연의 본체(本體)는 무엇일까? 아니, 자연이란 어디서 어디까지를 가리키는 말이며, 이 세상에 자연 아닌 것이 있을까? 도대체 자연계에는 처음과 끝이 있는 것일까? 처음이란 무엇이며, 끝이란 무엇일까? 우리 인간은 저 자연과 어떠한 관계를 가진 것일까? 나는 어디서 와서 어디로 가는 것이며, 나의 정체는 무엇일까? 그리고 나는 이 세상을 어떻게 살아가야 옳은 것일까? 우리는 옳은 길과 그른 길을 무엇에 의거하여 구별할 수 있는 것일까? 과연 옳은 길과 그른 길의 구별이 정해져 있는 것일까? 또는 그것을 마음대로 정하는 것일까? 도대체 옳다 함은 무엇을 가리키는 말이며, 또 선(善)이니 악(惡)이니 하는 말들은 무엇을 가리키는 것일까? 이러한 따위의 물음들을 마음속에 가져 본 적이 없거나 가져 보았다 하더라도 굳이 대답을 얻고자 원하지 않는 사람은 아직 철학과는 먼 거리에 있다고 보아야 할 것이다. 그러나 그러한 물음이 스스로 떠오르며, 그러한 물음들에 대한 해답이 뜨겁게 소망될 때, 그 사람은 이미 철학적 요구에 부딪쳤다고 말해도 좋을 것이다.

그러나 위에서 예를 든 바와 같은 따위의 이른바 철학적 물음들로 시간을 보내는 것은 너무나 사치스럽고 한가로운 이야기가 아니냐고 반문하고 싶은 사람들도 있을 것이다. 우리들 대부분이 지금 가혹하고 심각한 현실 문제에 시달리고 있는 판국에 그 따위 우원(迂遠)한 문제로 소일하는 것은 도리어 현실을 도피하는 부당한 태도가 아니냐고 비난할 사람도 있을 것이다. 사실상 철학에 대하여 그러한 비판을 가하는 사람은 적지 않으며, 또 그러한 비판에 전혀 근거가 없는 것도 아니다. 그러나 그와 같은 비판이 철학에 대한 깊은 이해에 입각한 것 같지는 않으며, 따라서 모든 종류의 철학에 반드시 적합한 비판도 아닌 것으로 보인다. 철학은 반드시 현실과 유리(遊離)되어야 할 이유가 없을 뿐만 아니라, 철학도 사실은 현실의 절실한 요청에 뿌리를 두고 자라는 인간 정신의 한 산물이다.

철학, 사유의 산물

철학이 일종의 사유(思惟)의 산물임에는 의심의 여지가 없다. 따라서 철학은 모든 사유가 공통으로 가지고 있는 특질을 가지고 있다. 다시 말하면 철학은 인생을 살아감에 있어서 절실히 요구되는 필요에 의해서 생긴 것이라는 특색을 가지고 있다. 사유한다는 것은 실지에 있어서는 즐거운 일이기보다는 골치 아프고 괴로운 일인 경우가 많다. 그렇다면 도대체 우리는 왜 사유를 하는 것일까? 인생의 과정이 그것을 요구하기 때문이다. 쉽게 말하자면, 인간은 생각하지 않을 수 없는 필요에 의해서 생각하는 것이다.

모든 일이 원하는 대로 원활하게 펼쳐져 나간다면 아마 우리는 사유라는 것을 갖지 않았을지도 모른다. 그러나 인생에는 뜻대로 되지 않는 순간이 많으며, 그러한 순간에 부딪칠 때마다 우리는 우리의 앞길을 가로막는 장애를 제거하고 스스로의 뜻을 이루고자 원한다. 그 순간 우리는 스스로 해결해야 할 문제의 상황 속으로 던져진다. 왜 이럴까? 어떻게 해야 할 것인가? 이러한 의문과 더불어 우리는 곧 생각하기를 시작한다. 이것은 지능이라는 것을 가진 인간으로서는 피할 수 없는 생존(生存)의 양식이다. 그리고, 왜 이럴까? 어떻게 할 것인가? 또는 무엇일까? 따위의 물음으로부터 시작된 생각을 도중에서 멈추지 않고, 그 물음이 완전히 풀릴 때까지 밀고 나갈 때에, 우리는 그것을 철학적 태도라고 부르기 때문에, 철학과 현실 생활과의 거리가 반드시 처음부터 멀지 아니함을 알 수가 있다.

철학의 문제들

우리가 일상생활에서 부딪치는 단편적인 문제들이 — 예컨대 등록금을 어떻게 마련할 것인가? 또는 기온의 변화가 심할 때는 왜 감기에 걸리기 쉬운 것일까? 따위의 문제들이 — 직접 철학적 고찰을 요구하지는 않는다. 바꾸어 말하면, 어떤 철학의 이론이 우리들의 일상적인 현실 문제에 대해서 직접적인 해결의 열쇠를 던져 주지는 않는다. 그러나 일상생활에서 부딪치는 평범한 문제라 할지라도, 우리가 상식적인 수준의 적당한 해결에 만족하지 않고 그 철저하고 명확한 해답을 원할 때에는, 우리를 철학적인 문제 해결로 이끌어 가는 경우가 있다. 우리의 최초의 물음은 아주 소박할지도 모르며, 이 소박한 물음에 대해서 최초로 던져진 대답도 아주 소박할 것이다. 그런데 우리는 이 소박한 대답으로 언제나 만족할 수 있는 것은 아니며, 그 대답에 대하여 새로운 의문을 제기하지 않을 수 없는 경우도 있다. 이리하여 제2의 물음이 제기되면 여기에 제2의 대답이 주어지고, 이 제2의 대답에 대하여 또 새로운 의문을 제기하는 동안에 우리의 문답은 점점 어려운 골짜기로 끌려들어 간다. 이리하여 우리는 마침내 최초의 일상적이요 소박한 문제와는 관계가 없는 것 같은 이른바 철학적 문제에 도달하게 되는데, 따지고 보면 이 우원하기 짝이 없고 추상적이기 그지없는 철학적 문제도 실은 저 일상적이요 소박한 문제에 근원을 두고 있는 것이다.

그러나 그토록 우원하고 어려운 철학의 문제에까지 도달하기 이전에, 적당한 곳에서 물음을 거두고 돌아서는 것이 현명한 일이 아니겠느냐? 어느 지점까지는 깊이 파고들어 가는 것이 필요할지도 모르나, 그 한계를 넘어서서 무한정 사유의 세계로 끌려들어 가는 것은 시간과 정력의 낭비가 아니겠느냐? 이러한 반문도 여기에서 제기됨직하다. 이 매우 분별 있는 반문에 대하여 우리가 보낼 수 있는 첫째의 대답은, 그 반문 자체가 벌써 넓은 의미의 철학적 사고의 산물이라는 사실을 지적하는 가운데서 주어질 것이다. 실지로 사유의 능력을 효과적으로 활용할 수 있는 한계선이 어디에 있다고 보는 것이 옳으냐는 물음은 그 자체가 중대한 철학의 문제에 속하는 것이다.

철학의 출발점

인간은 처음에는 어떤 실용적 필요에 의하여 지식을 탐구하지 않을 수 없었고 실용의 지식을 얻기 위하여 사색(思索)하지 않을 수 없었을 것이나, 지식이 소중하다는 것을 수없이 경험하는 사이에, 나중에는 지식 그 자체에 대하여 깊은 흥미를 느끼는 동시에 지식을 단순한 수단으로서 존중함에 그치지 않고 그 자체를 목적으로서 욕구하기에까지 이르렀다. 오늘날 문명사회에 있어서 지식은 단순히 수단으로서의 가치를 가지고 있을 뿐 아니라, 그 자체가 목적으로서의 가치를 가진 보배의 하나다. 이 보배로운 지식의 획득을 위하여 우리는 어려운 사색과 연구의 길을 더듬는 것이다. 그리고 진리를 동경하는 인간의 욕구는 중도에서 중단될 수는 없는 까닭에 우리는 끝없이 사유에 사유를 거듭하는 것이며, 이같이 좀 더 정확한 지식으로의 접근을 꾀하는 노력이 다름 아닌 철학의 출발점이 되는 것이다.

깊고 정확한 지식은 진리를 갈망하는 인간의 욕구를 충족시키기 위하여 요구될 뿐만 아니라, 인간이 부딪치는 현실 생활의 문제를 더욱 지혜롭게 해결하기 위해서도 크게 필요하다. 생활환경이 비교적 단순하던 옛날에는 사람들이 당면하는 문제들도 비교적 단순했으며, 그것들을 해결하기 위해서는 그토록 심오한 지식이 요구되지 않았으나, 오늘과 같이 고도로 발달한 인간 사회에 있어서는 그 안에서 일어나는 문제도 복잡 다난하며, 그 해결을 위해서 요구되는 지식도 따라서 매우 높은 정도의 것이 아닐 수 없다. 정도가 높은 모든 지식이 반드시 철학을 의미하는 것은 물론 아니다. 그러나 어느 분야의 지식이든 간에 그것이 극도로 심화될 경우에는 자연히 철학과 직접 또는 간접의 관련을 갖기 마련이다.

철학이 현실 문제의 해결을 위한 큰 도움이 되는 것은, 철학의 학설 가운데 담긴 지식의 내용에 의해서보다도 철학의 공부를 통해서 길러진 통찰력과 사고력에 의해서 이루어진다. 철학에는 전일(全一)의 학(學)으로서의 측면과 비판(批判)의 학(學)으로서의 측면이 있다. 전일의 학으로서의 철학은, 여러 특수 과학과 같이 자연현상이나 인문 현상의 어떤 특정한 부분이나 측면만을 선택적으로 문제 삼지 않고 세계와 인생의 문제를 하나의 전체적인 안목으로서 고찰하는 까닭에, 그것을 공부하는 사람으로 하여금 사물을 여러 가지 각도에서 총체적으로 관찰하는 태도를 습득하게 하여 그의 시야를 넓혀 준다. 한편 비판의 학으로서의 철학은 안일하고 상식적인 설명이나 해결에 만족하지 않고, 끝까지 문제의 핵심으로 파고드는 것을 생명으로 삼는 까닭에, 그것을 배우는 사람으로 하여금 날카로운 비판과 빈틈없는 추리의 힘을 습득하게 하여 그의 사고력을 키워 준다. 사태를 총체적으로 바라보는 넓은 시야와, 논리에 따라 빈틈없이 분석하는 이 날카로운 사고력은 인간이 부딪치는 온갖 일을 올바르게 처리하는 데 항상 귀중한 연장의 구실을 한다. 학문적인 이론의 문제를 다루는 마당에 있어서나 현실적인 실천의 문제를 다루는 마당에 있어서, 판단이 빗나가지 않기 위해서는 넓은 시야와 날카로운 사고력이 지극히 필요한데, 철학은 그 두 가지의 역량을 기르기에는 매우 적합한 학문인 것이다. 철학은 못 하나 제대로 박을 수 있는 기술을 가르쳐 주지 않는다는 점으로 볼 때는 전혀 실용성이 없는 학문이다. 그러나 언제 어디서나 올바른 판단을 위하여 필요한 자세와 사고력을 길러 준다는 점으로 볼 때는 매우 쓸모가 있는 학문이다. 철학의 쓸모는 직접적인 것이 아니라 항상 간접적이다.

철학의 영역

옛날 그리스 시대에는 기하학, 생물학, 정치학 등을 포함하는 모든 학문이 철학(philosophia)의 한 부분으로 생각되었다. 그러나 여러 가지 과학이 점차로 발달함에 따라서, 옛날에는 철학의 영역 안에 속했던 연구들이 하나하나 독립하여 떨어져 나가게 되었으며, 철학의 영토는 점점 줄어들게 되었다. 인간의 정신만은 과학적 방법으로 파악할 수 없다는 생각마저 버림을 받고, 심리학까지도 철학의 영역 밖으로 떨어져 나간 오늘날, 철학이 할 수 있는 일은 크게 줄어들었다는 인상을 준다. 또 오늘날 상당한 세력을 가지고 있는 논리적 경험주의(logical empiricism)나 그 밖의 분석적인 철학에 종사하는 사람들은 사실(事實)에 관한 문제는 모두 과학에 내맡겨야 한다고 주장하면서, 철학이 할 수 있는 일은 오직 우리가 쓰고 있는 언어의 뜻을 명백히 밝히는 일뿐이라고 역설하기에 이르렀다. 이와 같은 사정을 고려한 나머지, 자연과학의 발달에 반비례하여 철학의 중요성은 점점 줄어들게 되어, 마침내 그것은 전혀 필요 없는 것으로 몰락하게 될 운명에 있다고 내다보는 사람들도 있다. 그러나 자연과학의 발달이 철학을 불필요한 것으로 만든다는 생각에는 찬성하기 어렵다. 자연과학과 물질문명이 극도로 발달한 오늘날, 위대한 철학에 대한 갈망은 과거 어느 때에 못지않게 절실하다고 보아야 할 것이다.

행복한 인생을 위하여 필요한 지혜의 전부를 자연과학에 기대하기는 어려운 것으로 생각된다. 현대의 눈부신 물질문명의 편익(便益)이 주로 발달한 자연과학의 혜택임을 고려할 때 우리가 결코 자연과학의 공적을 과소평가해서는 안 된다는 것은 의심의 여지가 없으나 우리들 현대인의 정신적 상황과 그 문제들을 돌이켜 볼 때, 자연과학이 인생을 위해서 할 수 있는 힘에도 한계가 있음을 통감한다. 자연과학이 발달한 그 정도에 따라서 인류의 행복에도 전진이 있었다고는 도저히 생각되지 않기 때문이다. 심지어 자연과학의 발달로 말미암아 인류의 불행이 증가되었다고 비난하는 사상가들도 있다.

철학의 올바른 목적

자연과학 자체에는 선의도 악의도 없다. 그것은 주어진 목적의 달성을 위한 수단을 가르쳐 주기는 하나, 어느 목적을 선택함이 옳으냐는 물음에는 대답해 주지 않는다. 좋은 목적을 위해서 사용되면 좋은 일을 하고, 나쁜 목적을 위해서 사용되면 나쁜 일을 하는 것이 자연과학이다. 자연과학의 막대한 힘이 인생을 위하여 고맙게 쓰일 수 있기 위해서는 먼저 좋은 목적이 선택되어야 하는데, 자연과학은 그 목적의 선택에 관해서는 직접적인 충고를 베풀어 주지 않는다. 따라서 어떤 목적이 올바른 목적이냐 하는 물음에 대답하기 위해서는 자연과학 밖에 있는 어떤 지혜의 힘을 빌려야 한다. 그리고 그러한 지혜의 바탕이 될 수 있는 것으로서 우리는 우선 철학을 생각할 수 있을 것이다. 물론 철학만이 그러한 지혜를 위한 유일한 원천이라는 뜻이 아니며, 또 철학 단독의 힘으로 여러 구체적 상황에 있어서 항상 옳은 길을 가리킬 수 있다는 뜻도 아니다. 그러나 철학의 훈련이 넓은 시야와 날카로운 통찰력을 길러 줄 그 본래의 사명에 성공한다면, 그것은 어느 다른 학문에도 못지않게 인생을 위한 지혜의 샘터가 될 수 있을 것이다.

인간의 자기 상실

벨디아예프, 슈펭글러, 토인비, 슈바이처 등 여러 저명한 사상가들이 현대사회와 현대 문화의 위기를 역설하고 있음은 널리 알려진 사실이다. 현대를 왜 위험한 시대라고 보느냐는 이유에 관해서는 사상가들의 견해에 다소간 차이가 있을 것이다. 그러나 그들의 대부분이 거의 공통되게 인정하는 것은, 현대가 물질문명에 있어서 놀라운 발전을 기록한 반면에 인간의 정신이 위축되고 인격의 가치가 쇠퇴했다는 사실이다. 현대의 인간은 그들의 조상과 자기 스스로의 손으로 지어낸 기계와 물건에 압도되어, 스스로의 정신적 자세를 가누지 못하고 당황하는 꼴이 되었다. 본래는 자신들의 편리와 행복을 위하여 애써 만들어 낸 물건과 제도 속에 파묻혀, 도리어 스스로의 참모습을 상실한 것이 오늘의 인간상이라고 하여도 크게 어긋나지 않을 것이다. 인간의 자기 상실이라는 말로 표현될 수 있는 이 역설적 상황을 벗어나는 것은 우리들 현대인의 공통된 과제가 아닐 수 없거니와, 이 과제를 성취하기 위해서는 우선 인간이 그 마음의 슬기를 회복하여 정신의 가치를 높이 앙양해야 할 것이다. 그러기 위해서는 현대의 상황과 시대의 요구에 적합한 새로운 가치관의 수립이 요청되는 것이며, 이 요청을 만족시키고자 하는 인간적인 노력의 과정에 있어서 우리는 또한 철학의 힘을 빌려야 할 것으로 생각된다. 왜냐하면 과학은 오직 있는 대로의 사실(事實)을 밝히는 일에 종사할 뿐이요, 있어야 할 당위(當爲)에 관해서는 직접 대답하는 바 없으며, 가치의 궁극적인 원리를 체계적으로 탐구하는 일은 오늘도 여전히 철학에 맡길 수밖에 없기 때문이다.

2. 철학적 태도

앞에서 필자는 철학에 전일(全一)의 학(學)으로서의 측면과 비판(批判)의 학(學)으로서의 측면이 있다는 것을 잠깐 비추었다. 전일의 학으로서의 측면이라 함은 철학이 가진 종합의 경향을 일컫는 것이요, 비판의 학으로서의 측면이라 함은 그 분석의 경향을 가리키는 것인데, 이 점을 좀 더 부연해서 설명하는 것은 철학이 어떠한 성질의 학문인가를 이해하는 데 도움이 될 것이다.

철학, 전일의 학

오늘날 과학이 크게 발달하게 된 이유의 하나는 세분된 대상에 대하여 전문가들이 분업적이고 집중적인 연구를 계속했다는 사실에서 찾아볼 수 있을 것이다. 물리학자나 화학자의 하는 일이 매우 세밀하고 분석적인 작업임은 말할 것도 없거니와, 다른 분야의 과학자들도 대체로 극히 미세한 실험과 관찰에 종사하고 있음은 널리 알려진 사실이다. 오늘의 과학이 얼마나 세분화되어 있는가는 같은 과학 안에서도 다시 여러 분과가 나누어지는 자연과학 계통의 대학 교과과정에도 잘 나타나 있다. 자연과학뿐만 아니라 인문과학이나 사회과학도 매우 세분화되어 있으며, 전문가들은 전체에 대한 개괄적 고찰보다는 특수한 분야에 관심을 집중하여 깊이 파고들어 가는 경향을 보이고 있다.

이와 같은 전문화 또는 세분화의 경향은 오늘날 철학에도 전혀 없는 바는 아니나, 철학이라는 학문의 가장 기본적인 목표의 하나는 옛날부터 대상의 세계를 하나의 전체로서 파악하는 동시에 여러 사상을 그들의 광범위한 관계를 통하여 이해하는 일이었으며, 이와 같은 전통은 지금도 그대로 살아 있다. 철학은 대상을 여러 부분 또는 측면으로 떼어서 미시적(微視的)으로 이해하기보다는 그것을 하나의 전체로서 거시적으로 파악하기를 희구한다. 그리고 철학은 어떤 대상을 그것에만 국한하여 하나의 독립된 사상으로서 이해하는 데 그치지 않고, 그 대상과 다른 대상들과의 관계를 널리 고찰한다. 이와 같이 관계에 대한 고찰이 차례로 진행될 때, 마침내 철학자의 안목은 주어진 대상을 전 우주 또는 전 인생의 전체 안에서 고찰하기에까지 이르게 된다. 여기에 철학을 전일(全一)의 학(學)이라고 일컫는 이유가 있다.

그러나 사물을 전체의 맥락 속에서 파악하고자 하는 종합의 경향이 철학이 가진 특색의 전부는 아니다. 철학은 동시에 예리한 분석을 통하여 사상(事象)의 깊은 바닥과 어두운 구석까지를 뚫어 보고자 하는 분석의 일면을 아울러 가졌다. 전체를 종합적으로 고찰하는 일에만 골몰하다 보면, 부분의 세밀한 내막을 잘 못 보기 쉬우며, 근거 없는 가정(假定)을 비판 없이 받아들일 염려가 있을 뿐만 아니라, 이상과 현실을 혼동하는 오류를 범하는 예도 적지 않다. 그러므로 철학자는 전체를 종합적으로 고찰하는 가운데 자기도 모르게 미궁(迷宮)으로 빠지는 어리석음을 범하지 않기 위하여서는, 항상 날카로운 논리로서 제시된 견해에 대하여 비판적인 분석을 가할 필요가 있다. 원경(遠景)으로 말미암아 왜곡되기 쉬운 전체의 모습을 올바로 명확하게 파악하기 위해서 절대로 필요한 것이다.

철학, 비판의 학

엄밀한 분석은 곧 날카로운 비판으로 통한다. 분석이란 문제의 핵심으로 뚫고 들어가는 작업이며, 애매하고 모호한 점을 허용함이 없음은 물론, 모든 거짓과 속임수를 파헤치는 탐구의 과정이기 때문이다. 그리고 의심스러운 점을 물리치고 모호한 것을 도려내 가며 사리(事理)의 '참'으로 접근해 가려는 비판의 정신은 곧 진리에 대한 사랑, 즉 애지(愛知)의 정열이기도 하다. 여기에 철학이 비판의 학으로서의 일면이 있다고 말한 위의 진술의 근거가 있다.

철학에 있어서의 종합과 분석의 두 경향이 항상 보조를 같이하여 병행한 것은 아니다. 어떤 철학자는 주로 종합적 사고에 힘을 기울이는가 하면, 다른 어떤 철학자들은 주로 분석적 사고에 열중하였다. 또 어떤 시대의 철학은 주로 종합으로 기울어지고 다른 어떤 시대는 주로 분석으로 기울어지는 일반적인 경향을 보이기도 하였다. 예컨대 헤겔이 대표하는 독일 관념론(觀念論)의 철학이 강한 종합의 경향을 보였다면, 흄이 대표하는 영국의 경험론(經驗論)은 강한 분석의 경향을 나타냈다.

현대의 서양철학은 분석의 경향이 매우 강한 편이다. 과학철학이니 분석철학이니 하는 널리 알려진 이름이 그러한 경향의 산물임은 주지의 상식이다. 그러나 최근에 와서 또다시 종합으로 향하는 관심이 점점 커가고 있다는 사실도 간과할 수가 없다. 조용히 살피건대, 하나의 철학적 경향은 자연히 그 반대의 경향을 불러일으키는 것으로 보인다. 종합으로의 의욕이 과열하면 과열할수록 그러한 철학에 대한 조심스러운 분석과 비판이 크게 요구되며, 반대로 분석의 경향이 깊어지면 깊어질수록 그러한 방법으로 생긴 분산적 결과를 크게 전체적으로 종합해야 할 필요도 절실히 느껴진다.

단편적 인식

치밀한 분석이 인류의 사상적 발전을 위해서 얼마나 귀중한 것인가는, 근세 이래의 자연과학의 발달이 주로 분석적 사고의 결실임을 상기할 때 스스로 명백하다. 만약 세밀한 분석적 사고의 힘이 아니었다면, 오늘날 우리가 자랑하는 자연과학 및 물질문명의 놀라운 발달은 불가능했을 것이다. 그러나 분석에만 골몰한 나머지 전체와의 관계를 살피지 않는다면 비록 선택된 부분에 대한 단편적 인식은 정확할지라도, 그 부분이 전체 안에서 갖는 의미를 파악하기는 어렵다.

특히 그 부분에 관한 지식이 전체로서의 우리 인생에 대해서 갖는 의의를 제대로 이해하기는 어렵다. 좁은 범위의 대상에 관하여 전문가들이 얻은 단편적인 지식은 그 자체만으로는 가치가 적다. 그것은 오직 관련된 다른 지식들과의 종합을 통해서 값지게 되는 것이며, 특히 우리 인생이 부딪치는 중요한 문제들에 대답하는 일에 이바지할 때에 비로소 온전한 의의를 갖게 된다.

인생과 자연에 대한 사랑

철학의 정신은 진리에 대한 사랑을 그 핵심으로 삼는 것이었다. 그리고 진리에 대한 사랑은 인생과 자연에 대한 사랑에 그 근원을 두었다. 자기 자신에 대한 애착은 생물로서의 인간의 천성이나, 그러나 자기에 대한 애착은 전체로서의 인생에 대한 사랑을 불러일으키고, 인생에 대한 사랑은 삶의 터전으로서의 자연에 대한 사랑으로 번져 간다. 인간이 자연 속에서 갖가지 곤란을 극복해 가며 만족스러운 삶을 지속할 수 있기 위해서는 자신과 환경에 대한 지식을 가져야 했으며, 필요한 지식을 얻기 위해서는 생각하고 또 생각해야 했다. 생각에 생각을 거듭하는 동안에 그것은 하나의 습성으로 굳어지고, 습성화한 사유(思惟)는 두 가지의 방향으로 나누어져 흘러갔다. 하나는 분석의 방향이고 또 하나는 종합의 방향이었다. 정확하게 알고자 하는 욕구는 세밀한 분석을 요구했으며, 전체에 대한 의미를 파악하기 위해서는 다시 넓은 관점에서 종합할 필요가 있었다. 이와 같이 분석과 종합을 교대해 가며 사상(事象)의 진상으로 접근하는 동시에 그 사상이 우리 인생에 대하여 갖는 의미를 파악하는 사유의 과정이야말로 다름 아닌 철학하는 일에 해당한다.

종합과 분석을 두 개의 지주(支柱)로 삼는 철학적 태도는 단순한 이론의 탐구에 있어서만 중요한 것이 아니라, 그것은 인생을 살아가는 실천의 세계에 있어서도 매우 긴요하다. 특히 오늘의 우리와 같이 복잡하고 다난한 세상에 사는 사람들은 날카롭게 비판하면서도 편견에 사로잡힘이 없어야 하며, 흐리멍덩한 어두움과 거짓의 구석이 남지 않도록 현실의 내막을 깊이 파헤치면서도 그 어두움과 거짓이 불가피했던 원인을 멀리 그리고 넓게 살펴야 한다. 우리는 사소한 듯이 보이는 일을 소홀히 하지 않는 동시에, 항상 전체로서의 인생에 시선을 돌려야 한다. 우리는 스케일이 크고 성품이 원만한 인격을 숭상한다. 그러나 그 큰 스케일이 허황함에 가깝기를 원하지 않으며, 그 원만함이 우매함과 혼동되기를 바라지 않는다. 이와 같은 관점에서 볼 때, 철학적 태도는 반드시 전문가로서의 철학자에게만 요구되는 것이 아니며, 또 전문가들만의 독점물이 될 수 없는 마음의 자세임을 알 수 있다.

3. 철학과 과학

철학은 진리의 인식을 꾀하는 탐구의 학문이다. 진리에 대한 탐구의 다른 종류로서 과학이라는 것이 있음은 누구나 아는 상식이다. 그렇다면 철학과 과학은 어떻게 구별되는 것이며 또 그것들은 서로 어떠한 관계를 가지고 있는 것일까? 이 물음에 대답함은 철학이 어떠한 성질의 학문인가를 이해하는 데 상당한 도움이 될 것이다. 우리는 과학이 무엇인가에 대해서 어느 정도 알고 있기 때문이다. 여러 가지 과학이 아직 독립된 단계로 분화하지 못했던 옛날 그리스에 있어서는, 모든 학문을 통틀어서 철학이라는 이름으로 불렀다. 대부분의 철학자들은 오늘날 우리가 말하는 좁은 의미의 철학에만 종사한 것이 아니라, 온갖 분야에 걸쳐서 매우 광범위한 지식을 가지고 있었으며, 그러한 지식이 모두 그의 과학의 일부를 형성하는 것으로 생각되었다. 이러한 사정은 동양에 있어서도 다를 바가 없다. 고래로 중국에 있어서는 철학과 과학이 나누어지지 않았을 뿐만 아니라, 과학까지도 여기에 곁들여서 이른바 문(文), 사(史), 철(哲)이 혼연일체의 경지를 이루어 왔다. 이러한 경향은 오늘에 이르러서도 아직 완전히 사라지지 않았으며, 동양 사상의 한 특색을 이루고 있는 형편이다.

그러나 서양에 있어서는 근세에 이르러 여러 갈래의 자연과학과 사회과학이 각각 분과를 형성하고 독립하게 되었으며, 각 방면의 연구가 점점 깊어감에 따라서 더한층 세분화하는 경향을 나타내고 있다. 이리하여 철학은 차차 그 영역의 많은 부분을 잃게 되었음은 물론이요, 때로는 분가(分家)해 떨어져 나간 과학과 서로 대항하는 관계에 서기도 하였다.

철학과 과학의 관계

이와 같이 우리는 철학으로부터 과학이 분리해 나간 사정과 철학의 범위가 점차로 줄어들었다는 사실을 지적했거니와, 그러면 오늘날에 있어서의 철학과 과학은 대체로 어떠한 관계에 있는 것일까? 철학을 과학으로부터 구별하는 차이점은 어디에 있는 것일까?

이 물음에 간단하게 대답하기는 쉬운 일이 아니다. 철학이 할 수 있는 일이 무엇이냐는 문제에 대해서 학자들이 주장하는 데에 차이가 있으며, 입문(入門)을 위한 이 책에 있어서 필자가 옳다고 생각하는 어떤 견해 하나를 선택적으로 진술할 수도 없는 처지이기 때문이다. 따라서 여기서는 철학과 과학의 차이점에 관하여 이제까지 주장되어 온 견해 가운데서 알기 쉬운 것 몇 가지만 소개하는 길을 택하기로 한다.

첫째로, 철학과 과학의 차이를 주로 그 대상의 차이에서 찾을 수 있다고 믿는 사람들이 있다. 그리고 철학과 과학은 그 대상이 다르다는 견해는 다시 두 가지로 나누어진다. 그 하나는 철학이 세계 또는 인생의 전체를 대상으로 삼는 데 비하여 과학은 다만 그 중의 어떤 부분만을 대상으로 삼는다는 주장이며, 다른 하나는 철학이 지각(知覺)에 나타나지 않는 세계를 대상으로 삼는 데 비하여 과학은 지각에 나타나는 세계를 다룬다는 주장이다.

과학은, 생물학이 생물계만을 다루고 지질학이 지구의 구조와 지각의 역사 등 지구에 속하는 것만을 다루듯이, 세계의 어떤 부분 또는 한 측면에만 관심을 국한하는 것이 보통이며, 철학은 우주론이니 존재론이니 하는 이름이 암시하듯이 세계의 전체 또는 세계의 보편적인 원리를 탐구의 대상으로 삼는 거시적(巨視的)인 특색이 있다. 이러한 특색에 주목하여 과학과 철학의 차이를 발견하려고 꾀한 사람들에 의하여, 과학은 부분을 대상으로 삼고 철학은 전체를 대상으로 삼는다는 견해가 표명되었거니와, 우리는 이 견해에 어느 정도의 근거가 있음을 부인하지 못한다. 그러나 이 견해를 충분히 만족스러운 것으로 보기는 어렵다. 왜냐하면 자연과학 가운데도 물리학과 같이 부분의 학이라고 부르기에는 너무나 광범한 대상을 가진 것이 있으며, 철학에 속하는 연구 가운데도 법철학이나 예술철학 따위와 같이 어떤 국한된 범위의 대상을 가진 것이 있기 때문이다. 만약 전체를 대상으로 삼느냐, 부분을 대상으로 삼느냐에 따라서 철학과 과학이 나누어진다면, 윤리학, 역사철학, 미학 등 철학의 분과(分科)는 과학이라고 불러야 할 것이요, 모든 자연과학의 분과와 모든 사회과학의 분과를 통합함으로써 만들어질 수 있는 통일 과학을 철학이라고 불러야 마땅할 것이다. 그러나 철학 또는 과학의 본질을 어느 정도 아는 사람들 가운데서 이러한 결론을 받아들이는 경우는 드물 것으로 믿는다.

본체의 세계

철학이 지각에 나타나지 않는 세계를 대상으로 삼는다는 견해는, 우리가 지각하는 이 경험의 세계의 바탕 또는 그 배후에 또 하나의 다른 세계가 존재한다는 신념에 근거를 두고 있다. 이 또 하나의 세계를 철학자들은 흔히 본체(本體)의 세계라고 불러 왔다. 그들이 믿는 바에 의하면, 본체의 세계는 불변하는 항존(恒存)의 세계로서 참으로 존재하는 세계다. 그러나 그것은 감각적 경험에는 전혀 나타나지 않는 세계인 까닭에, 지각적 소재에 의존하는 과학의 방법으로는 인식할 도리가 없다. 과학의 방법으로는 인식할 수 없는 이 근본적인 세계를 탐구하는 것이 바로 철학이라고 그들은 주장한다. 이리하여 지각에 나타나는 세계, 즉 경험 세계를 탐구하는 과학과는 그 대상이 전혀 다르다는 점에서 철학의 특색을 찾아볼 수 있다는 견해에 도달하게 된 것이다. 이 견해는 이 견해가 입각하고 있는 두 가지 가정이 참이라고 인정될 경우에만 옳은 주장이 될 수가 있다. 그 두 가지 가정이란, 첫째로 경험의 세계를 초월한 본체의 세계가 존재한다는 것과, 둘째로 그 본체의 세계를 인간의 이성으로써 파악할 가능성이 있다는 것이다. 그러나 모든 철학자들이 이 두 가지 가정을 받아들이지는 않는다. 어떤 학자들은 본체의 세계가 존재한다는 것부터가 의심스럽다고 반대하며, 다른 어떤 학자들은 그것이 존재한다는 것은 인정하나 인간의 능력으로써 그것을 인식할 수 있다는 가정에는 찬동하지 않는다. 따라서 이러한 학자들은 본체의 세계를 대상으로 삼는 것이 철학이요, 경험계를 대상으로 삼는 것이 과학이라는 견해를 시인하지 않는다.

둘째로, 철학과 과학의 차이를 그 방법의 차이에서 찾을 수 있다고 생각하는 견해가 있다. 과학자는 현지를 답사하고 자료를 수집하며, 또 실험실에서 여러 가지의 실험과 관찰에 종사한다. 그러나 철학자는 서재에 들어앉아서 깊은 생각에 잠길 뿐이요, 과학자가 하는 것과 같은 방법은 사용하지 않는 것이 보통이다. 과학자는 측정하고 기록하며 통계를 내는 등의 숫자적 처리에 종사한다. 그러나 철학자에게는 그러한 과정이 반드시 필요한 것이 아니며, 그들은 오히려 과학자들이 산출한 수치가 의미하는 바를 숙고하고, 과학자들이 얻은 결론을 논리적으로 분석하는 일에 열중한다. 이와 같은 사실에 비추어 볼 때, 철학과 과학에 있어서 각각 사용되는 방법에 근본적 차이가 있음은 의심의 여지가 없는 사실이며, 이 두 가지 학문의 다른 점을 그 방법의 차이에서 찾으려는 견해에 상당한 근거가 있음을 부인하지 못한다.

그러나 철학과 과학의 차이를 오로지 그 방법의 차이에서만 찾으려고 해서는 안 될 것이다. 철학과 과학은 그 궁극의 목적은 같으나, 다만 그 목적에 도달하는 방법만이 다르다고 말할 수는 없기 때문이다. 방법이 다른 것은 도달하고자 하는 목표가 다르기 때문이다. 철학과 과학이 다 같이 지식의 획득을 목표로 삼고 있음에는 의심의 여지가 없다. 그러나 철학이 추구하는 지식과 과학이 추구하는 지식은 같은 종류의 것이 아니라 그 차원이 서로 다르다. 이에 철학과 과학은 본래 그것들이 노리는 목표, 또는 그것들이 완수해야 할 사명이 서로 다르다는 점을 강조함으로써 이 두 학문의 본질적인 차이를 밝히려는 제3의 견해를 생각할 수 있다.

초월적 세계와 경험적 세계

앞에서 살핀 바와 같이 철학은 초월적 세계를 대상으로 삼고 과학은 경험적 세계를 대상으로 삼는다는 주장도 철학과 과학은 본래 그 목표가 다르다는 견해의 하나라고 볼 수 있거니와, 철학의 대상이 초월적 세계라는 주장에 반대하는 철학자들도 대부분은, 철학이 목표로 삼는 지식과 과학이 목표로 삼는 지식은 그 성질이 서로 다르다는 것을 인정한다. 그 성질이 어떻게 서로 다르냐에 관해서는 학자들의 주장이 반드시 일치하지 않으나, 그 가운데서도 가장 널리 알려진 것은 논리적 경험주의자들의 주장이다. 이들이 주장하는 바에 의하면, 과학은 경험에 나타나는 사실(事實)의 세계를 밝히는 일을 사명으로 삼으나, 철학의 사명은 그것이 아니다. 사실의 세계에 대한 인식에 관한 한, 과학적 방법을 능가하는 다른 방법은 존재할 수가 없다. 따라서 사실의 세계를 인식하는 일은 전적으로 과학에 맡겨야 하며, 철학이 직접 어떤 세계를 인식하고자 하는 목표는 버려야 한다. 그렇다면, 철학이 할 일은 도대체 무엇이라는 말인가?

논리적 경험주의자들이 주장하는 바에 의하면, 철학의 사명은 사상(事象)에 대한 지식에 도달하는 일이 아니라, 과학자 또는 그 밖의 사람들이 내린 판단의 의미를 명백하게 밝히는 동시에, 주어진 판단의 진위(眞僞)를 가릴 수 있는 기준이 무엇인가를 제시하는 일이다. 바꾸어 말하면, 철학자의 할 일은 객관적으로 존재하는 세계를 직접 파악하는 것이 아니라, 그것에 대한 과학자들의 이론을 비판적으로 검토하는 일이며, 그가 하는 일의 구체적 내용은 언어에 대한 분석으로 시작되며 또 그것으로 끝난다는 것이다. 이와 같이 철학과 과학은 해야 할 일이 서로 다르며, 따라서 그것들이 사용하는 방법도 서로 다르다는 것이 논리적 경험주의자들이 주장하는 요점이다. 즉 과학은 경험계에 대한 인식을 목표로 삼되 그 방법은 귀납적(歸納的) 방법이며, 철학은 과학자가 내린 판단이 갖는 의미를 밝히는 일을 목표로 삼되 그 방법은 언어적 분석이라는 것이다.

위에 소개한 바와 같은 논리적 경험주의자들의 주장은 그 논리가 정연하며, 종래의 일부 철학자들이 가졌던 단점을 날카롭게 지적해 낸 점에 있어서 높이 평가될 만한 탁견을 가진 것으로 인정된다. 그러나 철학과 과학의 구별 또는 관계를 밝히는 이론으로서 아주 만족스러운 것은 못 된다. 왜냐하면 논리적 경험주의자들은 형이상학 및 윤리학은 학문이 될 수 없다 하여 이를 철학의 울타리 밖으로 물리치고 있으며, 철학의 사명에 대한 그들의 이론도 형이상학 및 윤리학을 부정하는 전제 아래에서 전개된 것이다. 따라서 철학의 개념에 대한 그들의 견해는 약간 편협하다고 보아야 할 것이며, 최근에 형이상학 및 윤리학에 대한 관심이 다시 높아지고 있다는 엄연한 사실에 의하여 비판을 받고 있다. 철학과 과학의 구별 또는 관계에 대한 만족스러운 견해가 되기 위해서는, 형이상학과 윤리학의 존재까지도 설명할 수 있는 것이라야 할 것이다.

이상에서 우리는 철학과 과학의 관계에 대한 몇 가지 견해를 간단히 살펴보았다. 그것들은 모두 일장일단을 가진 견해로서 철학의 측면을 설명할 수는 있으나, 그 다른 측면을 설명하기에는 부족한 느낌이 있다. 따라서 이상에서 소개한 몇 가지 견해의 장점을 종합한다면, 아마 좀 더 만족에 가까운 의견에 도달할 수 있을 것이다.

첫째로, 철학과 과학은 그 목표로 삼는 바가 서로 다르다는 의견을 우리는 받아들여야 할 것이다. 그것들은 다 같이 지식을 목표로 삼고 있음에는 틀림이 없으나, 그 풀고자 하는 문제가 서로 다르다. 과학이 풀고자 하는 문제가 자연현상 또는 인문 · 사회 현상의 정확한 모습 및 관계를 밝히는 일임은 널리 알려진 상식이거니와, 철학은 과학과 똑같은 문제를 다루지는 않는다. 그러면 철학이 다루어야 할 문제는 무엇이냐에 관해서는 학자들 사이에 의견의 차이가 있다. 어떤 학자는 경험계의 바탕이 되고 있는 초월적 세계를 인식하는 것이 철학의 과제라고 보는가 하면, 어떤 학자들은 과학적 지식의 가설(假說)을 검토하고 과학적 인식의 가능 근거 및 그 한계를 밝히는 등 과학이 디디고 선 토대를 비판적으로 파악하는 동시에 과학의 의미를 파악하는 것이 철학의 목표라고 주장한다. 또 어떤 학자들은 과학 및 일상생활에서 사용되는 언어의 의미를 분석적으로 밝히는 것이 철학의 임무라고 주장하는가 하면, 다른 어떤 학자들은 사실의 세계와 구별되는 가치의 세계를 탐구하는 것이 철학의 사명이라고 믿는다.

이 밖에도 또 다른 견해를 생각할 수 있겠으나, 여럿 가운데서 어느 것이 가장 옳은 견해인가 하는 것은 철학에 있어서 매우 어려운 문제를 포함하는 것으로서, 이 초보적 입문서에서 온전히 다루기는 어렵다. 다만 여기서 우리가 확언할 수 있는 것은, 하나는 상식이나 과학에 있어서는 엄연한 사실로서 인정되고 있으며 일상생활 및 과학적 판단의 바탕을 이루고 있는 전제 또는 가설을 비판적으로 반성하는 일이 이제까지 철학자들이 매달린 문제의 큰 부분을 차지한다는 것과, 다음은 과학이 아무리 발달하여도 그 자체로서는 가치 또는 당위(當爲)의 문제를 해결할 수는 없을 것이므로, 인생을 위해서 가장 중요한 이 가치의 문제는 철학의 고유한 영역으로서 끝까지 남으리라는 사실이다.

둘째로, 철학과 과학은 그 목표로 삼는 바가 다르다는 것을 인정한 이상, 그 목표의 달성을 위해서 사용되는 방법에도 차이가 없을 수 없다는 것을 인정해야 할 것이다. 물론 철학과 과학이 공통으로 사용하는 학문의 방법이 있다. 예컨대 학문적 방법의 가장 근본적인 것으로 알려져 있는 연역법(演繹法)과 귀납법(歸納法)은, 비록 정도의 차이는 있다 할지라도 대부분의 철학자와 과학자들이 공통으로 사용하는 방법이다. 그러나 이 두 분야가 모든 방법을 공통으로 사용하는 것은 아니며, 철학에서만 사용되는 철학의 고유한 방법과 과학에서만 사용되는 과학의 고유한 방법이 있다. 예컨대 합리론의 방법, 현상학적 방법, 프래그머티즘의 방법, 그리고 언어의 논리적 분석의 방법 등은 철학에 있어서 매우 중요한 방법이나 과학에서는 사용되지 않으며, 한편 실험 및 통계의 방법은 과학에 있어서 매우 중요한 자리를 차지하는 것이나, 철학에서는 보통 사용되지 않는다.

진리의 발견

철학과 과학은 다 같이 진리의 발견을 목표로 삼는다는 점에 있어서는 공통된 기반 위에 서 있다. 그러나 그것들이 탐구하는 진리가 반드시 같은 종류의 것은 아니며, 따라서 그 탐구의 방법에도 상당한 차이가 실지로 있었다. 그러면 철학이 얻고자 하는 진리와 과학이 얻고자 하는 진리는 어떻게 서로 다른가? 이 물음에 대해서는 앞에서도 약간 관련성이 있는 고찰을 한 바 있으나, 여기에서 만족스러운 대답을 간단하게 제시하기는 매우 어려우며, 앞으로 이 글을 끝까지 읽는 가운데서 좀 더 충분한 이해에 도달하기를 희망할 수밖에 없다. 다만 여기에서 한 가지 지적하고자 하는 것은, 철학이라는 것은 결국에 있어서 인간 스스로를 이해하고자 하는 인간의 노력으로서의 성질을 현저하게 가지고 있다는 사실이다.

널리 알려진 바와 같이, 과학은 객관화된 세계를 대상으로 삼고 이에 대한 객관적 지식을 탐구한다. 여기에서 객관화한다 함은, 대상을 저편에 있는 것으로 본다는 뜻이니, 과학의 관심은 항상 밖으로 향한다고 말할 수가 있다. 심리학 또는 인류학의 경우와 같이 인간 스스로를 연구의 대상으로 삼는 과학이 없는 것은 아니다. 그러나 그러한 과학은 인간 또는 마음을 연구의 대상으로 삼을 경우에 있어서도, 그 대상은 이미 객관화된 대상으로서 연구하는 주체의 저편에 놓이게 된다. 물론 철학에 있어서도 객관화되어 저편에 놓인 대상을 연구할 경우가 없는 것은 아니다. 고대로부터 중세에 이르기까지에는 형이상학이 철학의 중심을 차지했으며, 그 형이상학들은 대체로 대상을 저편에 놓고 보는 따위의 것이었다. 그러나 17세기 이후에 인식론의 문제들이 심각하게 대두하면서, 인식의 주체로서의 정신 또는 마음이 철학적 관심의 중심을 차지하게 되었으며, 탐구의 화살을 우선 자기 안으로 돌리는 철학자들이 많이 나타났다. 주체가 주체 스스로를 주체적으로 파악하고자 하는 것이며, 이와 같은 경향은 오늘도 과학과 구별되는 철학의 특색을 이루고 살아 있다.

이상에서 우리는 철학과 과학의 차이점을 여러 각도에서 살펴보았다. 그러나 철학과 과학 사이에 차이가 있다는 것은 그것들이 서로 대립하고 서로 적대시하지 않을 수 없는 관계에 있다는 것과는 다르다. 실제로 독단적인 철학자가 과학을 멸시하는 예가 없지 않으며, 편협한 과학자가 철학을 냉소하는 예도 없지 않다. 그러나 철학과 과학은 본래 서로 돕고 보완해 가면서 인생의 문제에 대답해 줄 인간 정신의 정화(精華)이며, 서로 배척해야 할 이유는 별로 없다. 철학은 과학의 성과로서 얻어진 경험적 지식을 활용함으로써 새로운 경지에 도달할 수 있을 것이요, 과학은 깊은 철학적 반성과 결합함으로써 우리 인생을 위한 유익한 도구의 구실을 할 수 있게 된다. 우리의 현실은 비판과 부정을 통하여 끊임없이 개조되기를 요청하고 있는데, 이 현실의 개조를 위해서도 철학과 과학의 결합은 대단히 중요하다. 개조의 방향 또는 목표를 정함에는 심원한 철학적 지혜의 힘을 빌려야 하며, 정해진 목표를 달성하는 구체적인 방안 또는 방법을 발견하기 위해서는 치밀한 과학적 지식을 동원해야 하기 때문이다.

4. 철학과 종교와 예술

영국의 저명한 철학자 러셀은 그의 저서 『서양철학사』의 서론 첫머리를 다음과 같은 말로 시작하였다.

> 인생과 세계에 관한 사상 가운데서 우리가 철학적이라고 부르는 것은 두 가지 요소의 산물이다. 그 요소의 하나는 전해 내려오는 종교적 및 윤리적 관념이요, 또 하나는 가장 넓은 의미로 과학적이라고 불릴 수 있는 종류의 연구다. 이 두 가지 요소가 어떠한 비율로 한 철학 체계를 형성하는가는 철학자 개인에 따라서 큰 차이를 보여 왔으나, 이 두 가지 요소가 어느 정도 들어 있다는 점에 철학의 특색이 있다. 철학이란 내가 이해하기에는 신학(神學)과 과학(科學)의 중간에 위치하는 것이다.

러셀의 이 말은 사상의 세계 안에서 철학이 차지하는 위치를 단적으로 이해하는 데 많은 도움을 준다. 실제로 철학은 넓은 의미의 종교적 요소와 과학적 요소를 아울러 가지고 있으면서, 또 종교와도 다르고 과학과도 다른 일면을 간직하고 있기 때문이다.

종교의 본질

철학이 어떠한 성질의 것인가를 밝히기 위하여 우리는 앞 절에서 철학과 과학의 관계를 살펴보았다. 이제 우리는 철학과 밀접한 관계를 가지고 있는 또 하나의 문화적 산물인 종교로 시선을 돌려야 할 단계에 이르렀다. 우선 종교라는 것의 본질을 살피는 일로부터 시작하기로 하자.

종교의 본질이 무엇이냐에 관해서는 전문적 학자들 사이에도 여러 가지 견해의 대립이 있으나, 이와 같은 대립의 근본 원인은 종교라는 현상이 매우 복잡하고 다양한 문화 현상이라는 사실에 있을 것이다. 지극히 복잡 다양한 내용을 가진 종교를 간단한 정의로써 설명하기는 매우 어려운 일이다. 그러므로 여기서는 종교적이라고 부를 수 있는 태도의 특색을 고찰함으로써 종교의 본질에 대한 이해에 접근할 것을 꾀하기로 한다.

종교적 태도

종교적 태도의 첫째 특색으로서 우리가 지적할 수 있는 것은 초월적 존재에 대한 믿음이다. 신앙이 없는 종교라는 것을 우리는 생각할 수 없거니와, 그 신앙의 대상이 되는 것은 어느 종교에 있어서나 초자연적인 것 또는 초인간적인 존재다. 인간은 누구나 영원하고 절대적인 것을 간절히 소망한다. 그러나 그 소망을 달성하기에는 자기 자신이 너무나 무력한 유한자(有限者)임을 통감한다. 여기에서 인간은 자기보다 월등한 힘을 가진 초월적 존재에 의존하고 싶은 심정을 갖는 동시에, 그러한 초월자(超越者)가 실제로 존재하여 자기를 도와주기를 희망한다. 그리고 이 희망은 곧 신념으로 변하며 여기에서 절대자(絕對者)에 대한 신앙이 성립된다.

원시사회에 있어서의 종교의 발생이 위에 말한 바와 같은 심리를 배경으로 삼았다는 뜻은 아니다. 미개한 사회에 있어서의 종교는 훨씬 더 소박하고 유치할 것이다. 그러나 지성이 발달한 사회의 종교에 있어서는, 즉 미신(迷信)과는 확연히 구별되는 종교에 있어서는 절대적인 것에 대한 믿음이 불가결의 요소를 이루고 있다는 것은 일반적으로 인정될 수 있을 것이다. 그 절대적인 것이 부처님 또는 하나님과 같은 인격적 존재가 아닐 수도 있다. 우주의 이법(理法) 따위의 보편적 법칙을 절대자로 믿는 신앙도 있으며, 어떤 주의의 이름으로 불리는 실천의 원리를 절대적인 것으로 믿는 태도도 넓은 의미로서는 종교적이라고 불릴 경우도 있다. 그러나 여하튼 어떤 절대적인 것에 대한 믿음은 모든 종교적 태도에 있어서 공통된 인자(因子)라고 보아야 할 것이다.

종교적 태도의 둘째 특색으로는 그 믿음이 정서적(情緖的)이라는 사실을 지적할 수가 있다. 그리고 이 특색은 절대적인 것에 대한 믿음이라는 첫째의 특색과 밀접한 관계를 가졌다. 믿음이란 본래 이지적(理智的)이기보다는 정의적(情意的)인 심리이기 때문이다.

종교적 태도에 정서적 색채가 농후하다는 것은 신앙생활을 하는 사람들의 언행(言行) 가운데 여실히 나타난다. 교부시대(敎父時代)의 사상가 터툴리아누스는 "불합리한 까닭에 나는 믿는다."라고 갈파하여 지식에 대한 신앙의 우위를 역설했다고 전해지고 있는데, 이 말은 이지보다도 감정에 호소하는 종교적 태도의 근본을 매우 단적으로 보여주고 있다. 좀 더 비근한 예로서는 종교적인 모임에서 흔히 목격하는 감격과 흥분을 들 수 있을 것이며 냉정한 사람보다는 다정다감한 사람이 신앙생활에 들어가기 쉽다는 일상적 사실을 지적할 수 있을 것이다.

종교적 태도의 셋째 특색으로서는 절대적이라고 믿는 가치에 대한 구도자적(求道者的) 추구를 들 수가 있다. 종교적 신앙이란 본래 이론적 탐구의 태도이기보다는 인생 문제에 대한 실천적 대응의 한 태도라고 보아야 할 성질의 것이다. 따라서 그 바탕에는 실천적 가치에 대한 뜨거운 관심이 시종일관하여 깔려 있다. 그리고 종교적 태도가 추구하는 가치는 절대적인 것에 대한 믿음을 가진 심정(心情)에 의하여 추구되는 가치인 까닭에, 절대적이며 신성하다. 다만 어떠한 가치를 절대적이며 신성하다고 보느냐에 따라서, 신앙인들이 추구하는 가치는 현세적일 수도 있고 내세적일 수도 있다.

종교적 신앙의 바탕을 이루는 것이 가치에 대한 구도자적 추구라는 것은 종교 생활의 구체적 형태 위에 여실히 나타난다. 종교를 배경으로 삼는 자선사업, 교육 사업, 봉사 행위 등은 말할 나위도 없거니와, 조용한 가운데 예배를 보고 기도를 올리며 또는 고행에 열중하는 따위의 소극적인 태도도 그 나름의 신성한 가치의 추구임에는 틀림이 없다.

이상에서 우리는 종교적 태도의 일반적 특색 가운데서 가장 기본적이라고 생각되는 것 세 가지를 지적했거니와, 그러한 특색을 가진 종교적 태도는 철학적 태도와 어떻게 비교되는 것일까? 다음은 철학과의 관계로 화제를 돌리기로 하자.

철학적 태도

종교의 중심 개념인 절대에 대한 깊은 관심은 철학에 있어서도 오랜 전통을 가졌다. 비록 오늘에 와서는 일부 철학자들은 부정하기도 하나, 그러나 오랫동안 철학의 중심부를 차지해 온 형이상학은 다름 아닌 절대적 실재에 대한 탐구였다. 최고의 실재로서의 절대를 인정하는 점에 있어서, 형이상학은 절대자 즉 신의 의식으로부터 출발하는 종교와 태도를 같이하는 것이며, 과학적 경험만을 확실한 것으로 인정하려는 실증주의(實證主義)에 대하여 공동의 전선을 편다고 볼 수도 있다. 그러나 그 절대자를 대하는 태도에 있어서는 철학과 종교 사이에 근본적인 차이가 있다. 즉 전자는 어디까지나 이성적 탐구의 대상으로서 절대자를 바라보는 데 비하여, 후자는 오로지 감성적 신앙의 대상으로서 그것을 우러러 본다. 물론 형이상학도 그 최초의 출발점에 있어서는 과학적 경험의 근거를 넘어서는 어떤 신념에 의존하는 것이 예사이며, 종교도 신학이라는 이름의 학구로써 그 교리를 논리적으로 정당화하려고 애쓴다는 사실에 비추어 볼 때, 형이상학이라는 철학의 분과(分科)와 종교와의 경계선을 확연히 제시하기가 용이하지 아니함은 부인하기 어려우나, 철학의 비중은 어디까지나 지성과 앎에 기울어지고, 종교의 비중은 어디까지나 감성과 믿음에 기울어진다는 점에서 이 두 가지는 일단 원칙적으로 구별된다.

종교적 태도가 주로 감성적 즉 정서적임에 비하여, 철학적 태도는 주로 지성적 또는 이지적(理智的)이라는 점을 우리는 지적했다. 그러나 모든 철학이, 마치 과학이 그렇듯이 완전하게 정의적(情意的) 요소를 사상(捨象)하는 것은 아니다. 수리논리학이나 분석철학에 있어서와 같이 정서적 요소가 철저히 배제되는 경우도 없지 않으나, 많은 철학이 어느 정도의 정의적 또는 시적(詩的) 요소를 간직하고 있다. 여기에서 우리는 "철학은 과학과 종교의 중간에 위치한다."고 말한 러셀의 주장을 또다시 상기하게 되거니와, 인간성(人間性)의 두 가지 경향, 즉 지성과 감성이 종합적으로 작용하는 곳에 철학이라는 정신적 소산이 생긴다고 보아서 크게 어긋나지 않을 것이다.

인생의 두 가지 문제

인간의 삶의 과정에서 부딪치는 문제에 대응하는 태도에는 크게 두 가지 종류가 있다. 그 하나는 이지적이라고 부를 수 있는 태도요, 또 하나는 정감적(情感的)이라고 부를 수 있는 태도다. 인간이 당면하는 문제의 해결을 자기의 힘으로 풀어 보려는 지성적 태도에서 과학이 생겼다고 한다면, 그 해결을 초월적인 타자(他者)에 의뢰하는 정감적 태도에서 종교가 생겼다고 볼 수 있을 것이다. 그러므로 모든 지성적인 사람들이 과학과 다소간의 관련을 가졌다고 하면, 모든 감정적인 사람들은 깊건 얕건 간에 종교와 인연을 가졌다고 하겠다. 만약 어떠한 사람도 완전히 지성적이거나 완전히 감성적일 수 없는 것이 사실이라면, 즉 모든 사람은 비록 비율의 차이는 있을지라도 지성적인 동시에 감성적인 생물이라면 사람은 누구나 과학과 종교 어느 편과도 다소간의 인연이 있다는 결론이 될 것이다. 만약 러셀의 말과 같이 종교와 과학의 중간에서 철학이 생겼다면, 그리고 지금 우리가 말한 것과 같이 모든 사람이 인간성의 서로 다른 두 측면을 반영함으로써 생긴 종교와 아울러 과학에 관련을 가졌다면, 모든 사람들은 넓은 의미의 철학과 다소간 인연이 있다고 보아야 한다는 추리에 도달하게 될 것이다. 철학은 인간성 안에 뿌리를 두고 자라는 문화 현상의 하나로서, 사람이 사람답게 살고자 하는 진지한 노력이 있는 곳에서는 어디서나 그 편린(片鱗)을 찾아볼 수가 있다.

이론철학과 실천철학

종교적 태도의 일반적 특색으로서 우리가 끝으로 지적한 것은 가치에 대한 구도자적 추구였다. 이 세 번째 특색에 관해서도 우리는 철학과 종교 사이에 상당한 공통점이 있음을 찾아볼 수 있다. 철학을 크게 두 분야로 나누어 이론철학과 실천철학으로 구별하는 경우가 많거니와, 실천철학이란 바로 가치의 근본원리에 대한 탐구를 가리키는 것이며, 이론철학도 역시 진(眞)이라는 가치를 궁극의 목표로 삼는 것이니, 철학적 태도도 항상 가치의 추구를 그 안에 포함한다고 할 수 있다.

그러나 가치를 추구함에 있어서 철학이 취하는 태도와 종교가 취하는 태도는 근본적으로 다르다. 철학이 하는 가치의 추구를 이론적이라고 부른다면, 종교의 그것은 실천적이다. 종교에 있어서는 "무엇이 참인가?" 또는 "어느 길이 옳은가?"라는 물음에 대한 해답은 성현의 말씀을 통해서 이미 주어져 있다. 그리고 적어도 지도층의 인사들은 그 해답을 알고 있다. 따라서 남은 일은 오직 성경을 통해서 주어진 해답을 일반 신도에게 가르쳐 주는 동시에, 그 해답을 따라 실천하는 것뿐이다. 그러나 철학의 경우는 "무엇이 참인가?" 또는 "어느 길이 옳은가?"라는 물음에 대답하는 일 자체가 당면한 과제로서 주어진다. 다만 주어진 해답을 배우는 것이 아니라, 철학하는 사람 자신이 스스로의 사유(思惟)를 통하여 저 물음에 대답해야 한다. 그리고 그 정답을 구하는 사유의 과정에 있어서 절대로 필요한 것은 회의(懷疑)와 비판의 정신이다. 이 점에 있어서 철학은 회의와 비판을 미혹(迷惑)의 징조로서 이단시(異端視)하는 종교와 근본적으로 다르다. 짧게 말해서 철학은 지성적 사유를 통하여 가치를 탐구하는 데 비하여, 종교는 감성적 신앙을 통하여 가치의 실현을 추구한다.

철학과 예술

이제까지 우리는 철학과 종교를 비교해 보았다. 이제 이 자리를 빌려서 철학과 예술을 비교해 보는 것도 철학의 성질을 이해하는 데 도움이 될 것으로 생각된다. 과학 및 종교와 아울러 예술도 우리 문화 현상 가운데서 매우 중요한 위치를 차지하기 때문이다.

예술이라는 말도 그 의미에 여러 가지가 있다. 예술이라는 말에 해당하는 라틴어의 'art'나 그리스어의 'technē'는 본래 모든 기술을 통틀어 가리켰으며, 영어의 'art'에도 일반적인 기술(技術) 또는 기예(技藝)의 뜻이 있다. 한자의 '예(藝)'나 '술(術)'도 원래 널리 재주 또는 기술을 뜻하는 말이었다. 그러나 오늘날 예술이라고 하면 그 뜻이 훨씬 좁아져서, 실용보다도 미(美)

를 목적으로 삼는 인간의 창조적 활동을 일컫는다. 미의 창조를 주된 목표로 삼는 예술은 두 가지 점에서 진리의 발견을 주된 목표로 삼는 철학과 다른 특색을 가졌다.

미는 창조인 까닭에, 예술 활동에 있어서 가장 근본이 되는 것은 상상력과 감정 그리고 감각이다. 이 점에 있어서 주로 오성(悟性) 또는 이성(理性)의 사유에 의존하는 철학과 크게 다르다. 그 바탕이 된 심리에 있어서 주도적인 것은 지성적이라기보다도 감성적이라는 뜻에서 예술에는 철학보다도 종교에 가까운 일면이 있다고 말할 수가 있다. 그리고 예술은 하나의 창조적 활동인 까닭에, 반드시 현실을 그대로 모방할 필요는 없고, 자기가 원하는 바에 따라서 구상할 수 있는 자유를 가졌다. 이 점에 있어서도, 진리의 발견을 사명으로 삼음으로써 있는 대로의 사실에 충실해야 하는 과학이나 철학과는 크게 다르다. 그러나 위에 말한 두 가지 차이점을 절대적인 것처럼 강조해서는 안 될 것 같다. 왜냐하면 첫째로, 예술이 비록 상상력과 감정을 동원하여 창작한다 하더라도 지성의 힘을 빌리는 바 적지 않으며, 철학이 또한 주로 오성과 이성에 의존한다고는 하나 상상력을 동원하는 바 없지 않기 때문이다. 그리고 둘째로는, 예술이 비록 현실을 넘어서서 자유롭게 구상할 수 있다고 하나 역시 현실에 대한 올바른 파악을 바탕으로 삼는 것이 바람직하며, 철학이 본래 진리의 인식을 목표로 삼는다고는 하나, 실천의 문제를 다루는 마당에서는 창조적 활동에 종사해야 할 경우가 적지 않기 때문이다.

대범하게 말하자면 철학은 인식 활동이요, 예술은 창조 활동이라고 주장할 수가 있다. 그러나 엄밀하게 말하자면, 예술에도 일종의 인식이 따르고, 철학에도 창조적인 일면이 있다. 다만 예술적 인식은 구체적 개별자(個別者)에 대한 직관을 통하여 그 보편적 본질을 파악함에 비하여, 철학적 인식은 처음부터 추상적이요 보편적인 원리를 대상으로 삼는 동시에 결론에 도달하기까지에는 복잡한 추리의 과정을 밟는 것이 보통이라는 차이가 있다.

그리고 또 예술적 창조는 현실과 논리의 제약을 받는 바가 비교적 적어서 그 활동이 매우 자유로운 데 비하여, 철학적 창조는 현실과 논리에 의하여 엄격한 제약을 받을 뿐만 아니라, 그 창조된 이론에 대하여서는 보통 심각한 사회적 저항이 따르기 마련이라는 차이가 있다.

철학은 과학과 종교의 중간에 위치하는 것이라고 말한 러셀의 견해를 옳다고 인정할 수 있다면 우리는 비슷한 논리에 의해서, 철학은 과학과 예술의 중간에 위치하는 정신적 산물이라고도 말할 수 있을 것이다. 이와 같이 철학은 종교와 더불어 공통으로 가지고 있는 동시에, 또 많은 것을 예술과 더불어 공통으로 가지고 있는 것 같다.

철학과 과학이 근본적으로 모순되는 것이 아니며, 오히려 서로 보충하고 서로 돕는 관계에 있듯이, 철학과 종교와 예술도 상호간에 대립만 할 성질의 것이 아니라, 다 같이 풍부하고 보람 있는 인생을 위해서 극히 중요한 정신적 산물로서, 서로 돕고 서로 보충하는 관계에 있다. 역사상에 이름 높은 철학자가 동시에 위대한 종교가이기도 하고, 이름 높은 예술가가 동시에 위대한 철학 사상가이기도 했다는 사례가 적지 않다는 사실은 결코 우연한 일이 아니다.

5. 철학의 분과

철학이라는 학문은 그 범위가 매우 넓은 까닭에, 편의상 이것을 몇 개의 분과로 나누어 볼 수가 있다. 그러나 철학을 어떻게 분류하는 것이 가장 좋으냐에 관해서는 일정한 설이 있는 것은 아니다. 일반적으로 분류에 있어서는, 그 기준을 어떻게 선택하느냐에 따라서 같은 대상에 관해서도 여러 가지 길이 가능할 것이나, 특히 철학에 있어서는 분류하는 사람이 취하는 철학적 입장에 따라서 그 분류가 상당히 달라진다. 그러나 여기서는 철학의 분류에 관한 여러 가지 견해를 나열할 필요는 없을 것으로 생각되므로, 그 가운데서 비교적 일반적이라고 인정되는 것 한 가지만을 소개하기로 한다.

철학의 분류

철학을 크게 두 부류로 나누어서 이론철학과 실천철학으로 구별하는 것은 옛날부터 가장 널리 쓰여 온 분류의 방법이다. 이론철학이라 함은 지식의 획득을 목적으로 삼는 철학을 가리키는 것으로서, 형이상학(形而上學)과 인식론(認識論)이 그 가장 중요한 분과라고 볼 수 있다. 실천철학이라 함은 인생을 위하여 소중한 가치의 실현을 궁극의 목적으로 삼는 것으로서, 윤리학(倫理學)과 미학(美學)이 그 가장 대표적인 것이다.

이론철학과 실천철학의 두 분야 밖에 위치하는 것이라고 보통 간주되는 것으로서 논리학(論理學)이 있다. 논리학이 철학 안에서 차지하는 위치에 관해서는, 이를 이론철학의 중요한 부분으로 보는 견해도 있고, 윤리학 및 미학과 아울러 가치철학(價値哲學)의 한 분과로 보는 견해도 있어서 이론이 분분하나 여기에서는 아리스토텔레스 이래의 전통적 견해에 따라 논리학을 철학 연구의 예비적 과정 또는 방법론의 자리에 배정하기로 한다. 다음은 철학 연구를 위한 도구라고 불리는 이 논리학으로부터 시작하여, 이론철학과 실천철학의 중심적인 분과들에 대한 개별적 설명을 시도하기로 한다.

논리학

논리학에도 몇 가지 종류가 있다. 그 가운데서 가장 기본적인 것은 형식논리학이며, 우리가 일반적으로 논리학이라고 말할 때에는 이 형식논리학을 가리키는 것이 보통이다. 그리고 이것은 간단히 말해서, 사유의 형식에 관한 학(學) 또는 사유의 법칙에 관한 학이라고 정의할 수가 있다. 이 형식논리학은 사유에 관한 학문이요, 사유는 일종의 심리 현상인 까닭에, 그것은 심리학의 한 분과 같은 인상을 주기도 한다. 그러나 논리학은 심리학의 한 분과는 아니다. 왜냐하면, 논리학의 문제는 "사람들이 어떻게 사유하는가?"라는 것이 아니라, "우리는 어떻게 사유하는 것이 옳은가?"라는 것이다. 다시 말하면, 논리학은 우리가 올바른 사유를 하기 위해서 지켜야 할 규범적(規範的) 법칙을 연구하는 학문이다. 그리고 규범의 학이라는 점에서 심리에 관한 사실의 학으로서의 심리학과는 구별된다.

형식논리학은 오로지 사유의 형식을 문제 삼을 뿐이요, 그 내용은 문제 삼지 않는다. 다시 말하면, 그것은 구체적 사상을 전개하거나 지식의 내용 또는 실질에 관여함이 없이, 오직 옳은 판단 또는 옳은 추리에 있어서 어겨서는 안 될 형식적 규칙만을 다룬다. 따라서 형식논리학의 견지에서 볼 때에는, 어떤 사유의 내부에 논리적인 모순만 없으면, 그것은 옳은 사유가 되는 것이며, 그 사유와 대상과의 내용적 관련성은 전혀 문제가 되지 않는다.

형식논리학은 보통 원리론(原理論)과 방법론(方法論)의 두 부문으로 크게 나누어진다. 원리론은 사유의 근본원리, 개념 및 판단의 성질, 추리의 법칙 등을 연구하는 것으로서, 이 부문에 있어서 가장 큰 비중을 차지하는 것은 연역법(演繹法), 즉 이른바 삼단논법에 관한 이론이다. 한편 방법론은 자유의 법칙을 학문 연구에 실제로 응용하는 문제를 다루는 것으로서, 모든 학문의 연구를 위하여 필요한 기초적인 지식을 밝혀 준다. 방법론에 있어서 가장 큰 비중을 차지하는 것은 귀납법(歸納法)에 관한 이론이다.

형식논리학은 그것이 너무나 추상적이어서, 실질적 내용을 갖춘 지식을 보태 주기에는 무기력하다는 비판을 가한 철학자들이 있다. 이와 같은 비판은 대상의 인식과 내용적으로 밀접한 연결을 갖는 논리학을 모색하게 함으로써 인식론적 논리학의 성립을 초래했으며, 칸트의 이른바 선험적(先驗的)

논리학은 그 대표적인 것이다. 형식논리학의 형식성에 대한 비판은 다시 한 걸음 더 나아가서, 단순히 추상화된 형식적 사유, 즉 대상과 유리하여 고립화된 사유의 법칙을 따지는 그런 논리학의 무용(無用)을 주장하고, 실재하는 세계의 현실적인 사상(事象) 그 자체 안에서 움직이고 있는 논리를 밝히는 논리학만이 참된 논리학이라는 주장을 낳게 되었다. 이러한 주장의 결과로서 생긴 것이 형이상학적 논리학이며, 헤겔의 변증법적 논리학은 그 대표적인 것으로 널리 알려져 있다.

오늘날 새로운 논리학인 것처럼 그 이름을 들을 기회가 많은 기호논리학(記號論理學)은, 내용성을 중요시하는 인식론적 논리학이나 형이상학적 논리학과는 전혀 반대의 방향을 취하는 것으로서, 객관적 실재나 현실은 전혀 사상(捨象)하고 오로지 순수한 사유의 형식만을 문제 삼는다. 따라서 그것은 본질에 있어서는 형식논리학에 가까운 것이라 할 수 있으며, 다만 일상적 언어를 사용하지 않고 오로지 간략한 기호만을 사용함에 근본적으로 새로운 점이 있다. 기호만을 사용하는 까닭에 추리는 계산의 형식을 취하게 되며, 이에 논리학은 수학으로 접근하게 된다. 여기에 기호논리학을 수학적 논리학이니 논리의 대수(代數)니 하는 이름으로 부르기도 하는 이유가 있다.

형이상학

형이상학이라는 말은 서양말의 'metaphysics', 'Metaphysik', 'méta-physique' 등을 옮겨 놓은 것이며, 그 기원은 그리스어의 'metaphysica'에 있다. 그리고 이 그리스어는 'meta(뒤)'와 'physica(자연학)'를 합쳐서 만든 말이니, 그 본래의 뜻은 '자연학(自然學) 뒤에' 또는 '자연학 뒤에 놓인 학(學)'에 가깝다. 아리스토텔레스의 저작을 편찬한 사람들이 우선 그의 자연학에 관한 것을 앞에 놓고 그가 제일철학(第一哲學)이라고 부른 연구를 그 뒤에 놓았다는 우연한 사실에서 그러한 합성어가 만들어진 것으로 알려지고 있다. 결국 형이상학이라는 말은 그 기원을 따진다면 아리스토텔레스의 제일철학을 가리킨 말이라고 할 수가 있다.

아리스토텔레스의 제일철학은 존재 및 이것에 자체적으로 속하는 것, 즉 여러 존재자들로 하여금 존재하게 하는 근본원리에 대한 학문이다. 그것은 존재로서의 존재 그 자체에 대한 연구인 까닭에, 경험에 나타난 사물들 즉 어떤 특수한 형태를 띠고 나타난 존재자를 연구하는 개별 과학과 근본적으로 구별된다. 이리하여 제일철학을 의미하는 형이상학은 생멸하고 변동하는 경험의 세계를 초월하여 상주 불변하는 실체(實體)를 대상으로 삼는 학문이라고 말할 수 있으니, 저 'metaphysic'의 'meta'는 '넘어서' 또는 '초월(超越)'의 뜻으로 전화(轉化)한 셈이다.

형이상학은 존재의 본질에 관한 학문이 까닭에, 그 핵심을 이루는 것은 존재론이다. 그러나 존재의 가장 근본적인 원인 또는 존재에 있어서 가장 존귀한 원리를 신(神)이라고 보는 견지에서는 형이상학을 신학(神學)으로 연결시키려고까지 하였다. 아리스토텔레스는 형이상학을 존재 일반에 관한 학인 동시에, 존재의 가장 존귀한 유(類)로서의 신에 관한 학이라고도 생각했으나, 그가 형이상학을 신학이라고 불렀을 때, 그것은 본래 종교적인 뜻을 가진 말은 아니었다. 그러나 중세의 기독교 사상가들이 플라톤이나 아리스토텔레스의 사상을 종교적인 견지에서 해석하기에 이르러, 형이상학은 종교적인 신학과 밀접하게 연결되었다. 중세의 대표적인 사상가 토마스 아퀴나스는 형이상학을 초자연적인 것 일체에 관한 사상 학문이라고 규정하고, 그 대상을 'transphysica'라고 불렀다. 그리고 'transphysica', 즉 초자연(超自然)을 대상으로 삼는다는 점에서 형이상학은 신학과 공통된 측면을 가졌다고 보았다. 그러나 그 대상을 인식하는 방법은 서로 다르다는 것을 주장하여, 두 학문을 혼동하지 않고자 꾀했다. 즉 형이상학은 이성 또는 지성을 통하여 인식에 도달하기를 시도하나, 신학은 계시에 의존함을 원칙으로 삼는다는 것이었다.

형이상학은 존재 일반의 원리를 탐구하는 학문인 동시에, 초경험적인 실재(實在) 전체에 대한 연구다. 그러므로 초경험적인 실재 가운데 어떤 것을 포함시키느냐에 따라서 그 다루는 범위도 달라진다. 진선미 등 모든 본래적 가치를 초경험적 실재라고 보는 견지에서는, 가치에 관한 여러 근본 문제도 형이상학의 영역에 포함된다고 생각하며, 인간의 본질도 초자연의 세계에 속한다고 보는 학자들은 인간의 자아, 의지의 자유, 우주 안에 있어서의 인간의 위치 등 인간학적 문제들도 역시 형이상학적으로 다루어져야 한다고 믿는다.

존재의 본질에 관한 형이상학설에는 여러 가지 견해의 대립이 있다. 유물론(唯物論)과 유심론(唯心論), 물(物)과 심(心)의 동일을 주장하는 동일철학(同一哲學)과 물심이원(物心二元)을 주장하는 이원론, 일원론과 다원론 등의 맞서는 이름들은 모두 그러한 대립을 나타내는 말들이다.

인식론

인식론은 지식론이라고도 부른다. 이것은 지식의 기원, 지식의 구조, 인식의 방법, 인식의 타당성 등을 연구하는 철학의 한 부문이다.

넓은 의미의 지식론에 포함시킬 수 있는 사상은 고대와 중세의 철학 가운데도 있었다. 그러나 철학의 한 독립된 부문으로서의 인식론이 발달한 것은 근대 이후의 일이며, 특히 로크의 인간오성론(人間悟性論)은 그 획기적인 금자탑으로 알려졌다.

르네상스 이후의 서양의 사상계는 전반적으로 크나큰 전환을 경험하였는

데, 그러한 사조는 당연히 철학에도 반영되었다. 근세의 철학자들은 과거의 철학에 대해서 불신(不信)과 부정(否定)의 태도로 일관하였다. 그들은 의식적으로 과거의 철학을 물리치고 근본적으로 새로운 출발을 하려고 꾀했다. 과거의 철학 사상은, 한두 가지의 예외를 제외한다면, 모두 쓸데없는 사설(辭說)에 지나지 않는다고 보았던 것이다. 그들이 얼마나 과거의 철학을 불신했는가는, 근세 철학에 있어서 최초의 위대한 두 철학자로 알려진 베이컨과 데카르트가 여러 가지 점에서 서로 날카롭게 대립하는 주장을 했으면서도, 종전의 철학을 가혹하게 비난하는 마당에서는 의견이 일치했다는 사실로도 어느 정도 짐작할 수가 있다.

과거의 철학이 공연한 헛수고만 되풀이한 것은 그 방법이 근본적으로 잘못되었기 때문이라고 근세의 철학자들은 진단을 내렸다. 인식의 방법이 틀린 까닭에 진리에 도달할 수가 없었다는 것이다. 그러므로 근세의 철학자들이 가장 시급한 과제라고 생각한 것은 올바른 학문의 방법을 발견하는 일이었다. 그리하여 그들은 방법론의 연구에 우선 정열을 기울였는데 방법론에 대한 연구는 자연히 그들을 여러 가지 새로운 문제로 이끌어 갔다. 도대체 인식의 기원은 무엇인가? 인간의 힘으로 인식할 수 있는 대상의 범위, 즉 인식의 한계는 어디까지인가? 진리와 허위를 분간하는 기준은 무엇인가? 도대체 진리란 무엇인가? 우리는 과연 그것에 도달할 수 있는가? 이러한 물음들이 연달아 제기되었으며, 그것들에 대한 체계적인 연구가 뒤따랐다. 그리고 그러한 문제들에 대한 체계적인 연구가 바로 인식론이었다.

인식론의 문제에 대하여도 여러 학설의 대립이 생겼다. 합리론(合理論)과 경험론(經驗論), 실재론(實在論)과 관념론(觀念論), 모사론(模寫論)과 프래그머티즘 등의 맞서는 이름들은 그러한 대립을 나타내는 대표적인 것들이다.

인식론은 형이상학과 밀접한 관계를 가졌다. 인식에 관한 철학적 문제 가운데서 가장 깊은 관심사가 된 것은 초경험적 실재(實在)의 세계에 관한 인식의 문제였기 때문이다. 그런데 어떤 학자들은 인식론을 존재론과 함께 형이상학의 두 주요 부문이라고 주장하는가 하면, 어떤 학자들은 자기가 지지하는 인식론의 필연적 결론으로서 형이상학의 가능성을 부인하기도 하여 인식론과 형이상학의 관계를 어떻게 규정할 것인가는 매우 어려운 문제다. 여하튼 인식론과 형이상학이 이론철학의 두 근간(根幹)이라는 것과, 이 두 분과 중에 어느 편이 더 우선적이냐에 관해서 학자들 사이에는 많은 논쟁이 있었던 것만은 움직일 수 없는 사실이다.

윤리학

우리는 일상생활에서 많은 실천적 문제에 부딪친다. "어떻게 해야 옳을까?" "어떻게 하는 것이 좋을 것인가?" 실천에 관한 문제를 다루는 철학을 실천철학이라고 부르는데, 윤리학은 그 가장 중요한 부문이다.

실천에 관한 모든 문제가 윤리학의 문제가 되는 것은 아니다. 예컨대 감기나 몸살을 고치는 방법 또는 요리를 만드는 방법 등에 관한 문제는 실천적이기는 하나 윤리학적은 아니다. 이미 세워진 목적을 위한 수단을 묻는 문제들은 원칙상 윤리학의 대상 밖으로 밀려나게 되며, 목적의 선택 또는 목적의 수립에 관한 실천의 문제만이 윤리학의 대상이 될 수 있다.

목적 또는 목적에 관한 문제 가운데서도 윤리학의 대상이 되지 않는 것이 있다. "어떠한 체격이 가장 아름다운 체격인가?" "어떠한 음악이 가장 훌륭한 음악인가?" 이러한 물음들은 일반적인 경우에 있어서, 세워진 목적을 위한 수단을 묻는 것이 아니라 우리가 지향해야 할 목적 그 자체를 묻는 것이지만, 보통 윤리학의 문제라고는 생각되지 않는다.

윤리학의 대상이 되는 것은 목적에 관한 문제들 가운데서도 인생과 인격 및 행위의 선(善) 또는 바른 것에 관한 것에만 국한된다. 이상의 논한 바를 요약한다면, 규범(規範)의 학(學)으로서의 윤리학은 우리가 목적으로 삼아야 할 인생 또는 인생의 주체적 단위로서의 인격 또는 인생 및 인격의 기본적 구성요소로서의 행위에 관한 실천적 문제들에 종사하는 당위의 학이라고 말할 수 있을 것이다.

국민학교에서 가르치는 바른 생활이나 중고등학교에서 공부하는 도덕 또는 국민 윤리에 있어서도, 인생과 인격 그리고 행위의 선악 또는 시비의 문제가 다루어진다. 그러나 이러한 사회생활의 과목과 윤리학 사이에는 근본적으로 다른 점이 있다. 즉 국민학교나 중고등학교에서 가르치는 사회생활의 과목에 있어서는 문제에 대한 해답은 이미 확정되어 있다. 그 사회에서 받아들여지고 있는 기성 도덕이 그 해답의 기준을 제공하는 것이다. 다시 말하면, 사회생활의 과목에 있어서는 그 사회의 기존하는 도덕 사상을 그대로 받아들여 이를 피교육자에게 침투시키는 것을 그 사명으로 삼는다. 그러나 윤리학의 경우에는 그것을 공부하는 사람들 스스로가 그 정답을 발견해야 한다. 기성 도덕을 비판적으로 검토하여, 그것이 타당한가 타당하지 않은가를 판단하고, 나아가서는 새로운 행위의 규범을 발견 또는 창조하는 것이 윤리학의 근본 사명이다. 따라서 바른 생활이나 국민 윤리에 있어서 환영되지 않는 회의적 태도가 윤리학에 있어서는 불가결한 출발점이 되며, 전자에 있어서는 간혹 방해물이 되기도 하는 비판적 정신이 후자에 있어서는 이를 이끌어 가는 필수의 원동력이다.

윤리학에 있어서 가장 근본적인 문제는, 선악(善惡) 또는 시비(是非)를 판정하는 기준이 무엇인가 하는 문제다. 이 물음에 대답하기 위해서 제시된 학자들의 이론은 매우 여러 가지가 있거니와, 우리는 그것을 크게 목적론과 법칙론의 두 부류로 나눌 수가 있다. 목적론은 인간이 추구해야 할 궁극의 목적을 제시함으로써 시비와 선악의 기준을 밝히자는 학설이요, 법칙론은 인간이면 누구나 지켜야 할 도리 즉 행위의 법칙이 이미 주어져 있다는 전제 아래, 그 법칙을 발견함으로써 윤리적 평가의 기준의 문제에 대답하고자 하는 학설이다.

시비 또는 선악의 기준을 세우는 마당에 있어서 극히 중요한 것은, 그 기준을 세우는 올바른 방법이 무엇이냐는 문제다. 가장 올바른 방법으로서 인정된 이론 여하에 따라서, 결론으로써 얻어지는 기준이 크게 좌우되기 때문이다.

윤리학의 방법에 관한 이론에도 여러 가지가 있으나, 우리는 그것을 크게 세 부류로 나눌 수 있다. 첫째는 형이상학적 윤리설이라고 불리는 것으로서, 형이상학의 지식을 근거로 삼고 인생의 목적 또는 행위의 법칙을 발견해야 한다는 학설이다. 둘째는 자연주의적 윤리설이라고 불리는 것으로서, 경험적 사실에 관한 지식을 근거로 삼고 인생의 목적 또는 행위의 법칙을 추리해 내야 한다고 주장하는 학설이다. 셋째는 직각론적(直覺論的) 윤리설이라고 불리는 것으로서, 어떤 다른 지식에 의존함이 없이 직접적으로 시비 또는 선악의 원칙을 인식할 수 있다고 주장하는 학설이다.

미학

미학은 미적 사실을 전반에 걸쳐서 대상으로 삼는 학문이다. 그러나 미적 사실에 있어서 가장 근본적이요 중요한 것이 무엇이냐에 관해서는 견해가 갈라짐에 따라서, 미학적 연구의 방향도 달라진다. 미적 사실에 있어서 가장 근본적인 것이 무엇이냐에 관한 견해는 크게 두 가지로 나누어진다. 그 첫째는 아름다움을 성립시키는 주관적 원리를 가장 중요하다고 생각하는 견해요, 둘째는 아름다움이라는 가치를 가지고 있는 객관적 사물 즉 아름다운 것, 특히 예술적 작품을 중요하다고 보는 견해다. 전자의 견지에 입각할 경우에는, 미적 취미와 능력의 문제 또는 예술의 창조 작용 등을 탐구하는 것이 미학의 중심 과제가 되며, 후자의 견지를 취할 경우에 있어서는, 예술 작품의 본질, 미의 법칙성 또는 미의 규범 등이 중심 문제가 된다. 그러나 이 두 가지 방향은 내면적으로 깊이 연결되고 있는 것이며, 그 하나는 필연적으로 다른 하나를 예상하는바, 미적 체험의 두 측면이라고 볼 수 있다. 따라서 미학은 저 두 측면을 서로 연결시켜서 종합적으로 탐구하는 것이 가장 바람직하다고 보는 사람들도 많다.

미학적 사고는 이미 옛날 그리스 철학에서 시작되고 있으며, 플라톤과 아리스토텔레스의 저술 가운데 미학적인 문제가 다루어지고 있음은 널리 알려진 사실이다. 그러나 미학이 체계적인 독자의 학으로서 성립하게 된 것은 근세 이후의 일이며, 특히 칸트는 미학의 근대적 기초를 확립한 사람이다. 칸트에 의하여 기초가 확립된 선험주의적, 비판주의적 미학은 셸링, 헤겔, 쇼펜하우어 등에 의하여 계승되어, 이른바 관념론적 미학의 성립을 보았거니와 이와 같이 독일에서 발달한 근세 미학은 우선 미적 체험에 대한 형이상학적 분석을 주로 하는 연구로서의 특색을 나타냈다. 그러나 19세기 중엽에 페흐너라는 학자가 아래로부터의 미학을 주장하여, 미의 본질을 미적 체험에 대한 심리학적 분석을 통하여 경험과학적으로 파악할 것을 제창했음을 계기로, 심리주의적 미학의 발달을 보게 되었다.

이상은 미학의 개념을 넓은 의미로 해석하고, 이른바 예술학(藝術學)도 그 안에 포함시켜서 고찰한 것이나, 어떤 학자들은 미학을 좁은 의미로 규정하고 예술학과의 엄격한 구별을 강조한다. 그 구별을 강조하는 이유로서는 예술은 반드시 인간에 의한 형성과 표현을 필수 조건으로 삼고 성립하나, 인간의 형성이나 표현과는 관계없이 자연적으로 아름다움을 가진 사물이 있다는 사실을 지적하는 사람도 있고, 또는 예술적인 것 가운데는 숭고와 유머 등 아름다움과는 다른 성질의 것이 포함되기도 한다는 사실을 지적하기도 한다.

그리고 미학으로부터의 예술학의 독립을 주장하는 사람들은, 미학을 인간의 미적 능력 또는 미적 체험에 대한 형이상학적 또는 심리학적 분석에 종사하는 연구로서 이해하는 반면에 예술학은 사회적, 역사적 존재로서의 예술작품을 출발점으로 삼는 경험과학으로서 간주하려는 경향이 있다.

(1968. 2. 28)

2장 두 가지의 철학
— 현실과의 거리 문제

1. 생활인의 철학적 관심

오늘날 우리나라에 있어서 지식층에게 사상이 빈곤하다 함은 공공연한 격정이며, 8 · 15와 4 · 19의 민족적 희망을 환멸로 이끈 것도 결국 지도자들에게 철학적 기반이 없었기 때문이라고 일반이 관측한다. 비록 지식층을 자부하지 않고 지도자로서 자처하지 않는 사람들일지라도 우리 사회의 현상을 똑바로 바라보는 이들은 막연히 사상(思想)이라고 불리는 것, 또는 철학(哲學)이라고 일컫는 것에 대하여 은근한 갈증을 금치 못한다. 이 갈증을 채우기 위하여 책을 뒤지고 대학 강좌에도 참석한다. 모든 읽을 만한 책, 모든 들을 만한 강의는 구하는 것을 다소 베풀어 준다. 그러나 그 갈증의 철저한 처리를 희구하는 단계에 이르러, 책 가운데서도 전문적 철학서와 대결하고, 강의 중에서도 전문적인 철학자의 그것으로 달리는 것은 매우 자연스러운 일이다. 그런데 실생활이 던지는 절실한 문제에 대한 결정적인 해결을 꾀하여 전문적인 철학서나 철학자에게로 달리는 사람들은, 그들이 정말 전문적인 책이나 사람을 택했다면, 십중팔구는 구하는 것을 얻지 못하는 결과를 본다. 문제는 바로 여기에 있다.

왜 전문적인 철학서나 전문적인 철학자는 생활인이 갈구하는 사상의 관문을 열어 주지 않으며, 그들이 당면한 철학적 문제에 열쇠를 던져 주지 못하는가? 간단히 말하면, 일반 생활인들의 철학적인 문제들과 가장 전문적인 현대의 철학자들이 연구실이나 교실에서 씨름하는 문제들과는 대부분의 경우에 있어서 근본적으로 성질이 다르기 때문이다.

2. 공자와 비트겐슈타인

우리는 소크라테스나 공자(孔子)를 철학자라고 부르는 데 별로 이론(異論)이 없다. 또 현대의 영국이 자랑하는 무어나 비트겐슈타인을 철학가(哲學家)라고 부르자는 의견에도 크게 반대할 사람이 적다. 그렇지만 소크라테스나 공자는 무어나 비트겐슈타인이 그런 것과 같은 의미로 철학자는 아니며, 무어나 비트겐슈타인은 소크라테스나 공자가 그런 것과 같은 의미로 철학가가 되는 것은 아니다. 그들의 문제와 목적이 근본적으로 다르며, 그들이 사용한 방법도 따라서 다르기 때문이다.

공자나 소크라테스가 철학의 목표로 삼은 바는 인생에 있어 가치의 왕국을 수립하는 일이었다. 그들의 첫째이자 마지막 문제는 "우리는 어떻게 행동할 것인가?" 였다. 한편 비트겐슈타인이나 무어가 철학의 목표로 삼은 것은 무엇보다도 먼저 지식의 근본을 묻고 그 흔들림 없는 주춧돌을 놓자는 일이다. 이들에게 있어서의 첫째이자 마지막 문제는 "우리는 어떻게 생각할 것인가?" 에 있다. 공자의 머리를 괴롭힌 것이 선(善)이라면 무어의 머리를 괴롭힌 것은 진(眞)이다. 소크라테스 철학의 관심이 필경은 있어야 할 세계로 달린다면, 비트겐슈타인 철학의 관심은 끝내 있는 세계 안에서 멈춘다.

소크라테스나 공자가 '있는 세계'를 전혀 묻지 않았다는 것이 아니다. 그러나 그들이 '있는 세계'를 물은 것은 결국 '있어야 할 세계'를 밝히기 위한 준비로서의 뜻이 강하다. 무어나 비트겐슈타인이 '있어야 할 세계'에 무관심하다는 것도 물론 아니다. 그러나 '있어야 할 세계'에 대한 그들의 관심은 엄밀하게 말하자면, 철학자로서의 그것이 아니라, 인간으로서의 그것이라고 보아야 옳을 것 같다.

현대의 전문적인 철학자 내지 철학서가 일반 대중의 절실한 욕구를 채워주지 못하는 것은, 대중의 철학적인 문제는 공자나 소크라테스의 그것에 가까운데 오늘날의 전문가들은 무어나 비트겐슈타인의 문제에 골몰하기 때문이다. 시험 삼아 책방에 들러 세계적으로 알려진 전문적 철학서를 들추어 보라. "인생의 목적이 무엇인가?" "우리는 무엇을 해야 옳은가?" 따위의 문제를 정면에서 다룬 연구를 찾아보기는 힘들 것이다. 또는 학자들 사이에서 학자라는 인정을 받고 있는 교수의 철학 강좌에 참석해 보라. 한국 통일의 방안이라든지 자본주의냐 사회주의냐 따위의 문제에 직접 대답해 주는 이야기를 듣기는 힘들 것이다.

오늘날 전문적 철학도들이 문제 삼는 것은 예컨대, "석탄의 검은 빛은 석탄에 속하는 성질인가, 또는 그것을 검다고 보는 사람의 주관에서 오는 것인가?" "우리는 코끼리가 개미보다 크다고 하는데 '더 크다' 함은 무엇을 의미하며, 또 코끼리가 개미보다 크다는 것을 우리는 어떻게 증명할 수가 있는가? 우선 '증명한다' 함은 무슨 뜻인가?" "플라톤은 이데아의 세계와 경험의 세계와의 관계를 무엇이라고 설명하였으며, 이에 대한 아리스토텔레스의 비판은 어떤 것인가?" "둘에 셋을 보태면 다섯이 된다는 명제는 밖에 있는 세계의 질서를 밝히는 것인가, 또는 생각하는 마음의 질서를 말하는 것인가?" "진실로 존재하는 것은 무엇인가?" "존재와 시간은 어떠한 관계에 있는가?" 따위의 성질의 것들이다.

가치를 문제 삼고 행동을 문제 삼는다는 윤리학에 있어서도 오늘날 "인생의 궁극목적이 무엇인가?" "우리는 어떻게 행동해야 하는가?" 따위의 문제를 먼저 앞세우는 경우는 드물다. 현대에 있어서 가장 이름 있는 윤리학자들이 우선 묻는 것은 "도대체 인생에 목적이 있는가? 있다면 어떠한 의미로 그것이 있는가?" "좋다 또는 옳다 따위의 가치 개념의 의미가 무엇인가?" "이른바 가치판단이 정말 판단으로서의 조건을 갖추고 있는가? 만약 평가적인 발언도 일종의 판단이라면, 그것의 논리적 구조는 어떠하며, 그 진위를 밝히는 방법이 무엇인가?" 따위의 성질의 물음들이다. 다시 말하면 오늘날 가장 전문적인 윤리학자들이 당면한 문제는 "무엇을 해야 옳은가?"이기보다도 "무엇을 해야 옳으냐는 물음이 학문적으로 대답할 수 있는 문제인가?"이다.

철학의 문제나 목표가 상술한 바와 같은 변천을 겪은 데는 여러 가지 사유가 있을 것이다. 그 중에서도 가장 중요한 사유(思惟)의 하나로서, 철학이 본래는 우주의 근본을 이해하고 복된 인생을 확고한 원리 위에 세우기 위한 도구로서 탐구되었으나, 예술의 경우에 있어서와 같이 학술에도 그 자체의 가치가 인정됨에 이르러 학술을 위한 학술의 탐구가 성행됐다는 사정을 지적할 수가 있다. 철학에 있어서도 철학을 위한 철학이 끈기 있게 탐구되는 동안에 전문 안에서 전문이 분화되고 머리카락을 가르는 날카로운 분석의 힘이 강화되는 반면에 출발점으로 돌아와 문제를 전체로서 파악하는 종합의 힘이 약화된 듯한 느낌이 있다. 그러나 여기서 우리의 문제는 철학의 방향이 바뀌게 된 그 사유를 밝히려는 데 있지 않다. 우리가 앞으로 생각하고 싶은 것은 "심각한 현실이 단순한 사색(思索)보다도 사상의 뒷받침 있는 행동을 요구하는 오늘날, 우리나라의 철학도는 어느 길을 선택해야 할 것인가?"라는 문제 및 이 문제로부터 파생되는 몇 가지 문제들이다.

3. 삶의 지혜로서의 철학

두 가지의 철학에 아울러 능통할 수 있다면 그 이상 더 바랄 것이 없다. 예컨대, 기호론(記號論), 이학(理學), 과학철학(科學哲學) 또는 언어분석(言語分析) 따위와 같이 행동과는 직접 관계가 없는 전문 분야에 깊은 조예를 갖는 동시에, 개인과 사회가 당면하는 현실적인 문제에 대답해 주는 이를테면 인생철학에도 깊을 수 있다면, 두말할 여지 없이 그렇게 힘쓸 일이다. 그러나 이론상으로는 두 가지를 겸한다는 것도 불가능하지 않으나, 실제로는 한 가지도 제대로 하기 힘든 것이 범인(凡人)의 슬픔이다. 우리의 문제는 두 가지를 겸할 능력이 없을 경우에 어느 길을 택하여 힘쓸 것인가에 있다.

결론부터 말한다면, 두 가지를 겸할 힘이 부족한 모든 한국의 철학도가 어느 한쪽 길을 공통으로 택하고, 또 한쪽 길은 완전히 버려야 된다고는 생각하지 않는다. 선택의 마지막 권한은 각자 개인에게 주어져 있으며, 아무도 밖으로부터 하나의 길을 강요할 근거를 갖지 못했다. 각자는 스스로의 태도를 결정할 자유를 가졌다. 비록 그 자유의 행사에 따르는 결과에 대하여는 스스로가 책임을 져야 하겠지만, 도리어 여기서 강조하고 싶은 것은, 두 가지의 철학 가운데 한 가지만이 진정한 철학이요, 또 하나는 돌아볼 가치도 없는 것이라는 생각에 포함된 독단성과 부당성이다. 그리고 한 가지의 철학에만 몰두한 사람이 스스로 철학자로서 할 일은 모두 했다고 생각하는 자부심 속에 갇힌 위험성이다.

"철학을 한다면서 인생을 논하고 도덕이나 사회 문제에 관심을 기울이는 것은 적어도 학문으로서는 순수한 길이 아니다."라는 생각은 근자 일부 전문가들 사이에 유행되는 견해이며, 또 전혀 근거 없는 주장도 아니다. 그러나 필자는 이 견해를 완전히 타당한 생각이라고는 보지 않는다.

'있어야 할 세계', 즉 가치의 세계가 철학의 대상이 될 수 없다는 주장은,

근래 눈부신 발전을 이룩한 자연과학을 참된 학(學)의 유일한 모형으로 보고, 철학도 학인 이상 정밀과학과 같은 토대와 방법 위에 세워져야 한다는 신념에 뿌리를 둔 것 같다. 그러나 이 신념, 더 엄밀하게 말하자면 철학적 열등감은, 종교적 신앙이나 시적(詩的) 상상의 영향을 지나치게 받아 왔던 종래의 철학에 대한 자기 비판으로서는 비록 타당하나, 우리가 전적으로 추종할 만한 탁견같이는 보이지 않는다.

과학을 과소평가해서는 안 된다. 과학이 달성한 업적은 철학이 자기를 키우기 위한 영양으로서 섭취해야 할 것으로 믿는다. 그러나 철학도 필경은 엄밀한 의미의 과학이 되어야 한다는 생각에는 찬동하기 어렵다. 철학은 완전한 과학이 될 수 없는 요소를 가졌기 때문이다. 러셀은 철학을 과학적인 것과 종교적인 것의 결합이라고 단정한 바 있다. 그가 종교적이라는 말로 엄밀히 무엇을 의미했는지 상세하지 않으며, 철학 안에 담긴 과학적이 아닌 모든 요소를 종교적이라는 말 가운데 포섭시킴이 타당할지는 의문이다. 그러나 철학의 과거와 현재를 살필 때 거기 과학적인 것 이외의 요소가 섞였음을 간과할 수는 없다.

아무리 과학의 위력이 크다 하더라도 거기에는 그것이 과학인 까닭에 생기는 한계가 있다. 과학이 도달할 수 있는 한계선을 밝히는 일은 벌써 과학 자체의 임무가 아니며, 이 한계선 밖에 전개되는 아물아물한 세계에 있어서 철학은 그 독자(獨自)의 영역을 발견한다. 그리고 그 한계선 밖에 가로 놓인 영토의 일부로서 있어야 할 세계, 즉 가치의 왕국이 있다.

'있어야 할 세계'에 관한 주장 가운데는 종교적 신념을 토대로 한 것들이 많다. 그러나 그것들을 언제나 종교적이라고 규정함이 마땅할지는 의문이다. 있어야 할 세계는 이미 주어져 있는 세계는 아니다. 그것은 앞으로 만들어져야 할 세계인 까닭에 거기에는 창조의 계기가 숨었다. 그러나 '만들어져야 할 것'의 실현으로서의 창조는 그저 새롭기만 하면 되는 것은 아니다.

그것은 원칙에 기대어서 만들어져야 한다. 창작을 제약하는 원칙들이 밖으로부터 어떤 초월적 존재에 의하여 오로지 주어졌다고 믿는 사람들의 가치판단은 넓은 의미로 종교적이라는 말로 형언해도 좋을 것이다. 그러나 현대의 유력한 사상가들 가운데는 그 창조의 원칙을 우리 인간 스스로가 작정해 나아간다고 믿는 이들도 많다. 이러한 신념에 기초를 둔 가치판단들은 종교적이라기보다도 넓은 의미의 예술적이라는 말이 그 특색을 나타내기에 적합할 것이다.

'있어야 할 세계'에 관한 현대인들의 사상은 전체로 보아 이것을 종교적이라고 부르기에는 너무나 경험론적이고 너무나 능동적인 것 같다. 그러나 그것을 전체로 보아 예술적이라고 부르는 것도 적당하지 않다. 첫째로, 그것은 예술적이라고 부르기에는 너무나 현실적이다. 둘째로, 그것을 예술적이라고 부르기에는, 어떤 창의가 타당한 것이 되기 위하여 만족시켜야 할 조건들이 역사적 현실에 의하여 너무나 숱하게 주어져 있다. 좀 더 쉬운 말로 한다면 현대인의 이상(理想)은 어느 작곡가의 무곡(舞曲)처럼 환상적일 수도 없으며, 어느 화가의 붓대처럼 자유로울 수도 없다.

'있어야 할 것', 즉 이상에 관한 현대인의 사상을 — 종교적이라기에는 너무나 능동적이요, 예술적이라기에는 너무나 현실적인 그것을 — 가장 넓은 의미에 있어서 철학적이라고 한다고 해도 크게 잘못이 아닐 것 같다. 따라서 '있어야 할 것'에 관한 우리들의 문제들 — 행동으로써 해결해야 할 개인적, 사회적 문제들 — 도 이것을 넓은 의미로 철학적이라 불러서 무방하리라고 생각해 본다.

산다는 것은 학문을 한다는 것보다도 더욱 중요하다. 알뜰하고 값있는 삶을 위하여 나날이 부닥치는 개인적, 사회적 문제들을 구김 없이 풀어 가기 위하여 올바른 행동이 요구된다. 그러나 넓이와 깊이를 아울러 가진 사상의 바탕이 없이, 일관되게 올바른 행동으로 시시각각 변동하는 환경에 적응할 도리는 없다. 그래서 행동에 관한 사상 또는 사상의 체계가 요구되는 것이다. 바로 행동의 근본 문제에 관한 이 사상 또는 사상의 체계를 넓은 의미로 철학적이라고 불러도 좋으리라고 말한 것이다. 행동에 관한 근본 문제를 두고 사색하는 일은 물론 전문적인 철학도(哲學徒)들만의 특권도 특수 사명도 아니다. 여기서 강조하고 싶은 것은 철학도 노릇을 제대로 하려면 다른 분야의 인사들과 함께, 혹은 그 앞장을 서서 현실과 더불어 밀려오는 행동의 문제들을 진지하게 고찰하는 동시에 거기서 얻은 신념을 행동에까지 나타내서 마땅하리라는 점이다. 역량이 부족한 까닭에 현실적인 문제는 괄호 안에 넣어 둔다면 모르거니와 학문의 순수성을 지키기 위하여 이 문제를 도외시한다는 것은 온당치 않다. 산다는 것은 학문을 한다는 것보다도 더욱 중요하기 때문이다.

4 · 19의 뒤를 맡은 민주당이 그 본연의 사명을 망각하고 다시 부패의 옛길로 돌아갔을 때, 4 · 19 의 주인공들은 아우성을 쳤다. 그러나 그들의 욕설과 비난의 대상이 된 것은 결코 민주당이나 그와 대동소이한 정객과 관공리의 무리뿐이 아니었다. "이 나라의 학자들은, 이 나라의 철학도는 무엇들을 하고 있는가?"라고 노여움을 섞어 그들은 외쳤다. 외쳐도 반응이 없었으므로 학생들은 스스로 앞장을 섰다. 어떤 이는 신생활(新生活)의 깃발을 들고 동으로 달렸으며, 또 어떤 이는 남북통일을 안고 서쪽으로 뛰었다. 선생들의 일부는 잘한다고 남몰래 손뼉을 쳤다. 수줍고 미지근한 손뼉이다. 다른 일부는 '좀 지나친걸' 하며 중얼거렸다. 무슨 의견이 있기는 하나 신념에는 도달하지 못한 입속말이다. 그러나 '나도 같이하자'고 소매를 걷어붙인 사람은 적다. '그래선 안 된다'고 네 활개를 딱 벌리고 막은 사람도 드물다. 그래서 젊은이들은 '구세대는 썩었다'라는 그들의 진단에 재확인의 도장을 찍었던 것이다.

6 · 25 때 이미 단념했던 재물이니 이삭으로 주운 재물인 줄 알면서도 아

쉽기도 여전히 일반이며, 거듭된 전쟁을 겪는 동안에 몇 번 각오했던 목숨이니 덤으로 사는 목숨인 줄 알면서도 아깝기는 매양 일반이다. 숨이 넘어가는 순간에야 비로소 삶이 무엇인지를 아는 불쌍한 동물이라 할까.

'썩었다'는 말에는 두 가지 뜻이 있다. 하나는 적극적으로 악질이라는 뜻, 또 하나는 나쁜 것을 보고도 막을 용기가 없다는 뜻으로서, 대학생들이 교수들을 심중에 두고 "구세대는 썩었다."고 말할 때, 그 '썩었다'는 대부분의 경우에 있어서 후자, 즉 소극적인 의미의 그것인 줄 안다. 적어도 그렇게 믿고 싶다. 그러나 지난날 젊은이들이 행정부와 국회 또는 사법부를 염두에 두고 "늙은 세대는 썩었다."고 외쳤을 때, 그 뜻은 더욱 나빴다. 그때의 '썩었다'는 전자, 즉 적극적인 의미의 그것이기 때문이다. 썩음의 길을 달린 이 정권 12년이 도달한 말로(末路)를 눈앞에 보고도, 산산이 부서진 앞수레의 참상을 눈앞에 보고도 말 머리를 돌릴 줄 모르는 한심한 무리들, 동료의 시체를 보고 다시는 독약에 입을 대지 않는 생쥐의 지혜조차 찾지 못한 불쌍한 무리들, 탕건을 쓰고 죽으나 밀짚모자를 쓰고 죽으나 그것이 그것이며, 비단을 감고 죽으나 무명을 걸치고 죽으나 구십 보에 백 보련만 그 나머지 열 걸음의 유혹을 물리치지 못하여 앞을 다퉈 도둑질하고, 서로 할퀴며 때린다. 내일을 모르는 하루살이의 떼, 그래도 하루살이는 서로 훔치고 서로 싸우지 않는다. 죽음의 순간에야 비로소 뉘우칠 줄을 아는 가련한 동물 — 인간의 무리.

그렇게 해서는 안 된다고 생각하면도 여전히 그렇게 한다. 마땅히 이렇게 해야 할 일이라고 생각하면서도 막상 닥치고 보면 딴짓을 한다. 이래서 소위 이론과 실천은 별개의 것이라는 관념이 세력을 얻었다. 그러나 그래서는 안 된다는 것을 정말 알았더라면 그렇게 했을 리가 없으며, 이렇게 해야 옳다는 생각이 참된 신념에까지 이르렀다면 그것이 한갓 생각으로 그쳤을 리가 없다. 역시 앎의 정도가 부족하였다. 사람이 그릇된 행위를 하는 것은 무엇이 옳은지 모르기 때문이라고 말한 소크라테스의 주장은 언뜻 보기에 엉뚱한 역설 같기도 하나 자세히 살피면 깊은 진리를 숨긴 명언으로도 생각된다.

우리나라의 제반 사정이 — 특히 정치와 경제 사정이 — 이토록 혼란스럽고 한심한 지경에 이른 데는 여러 가지 원인이 있을 것이다. 그러나 그 중에서도 가장 으뜸가는 원인은 우리가 공동의 목표를 향하여 협력하지 않는다는 사실에 있을 것이다. 그리고 우리가 마땅히 협력해야 할 일에 협력하지 않는 것은 우리 마음의 질서가 잡히지 않았기 때문이요, 마음이 질서를 잡지 못하는 것은 사리 판단의 임무를 가진 지성(知性)이 제구실을 못하기 때문이라고 볼 수가 있다. 이 지성의 빈곤은 먼저 말한 넓은 의미의 철학적 사상의 빈곤이기도 하다. 우리나라에 있어서 지식층에게 사상이 빈곤하고 지도자들에게 철학적 기반이 없다 한 이 글 서두의 일언을 우리는 이상과 같은 문맥 안에서 이해할 수가 있을 것이다.

우리나라가 특히 오늘날 사상이 빈곤하다는 것은 공연한 역설같이 들릴지도 모른다. 8 · 15 이후 많은 대학이 생겨 수만의 학사와 석사를 배출하지 않았는가. 해를 거듭할수록 해외로 유학을 간 학도들의 수효가 적지 않으며 눈부신 속도로 선진국의 문물을 받아들이고 있지 않은가. 그뿐 아니라 실로 많은 사상들이 근자 우리나라에 들어왔다. 실존주의, 실용주의, 자유주의, 사회주의, 민주주의, 쾌락주의, 허무주의, 또 무슨 주의, 그런데 도리어 사상이 빈곤하다니 웬 말이냐? 과연 많은 학교가 서고 많은 사상이 흘러들었다. 그러나 많은 학교, 많은 사상이 바로 풍부한 사상, 즉 깊고 넓은 사상의 지수(指數)는 아니다.

사상이 빈곤하니 풍부하니 하는 말은 본래 적절한 표현이 아닐지도 모른다. 우리의 문제는 사상의 양이 아니라 그 질이기 때문이다. 사상의 양적 증가가 때로는 그 질적 저하를 가져올 수도 있다. 여러 가지 사상을 이것저것 마구 삼켰을 때, 그 소화되지 못한 사상의 과다는 사상의 깊이를 위하여 가장 중요한 것, 즉 사상의 일관성 내지 통일성을 깨뜨리기 때문이다. 자기 생각의 줄거리가 서기 전에 밖으로부터 너무 여러 가지 사상이 한꺼번에 들이닥치면, 언뜻 보기에 많이 아는 듯하나 실은 별로 아는 것이 없는 천박한 인텔리가 생기기 쉽다. 특히 '있어야 할 세계', 즉 가치에 관한 사상은 인생을 대하는 내 자신의 태도를 등뼈로 삼고 형성되는 것이다. 내 자신의 태도가 확고한 지반 위에서 결정되지 않는 한, 아무리 많은 사상을 받아들인다 해도 그것은 결국 내 집을 빌린 남의 사상들이요, 내 자신의 사상은 아니다. 내 사상이란 내 도가니 안에서 일단 녹아 문드러진 자료가 내 틀을 통하여 굳어진 것을 말한다. 남의 것은 많으나 내 것이 적다는 뜻으로 우리나라의 사상계는 빈곤하다.

해방 후에 많은 대학이 섰다. 그러나 대학은 사상을 파는 곳이 아니다. 우리가 여기서 문제 삼는 사상, 즉 가치에 관한 사상은 학교도 이것을 가르칠 수가 없다. 가치에 관한 사상은 남에게 배우는 것이 아니라 내 속에서 우러나는 것이기 때문이다. 학교는 다만 내가 내 사상을 형성함에 필요한 여러 가지 참고자료를 제공할 뿐이다.

대학이 여러 가지 전문의 학과로 나누어지고 각 과가 다시 여러 가지 종목의 전문 강좌를 베풀고 있으면서 사상학과(思想學科)라는 학과가 없고 사상학이라는 강좌가 없다는 사실만으로써, 대학이 사상을 — 가치문제에 관한 통일된 사상을 — 가르치는 곳이 아님을 알 수가 있다. 가르칠 수 없는 것이기 때문에 가르치지 않는 것이다.

대학은 사상을 가르치지 않는 대신 그 자료를 제공한다. 그러나 자료가 사상으로 형성되려면 또 하나의 요소가 필요하니 그것이 곧 자료를 녹여서 다시 새로운 형태로 굳히는 힘, 즉 생각하는 힘이다. 그리고 이 생각하는 힘을 기르는 사명을 맡고서 대학에 철학과와 철학 교수가 있는 것으로 이해한다. 따라서 만사에 질서가 잘 잡힌 사회, 사람이 넉넉해서 한 사람이 한 가지 일만 맡아 보면 족한 사회에서라면 철학 교수는 생각하는 힘을 학생에게 길러 줌에 유능하면 그것으로 그의 직책은 끝난다 하겠다.

그러나 우리나라의 현재와 같이 과도기 또는 혁신 단계에 처한 사회에서는 사정이 그리 간단하지 못한 것 같다. 과도기의 극복 또는 혁신의 완수라는 급선무를 위하여, 좋은 뜻을 가진 국민들의 모든 역량이 동원되기를 시대와 사회의 특수성이 요구하기 때문이다. 이러한 각도에서 볼 때, 현재 우리나라 학자들에게 사회참여가 문제되고 상아탑 밖으로의 관심이 요청되고 있는 사정을 능히 이해할 수가 있다. 그리고 사회참여를 제대로 하려면 단순히 추상적인 사고의 능력과, 또는 생각하는 능력을 가르치는 재주만으로는 부족하다. 스스로가 내용 있는 사상을 가져야 하며, 지혜와 의지를 갖춘 일꾼이라야 한다. 그리고 여기서 말하는 지혜와 의지를 갖춘 산 사상가, 이른바 철인(哲人)의 대표적인 거울로서 우리는 앞서 소크라테스와 공자를 언급했던 것이다. 오늘날 우리나라는 한갓 추상적인 논리의 대가나 현상의 피안을 내다보는 형이상학의 천재보다도, 현실적인 문제에 신념을 가지고 대답할 수 있는 산 사상가를 더욱 갈망하고 있다. 비트겐슈타인보다도 소크라테스가 아쉬운 것이다.

그러나 이것은 철학 시간에 반드시 정치와 경제를 논하고 국가와 사회를 문제 삼아야 한다는 뜻이 아니다. 간혹 그러한 문제에 대해 자연스럽게 언급할 수 있는 기회가 생길지도 모른다. 그러나 철학의 전통이 닦아 놓은 본궤도를 멀리 벗어나서 그러한 화제가 늘 중심을 차지함이 바람직하다고는 생각되지 않는다. 시국 강연은 그것이 아무리 철학적인 깊이를 품었다 하더라도 그 자체가 철학이라는 학문은 아니다. 교사로서의 철학자의 기본 사명은 역시 학생으로 하여금 '생각하는 힘'을 얻게 함에 있는 것이고 어떤 신념을 남에게 넣어 줌에 있지 않다. 각자의 신념은 각자 스스로가 얻도록 내버려 두는 것이 철학의 본령인 줄 안다. 우리나라의 처지가 하나의 비트겐슈타인보다도 하나의 소크라테스를 아쉬워한다고 한 말의 본의는 우리나라의 철학자가 단순한 교사 이상의 것이 되기를 우리의 처지가 고대하고 있다는 뜻이다.

4. 지성의 사명

오늘날 우리나라에 있어서 시급한 것이 전문적 학술로서의 철학보다도 지혜와 의지의 결합을 의미하는 행동 원리로서의 철학이라 함은 전자가 요구되지 않는다는 뜻은 물론 아니다. 예술이 예술 그 자체를 위해서도 소중하듯이 학술에도 그 응용 가치 이외에 학술 그 자체로서의 가치가 있다. 학술은 단순히 무엇을 위한 수단이 아니라, 그 자체가 목적이기도 하다.

특히 교실이나 연구실 안에서의 철학은 학술적인 탐구가 중심을 차지해야 한다고 생각된다. 우리가 남에게 가르칠 수 있는 것은 행동의 원리 그 자체가 아니라, 행동의 원리를 선택함에 있어서 고려해야 할 객관적 사실들과 그 객관적 사실들을 참고자료로 삼고 문제의 해결로 접근해 가는 논리의 법칙이기 때문이다. 행동의 원리를 설득할 수는 있다. 그러나 설득 그 자체는 철학이 아니다. 오직 행동의 원리를 스스로의 신념을 통하여 선택하는 태도 결정 가운데 넓은 의미로 철학적인 것이 있다. 행동의 원리를 설득하는 과목을 우리는 도의(道義)라고 부른다.

전문적 학술로서의 철학에 깊지 않으면서도 행동의 원리를 세운다는 의미로서의 철학에 뛰어난 사람이 전혀 없다고는 단언할 수 없다. 그러나 학술로서의 철학의 기초가 없는 사람들의 독창적인 인생철학이 왕왕 천박한 독선에 빠진다는 사실은 두 가지 철학 사이에 밀접한 상관관계가 있음을 시사하는 것으로 보아야 할 것이다. 행동의 원리를 제대로 세우기 위하여서도 학술로서의 철학에 대한 어느 정도의 이해는 필요하다. 설령 학술로서의 철학에 대한 깊은 연구 없이 행위의 원리를 세움에 있어서 심원한 사상가가 되고 위대한 인격자가 됨에 성공한 사람이 있다 하더라도, 그는 오직 인간으로서 훌륭할 뿐이요, 그를 학자로서 성공한 사람으로 보기는 어려울 것이다.

한편, 철학이라는 학술의 어느 특수 분야에 있어서 심오한 지경에 도달했으나 인생관 내지 세계관, 그리고 처신에 있어서 보잘것없는 사람이 있다면, 그는 비록 하나의 전문가로서는 성공했다 할 것이나 하나의 인간으로서는 실패했다고 보아야 할 것이다. 그리고 인간으로서의 실패는 학자 내지 전문가로서의 그것보다도 더욱 치명적인 것이 아닐 수 없다.

사람들은 각각 자기의 기질과 소양, 그리고 포부에 따라서 스스로의 길을 선택할 권한을 가졌다. 지식을 위한 지식의 탐구에 일생을 바치고자 원하는 사람이 있다면 그는 그 길을 택할 권한이 있으며, 삶이 포함하는 가지가지 실천의 문제들을 더 지혜롭게 해결함에 온 정력을 기울이겠다는 사람이 있다면 그도 그 길을 택할 권한이 있다. 어느 하나만이 참된 철학의 길이라고 단정할 객관적 근거는 없다.

그러나 어떤 길을 택할 '권한이 있다'는 것은 반드시 그 길을 택함이 옳다는 뜻이 아니다. 남자도 원한다면 원피스에 양산을 들고 뾰족구두를 신을 권한이 있다. 그러나 그렇게 하는 것이 반드시 옳은 것은 아니다. 충치와 돈을 아울러 가진 사람도 치과에 가지 않을 권한이 있다. 그러나 그렇게 하는 것이 반드시 옳은 것은 아니다. 시대가 아무리 학자들의 사회참여를 요구하더라도 학자는 자기의 연구실만을 지킬 권한이 있다. 그러나 그러한 지식인의 태도를 비난할 수 있는 것은 대중이 가진 자유이며, 때로는 비난하는 측이 도리어 옳을 수도 있다.

어떤 길을 택할 권한이 있다는 것은 또 그 길을 택해서 성공할 수 있다는 뜻이 아님은 물론 그 길을 걸어감이 사실상 가능하다는 뜻도 아니다. 우리나라에서 경제적으로 유리한 위치를 점령하고 있는 학자들이라면 아직은 연구 생활에만 전력을 기울일 여유를 가졌다. 그러나 우리나라의 부패와 구악(舊惡)을 조속히 제거하지 못한다면 그나마의 여유가 언제까지나 보장될지 매우 의문이다. 학자 자신의 연구 생활을 위하여서도 학자가 자기의 환경을 정리함에 스스로 발을 벗고 나서야 할 경우도 있다. 하여튼 우리나라는 지금 훌륭한 학자를 배출하기에 그리 적절한 조건을 갖추지 않았다. 우리나라가 가진 학문적인 전통과 정치적, 경제적 사정으로 보아서 오늘날 한 그릇 잔뜩 되는 학자가 되기란 나무랄 데 없는 인격이 되기보다도 더욱 어려울 것 같다.

우리나라가 또다시 구악에 머물러서는 안 되리라는 것, 이미 발족한 개혁의 길을 완수의 방향으로 밀고 나갈 일대 사상 운동이 요구되고 있다는 사실을 부인하는 사람들은 드물다. 비록 상아탑의 학자들일지라도 그것을 안다. 알면서도 움직이지 못하는 것은 그 앎이 행동의 원동력이 될 수 있을 정도로 깊지 못하기 때문이다. 이래서는 안 된다는 것까지는 알았다. 그러나 구체적으로 어떻게 해야 한다는 것까지는 모른다. 한마디로 말하면 자신이 없기 때문에 아무도 나오지 못하는 것이다. 자신이 없는 일에 섣불리 나서서 시간과 정력을 낭비한 끝에 망신만 당하느니보다는 지금까지 걸어오던 낯익은 길을 한 걸음 혹은 반 걸음이라도 더 전진하는 것이 오히려 현명하다는 의견은 그 자체로 보아서 타당한 의견이기도 하다.

어떻게 해야 하리라는 것을 구체적으로 자신 있게 말한다는 것은 아마 어느 개인에게도 힘에 겨운 일일 것이다. 오직 한 가지 분명한 것은 뜻있는 모든 국민이 공동의 목표로 다 같이 협력해야 한다는 것이다. 소수의 인사들만이 일을 바로잡기에는 짐이 너무나 기울어졌다. 구체적으로 어떻게 해야 옳으냐는 문제도 여러 사람이 지혜를 모아서 그 대답을 얻어야 할 것이다.

여러 사람이 힘을 합함이 우연히 이루어지는 경우는 드물다. 여러 사람의 앞장을 설 사람이 있어야 하며, 여러 사람의 힘을 효과 있게 사용하기 위하여 조직과 계획을 짜는 사람도 필요하다. 4 · 19에 뿌린 젊은이들의 피가 혁명의 계기를 마련함에 성공했을 때, 이 올바르게 시작된 겨레의 과업을 유종(有終)의 미(美)로 끌고 나아가는 일은 마땅히 기성세대가 책임졌어야 했을 것이다. 그러나 그것이 되지 않았다. 기성세대의 일부는 4 · 19 이전의 노선을 답습함으로써 당파와 개인의 이익을 추구함에 급급했으며, 기성세대의 나머지 사람들은 이를 팔짱을 낀 채 보고만 있었다. 이래서 "구세대는 썩었다."는 외침이 하나의 유행어가 되었다. 그러나 지나간 일을 따지는 것만으로 그릇된 일이 바로잡아지지는 않는다. 문제는 앞으로 어떻게 할 것이냐에 있다.

5 · 16 후에 우리나라의 사정은 많이 달라졌다. 그러나 이 나라의 지성인들에게 주어진 사명이 근본적으로 바뀌었다고는 믿어지지 않는다. 행동이라는 알맹이가 있는 사색이 요구되고, 사상의 뒷받침으로 방향과 틀이 잡힌 행동이 요망되고 있기는 매양 일반이다. 학생들만의 힘으로 이 나라를 건지기 어려웠듯이, 일부의 군인만의 힘으로 처리하기에도 이 나라의 쌓인 일은 너무 벅차다. 지금은 신세대와 구세대가 맞서서 싸울 때가 아니며, 푸른 옷과 흰 옷이 주도권을 노려 세력 다툼을 할 때도 아니다. 정의를 사랑하는 사람들이 뭉쳐서 불의와 싸울 때인 줄 안다. 그것을 위해서 깊이 있는 사상이 필요하고 함께 디디고 설 공동의 철학이 요구된다. 그러나 그것은 전문가의 독점물처럼 된 학술로서의 철학이 아니라, 뜻있는 모든 사람이 가져야 하고, 또 가질 수 있는 철학, 즉 지혜와 의지의 결합으로서의 행위의 철학이다.

(1961. 6)

3장 인간과 윤리

1. 인간존재 (1)

오늘 하루 동안 내 주변에 일어났던 일들을 조용히 돌이켜 본다. 뜻대로 된 일, 뜻 같지 않았던 일, 여러 가지 일이 있었다. 그 여러 가지 사건들에 둘러싸인 가운데 나는 갖가지 행동을 했거니와, 때로는 흥분과 긴장 속에서 나 자신을 잊기도 했으며, 때로는 흥미를 잃고 남의 일처럼 바라만 보기도 하였다.

그런데 나는 무엇 때문에 그토록 흥분하고 열중했으며, 또 무엇 때문에 그토록 냉정한 태도를 취한 것일까? 그리고 흥분과 열중 속에 애써 움직였던 나의 행동, 또는 모르는 체 외면한 나의 태도는 과연 올바른 것이었을까? 도대체 행동 또는 태도에 옳은 것과 그른 것의 구별이 정말 있는 것일까? 나는 왜 이런 까다로운 물음을 나 자신에게 제기하는 것일까? 그러한 물음을 던지는 나라는 존재는 과연 무엇일까? 나는 어디로부터 와서 어디로 가는 것일까?

너 자신을 알라

"너 자신을 알라."고 말한 소크라테스의 충고는 만고를 통하여 인류에게 깊은 교훈이 되어 왔거니와, 그 교훈의 뜻이 오늘날처럼 절실한 때도 많지 않을 것이다. 자연과학의 발달에 힘입어 인간에 대한 지식이 과거와는 견줄 수 없을 정도로 크게 발달했음에도 불구하고, 우리는 우리 자신의 참모습을 잃어 가고 있다. 세계의 인구는 기하급수적으로 늘어 가고 있으나, 사람다운 존경을 받는 사람은 드물며, 인간 부재(不在)라는 끔찍한 말이 예사롭게 들릴 정도로 우리는 이 역설적(逆說的)인 현실에 젖어 버리고 말았다. 만약 우리가 우리의 참된 모습을 되찾아 인간에 어울리는 보람찬 인생을 살아야 한다면, 우리는 소크라테스의 충고를 따라서 나 자신의 인식을 꾀하는 일부터 시작해야 할 것이다.

"나는 무엇인가?"라는 물음은, "인간이란 무엇인가?"라는 물음으로 우리를 이끌어 간다. "나는 무엇인가?"라는 물음이 제기된 것은, '나'라는 특수한 개인에 대한 과학적 호기심 때문이 아니라, 인생의 의미와 삶의 길이 알고 싶었기 때문이었다. 그리고 우리는, 나의 삶이 나 한 사람에게만 달려 있는 것이 아니라, 다른 여러 사람과의 관계 속에서 이루어지고 있으며 나의 삶의 문제는 나 한 사람만의 고립된 문제가 아니라, 모든 사람들이 나누어야 할 공통의 문제임을 알고 있다. 따라서, 삶의 주체(主體)로서의 나가 무엇인가를 물었을 때, 그것은 이미 인간이 무엇인가를 물은 것이며, 인간에 관한 과학적 사실만을 물은 것이 아니라 인간의 가치와 인생의 의미까지도 아울러 물은 것으로 보아야 한다.

이성적 동물

인간도 일종의 동물이라는 것은 오늘에 있어서 하나의 상식이다. 인간은 신(神)도 아니요 동물도 아닌, 독특한 중간자(中間者)라는 견해가 압도적 세력을 가진 정설(定說)로서 통용된 때도 있었다. 그러나 이제는 생물 진화론을 인간에게까지 적용시키는 것이 학자들과 문외한에 있어서 공통된 상식이며, 인간을 일종의 동물로 보는 것을 만물의 영장에 대한 모독이라고 분개하는 사람은 별로 없을 것이다.

일종의 동물인 까닭에, 인간은 여러 가지 생물학적 욕구에 항상 몰린다. 식욕 또는 성욕과 같은 의식적 욕구가 있을 뿐 아니라, 공기 또는 체온 조절에 대한 욕구와 같이 무의식적으로 작용하는 욕구도 있다. 이 모든 생물학적 욕구 내지 생리적 욕구는 생명의 유지에 직결되는 것이니, 인간에 있어서 가장 원초적(原初的)이요 기본적인 욕구는 생존욕 또는 자아보존의 욕구라고 말할 수 있다.

욕구는 충족되기를 요구하는 어떤 결핍의 상태이며, 그 결핍이 충족되기 위해서는 반드시 어떤 행동이 취해져야 한다. 일반 동물의 경우에 있어서는, 욕구 충족을 위한 행동의 대부분은 본능 또는 충동에 의하여 일으켜진다. 그러나 인간의 경우에 있어서는 충동적으로 행동하는 때도 없는 것은 아니나, 대개는 생각을 한 다음에 행동을 일으킨다. 이 생각할 수 있는 능력을 철학자들은 이성(理性)이니 오성(悟性)이니 하는 말로 불렀고, 심리학자들은 지능(知能)이라는 말로 흔히 불렀거니와, 어쨌든 이 생각하는 능력을 가졌다는 사실은, 인간의 욕구와 환경을 복잡한 것으로 만드는 동시에, 인간으로 하여금 본능 내지 충동에 호소할 줄밖에 모르는 일반 동물과는 달리, 생각하며 행동하지 않을 수 없게 하였다.

이성과 지능을 가졌다는 사실은 인간과 일반 동물을 구별하게 하는 근본 특색이다. 그러기에 아리스토텔레스는 인간을 이성적 동물이라고 정의했으며, 많은 철학자들이 인간의 본질을 이성 속에서 찾으려고 하였다. 인간의 본질을 오로지 이성 속에서만 찾으려는 견해가 과연 타당한 것이냐에 관해서는 논란의 여지가 있을 것으로 생각되나, 이성 또는 지능의 소유자라는 사실을 떠나서 "인간이란 무엇인가?"라는 물음에 만족스러운 대답을 주기 어려우리라는 것만은 의심할 여지가 없다.

사회적 동물

일종의 동물이라는 사실과 생각할 수 있는 능력을 가졌다는 사실은, 우리가 인간을 이해함에 있어서 결코 소홀히 여겨서는 안 될 두 가지 기본적인 사항이라고 보인다. 그리고 이 두 가지 사항은 서로 대립된 관계에 있는 것도 아니며, 각각 독립해서 떨어져 있는 것도 아니다. 이 두 가지는 상호 의존의 관계를 가지고 밀접하게 내면적으로 연결되어 있다. 과거의 철학자들 가운데는 인간에 있어서의 동물적인 측면과 이성적인 측면을 서로 대립하고 상극하는 두 가지 사항으로 보는 견해를 좇는 사람들이 많았다. 그리고 그들의 대부분은 동물적 측면을 억제하는 한편, 이성적 측면을 앙양하는 가운데 올바른 삶의 길을 찾아야 한다고 믿었다. 그러나 현대를 사는 우리는 이제 그러한 견해에 동조하기 어려움을 느낀다. 인간의 동물적 측면과 이성적 측면은 어느 하나도 소홀히 대접해서는 안 될 귀중한 사실로 인정해야 할 것이며, 이 두 가지의 측면이 요구하는 바에 어떤 알력이 생길 때, 그것을 조화롭게 화해시킬 수 있는 높은 차원의 원리를 모색함이 건전한 삶의 태도일 것으로 믿어진다.

2. 인간존재 (2)

인간이 도구를 만들고 또 그것을 사용한다는 사실을 중요시하고, 이 사실 가운데서 인간의 본질을 찾아보려고 꾀한 학자들이 있었다. '공작(工作)하는 인간'이야말로 인간의 고유한 모습을 가장 여실하게 나타낸다는 인간관이다. 그리고 이 인간관은 '생각하는 인간' 가운데 인간의 본연의 모습을 찾아보아야 한다고 믿는 또 하나의 인간관과 대조적인 것으로서 이해되어 왔다. 그러나 인간이 생각을 한다는 사실과 도구를 사용한다는 사실은 근본적으로 대립하는 현상으로 이해할 성질의 것이 아니라, 불가분의 관계를 가진 두 가지 현상 또는 같은 현상의 두 측면으로서 이해해야 할 것으로 보인다. 물론, 인류 역사의 어떤 부분에 있어서 주로 조용히 앉아서 생각하는 일로 소일한 사람들과 주로 근육을 움직여 생산적 노동에 종사한 사람들이 섞일 수 없는 두 가지 계급을 이루고 갈라진 일이 있었다는 것은 부인할 수 없는 엄연한 사실이다. 그러나 생각하는 인간과 노작(勞作)하는 인간이 반드시 두 갈래로 나누어져야 할 필연성이 있는 것이 아니며, 오히려 생각해 가며 노동하고, 노동해 가며 생각하는 것이 오늘날에 있어서 바람직한 인간의 모습이라고 보아야 옳을 것이다.

인간의 출현을, 진화하는 생물의 역사 속에서 일어난 하나의 사건으로 보는 현대 인류학자들의 견해를 부정하지 않는다면, 원시시대의 인간들이 처음에 생각이라는 것을 갖게 되었을 때, 오로지 생각하기 위해서 생각했다고는 믿어지지 않는다. 문명사회의 인간들은 생각을 위해서 생각하기도 하고, 명상을 즐기기 위해서 명상에 잠기기도 한다. 그러나 원시시대의 인간들이 생각하는 시간을 가졌을 때는, 삶의 과정에서 부딪치는 더욱 절실한 문제를 해결하는 방안을 강구하기 위해서 생각을 하게 되었다고 보아야 할 것이다. 예컨대, 음식물이나 이성(異性)을 구하는 문제를 효과적으로 해결하는 방법, 또는 우세한 적과 싸워 이기는 방법을 모색하는 가운데 생각이라는 무기를 사용했다고 보아야 할 것이다. 듀이가 거듭 강조하여 지적한 바와 같이, 사유(思惟)란 그 본질에 있어서 삶의 문제를 해결하기 위한 도구라고 보아야 할 것이다. 사유, 즉 생각도 일종의 도구임에 틀림이 없다면, 생각하는 인간과 도구를 사용하는 인간을 이원적으로 대립시켜서 생각할 이유가 없다. 구별이 있다면, 관념적 도구를 사용하는 사람과 물리적 도구를 사용하는 사람의 구별이 있을 뿐이다. 그뿐만 아니라, 오로지 생각만 하고 기구는 전혀 사용하지 않는 사람, 또는 기구만을 사용하고 생각은 전혀 하지 않는 사람이란 있을 수 없으니, 이 구별조차도 한갓 정도의 차이에 지나지 않는다.

생각을 하는 일과 도구를 사용하는 일은 서로가 서로를 돕는 상호 의존의 관계를 맺고 있다. 생각이 발달하면 발달할수록 더 능률적인 도구를 만들어 낼 수 있게 되며, 새로운 도구의 필요성은 우리의 두뇌를 더욱 발달시키는 자극의 구실을 한다. 사람들은 생각함으로써 도구를 만들며, 도구를 만들고 사용하는 가운데 새로운 생각에 도달하게 된다. 이와 같이 볼 때, 생각하는 일과 도구를 사용하는 일은 불가분의 관계를 가지고 있다는, 앞에서 한 말의 뜻이 스스로 명백해질 것이다.

인간이 생각을 하고 도구를 만들게 된 본래의 동기가 생존을 위한 기본적인 문제들을 해결하는 방법을 모색함에 있었다 함은, 오늘에 있어서도 모든 사유와 제작이 상식적 의미의 실용을 위해서 이루어진다는 뜻이 아니며, 가장 실용성이 높은 사상과 제작품이 가장 높이 평가되어야 한다는 뜻도 아니다. 인간에게는, 처음에는 무엇을 위한 수단으로서 존중하던 것을 나중에는 그 자체를 목적으로 삼고 추구하는 경향이 있다. 사유 및 제작도 처음에는 동물적 생존의 문제를 풀기 위한 수단으로서 존중했지만, 오랜 세월이 흐르는 사이에 사상 또는 제작품 그 자체를 목적으로 삼고 추구할 경우가 생기게 되었다. 오늘날 사유의 체계로서의 학문과 제작품의 정수(精粹)로서의 예술은 단순한 수단으로서의 위치에 머물러 있지 않고 동시에 그 자체가 목적으로서의 가치를 보유하기에 이르렀다.

이성적 인간

인간을 다른 동물과 구별되게 하는 또 하나의 특색은, 일반 동물은 생리적 욕구만 충족되면 그것으로 만족하지만, 인간은 생리적 욕구 외에 다른 여러 가지 욕구를 가졌다는 사실에서 발견할 수 있다. 학문이나 예술에 대한 욕구도 그러한 것의 대표적인 예로 볼 수 있거니와, 그 밖에도 명예욕, 권세욕, 소유욕 등 이루 헤아릴 수 없을 정도의 여러 가지 심리적, 사회적 욕구들이 있다. 그리고 이토록 여러 가지 욕구를 가지게 된 것도 인간이 지능적인 동물이라는 사실에 근원을 둔 것으로 보인다. 즉, 다른 동물에서는 찾아볼 수 없는 여러 가지 복잡한 욕구를 가지게 되었다는 사실과 특별히 발달한 두뇌 및 신경 조직을 가졌다는 사실 사이에는 밀접한 인과관계가 있는 것으로 인정된다.

생각을 하고 도구를 사용한다는 사실 및 여러 가지 생리 외적 욕구를 가졌다는 사실 이외에 인간의 특색으로서 지적해야 할 또 한 가지 사항은, 인간이 매우 복잡한 사회생활을 하는 동물이라는 사실이다. 다른 동물들 가운데도 사회생활이라고 부를 수 있는 현상이 없는 것은 아니나, 그 관계가 복잡하고 다양하며 교섭의 범위가 넓다는 점에 있어서 인간 생활의 사회성은 일부 동물의 그것보다도 훨씬 차원이 높다. 인간의 사회성에 대한 전반적인 고찰은 뒤로 미루거니와, 여기서 한 가지 지적해 두어야 할 것은, 인간이 그토록 복잡하고 차원 높은 사회성을 갖게 된 것도 인간이 지성의 소유자이기 때문이라는 사실이다. 개미나 벌 또는 기러기의 사회보다도 인간의 사회가 더 복잡하고 세련된 구조를 갖게 된 것은, 오로지 인간이 지적 능력의 소유자라는 사실에 힘입고 있는 것으로 판단된다. 이와 같이 볼 때, 인간을 동물의 세계에 있어서 단연 독특한 존재로 만든 기본적 요인이 그의 생각하는 능력에 있다는 결론을 얻게 되는 동시에, 인간을 이성적 동물로서 정의한 아리스토텔레스의 견해에 깊은 뜻이 담겼음을 깨닫는다.

인간의 존엄성

인간이 이성을 가진 사회적 동물이라는 사실과 또는 기본적, 생리적 욕구 이외에 다른 여러 가지 욕구를 가졌다는 사실은, 인간으로 하여금 의식적 목적과 가치의 세계를 소유하는 특수한 존재가 되게 했다. 모든 생물들의 활동에는 생존, 성장 또는 생식 따위의 목적이 있다고 말할 수 있을 것이나, 일반 동물이나 식물의 경우에 있어서는 그 목적들은 자연에 의하여 맹목적으로 주어진 것이며, 의식적이기보다는 무의식적이다. 그러나 인간이 추구하는 목적의 세계는 인간이 의식적으로 추구하는 것일 뿐 아니라, 인간 스스로가 주체적으로 생각해서 선택하고 구상한 것이라는 점에서, 다른 생물의 경우와는 근본적으로 다르다. 그리고 목적의식을 가졌다는 사실은 인간으로 하여금 평가라는 심리 작용을 불가피하게 하였다. 자기가 의식적으로 추구하는 목적에 합당한 것을 좋게 생각하는 반면에 그 목적에 어긋나는 것을 나쁘게 생각하는 것은 막을 수 없는 심리의 필연이기 때문이다. 그리고 인간이 평가라는 심리 작용을 갖게 되었다는 사실은 인간으로 하여금 가치의 세계를 의식하게 하였으며, 가치의 세계를 의식하게 되었다는 사실은 인간의 관심과 생활의 영역을 무한히 큰 것으로 만들었다.

인간 또는 인생의 목적, 가치의 본질, 그리고 평가와 가치의 관계 등에 관해서는 여러 가지 어려운 철학적 문제들이 있으며 그 문제들에 대한 전문가들의 이론에도 몇 가지 갈래가 있으나, 여기서는 논하지 않겠다.

다만 여기서 언급해 두어야 할 것은, 인간이 지성을 가졌으며 가치를 의식하는 특수한 존재라는 사실이 인간으로 하여금 존엄하다는 최고의 시인(是認)으로써 자신을 규정하지 않을 수 없게 했다는 중대한 사실이다. 이것을 중대한 사실이라고 말하는 것은, 인간의 존엄성이야말로, 적어도 민주주의를 믿는 사람들의 윤리를 위해서는 가장 근본적인 개념의 하나이기 때문이다. 이제 이 개념에 중심을 두고 좀 더 깊은 고찰을 꾀해 보기로 하자.

3. 인간존재 (3)

앞에서 지적한 바와 같이, 인간은 가치를 의식하며 가치의 세계를 소유하는 특수한 존재다. 그리고 인간이 가치를 의식하게 된 직접적 계기는 그가 의식적 목적을 가진다는 사실이며, 그가 의식적 목적을 갖게 된 것은, 지성을 가진 사회적 동물로서의 인간이 기본적, 생리적 욕구 이외에 여러 가지 욕구를 가졌기 때문이었다. 여기서 한 가지 분명한 것은, 인간의 욕구와 가치 사이에 밀접한 관계가 존재한다는 사실이다. 우리는 우리가 절실하게 소망하는 것에 대하여 높은 가치를 인정하는 한편, 높은 가치가 인정되는 사물에 대해서는 뜨거운 욕구를 느낀다. 욕구하는 까닭에 가치가 생기는 것인지, 또는 가치가 있는 까닭에 욕구하는 것인지에 관해서는 논쟁의 여지도 있음직하나, 욕구와 가치 사이에 밀접한 관계가 있음에는 의심의 여지가 없다. 사람들은 자기가 가장 뜨겁게 그리고 깊이 바라는 것을 가장 귀중한 것이라고 믿는다.

"이 세상에서 무엇이 가장 귀중한가?" 하는 물음에 대해서 즉시에 과학적인 대답을 하기 어려운 것은, 사람들이 가장 귀중하다고 생각하는 바에 개인차가 심하기 때문이다. 만약 이 세상의 모든 사람이 예외 없이 귀중하다고 여기는 것이 있다면, 우리는 그것의 귀중성을 말로는 의심할 수 있을지 모르나, 진정으로 그것을 의심하지는 못할 것이다. 세상 사람들이 모두 귀중하다고 믿는 것일지라도 정말은 귀중하지 않을 수도 있다고 주장하는 사람이 있다면, 그것은 세상에는 귀중한 것이 아무것도 없다는 말에 가깝다.

따라서 이 세상에 귀중한 것이 있다는 것을 믿는 이상(믿지 않을 수 없도록 마련된 것이 사람의 마음이거니와), 모든 사람이 귀중하다고 믿는 사물은 정말 귀중한 것으로 인정할 수밖에 없다.

자아 발견

사람들이 귀중하다고 여기는 것에는 개인에 따라 차이가 많겠지만, 모든 사람이 누구나 귀중하다고 여기는 것이 적어도 한 가지 있다. 그 한 가지란 곧 자기 자신이다. 이 세상에 자기 자신을 귀중하다고 생각하지 않는 사람은 없다. 물론, 자학(自虐) 또는 자비(自卑)의 심리가 없는 것은 아니다. 그러나 자학 또는 자비로 스스로를 천대하는 사람일지라도, 마음의 깊은 곳에서는 자기를 아끼고 소중히 여긴다. 모든 생물은 자기 자신의 보존을 꾀하도록 마련되어 있으며, 이 점에 있어서는 인간도 예외가 아니다. 특히, 인간은 자아(自我)를 의식하는 까닭에 자기의 보존을 의식적으로 꾀하게 되며, 이 의식적 노력은 자기 자신을 귀중한 것으로 여기는 관념을 동반한다. 이와 같이 볼 때, "모든 사람은 자기를 귀중하다고 여긴다."는 명제는 일반적 타당성을 갖는 명제로서 받아들여져야 할 것이다.

인간은 귀중한 존재다

앞에서 우리는, ① 모든 사람이 귀중하다고 여기는 사물은 정말 귀중한 것으로 인정할 수밖에 없다는 것과, ② 모든 사람은 자기를 귀중하다고 여긴다는 사실을 지적하였다. 여기서 필연적으로 풀려 나오는 결론은, 자기, 즉 나라는 존재를 정말 귀중한 것으로 인정하지 않을 수 없다는 명제다. 데카르트는 나의 존재가 의심할 수 없음을 우선 밝히고 그 사실을 철학적 탐구의 바탕으로 삼았거니와, 우리는 한 걸음 나아가서, 나라는 존재의 귀중함을 인정하는 동시에 이 사실을 윤리 문제 탐구의 디딤돌로 삼을 수 있을 것으로 믿는다.

이 세상에는 나 이외에도 많은 사람들이 살고 있으며, 그 모든 사람들도 각각 자기를 귀중하다고 생각하고 있을 뿐 아니라, 그들은 모든 근본적인 점에 있어서 나와 같은 구조와 특질을 가지고 있다. 여기서 우리는 불가불 다른 사람들도 모두 나와 마찬가지로 귀중한 존재임을 인정하지 않을 수 없음을 안다. 본질적인 점에 있어서 나와 다른 바가 없는 이상, 그 가치에 있어서도 나와 동등하다는 것을 인정함은 논리의 요구하는 바이며, 논리의 일관성이 요구하는 바를 물리치지 못하는 것은 지성을 가진 인간의 근본 특색의 하나이기 때문이다. "모든 인간은 귀중한 존재다." 이것은 지금까지의 고찰로써 우리가 얻은 결론의 가장 기본적인 것이다.

이 세상에서 귀중하다고 알려진 것은 인간뿐이 아니다. 학문도 귀중하고, 예술도 귀중하며, 돈도 귀중하다. 그 밖에도 생명, 명예, 시간, 쌀 등 귀중한 것의 종류는 많다. 그러나 이 여러 가지 것들과 인간이 같은 차원에 있어서 '귀중하다'고 생각되기는 어려울 것으로 보인다. 예컨대, 학문과 예술은 인간에 의하여 생산되는 동시에 인간에 의하여 귀중시되는 것이다. 만약 인간이 아니었다면, 그것들이 생겼을 리도 없고, 생겼더라도 귀중한 것이 되지 못했을 것이다. 돈과 쌀과 시간 등은 인간에 의해서 사용되는 것이며, 인간을 위하여 유용한 까닭에 귀중하다. 결국 다른 것들이 귀중한 가치를 갖게 된 것은 인간 때문이요, 인간은 그 가치의 근원이라고 보인다. 이와 같이 볼 때, 인간의 귀중함과 다른 것들의 귀중함 사이에는 차원의 차이가 있음을 인정하지 않을 수 없다. 그러기에 우리는, "인간은 존엄하다."는 말을 사용하여 인간의 귀중함과 다른 것들의 귀중함 사이에 구별을 짓는다. 인간은 귀중함을 넘어서서 존엄하다. 그리고 인간만이 존엄하다.

인간의 존엄성의 근거는 인간이 다른 귀중한 것들을 만들어 내고, 또 그것들을 사용한다는 사실에만 있는 것이 아니다. 오히려 이 사실은 부차적인 이유에 가까우며, 더 근본적인 이유가 그 밖에 있다는 사실을 우리는 깊이 살펴야 할 것이다. 왜냐하면, "인간은 존엄하다."는 명제가 단순한 구호나 공연한 외침이 아니라는 사실을 깊이 인식할 때, 우리는 우리가 어떻게 행동하고 어떻게 살아야 할 것이냐는 문제에 대답하는 확고한 기초를 얻게 될 것이기 때문이다. 다음에, 인간의 존엄성의 근거에 대하여 좀 더 깊이 생각하여 보기로 하자.

4. 인간존재 (4)

인간이 존엄하다고 주장하는 근거로서 흔히 인간의 이성을 지적한다. 그러나 이성을 가졌다는 사실이 왜 존엄성의 근거가 되는 것일까? 인간이 이성을 소유하는 까닭에, ① 자기를 인식할 수 있으며, ② 스스로 옳다고 믿는 바를 따라서 자주적으로 행동하는 도덕의 주체일 뿐 아니라, ③ 유혹과 권력 앞에서도 꺾이지 않고 의연히 일어서는 용기와 자존심을 발휘할 수 있다는 사실이 인간을 존엄한 존재로 보지 않을 수 없게 하는 가장 근본적 이유라고 생각된다.

첫째로, 갈대와 같이 약하고 작은 인간이 광막한 우주를 인식의 대상으로 삼을 수 있다는 사실도 위대한 일이거니와, 특히 안으로 자기 자신을 들여다 볼 수 있는 마음의 여유를 가졌다는 사실은 더욱 놀랍고 장한 일이다. 자신을 안다 함은 자신을 대상화(對象化)한다는 뜻이며, 이는 자신을 초월할 수 있음을 의미하는 것이니, 여기에 우리는 인간이 매우 작으면서도 무한히 큰 존재임을 느끼지 않을 수 없다. 사람은 누구나 어느 정도 자기 자신을 알고 있다.

인간이, 보기에 따라서는, 지구 위에서 가장 강한 존재이면서도 한편으로는 매우 연약한 존재에 지나지 않는다는 사실까지도 우리는 알고 있다. 특히, 우리는 조만간 죽어야 할 운명을 지니고 있다는 사실을 알고 있으며, 그것을 아는 까닭에 우리는 같은 운명을 나누어야 할 다른 사람들에 대한 깊은 공감과 사랑을 느낀다. 프랑스의 실존주의 철학자 마르셀은, "인간이 유한자(有限者)라는 바로 그 사실 가운데 그의 본질적 존엄성의 원리를 찾을 수 있다."는 역설적 결론을 앞세운 다음, 그러한 주장의 근거로서, "인간은 자기 스스로가 죽어야 할 운명을 지니고 있다는 사실을 깨닫고 있는 것으로 알려진 유일한 존재"라는 사실을 지적하고 있다.

유한자로서의 자기의 운명을 직시하면서 그러나, 여전히 높은 이상을 버리지 않고 갈 수 있는 곳까지 가보고자 노력하는 인간, 그리고 같은 운명 아래 사는 인간 가족을 깊은 사랑으로 바라보는 순간을 가질 수 있는 인간, 이 인간을 우리는 '존엄하다'고밖에 생각할 수 없는 것이 아닐까?

둘째로, 인간은 스스로 옳다고 믿는 바를 따라서 행동하는 도덕적 주체다. 밖으로부터의 자극을 따라서 기계적으로 움직이는 무생물이나 본능이 가리키는 바에 따라서 무의식적으로 행동하는 일반 동물과는 달리, 인간은 스스로 정한 목표와 스스로 내린 판단에 따라서 주체적으로 행동한다. 그리고 스스로의 판단에 따라서 주체적으로 행동한다는 뜻에서 인간은 자유를 가진 존재이며, 우리가 아는 범위 내에서 유일한 자유의 주체라는 이 사실 가운데, 우리는 인간을 존엄한 존재로서 인정하지 않을 수 없는 또 하나의 이유를 발견한다. 우주의 만물이 노예처럼 맹목적으로 움직이는 가운데, 유독 안으로부터의 요청에 따라 자유롭게 행동하는 인간을 우리는 존엄하다고 생각하지 않을 수 없는 것이다.

셋째로, 인간은 유혹과 권력 앞에서도 꺾이지 않는 용기와 자존심을 가지고 있다. 이것은 인간이 자유의 주체라는 사실에서 자연히 일어나는 특수한 현상이거니와, 이 용기와 자존심은 우리로 하여금 인간을 존엄한 것으로 보지 않을 수 없게 하는 가장 직접적인 사유다. 유혹과 권력으로도 꺾기 어려우며 스스로 존귀한 존재로서 자처하는 인간 앞에서 우리는 두려움과 비장함을 느끼지 않을 수 없는 것이다. 인간은 스스로를 존엄하게 대접하는 까닭에 진실로 존엄하다.

여기서 우리는, 인간이 스스로를 존엄하게 대접하는 의연한 태도와 세도나 금력을 잡은 사람들이 권세를 자랑하고 권위주의를 휘두르는 오만한 태도를 혼동해서는 안 될 것이다.

위엄을 과시하기 위하여 화려한 옷차림이나 웅장한 주택 따위로 겉모습을 장식하는 일부 특권층의 태도를 비판하여, "그것은 공허와 기만을 숨기는 것에 지나지 않을지 모르며 … 진실로 자기 자신을 배반하는 것이라 말할 수 있으니, 비판적인 사람의 눈으로 볼 때, 스스로의 권위에 치명상을 입히는 짓이다."라고 설파한 마르셀의 말도 바로 이 점을 지적한 것으로 해석된다.

인간의 존엄성은 권력이나 금력 또는 권위 따위와는 아무런 관계도 없다. 인간의 존엄성이 가장 뚜렷하게 나타나는 것은 오히려 지위도 힘도 없는 외로운 사람이 자기의 신념이 가리키는 대로 말하고 행동할 때에 있어서다. 그러나 가난하고 힘없는 사람들이 그렇지 않은 사람들보다 더욱 존엄하다는 뜻은 물론 아니다. 인간은 빈부나 지위의 차이와는 관계없이 누구나 모두가 한결같이 존엄하다.

인간 부재

근세 이후 서양 세계를 지배해 온 사회사상 내지 윤리 사상의 출발점이 된 것은 '인간의 존엄성'의 개념이었다. 그리고 우리 동양에 있어서도 옛날부터 인간을 귀중하게 보는 전통이 있었는데, 여기에 다시 서양의 인권(人權) 사상이 도입되어 오늘에 이르렀다. 그럼에도 불구하고, 문명 비평가들은 현대를 인간의 자기소외(自己疏外) 또는 인간 부재 따위의 표현으로 특징지으면서, 오늘날 세계 도처에서 인간이 너무나 천대를 받고 있음을 개탄한다. 지극히 역설적인 주장 같기도 하나, 전혀 근거 없는 역설이라고 물리치기에는 우리의 현실에 불합리한 측면이 너무 큰 것으로 보인다. 여하튼, "인간은 존엄하다."는 명제가 우리에게 당위로서 요청하는 바와, 오늘의 인간 사회의 현실 사이에 엄청난 거리가 벌어져 있음은 사실이며, 바로 이 사실 속에 현대 인류의 가장 근본적인 문제가 있음은 부인하기 어려울 것이다.

5. 인간의 사회성 (1)

우리는 자기의 인생에 대해서 무관심할 수가 없다. 우리는 자기의 인생이 훌륭하고 만족스러운 것이 되기를 원한다. 그렇게 원하는 까닭에 우리는 때때로 묻는다. "어떻게 사는 것이 훌륭한 인생인가?" "훌륭한 인생을 갖자면 어떻게 행동해야 할 것인가?" 이러한 물음에 대한 체계적 연구를 윤리학(倫理學)이라고 부르거니와, 전문적 윤리학자가 아닌 사람들도 누구나 이러한 문제를 두고 자기 나름으로 생각하게 되며, 또 대개는 자기 나름의 어떤 대답을 내려 보곤 한다. 특히 우리와 같이 대학이라는 지성적 사회에 몸을 담은 사람으로서는 저 인생의 근본 문제를 외면할 수 없는 것이며, 앞에서 우리가 인간존재의 기본 특색을 고찰한 것도 실은 저 근본 문제를 생각해 보고자 하는 준비를 위한 것이었다. "인간은 어떻게 행동해야 할 것인가?"라는 당위(當爲)의 물음에 대답하자면, 우선 "인간은 어떠한 존재인가?"라는 사실의 물음이 먼저 고려되어야 할 것이기 때문이다.

"나는 어떻게 행동할 것인가?"라는 물음이 심각한 도덕의 문제로서 제기되는 것은 다른 사람들과의 복잡한 인간관계를 고려할 경우에 있어서이다. 단순한 물리적 자연환경 속에서 도덕적인 문제에 부딪치는 일은 거의 없으며, 그러한 문제들이 일어나는 것은 주로 인간관계로 얽힌 사회 환경 속에 있어서이다. 다시 말하면, 인간이 복잡한 사회생활을 하고 있다는 사실이, 우리들에게 어려운 실천 문제를 안겨 주는 가장 큰 요인이다. 그러므로, "우리는 어떻게 행동할 것인가?"라는 실천적 문제에 대답하기 위한 준비로서 "인간이란 어떠한 존재인가?"라는 물음이 고찰될 때, 특히 사회적 존재로서의 인간의 측면이 깊이 탐구되어야 할 것이다. 앞의 인간존재에서 우리는 인간의 사회성에 대하여 언급한 바 있으나, 좀 더 상세한 고찰은 다음으로 미루었다. 이제 우리는 인간존재의 가장 근본적인 특색의 하나인 그의 사회성에 관하여 전반적 고찰을 시도해 보기로 하자.

자유인

나는 지금 연구실에 홀로 앉아 있다. 일요일인 까닭에 찾아오는 사람도 없으니, 잠시나마 사회와의 접촉이 끊어진 듯한 느낌이 든다. 그러나 다시 생각해 보면, 이 순간에도 나는 여러 가지 면에서 사회와 연결되고 있다는 것을 깨닫는다. 지금 내가 사용하고 있는 원고지와 펜과 잉크, 그리고 책상과 의자 및 그 밖의 내 주위에 있는 모든 것들은 내 자신이 만든 것이 아니다. 내가 쓰고 있는 이 한글은 우리 민족문화의 산물이며, 내가 여기에 적고 있는 사상 속에는 대화와 독서를 통해서 받아들인 여러 사람들의 의견이 섞여 있다. 그리고 내가 지금 쓰고 있는 글은 후일에 나 자신이 읽기 위한 것이 아니라, 다른 사람들을 독자로서 예상하고 쓰는 것이다. 내가 여기 혼자 이렇게 있는 순간도 나는 이 사회 안에 살고 있는 것이며, 또 많은 사람들과 직접 간접으로 연결되어 살고 있는 것이 분명하다.

거듭 지적되어 왔듯이, 우리는 이 세상에 태어날 때 벌써 여러 가지 사회적 관계 속에 던져진다. 어떤 부모의 자녀로서, 그리고 어떤 민족의 한 성원으로서 태어나기 마련인 우리는 성장하는 과정에서 어른들의 보호와 간섭, 그리고 사회의 문화적 영향을 받지 않는 날이 없다. 이와 같은 견지에서 볼 때, 인간을 사회적 동물 또는 사회 내 존재로서 규정한 옛 철학자들의 견해에 우선 동의하지 않을 수 없다. 모든 개인적 활동에 앞서서 어떤 선천적 권위를 지닌 사회제도나 인간관계가 미리 주어졌다고 보기는 어렵다. 그러나 어떤 특정한 개인을 두고 볼 때는, 그 개인의 의사나 선택에 앞서서 일정한 사회제도와 인간관계가 주어진다고 보아야 할 것이다.

우리가 일정한 사회제도 속에서 다른 사람들과 일정한 관계를 맺어 가면서 살고 있다는 사실은, 우리의 행동에 대하여 많은 영향과 제약을 가한다. 가령 연구실에 홀로 앉아서 강의안을 작성하는 교수의 행동은 완전히 개인적인 것이며 어떠한 간섭도 받지 않는 것 같은 인상을 주기도 하나, 조금만 살펴보면, 그러한 행동도 엄밀하게는 그 교수 한 사람의 것이 아님을 알 수가 있다. 강의안을 만드는 교수는 강의를 들을 학생들을 염두에 두는 까닭에, 학생들에게 적합한 사상을 학생들이 이해하기 쉬운 표현으로 엮기를 원한다. 학생들의 존재가 보이지 않는 곳에서 교수의 붓대에 영향을 미치고 있는 것이다. 그러므로, 따지고 보면 교수와 학생들이 힘을 합하여 강의안을 작성하고 있는 셈이다. 강의안 작성에 참여하는 것은 교수와 학생들뿐만 아니다. 강의 내용은 교실 밖에까지 나갈 수 있다는 것을 예상할 때, 교수는 더 넓은 사회의 의견을 염두에 두지 않을 수 없다. 동료나 동학으로부터 받을 것으로 예상되는 평가에도 신경이 쓰이며, 언론 자유의 현실적 한계에 의해서도 심리적 영향을 받는다. 그뿐만 아니라, 어떤 교수가 학생들에게 가르칠 수 있도록 준비해 가지고 있는 사상과 그것을 표현할 수 있는 언어도, 실은 오랜 역사와 문화의 제약을 받고 얻어진 사회적 산물이다.

다른 사람들과 직접 자리를 같이했을 경우에 있어서 개인이 받는 행위의 제약은 더욱 심하다. 가령, 교실에서 수업이 진행되고 있을 때, 교단 위에 선 사람과 책상 앞에 앉은 사람들은 단순히 추상적인 개인으로서 그렇게 있는 것이 아니라, 한 사람은 교수로서 서 있고 다른 사람들은 학생으로서 앉아 있다. 선 사람과 앉은 사람들 사이에는 스승과 제자라는 특수한 관계가 성립되어 있는 것이며, 이 특수한 관계가 서 있는 사람과 앉아 있는 사람들의 행동을 제약한다. 교수라는 처지가 이야기하는 사람에게 일정한 규범을 강요하며, 학생이라는 신분이 듣는 이들에게 일정한 태도를 요구한다. 행동을 제약하는 이와 같은 사회적 관계는, 세상 어느 곳에 가나 따라다닌다. 집에 돌아가면 부모와 자식의 관계가 있고, 형제와 자매의 관계가 있다. 시장에 가면 사는 사람과 파는 사람의 관계가 있고, 직장에 나가면 상사와 부하 또 동료들끼리의 관계가 기다린다. 모든 사람들은 여러 각도로 여러 가지 관계를 맺고 있으며, 이 여러 가지 관계들은 모두 우리들의 행동을 제약하는 규범으로서의 뜻을 가졌다. 한마디로 말해서, 아무런 사회적 관계의 제약도 받지 않는다는 뜻으로서의 자유인은 존재하지 않는다.

사회 속의 인간

주식회사의 주주들의 관계, 고용주와 고용인의 관계, 정당에 있어서의 당원 관계 등과 같이 개인들이 모여서 인위적으로 맺고 또 풀 수 있는 인간관계도 있다. 사회라는 것은 개인들이 자유계약에 의하여 결성한 것이며 사회보다도 개인이 더욱 근본적이라고 주장하는 사람들은 특히 인간관계의 이러한 측면을 강조한다. 그러나 인간 사회의 모든 관계가 개인들의 자유계약으로 성립되는 것은 아니다. 부모와 자식의 관계, 남성과 여성의 관계, 국가와 국민의 관계 등 인생에 있어서 가장 중요한 관계들은, 도리어 개인의 의사를 초월하여, 이를테면 운명적으로 주어진다. 그리고 이른바 자유계약에 의하여 성립한다는 후천적 인간관계에 있어서도 개인의 자유에는 한계가 있다. 우리가 어떤 상인과 매매 계약을 맺는가, 또는 어떤 집에 하숙을 정하는가 하는 따위는, 어느 정도 개인의 자유의사에 따라서 결정할 수 있는 문제다. 그러나 매매 및 주객(主客) 등의 사회관계 자체를 떠나서는 살기 어렵다는 점에 있어서, 역시 이 경우에 있어서도 우리의 자유에는 제한이 있다.

6. 인간의 사회성 (2)

사람과 사람 사이에 형성되는 사회적 관계를 우리는 편의상, ① 개인 대 개인의 관계, ② 집단 대 집단의 관계, ③ 개인에 대한 집단의 관계로 나누어 볼 수가 있을 것이다. 이 가운데서 집단 대 집단 사이에 생기는 문제는 그것이 윤리적인 문제일 경우에는 개인 대 개인의 윤리적 문제에 준하는 것으로 볼 수 있으며, 그렇지 않을 경우에는 국제간의 정치적 문제로서의 성격을 띠게 된다. 그러므로, 윤리적 관심에서 인간의 사회적 관계를 살펴보는 우리로서는, 개인 대 개인의 관계와 개인에 대한 집단의 관계만을 살피는 것으로 족할 것이다.

한 개인이 다른 개인들과 맺는 관계를 우리는 크게 두 부류로 나누어 볼 수가 있다. 즉, 경쟁적 대립의 관계와 우호적 협조의 관계가 그것이다. 우리들의 대인관계는 대개 이 두 가지를 아울러 갖는다. 우리는 어떤 사람과는 언제나 대립의 관계만을 갖고, 다른 사람과는 순전한 협조의 관계만을 맺는 것이 아니라, 동일한 타인과도 대개의 경우 두 가지 관계를 아울러 맺는다. 예컨대, 평소에는 서로 아끼고 도와주는 형제나 자매의 사이에도 때로는 경쟁과 대립의 사태가 빚어지며, 항상 서로 맞서고 미워하는 적수(敵手)들 사이에도 뜻하지 않은 도움이 간접적으로 왕래하는 경우가 많다. (나도 내고 적수도 낸 세금이 도로 건설에 이용되어 다 같이 혜택을 입을 경우와 같이.)

개인과 사회

개인에 대한 사회의 관계는 구속과 보호의 두 측면으로 나누어진다. 다시 말하면, 사회는 개인에 대하여 그 행동을 구속하는 힘으로 적용하는 한편, 다른 한편으로는 개인을 보호하고 복리를 도모한다. 그리고 개인에 대하여 사회가 가하는 구속의 작용에는 개인 대 개인의 사이에 있어서의 대립의 관계와 상통하는 일면이 있으며, 개인에 대하여 사회가 베푸는 보호의 작용에는 개인 대 개인 사이에 있어서의 협조의 관계와 상통하는 일면이 있다.

개괄적인 관점에서 볼 때, 인류의 역사는 대립 및 구속의 관계를 극복하고 협조 및 보호의 관계를 신장하는 방향으로 움직여 왔다고 말할 수 있을 것이다. 물론, 역사에도 후회와 역행(逆行)의 현상이 있었다. 협조보다도 대립의 관계가 더해지고, 보호보다도 구속의 작용이 강화되는 방향으로 변천한 사례가 없었다고 말하기는 어렵다. 그러나 전반적으로 본다면, 협조와 보호의 비중이 늘어 가고 대립과 구속의 비중이 줄어드는 방향으로 역사는 전개됐다고 말할 수 있을 것이다. 비록 현실에 있어서 대립과 구속의 비중이 늘어 가는 방향으로 흐른 때가 있다 하더라도, 협조와 보호의 비중을 더해 가는 방향으로 발전하는 것이 대다수 인간의 일관된 소망이었으며, 오늘날 우리도 그것을 갈망하고 있다는 사실에는 의심의 여지가 없다.

개인의 자아의식이 발달하기 이전의 원시사회에 있어서는, 일반적으로 개인 대 개인의 관계보다는 개인 대 사회의 관계가 더 큰 비중을 차지했을 것이다. 그리고 특권을 장악한 일부의 사람들 이외에는 대체로 개인의 자유라는 것은 없었을 것이다. 원시시대로 올라갈수록 종교와 정치의 권력층 및 갖가지 관습이 절대적 구속력을 가지고 개인의 자유를 일일이 제약하였다. 인류 역사의 발달 과정은 보기에 따라서는 개인이 사회의 엄격한 통제로부터 점차 해방되어 가는 변천의 과정으로서 이해할 수 있을 것이다.

그러나 사회 또는 국가의 구속으로부터 개인이 해방된다 할 때, 그것은 '제멋대로 해도 좋은 자유'의 부여를 의미하는 것은 아니다. '아무렇게나 해도 좋다'는 뜻으로서의 무조건적 자유는 본래 사회적 존재인 인간에게는 허용될 수 없는 것이다. 개인이 종래의 사회적 구속으로부터 해방된다 함은, 또 하나의 새로운 사회적 질서의 지배 밑으로 들어가게 됨을 의미한다. 이 새로운 질서는 종래의 사회적 구속에 비하여 합리적이며, 따라서 지성적 존재로서의 인간은 자진하여 그 질서를 존중하는 일에 참여할 수 있다. 어떤 의미로는 질서도 일종의 구속이라고 말할 수 있을 것이나, 개인이 자진하여 그 유지에 참여하게 된다는 뜻에서, 그리고 그러한 뜻에서만, 그것은 자유의 이름으로 불릴 수 있는 성질의 것이다.

개인의 자아의식

대체로 말해서 좁은 범위의 집단 안에서 구속력을 발휘하는 사회규범일수록 불합리한 요소를 많이 가지고 있다. 그러므로, 사회의 불합리한 구속으로부터 개인이 해방되어 가는 과정은, 개인이 범위가 좁고 편파성이 강한 집단으로부터 해방되어 더 크고 더 공정한 사회의 일원이 되어 가는 과정과 대체로 일치한다. 이 논리를 거꾸로 푼다면, 개인의 생활에 대하여 가장 지배적인 영향력을 가진 집단이 가족으로부터 씨족과 부족을 거쳐 봉건적 지방

국가로 바뀌어 가고, 다시 또 그것이 민족국가의 방향으로 변천해 왔다는 사실은, 인류 역사의 발전을 따라서 개인에 대한 사회의 관계가 구속보다도 보호 또는 자유의 비중을 더해 가는 방향으로 움직였다는 증거라고 보아도 좋을 것이다.

그러나 오늘날 모든 개인들이 사회 내지 국가의 구속을 벗어나 자유로우며, 사회나 국가의 권력이 간섭하기에 앞서서 개인 스스로가 자발적으로 참여하고 협력함으로써 사회의 질서가 유지되고 국가의 번영이 초래되는 지경에 이르렀다고 보기는 어렵다. 그러한 경지는 오직 요원한 이상이며, 오늘날도 개인의 자유를 필요 이상으로 억압하는 세력이 있는가 하면, 사사로운 이익을 위해서는 국가와 민족의 파멸도 안중에 두지 않는 개인도 있다. 더 적은 구속과 더 많은 자유로 명랑하고 부강한 나라를 세우는 일은 아직도 앞으로의 과제로서 남아 있다.

개인의 자아의식이 확대되고 자율적 행동 범위가 늘어 감에 따라서, 인간 사회에 있어서의 개인 대 개인의 관계도 점점 더 큰 의미를 갖게 되었다. 즉, 과거에 집단을 매개로 같은 집단에 속하는 성원으로서의 자격으로 연결되었던 개인과 개인이, 이제는 각자의 자유의사를 통하여 독립한 개인의 자격으로 직접 서로 교섭하는 관계가 점점 더 강화되었다.

두 사람이 같은 집단의 성원으로서 동일한 공동 목표를 위하여 활동하는 과정 속에서 연결되었을 경우에는, 그 두 사람은 이미 협조적 관계 속에 던져져 있는 것이며, 그 협조적 관계는 개인적 자유의사의 선택을 초월하여 주어진 것이다. 그러나 두 사람이 집단의 공동 목표보다는 개인의 사사로운 목표를 염두에 두고 독립한 개인으로서 교섭할 경우에는, 두 사람의 관계는 협조적일 수도 있고 대립적일 수도 있다. 이 두 가지 가운데서 어느 편을 택하느냐는 것은 두 사람의 자유의사로 어느 정도 결정할 수 있는 문제라고 볼 수 있으나, 개인적 자아의식의 눈을 뜬 두 개인이 피차를 너와 나로서 느꼈을 때, 두 사람의 관계는 우선 대립의 관계로부터 출발한다고 보아서 무방할 것이다. 같은 공동체 안에서 느끼던 우리의 의식을 나와 너의 의식으로 갈라지게 하는 가장 근본적인 계기는 욕구의 대립 또는 생존경쟁일 것이기 때문이다.

욕구 또는 의견의 충돌로 말미암아 두 개인이 심각하게 대립했을 때, 그 대립의 관계는 극복을 요구하는 문제로서의 성격을 띠게 되며, 그 문제를 해결하는 길에는 두 가지가 있다. 하나는 폭력 투쟁을 통하여 대립하는 한쪽을 완전히 제압하는 길이요, 또 하나는 화해와 협조로써 쌍방을 함께 만족시킬 수 있는 높은 차원의 방안을 모색하는 길이다. 원시사회로 올라갈수록 투쟁에 호소하는 방법이 선택되는 경향이 짙었던 것으로 보여지거니와, 이 파괴적인 방법은 쌍방이 모두 쓰러지는 비극을 자아내는 경우가 많을 뿐 아니라, 같은 사회의 성원들 사이에 싹터 있는 사랑의 감정에도 어긋난다. 그러므로, 사람들은 지성이 발달함에 따라서 폭력에 호소하는 길이 바람직하지 않음을 깨닫게 되었다. 이에 폭력 대신 지성에 호소함으로써 쌍방이 모두 만족할 수 있는 길을 모색해야 한다는 생각이 점차 세력을 얻게 되었다. 이와 같은 생각은 곧 실천에 반영되었으며, 지성적 해결의 모색이 성공적 결실을 맺었을 경우에는, 저 대립의 관계는 왕왕 우호(友好)와 협조의 관계로 전환하는 변화를 일으켰다. 쌍방이 만족할 수 있는 길 가운데서 가장 바람직한 것은, 두 사람의 대립된 목표를 하나의 공동 목표 아래 종합하는 동시에 우호와 협조로써 그 공동 목표를 달성하는 길이기 때문이다.

인류의 역사와 함께 인간의 지성은 발달해 왔으며, 폭력으로 대립하는 것보다는 우호적으로 협조하는 것이 바람직하다는 인식이 시대의 경과와 더불어 깊어 갔다. 이와 같은 인식은 자연히 인간의 행동에도 영향을 미쳤으니, 대체로 보아서 인간 사회에 있어서의 개인과 개인 사이의 관계는 대립에서 협조의 방향으로 비중을 옮겨 가는 과정을 택했다고 우선 말할 수 있을 것이다. 그러나 인간의 역사를 결정하는 요인은 단순히 한 가지로만 국한되는 것이 아니다. 대립을 협조의 방향으로 호전시키는 요인이 작용한 반면에는, 협조를 대립의 방향으로 뒷걸음질치게 하는 요인도 작용하였다.

그러한 뒷걸음질을 초래한 요인의 첫째로서는 개인적 자아의식의 발달을 들 수 있으며, 그 둘째로서는 인구의 증가와 생활양식의 변화에 따르는 생존경쟁의 심각화를 들 수 있을 것이다. 사람들이 우리라는 관념에 압도되어 나라는 것을 강하게 느끼지 못하던 시대에는, 개인이 자기 한 사람의 이익이나 의사를 크게 내세우지 않았던 까닭에, 개인과 개인이 대립적 관계를 맺을 이유도 적었으나, 개인적 자아의식이 발달해 감에 따라서 개인적 자유와 개인적 이익에 대한 요구도 증대해 갔으니, 개인과 개인 사이의 대립관계도 자연히 촉진되지 않을 수 없었다. 그뿐만 아니라, 사회생활이 복잡해짐에 따라서 생존경쟁의 양상도 점점 치열해 갔으니 이러한 사실도 개인과 개인 사이의 대립을 더욱 심하게 하는 요인으로서 작용하였다. 요컨대, 개인과 개인 사이의 관계는, 지성의 발달에 따라서 대립에서 협조로 호전하는 일면을 보이는 한편, 다른 한편으로는 점점 더 많은 대립의 국면을 부가해 가는 이중의 과정을 밟아 온 것이다.

구속으로부터의 자유

개인과 개인이 대립하고 경쟁하는 관계는 언제나 나쁘기만 한 것은 아니다. 그것은 개인의 성장과 사회의 발전을 위한 중요한 자극이기도 하다. 그러나 현대 우리 사회생활에 있어서의 개인과 개인의 대립 및 경쟁은 바람직한 정도를 훨씬 넘어서고 있다. 그것은 성장과 발전을 위한 자극이기보다도 쌍방의 개인을 해치고 사회 공동체를 파괴할 위험성에 가득 차 있다. 따라서 개인들 사이의 대립과 경쟁의 관계를 우호와 협조의 관계로 바꾸는 일은 앞으로도 우리들의 계속적인 노력을 요구하는 공동의 과제가 아닐 수 없다. 이 과제를 달성하는 일은, 개인에 대한 사회의 관계에 있어서, 권위에 대한 맹목적 복종을 개인의 자발적 참여와 협동으로 대치함으로써, 구속으로부터 자유로의 전환을 계속 추진하는 일과 아울러, 우리 사회의 가장 근본적인 요청이다. 이 두 가지의 요청이 만족될 때 부강한 민주주의 국가의 실현을 보게 되는 동시에 집단과 집단 또는 국가와 국가의 관계까지도 우호와 협조가 지배하는 세계를 실현하고자 하는 인류의 이상(理想)에 한 걸음 더 가까이 가게 될 것이다.

7. 인간의 사회성 (3)

개인과 사회는 어느 편이 더 근본적이며, 어느 편이 우선적인가? 이 문제는 옛날부터 이론이 분분했던 논쟁거리의 하나다. 이 문제에 관해서 전통적으로 세 가지의 견해가 대립되어 왔다. 첫째에 의하면 사회는 개인에 앞서는 것이며 따라서 개인은 사회가 요청하는 바를 좇아서 행동하고 생활해야 한다. 둘째에 의하면 사회는 개인을 위해서 만들어진 것이며, 따라서 그것은 개인의 행복을 위한 수단으로서 봉사해야 한다. 셋째에 의하면 개인과 사회의 관계는 상호적이며 유기적(有機的)이다. 따라서 개인은 사회가 요구하는 바를 따라 봉사하고 복종해야 하는 한편, 사회는 개인의 행복을 위해서 봉사할 책임을 지고 있다.

사회가 개인보다도 중요하다는 것을 주장하는 사람들은, 그러한 주장을 뒷받침하기 위해서 개인이 이 세상에 나오기 이전에 이미 가족이나 국가와 같은 집단이 존재했다는 사실을 지적한다. 한편, 개인이 사회보다 중요하다는 것을 주장하는 사람들은, 인류 역사의 처음에까지 따지고 올라가면 가정이나 국가가 형성되기에 앞서서 개인이 먼저 나타났으리라는 논리를 들고 나온다. 그리고 사회 유기설(有機說)을 옹호하는 사람들은, 개인 없이 사회만이 성립할 수 없으며 사회를 떠나서 개인만이 존재할 수도 없으니, 결국 개인과 사회는 동시적이라고 주장함으로써 자신들의 주장을 뒷받침한다. 그러나 이 세 가지 추론(推論)의 바탕에는 하나의 공통된 오류가 깔려 있음을 발견한다. 그것은 시간의 선후(先後)와 가치의 우열을 혼동한 오류다. 일반적으로 말해서, 시간의 선후와 가치의 우열 사이에는 필연적 일치의 관계가 없다. 시간적으로 먼저인 것이 가치에 있어서는 열등할 수도 있고 또 그 반대일 수도 있다.

물론, 개인과 사회의 우열을 따지기 위해서 그 발생의 선후를 따지는 것이 전혀 무의미하지는 않을지도 모른다. 개인이 모여서 어떤 목적을 위하여 단체를 조직했을 경우에는, 그 단체보다 앞섰던 개인들의 우위를 주장할 이유가 있으나, 이미 존재하는 집단 안에 개인이 운명적으로 속하게 되었을 때는, 그 집단에 대한 개인의 우위를 목적과 수단의 관계로써 설명하기는 어려울 것이다. 그러나 국가나 가족과 같은 가장 근본적인 집단에 있어서는 개인들이 자유의사로 편의를 위해서 조직한 단체라는 주장을 적용하기가 어려울 것이며, 한편 어떤 가족이 일정한 목적의식을 가지고 자녀를 낳았거나, 어떤 국가 권력이 일정한 목적에 따라서 젊은 세대를 교육했다 하더라도, 그 자녀 또는 젊은 세대를 그들이 속하는 가족 또는 국가를 위한 수단으로 보는 것이 마땅하다는 주장을 받아들이기는 어려울 것이다. 결국, 시간적인 선후로써 개인과 사회의 우열을 일반적으로 논하기는 어려운 일이며, 만약 그 사이에 우열관계가 존재한다면 그것은 다른 어떤 근거에 의해서 밝혀져야 할 것이다.

듀이도 지적하고 있듯이, 일반적 관념을 따라서 "개인이 더 중요한가? 사회가 더 중요한가?" 하고 묻는 것은 그 물음의 제기 자체에 잘못이 있다. 일반적인 의미로 '개인이라는 것' 또는 '사회라는 것'이 현실적으로 존재하는 것이 아니며, 현실적으로 존재하는 것은 여러 가지 종류의 크고 작은 집단들이며, 여러 가지 성격과 배경을 가진 사람들이다. 그러므로 사회 및 개인에 관한 문제들은 그 하나하나의 개별적 특수성을 따라서 검토되어야 하며 사회 내지 개인에 관한 일반적 관념을 통해서 해결될 수 있는 성질의 것이 아니다. "개인이 근본인가? 사회가 근본인가?" 하는 문제도, 문제가 되는 집단과 그 성원들의 개별적 특색을 따라서 하나하나 따져야 할 일이며, 사회 및 개인이라는 일반적 개념의 정의로부터 연역적(演繹的)으로 추론할 수 있는 문제가 아니다.

개인과 사회의 문제 가운데서 현실적으로 가장 중요한 것은, 국가와 국민을 비교할 때 어느 쪽을 더 근본적이라고 볼 것이냐 하는 문제일 것이다. '개인과 국가'에 관한 상세한 고찰은 뒤로 미루거니와, 여기서는 다만 두 가지 사실만을 지적해 두고자 한다. 즉 국가의 귀중한 근거는 결국 인간의 귀중성에 있다는 사실과, 한 사람의 행복보다는 여러 사람의 행복이 더 귀중하다는 사실이다.

이미 앞에서 인간존재를 고찰했을 때, 우리는 인간이 존엄하다는 사실을 확인하는 동시에, 그 존엄성의 근거를 인간의 이성(理性)에서 발견했다. 인간은 자기를 의식하며, 자기가 죽을 운명을 진 유한자라는 사실을 알고 있다. 그런 줄 알면서 그 운명을 사랑하는 슬기로움을 가졌으며, 자기와 같은 운명을 나누고 있는 다른 사람들에 대해서 공감과 사랑을 느낀다. 자기를 사랑하면서도 자기를 객관화하고 자기를 초월할 수 있는 인간, 그래서 우리는 이를 귀중함을 넘어서서 존엄하다고까지 높이 평가했던 것이다. 국가가 귀중한 것도 그것이 인간 이성의 구현(具現)이요, 이성적 존재로서의 인간이 그 뜻을 이루는 데 절대 불가결한 조직이기 때문이다. 그러나 국가 자체가 스스로를 의식하거나 스스로의 운명을 깨닫는다고 보기는 어렵다. 따라서 우리는 한 개인이 이성적이라는 것과 같은 뜻으로 국가도 이성적이라고 보기는 어렵다.

개인과 국가는 규모의 크고 작은 차이가 있을 뿐 근본은 같은 성질의 것이라고 본 고대의 철학자도 있었고 국가와 국민의 관계를 전체로서의 유기체와 그 부분의 관계라고 이해한 근세의 철학자도 있었다. 그러나 우리의 상식은 "인간만이 스스로의 유한성을 알고 있는 유일한 존재이며" 따라서 인간은 "운명이 있다 해도, 그것을 의식하지 못하고, 그것을 인식하지 못하며, 그것을 극복할 수는 더욱 없는 … 사회보다도 우월하다."는 마르셀의 의견으로 기울어진다.

그러나 국가가 귀중한 근본 이유가 인간의 귀중성에 있다는 명제를 전제로 삼고, 국가 전체의 이익보다도 일부 개인의 이익이 더욱 중요하다는 결론으로 비약해서는 안 된다. 국가 전체의 이익이란 곧 국민 대부분의 이익을 의미해야 한다. 왜냐하면 민주주의 국가의 주체는 국민이며, 전체로서의 국민의 이익에 배치되는 국가의 이익이란 있을 수 없기 때문이다. 따라서, "국가의 이익보다 개인의 이익이 더욱 중요하다."는 말은 "다수의 이익보다 소수의 이익이 더욱 중요하다."는 말과 비슷한 뜻을 갖게 되니 그 주장의 부당성은 명백하다. 다만 여기서 우리가 명심해야 할 것은, ① 국가를 정부 또는 집권층과 혼동해서는 안 된다는 사실과, ② "전체의 이익이 더 중요하다."는 말은 "소수의 이익은 희생되어도 좋다."는 말과 같은 뜻이 아니라는 사실이다. 여기서 특히 경계해야 할 것은 두 번째의 혼동이거니와, 전체 속에는 소수도 그 안에 포함된다는 사실을 상기한다면, "전체를 위해서는 소수는 희생되어도 좋다."는 명제에는 그 자체 속에 모순이 깃들어 있음을 알 수 있을 것이다.

8. 윤리의 본질 (1)

윤리란 쉽게 말해서 사람들이 지켜야 할 행위의 규범이다. 사람들은 누구나 그것을 지킬 의무가 있다는 것이 우리의 상식이며, 그것을 어기는 사람은 '부도덕하다'는 비난을 받는다. 그런데, 그 행위의 규범이라는 것이 대관절 어디서 온 것이며, 우리는 왜 그것을 지켜야 한다는 것일까? 윤리란 선천적으로 주어진 것일까? 또는 인간에 의하여 만들어진 것일까? 도대체 윤리의 본성은 무엇인가? 이러한 물음에 관해서 학자들의 이견(異見)이 분분하던 가운데, 전통적으로 우세한 위치를 차지한 것은 윤리의 선천성을 주장하는 절대론이었다. 절대론적 윤리설에도 여러 갈래가 있거니와, 그들에 있어서 공통된 것은, 윤리는 영원히 불변하는 선천적 법칙으로서 누구에게나 타당성을 갖는다는 주장이다.

절대론적 윤리설 가운데서 목적론이라고 불리는 학설에 의하면, 이 세상에는 모든 사람이 그것의 실현을 위해서 최선을 다해야 할 목적이 있다. 그 목적은 인간이 마음대로 정할 수 있는 것이 아니라 선천적으로 주어진 것으로서 절대성을 가졌다. 그 절대적 목적이 무엇이냐에 관해서는 목적론자들 사이에도 견해의 차이가 있으나, 하여간 "어떻게 행해야 할 것인가?"라는 물음은 선천적으로 주어진 인생의 목적에 비추어서 대답되어야 한다고 믿는 점에 있어서 그들은 의견을 같이한다.

절대론적 윤리설 가운데서 법칙론이라고 불리는 학설에 의하면 우리 인간에게는 사람인 이상 누구나 지켜야 할 행위의 법칙이 주어져 있다. 그 법칙은 인간이 편의를 따라서 정할 수 있는 것이 아니라, 인간의 의사를 초월하여 미리 주어진 것으로서, 절대적 권위를 가졌다. 그 절대적 법칙이 구체적으로 어떠한 조목들로 되어 있으며, 그것을 우리에게 준 것이 누구인지에 관해서는 법칙론자들 사이에도 이론(異論)이 있으나, 하여간 행위의 시비는 선천적으로 주어진 도덕의 법칙에 비추어서 결정해야 한다고 믿는 점에 있어서 그들의 견해는 근본적으로 일치한다.

절대론적 윤리설에는 사람들이 그것을 믿어만 준다면 몇 가지 유리한 점이 있다. 첫째로, 사람들은 방황할 필요 없이 하나의 길을 걸어가는 가운데 마음의 평화를 얻을 수가 있다. 둘째로, 도덕의 권위가 확고하게 서는 동시에 사회의 질서가 정연하개 유지될 수 있다.

그러나 한편, 절대론적 윤리설에는 치명적으로 불리한 약점도 있다. 첫째로, 선천적으로 주어졌다는 그 절대적인 목적 또는 법칙이 무엇인지에 관하여 만인이 납득할 수 있는 대답을 줄 수가 없다. 많은 학자들이 여러 가지 이론을 전개하여 인생의 목적 또는 행위의 법칙을 제시했으나, 그들이 제시한 바가 서로 다르며, 누구의 주장이 옳은지를 밝힐 수 있는 경험적 또는 논리적 근거를 찾아볼 길이 막연하다.

둘째로, 절대론적 윤리설이 제시한 도덕의 원리는, 이렇게도 해석되고 저렇게도 해석되어 무엇을 어떻게 하라는 것인지 모를 정도로 막연한 것이거나, 그렇지 않으면 역사가 바뀌고 사정이 달라진 새로운 시대를 위해서 적합하지 않은 명령을 포함하기 쉽다. 행위의 규범이란 시대와 사회가 달라짐에 따라서 새로운 사태에 맞도록 수정될 필요가 있거니와, 절대 불변하는 선천적 도덕원리를 고집하는 절대론으로서는 이러한 필요에 응하기가 자못 어렵다.

셋째로, 절대론적 윤리설이 옹호하는 전통적 도덕 체계는 대개 '이것을 말아라', '저것을 말아라' 하는 부정적 계율(戒律)을 많이 포함하거니와, 그러한 계율들이 이미 적합성을 잃은 새로운 시대에 있어서 지켜지기를 강요할 때, 그것은 인간이 가진 반동 심리를 자극하여 도덕이라는 것에 대한 은근한 증오감을 유발하거나, 그렇지 않으면 남이 보는 앞과 언어의 세계 속에서만 도덕을 지키는 위선자(僞善者)를 배출할 염려가 있다.

넷째로, 절대론적 윤리설은 경험에 나타난 인간성과 현실에 나타난 사회적 실정에 맞도록 행동하는 것이 도덕적이라고 생각하지 않고, 선천적으로 주어진 어떤 규범을 지키는 것이 도덕적이라고 믿는 까닭에, 도덕의 문제를 오로지 개인적 양심의 내면적 문제에 국한되는 것으로 생각하게 된다. 따라서, 절대론자들은 윤리의 문제를 정치와 경제 또는 일반적 사회문제와 완전히 분리시켜서 생각하는 경향이 있으며, 이러한 경향은 사회 개혁이 요청되는 과도기적인 나라에 있어서는 매우 심각한 폐단을 동반할 수 있다. 왜냐하면, 듀이가 지적하고 있듯이 윤리의 문제를 정치나 도덕의 문제와 떼어서 생각할 때 사회 개혁을 위한 올바른 이론이 성립할 수 없게 되기 때문이다.

듀이에 의하면, 윤리를 정치나 경제와 분리시켜서 생각하는 사람들에 의해서 옹호되는 사회 개혁의 이론은 크게 두 계열로 나누어진다. 그 하나는 도덕을 단순히 내적 자유의지(自由意志)의 문제라고 보는 견해에 입각한 것으로서, 사회를 개조하는 유일한 길은 사람들의 양심을 되찾는 일이라고 주장한다. 사람들의 마음만 바로잡으면, 정치와 경제 등에 관한 제도의 개혁은 저절로 따라오기 마련이라는 것이다. 또 하나의 계열은 의지의 자유나 양심의 힘 따위의 것을 전적으로 부인한다. 이 계열의 사상가들은 인간의 정신 상태와 행동의 방향을 결정하는 것은 오로지 환경의 여러 조건들뿐이라고 주장하면서 물질적 환경과 제도의 변화만으로 모든 개혁이 이루어질 수 있다고 믿는다. 그러나 이 두 가지의 주장은 듀이도 지적한 바와 같이 "모든 행위가 인간성의 요인과 자연적, 사회적 환경의 요인과의 상호작용"의 산물이라는 사실을 망각한 것으로서, 올바른 사회 개혁을 오히려 방해하는 편견임이 분명하다. 참다운 사회 개혁을 밀어 주기에 적합한 이론이 되기 위해서는, 인간 정신의 주체적 요인과 물질적 환경의 객관적 요인을 아울러 중요시해야 할 것이다.

다섯째로, 윤리의 체계를 더 풍부한 인생을 위한 처방으로 보지 않고 그 자체에 절대적인 가치가 담겨 있는 신성한 것으로 보는 절대론자들은 인생보다도 윤리가 더 중요한 것처럼 생각하는 오류를 범하기 쉽다. 그들은 도덕을 위한 도덕의 권위를 강조하면서 인간의 자연스러운 생활에 대하여 필요 이상의 억제를 강요한다. 자연현상으로서의 인간성을 악(惡)의 근원처럼 생각하고, 자연스러운 인간성을 억제하고 극복하는 것을 우리의 신성한 의무라고 생각하는 경향이 있다. 그러므로, 지상에서의 자연스러운 인간 생활을 즐기기 원하는 사람들은 도덕을 거추장스러운 것으로서 경원(敬遠)하게 되며, 도덕은 일부 도학자들만의 관심사로 변한다. 이리하여 도덕의 권위를 강조하는 이론이 도리어 그것을 귀찮은 것으로서 외면당하게 함으로써 도덕을 무력하게 만드는 결과를 초래한다.

절대론적 윤리설에 이상과 같은 여러 가지 결점이 따르는 것은 도덕의 본성을 잘못 파악한 데 근본 원인이 있다. 도덕이란 본래 인간성에 근거를 두고 인간의 사회생활 가운데서 경험적으로 생긴 역사적 산물이다. 그것은 바로 인간적인 것이며 인간 이상의 것도 그 이하의 것도 아니다. 이러한 근본적인 사실을 간과한 이론인 까닭에 절대론적 윤리설은 현실 생활을 위한 지도 원리로서의 구실을 하기에 어려워졌다.

9. 윤리의 본질 (2)

인간도 동물인 까닭에 항상 어떤 욕구에 몰리거니와, 지능을 가진 까닭에 자신의 욕구와 그 욕구가 충족되는 과정을 의식할 경우가 많다. 그리고 욕구가 충족되는 것을 좋아하는 반면에 그것이 충족되지 못하는 것을 못마땅하게 생각한다. 그뿐만 아니라, 그는 욕구의 충족을 위해서 도움이 되는 사물이나 행동 및 그것을 방해하는 사물이나 행동에 대해서까지도, 혹은 좋게 생각하고 혹은 나쁘게 생각하는 평가의 태도를 취한다. 욕구의 충족을 좋아하고 그 불만을 싫어하는 원초적 심리가 욕구의 충족과 관계를 가진 다른 사물과 행동에까지 전파되는 것이다. 지금 우리가 문제로 삼고 있는 '윤리' 또는 '도덕'의 이름으로 불리는 것도, 실은 욕구의 충족과 관계가 있는 모든 사물에 대하여 인간이 취하는 평가의 태도를 바탕으로 삼고 형성된 일종의 사회 현상이다.

개인이 자기의 욕구 충족을 위해서 도움이 되는 행동을 바람직하게 여기고 방해가 되는 행동을 못마땅하게 여기는 심리가 곧 도덕적 평가의 기준을 형성하는 것은 물론 아니다. 도덕적 평가의 바탕이 되는 것은 개인적 이해관계를 따라 좌우되는 개인적 호오(好惡)의 심리가 아니라, 사회 전체의 이익을 염두에 두고 관찰할 때 느껴지는 시인(是認) 또는 비난의 감정이다. 다만, 사회 전체의 이익을 소중히 여기는 심리와 개인의 이익을 소중히 여기는 심리는 모두 욕구의 충족을 좋아하는 원초적 심리의 두 가지 형태에 불과하다는 뜻에서 근본이 같다.

이미 앞에서 거듭 지적한 바와 같이 인간은 본래 사회적 존재인 까닭에, 개인적 욕구의 충족까지도 사회의 공동 생활을 통해서 이루어진다. 다시 말하면, 한 개인의 욕구가 만족스럽게 충족되느냐 안 되느냐 하는 문제도 그 한 사람의 행동 여하에만 달려 있는 것이 아니라, 그와 사회적 관계를 맺고 있는 다른 사람들의 행동에도 크게 의존한다. 그뿐만 아니라, 같은 사회 안에는 여러 사람들이 공동으로 희구하는 목표가 적지 않다. 따라서, 사람들은 항시 남의 행동에 대하여 서로 깊은 관심을 기울이게 되며, 그 깊은 관심은 곧 평가와 간섭으로 옮겨 간다. 일반적으로 말해서, 그 사회의 공동 목표의 달성 및 그 사회의 여러 성원들의 욕구 충족을 위해서 도움이 된다고 판단되는 행동에 대해서는 찬양의 반응을 보이고, 그 반대의 행동에 대해서는 비난의 반응을 보이게 되거니와, 이러한 찬양과 비난의 반응이 어떤 고정관념을 만들어 내기에 이르렀을 때 관습(慣習)의 탄생을 보게 되며, 관습이 오랜 자기 수정의 과정을 거쳐서 합리적이며 세련된 형태를 갖추기에 이르렀을 때, 그것이 바로 그 사회의 윤리 또는 도덕으로서의 자리를 차지하는 것이다. 그리고 한 사회 또는 국가의 도덕이 금지하는 행동들 가운데서 특별히 사회적 악영향이 큰 것에 대하여는 사회 또는 국가의 간섭도 심하게 되거니와, 그 간섭이 강권적 제재의 단계로 제도화되었을 때, 그것이 곧 다름 아닌 그 사회 또는 국가의 법(法)을 형성하는 것이다.

사회생활을 영위하는 사람이 행하는 행동 가운데는 그 사회의 일반적 이익을 도와주는 경향이 현저한 것이 있는가 하면, 그 반대의 경향이 현저한 것도 있다. 도움이 되는 경향이 강한 행동들은 사회적 시인을 받고, 그 반대의 경향이 강한 행동들은 사회적 비난을 받게 되거니와 그 시인과 비난이 거듭되는 가운데 어떤 행동은 언제나 옳다는 고정관념을 낳게 하고, 다른 어떤 행동은 언제나 그르다는 고정관념을 낳게 한다. 일단 그런 고정관념이 생기게 되면, 그러한 행동이 사회생활에 미치는 영향을 떠나서 그 행동 자체가 추구의 목적이 되는 동시에 마땅히 해야 할 행동 또는 마땅히 하지 말아야 할 행동으로서의 굳은 가치를 인정받기에 이른다.

그러나 주어진 어떤 행동이 사회생활을 위해서 도움이 되는지 또는 방해가 되는지에 관한 사람들의 판단이 언제나 객관적 타당성을 가질 만큼 틀림없는 것은 아니다. 특히, 미개의 사회에 있어서는 오비이락(烏飛梨落) 격의 우연한 사건에 엉뚱한 인과관계를 인정하는 수가 많다. 따라서 행위의 시비에 관해서 매우 불합리한 고정관념이 생기는 경우가 적지 않으며, 비록 불합리할 것까지는 없더라도, 이렇다 할 이유도 모르고 어떤 행위를 맹목적으로 강요 또는 금지하는 현상이 생긴다. 그리고 또 어떤 행동의 양식은 오랜 전통을 이루고 행해 내려왔다는 이유로 말미암아 습관적으로 답습되기도 한다. 이와 같이 불합리성, 맹목성 또는 습관성 등이 개재한 전통적 사회규범을 우리는 관습이라고 불러, 더 합리적이요 더 세련된 사회규범으로서의 도덕과 구별한다.

비록 도덕 또는 윤리의 이름으로 불리는 사회규범이라고 할지라도 그것이 그 사회나 국가 전체의 이익과 완전히 일치할 경우는 드물다. 그것은 한 나라의 법이 그 나라 전체의 이익과 언제나 완전히 일치하기는 어려운 것과 마찬가지의 사정이다. 한 나라의 현행 도덕이 국가 전체의 이익과 완전히 일치하기 어려운 이유로서 일반적으로 지적될 수 있는 것에 두 가지가 있다. 그 하나는 시대가 바뀌고 사회의 실정이 달라짐에 따라서 과거에는 적합하던 사회규범도 차차 그 적합성을 상실할 수가 있다는 사실이다. 그리고 또 하나는 한 사회 또는 국가의 현행 도덕의 내용을 결정함에 있어서 가장 지혜로운 사람들의 판단만이 반드시 작용하는 것이 아니라, 그 사회 또는 국가에 있어서 우월한 세력을 가진 사람들의 의사 내지 희망이 지나친 비중으로 반영될 경우가 많다는 사실이다.

현행 도덕이 반드시 완전한 것이 아닐지도 모른다는 사실은, 현행 도덕을 비판의 대상으로 삼고 분석 검토하여, 더욱 완전한 도덕의 체계를 세우도록 꾀하는 노력이 한 옆으로 진행될 필요가 있다는 결론을 불가피하게 한다. 이는 한 나라의 법률을 더 완벽한 것으로 만들려는 노력이 항상 필요한 것과 마찬가지의 요청이다. 그러나 현행 도덕이 반드시 완벽한 것이 아니며 따라서 비판과 개조를 허용하는 상대적 규범이라 함은, 현행 도덕을 함부로 무시하고 위반해도 무방하다는 뜻은 결코 아니다. 비록 현행 법전에 미비하거나 불합리한 점이 있다 하더라도, 더 완벽한 법률이 제정될 때까지는 현행법을 무시할 수 없듯이 더 나은 도덕의 체계가 대신 설 때까지는 현행 도덕을 함부로 무시하지 않는 것이 바람직할 경우가 많다. "악법도 법이다."라고 갈파하여 법의 판결을 끝내 존중한 소크라테스의 준법정신은, 도덕의 경우에 있어서도 다소 적합한 교훈이 될 수 있다.

10. 윤리의 본질 (3)

도덕은 행복한 생활 또는 슬기로운 인생을 위한 처방이라고 볼 수가 있다. 그러나 모든 종류의 생활의 처방을 우리는 도덕 또는 윤리라고 부르지 않는다. 예컨대, 여자의 아름다움을 촉진하는 방법, 건강 증진의 방법, 또는 맛있는 음식을 만드는 방법 따위도 행복한 생활을 위한 처방이라고 말할 수 있을 것이나, 그러한 방법을 따르는 것을 우리는 도덕적이라고 부르지 않는다. 일반적으로 말해서 단순한 기술에 속하는 처방 내지 행동 지침은 도덕적인 가르침 속에 포함되지 않는다. 다시 말하면 일정한 목적이 구체적으로 확정되었을 경우, 그 목적 달성을 위한 수단과 방법의 문제는 도덕적인 문제라고 보지 않는 것이 보통이다.

도덕 또는 윤리의 문제가 생기는 것은 추구해야 할 목적이 구체적으로 확정되지 않았을 경우에 있어서이다. 그리고 추구해야 할 목적이 확정되지 않았다 함은, 두 가지 이상의 욕구가 대립한 상태를 지속하고 있을 경우를 의미한다. 욕구의 대립은 한 개인의 마음속에서도 일어나고, 개인과 개인 또는 집단과 집단 사이에서도 일어난다. (때로는 개인과 집단 사이에 대립이 생길 수도 있다.) 한 개인의 마음속에서 두 가지 욕구가 대립해 있는 동안 그 사람은 행동을 결정할 수 없으며, 두 사람 또는 두 집단 사이에 욕구의 대립이 있을 경우에도 그 두 사람 또는 두 집단의 충돌 없이 행동할 수는 없다. 한 사람의 마음 안에, 또는 여러 사람이 모여 사는 사회생활 가운데서 욕구의 충돌이 생겼을 경우에, 그 충돌은 무슨 방법으로든 해소되어야 하거니와, 그 충돌을 가장 원만하게 그리고 가장 합리적으로 해소하는 방안을 강구하는 것이 곧 도덕의 문제다. 도덕의 법칙은 이미 일어난 충돌을 해결하기 위한 처방이 될 수도 있고, 욕구의 충돌을 미리 예방하는 처방이라고 볼 수도 있다.

욕구의 충돌을 원만하게 해결하는 길을 강구하는 것이 도덕의 문제이며, 욕구의 충돌은 한 개인의 마음 안에서도 생길 수 있는 것이라면, 도덕의 문제 가운데는 개인적인 성질의 것도 있다고 보아야 할 것이다. 또 그러한 뜻에서 우리는 사회윤리 또는 국민 윤리와 구별되는 개인 윤리를 말할 수 있다. 그러나 현실 생활 가운데서 일어나는 욕구의 대립 중에서 가장 심각한 문제가 되는 것은 개인과 개인 또는 집단과 집단 사이의 대립이며, 한 개인의 마음 안에서 생기는 갈등도 저 사회적인 대립의 내화(內化) 또는 투영(投影)이라고 볼 수가 있다.

예컨대, 강도나 살인을 계획하는 사람은 마음속에 심한 갈등을 의식할 것이다. 그러나 그러한 갈등이 생기게 된 근본 원인은 강도나 살인을 꾀하는 사람의 욕구와 강도를 당할 사람의 재산을 확보하고자 하는 욕구 또는 살인을 당할 사람의 생명에 대한 욕구가 잠재적으로 대립해 있다는 사실이다. 재산을 확보하고 생명을 유지하고자 하는 것은 누구나 가지고 있는 일반적 욕구다. 이 일반적 욕구는 강도나 살인 따위의 행동을 미워하고 배척하는 도덕 관념 또는 사회 의사로서 뭉치게 된다.

이 사회 의사가 개인의 마음속으로 침투했을 때 그것이 곧 양심을 형성하거니와, 우리가 사회 의사와 어긋나는 행동을 계획 또는 수행할 경우에는 내 마음속에서 내 욕구와 사회 의사가 격렬한 충돌을 일으키게 된다. 이것을 우리는 양심의 가책이라고 말하거니와, 양심의 가책이라는 내부의 갈등도 사실은 외부 세계에 있어서의 개인과 개인 또는 개인과 사회 사이의 욕구의 대립에 근원을 두고 있다고 말할 수 있다.

가령 어떤 학과를 선택할 것인가, 또는 어떤 직업을 선택할 것인가 하고 고민할 경우는 순전히 개인 내부의 문제같이 생각되기 쉬우나, 실은 그 경우에도 사회적인 관련성이 전혀 없는 것은 아니다. 부모나 배우자의 희망이 내 마음에 영향을 줄 수도 있고 그렇지 않을 경우라 할지라도 내 마음이 두 가지의 학과나 직업 사이를 헤매는 것은 내 마음 밖에 사는 사람들 사이에 그러한 의견의 대립이 있기 때문이다. 만약 가장 바람직한 학과 또는 직업에 관해서 세상 사람들의 의견이 완전히 일치했다면, 나도 그러한 문제로 고민하는 일은 없을 것이다. 이와 같이 생각할 때 결국 모든 욕구의 대립에는 사회성이 있다고 말할 수 있으며 따라서 모든 도덕의 문제에도 사회성이 있다고 보아야 할 것이다.

이미 앞에서 지적한 바와 같이 모든 인간은 존엄하고 귀중한 존재다. 따라서 어떠한 사람의 욕구도 완전히 좌절당해서는 안 될 것이며, 가능하다면 모든 사람의 욕구가 남김 없이 충족되는 것이 바람직하다. 그러나 모든 사람의 모든 욕구가 충족된다는 것은 사실상 불가능한 일이므로, 되도록 여러 사람들의 많은 욕구들을 공평하고 조화롭게 만족시키는 것이 현실적으로 가장 바람직한 일이다. 우리가 지금 논의하고 있는 윤리 또는 도덕은 다름 아닌, 저 충돌하는 욕구들을 가능한 최대한으로 공평하고 조화롭게 만족시킬 수 있는 행위의 처방에 해당한다. 따라서 가장 타당성이 있는 도덕이란, 그것을 지켰을 때 실제로 많은 욕구가 공평하고 조화롭게 충족되는 결과를 가져다주는 도덕이 아닐 수 없다.

도덕과 정치

도덕이란 충돌하는 욕구를 조절하여 되도록 많은 사람들의 욕구를 조화롭게 만족시키기에 필요한 행위의 처방 또는 그러한 처방의 체계라고 하였다. 이와 같은 결론을 받아들일 때, 우리는 도덕을 넓은 의미로 해석해야 한다는 또 하나의 의견에 도달한다. 종래의 학자들 가운데는 도덕을 단순한 동기나 양심의 문제, 또는 인격 도야의 문제로만 좁게 이해한 사람들이 많았다. 그들은 도덕을 정치와 경제 또는 법률 등으로부터 독립된 고유한 분야처럼 생각하는 경향이 있었다. 이러한 경향은 일반 사람들에게 침투하여, "도덕이나 윤리의 입장에서 본다면 그것은 옳지 못한 짓임에 틀림이 없다. 그러나 정치가의 입장에서 본다면 나무랄 수 없는 일이다." 따위의 불합리한 발언을 예사로운 것으로 만들었다. 그러나 우리의 견지를 다룰 때는 정치와 경제, 그리고 그 밖의 사회문제 가운데서 근본적인 것들은 동시에 윤리의 근본문제이기도 하다. 욕구의 충돌이 가장 심하게 일어나는 것은 바로 정치와 경제가 지배하는 현실적 사회생활이기 때문이다.

도덕과 정치 또는 경제를 분리시키는 것이 얼마나 위험한 생각인가는 그러한 분리가 빚어낼 결과가 무엇일까를 살펴볼 때 곧 명백해진다. 만약 그것들이 분리될 수 있는 것이라면 도덕적으로 옳지 못한 일이 정치나 예술의 견지에서 볼 때는 옳을 수도 있을 것이며, 정치가나 예술가는 부도덕한 행동을 해도 좋다는 억설이 성립된다. 이렇게 되면, 도덕을 지킬 의무는 도학자나 목사와 같은 사람들에게만 있게 되며, 도학자나 목사들도 정치나 경제의 사회 현실을 무시하고는 살 수 없는 까닭에, 결국 그들마저도 위선자가 되지 않을 수 없는 궁지로 몰린다. 그뿐만 아니라, 도덕이 정치나 경제 또는 예술 따위와 분리될 때 그 도덕은 실천적으로 사회를 이끌어 갈 만한 능력이 전혀 없는 공염불이 되고 말 것이다. 정치, 경제 등의 사회문제와 떨어진 단순한 도덕적 문제란 별로 없기 때문이다.

이상에서 우리는 바람직한 인생 또는 원만한 사회생활을 위한 처방으로서 도덕의 측면을 강조하였다. 그러나 그러한 강조는 도덕을 단순한 수단으로만 보고 그 자체에는 목적으로서의 가치가 전혀 없는 것으로 단정하는 오류를 범할 만큼 지나쳐서는 안 된다. 도덕은 그 발생의 연유로 본다면, 인생을 위한 처방으로서 출발한 것임에 틀림이 없다. 그러나 도덕이 오랜 역사와 전통을 가진 오늘날에 있어서는 도덕 그 자체에도 자기 목적적 가치가 생겼다고 보아야 할 것이다. 그것은 학문이나 예술이 처음에는 인생을 위한 어떤 문제 해결의 도구로서 탐구되기 시작했다 하더라도, 오늘에 와서는 그 자체에 목적으로서의 가치가 생겼음을 인정해야 하는 것과 마찬가지의 논리다. 훌륭한 도덕을 갖는 일은 훌륭한 인생을 갖기 위한 방법으로서 귀중할 뿐 아니라, 그 자체가 슬기롭고 아름다운 인생의 일부다.

11. 윤리의 본질 (4)

만약 도덕이 선천적이요 절대적인 규범이 아니라 인간 생활을 위한 처방으로서 경험적으로 형성된 것이라면, 그 권위의 근거가 어디 있으며 우리가 도덕률을 따라야 할 의무의 근거가 어디에 있는가? 그것은 도덕의 신성함을 부인하는 동시에 도덕의 권위를 떨어뜨리는 위험한 이론이 아닌가? 이러한 의문과 걱정을 표명하는 사람들이 있다. 그러나 이러한 의문은 그 자체가 도덕의 본질을 잘못 이해한 낡은 생각에 입각한 것이며, 우리의 주장을 곡해한 선입견에서 유래한 것이다. 우리의 주장이 올바로 이해될 때 도덕의 중요성은 더욱 뚜렷해지고, 우리가 그것을 지켜야 할 이유도 더욱 분명해질 것이다.

우리 인간에게 인생보다 더욱 중요한 것은 없다. 그러나 인생이 중요하다 함은 단순한 생존이 더할 나위 없이 귀중하다는 뜻은 아닐 것이요, 아름답고 슬기롭게 사는 인생이 가장 귀중하다는 뜻일 것이다. 그렇다면, 아름답고 슬기로운 인생을 위한 처방으로서의 도덕이 귀중함도 스스로 명백하며, 우리가 그것을 준수해야 할 이유도 따라서 뚜렷하다. 도덕은 곧 생활의 지혜, 즉 아름답고 슬기로운 인생으로 이끌어 줄 생활의 지혜이기 때문이다.

도덕이 선천적 규범이요, 그 자체가 신성한 까닭에 존중하여야 한다면 선천적인 것 또는 신성한 것을 매우 숭상하는 사람에게는 도덕을 준수해야 할 이유가 분명하나, 그렇지 않은 사람에게는 그 이유가 박약하다. 그러나 도덕이 슬기로운 생활을 위한 지혜라는 것이 사실이라면, 도덕을 존중해야 할 이유는 누구에게나 명백하다. 아무도 인생 자체에 대해서 무관심하거나 슬기롭지 못한 생활을 원하지는 않기 때문이다.

도덕이 결국 인간에 의해서 만들어진 것이요, 경우에 따라서는 변할 수도 있다는 사실로 말미암아 그 권위가 의심될 수는 없다. 만약 인간 이외의 어떤 존재에 의하여 만들어진 도덕이 있다면, 우리는 그것을 외면할 수도 있을 것이다. 남이 만든 것에 대하여 우리 인간이 책임을 질 필요는 없을 것이기 때문이다. 그러나 우리 인간을 위해서 우리 인간이 만든 도덕이라면, 우리로서는 그것을 귀중히 여기지 않을 수가 없다. 이것은 법률의 경우에 있어서 우리 자신이 참여해서 만든 법률일수록 그것을 지킬 책임이 우리에게 크다고 보아야 하는 것과 마찬가지의 논리다. 도덕이 변할 수도 있다는 사실로 말미암아 그 권위가 상실될 수 없다는 것도, 법은 고쳐질 수도 있다는 사실이 법을 소홀히 여겨도 좋다는 이유가 될 수 없는 것과 마찬가지다. 우리는 낡은 도덕률을 버리고 새로운 도덕률을 만들 수는 있다. 그러나 모든 도덕을 버리고 살 도리는 없다.

도덕적 인간

도덕을 지키는 것은 남을 위해서 또는 사회 전체를 위해서는 좋은 일일지 모르나 지키는 사람 자신을 위해서는 오히려 손실을 가져올 경우가 많지 않은가? 예컨대, 도덕은 보통 정직하게 살 것을 요구하거니와 정직하고 고지식한 사람일수록 손해를 많이 보는 것이 우리 사회의 현실이 아닌가? 도덕을 지키는 것 그 자체가 신성한 의무라면 모르지만, 그렇지 않고 도덕이 생활의 지혜에 불과한 것이라면, 손해를 보면서까지 그것을 지킬 필요가 없지 않은가? 이러한 의문을 느끼는 사람이 있을지 모른다. 그러나 이와 같은 의

문도 알고 보면 잘못된 판단에 입각한 것이다. 그 잘못된 판단이란, "무엇이 진정으로 나를 위하는 길인가?"에 대한 그릇된 인식이다.

"무엇이 진정으로 나를 위하는 길인가?"에 대한 그릇된 인식에는 크게 두 가지가 있다. 그 하나는 당장에 눈앞에 보이는 이해관계만을 염두에 두는 편협한 마음 또는 근시안적 관찰에 입각한 것이다. 당장 눈앞에 닥치는 결과만을 따진다면 도덕적인 행위가 손해를 가져오는 것같이 보이는 경우가 많을 것이다. 그러나 긴 안목으로 본다면 결국 도덕적인 행위가 현명한 행위라는 것이 결과적으로 밝혀지는 것이 보통이다. 도덕적이라 함은 요컨대 '사회생활에 있어서 협조적'이라는 뜻에 가까우며, 인간은 본래 사회적인 동물인 까닭에 협조적인 풍토 속에서만 번영을 누릴 수 있기 마련이다. 그리고 개인은 사회 또는 국가 전체의 번영 속에서 그 뜻을 이룰 수 있는 것이며, 자기가 속하는 집단의 몰락을 대가로 치르고 행복을 얻기는 어렵다. 그런 뜻에서 우리는 공동의 운명 아래 살고 있다.

특수한 예외적 사례도 없지는 않을 것이나, 한 개인의 이익과 그가 속하는 집단 전체의 이익은 대체로 일치한다. 그것은 어떤 개인이 집단 전체의 이익을 배반한 행위를 했을 경우를 생각해 보면 곧 알 수 있을 것이다. 전체를 배반한 사람은 그 집단의 다른 사람들로부터 음양간의 지탄을 받을 것이며 은근한 배척을 받을 것이다. 그리고 인간이란 본래 사회적인 동물인 까닭에 남의 지탄과 배척 속에서 행복을 누릴 수는 없게 되어 있다. 개인의 이익과 집단의 이익 사이의 상관관계를 짐작하기에 도움이 되는 또 하나의 방법은, 한 집단의 성원 모두가 부도덕하게 행동할 경우를 상상해 보는 일이다. 결국, 전체도 몰락하고 개인도 몰락하고 말 것이다. "그러나 세상 사람이 모두 부도덕하다면 곤란하겠지만, 나 한 사람쯤은 무방하지 않겠는가?" 이러한 반문이 여기에 적합하지 아니함도 명백하다. 남에게 허락할 수 없는 생활 태도를 나에게만 허용한다는 것은 논리의 일관성의 요구를 버리지 못하는 지성인으로서는 생각할 수 없는 일이기 때문이다.

"진실로 자기를 위하는 길이 무엇인가?"에 대한 그릇된 인식의 또 하나는 '위하는 길', 즉 이익이라는 개념을 너무 좁게 이해하는 데서 오는 그것이다. 즉 물질적인 소득만을 이익으로 생각하고 그것을 얻는 것만이 나를 위하는 길이라고 생각하는 잘못이다. 물질의 이익도 물론 중요한 것임에는 틀림이 없다. 그러나 정신적인 슬기로움과 인간적인 아름다움을 가꾸어 가며 사람답게 산다는 것은 더욱 중요한 일이며, 우리에게 물질이 중요한 것도 실은 저 정신적 정상 또는 인격의 실현을 위한 바탕으로서의 뜻이 큰 것이다.

12. 개인과 국가 (1)

인간도 동물인 까닭에 생물학적 욕구를 만족시켜 가며 살아야 한다. 그러나 다른 동물들과는 달리 지능 내지 이성을 가진 존재인 까닭에 인간은 단순한 생존만으로 만족하지는 않는다. 생물학적 생존과 아울러 예술, 종교, 학문, 스포츠, 오락 등을 포함한 문화적 생활을 추구하는 것은 인간의 본성에 속한다. 요컨대, 인간은 생물학적 욕구와 문화적 욕구로 나눌 수 있는 인간적인 욕구의 충족을 꾀해 가며 살아간다고 말할 수 있을 것이며, 우리가 여기서 중심 문제로 삼고 있는 윤리 또는 도덕은 저 인간적인 욕구의 충족을 원만히 이룩하기에 필요한 처방인 동시에 문화적 가치의 한 대표적 분야이기도 하다. 즉, 우리는 도덕을 단순한 수단으로서 존중하는 데 그치는 것이 아니라, 도덕적인 인격을 함양하고 도덕적으로 올바르게 생활하는 일, 그 자체를 인생의 중요한 목표의 일부로 삼고 있다.

생물학적 욕구와 문화적 욕구를 충족시켜 가며 보람찬 인생을 사는 일은, 개인의 힘만으로는 도달하기 어려운 인간의 이상이다. 그것은 조직적이요 협조적인 사회생활을 통해서만 실현이 가능하다. 그리고 사실상 인류는 태곳적부터 사회생활의 조직력과 협조의 힘을 빌려 그 목표의 달성을 꾀해 왔다. 그러한 목표의 달성을 위해서 의식적으로 단체를 조직하지 않더라도 인간은 이미 태곳적부터 사회를 형성하고 살아왔으며 자연 발생적인 사회의 제도와 조직을 살려 인간의 소망을 달성하고자 애써 왔던 것이다.

과거에 존재했던 여러 가지 사회들과 현재 존재하는 모든 종류의 사회들이 예외 없이 저 인간의 공통된 사명의 달성을 위해서 언제나 이바지해 왔던 것은 아니다. 때로는 많은 사람들의 자유를 억제하고 발전을 저해하는 방향으로 작용한 사회조직 또는 권력이 있었으며, 현대에도 그러한 조직 또는 권력이 자취를 감춘 것은 아니다. 모든 사회가 반드시 도덕적인 목적을 위해서, 그리고 관계자들의 자유의사에 따라서 합리적으로 조직된 것이 아니라, 강자와 약자가 섞여서 사는 경쟁적인 상황 속에서 자연 발생적으로 생긴 사회도 많았던 것이다. 처음에는 도덕적인 목적을 위해서 자유계약으로 결성된 단체까지도, 그것이 지속되고 운영되는 과정에 있어서는 부도덕한 사람들의 이기적인 뜻에 의하여 이용되기도 하였다. 그러나 전체로 볼 때 인간은 역시 사회의 제도와 타인의 협력에 힘입어 가며 개인 또는 집단의 목표를 달성해 왔다고 볼 수 있을 것이다. 이 점은 어떤 집단에 소속함이 없이는 아무도 살아갈 수 없었다는 한 가지 사실만으로도 증명되고 남는다.

인간이 그 속에서 생물학적 욕구와 문화적 욕구를 충족시켜 가며 자아(自我)를 실현한 사회 또는 집단 가운데서 가장 강력하고 영향력이 큰 것은 국가다. 옛날에는 가족이나 부족이 더 중요한 의미를 가진 때도 있었고, 장차는 어떤 국제기구가 더 큰 영향을 가질 날이 올지도 모르나, 현재로서는 역시 국가가 인간적 집단 가운데서 가장 지배적인 위치를 차지한다고 보는 것이 우리의 상식이다.

보통 국가라는 이름으로 불리는 조직체 가운데도 여러 가지의 종류가 있었고, 현존하는 국가들 가운데도 여러 가지 성격의 차이가 발견된다. 따라서 국가와 개인의 관계 또는 국가와 인생의 관계를 일률적으로 논할 수는 없는 일이며, 또 여러 가지 국가의 성격을 비교하거나 가장 바람직한 국가의 이념을 따지는 것도 우리의 당면한 관심사가 아니다. 지금 우리에게 가장 큰 관심거리가 되는 것은 우리 자신의 인생이며, 우리 자신의 인생과 불가분의 관계를 가지고 있는 우리 자신의 나라, 한국이다. 이제 우리는 우리 자신의 인생의 문제를 우리의 조국, 한국과의 관계 속에서 고찰해야 할 단계에 이른 것으로 보인다.

우리 한국의 역사와 민족에 관한 자세한 고찰은 다음으로 미루고, 여기서는 다만 오늘날 한국이 지향하는 국가적 목표와 한국 국민의 개인적인 목표의 관계를 살피고, 나아가서 현재 우리들의 정신적 자세 또는 가치 풍토가 우리의 공통된 목표를 달성하기에 부족한 점이 없는가를 반성해 보는 것으로 그치고자 한다.

13. 개인과 국가 (2)

개인과 국가의 관계에 대해서는 오래전부터 견해의 대립이 있었던 것으로 안다. 그 가운데서도 가장 극단적인 대립으로 맞서 온 것은 개인주의 및 전체주의에 각각 기반을 둔 국가관일 것이다. 즉, 국가를 개인의 자유와 보호를 위한 수단으로서의 법적 조직체에 불과한 것으로 보는 견해와 국가를 그 자체의 생명과 가치를 보유하는 유기적 전체로 보고 국민 각자는 그 전체를 위해서 봉사할 부분에 불과하다고 주장하는 견해의 대립이다. 이 두 견해의 대립은 역사적 사실에 대한 인식의 차이에서 오는 대립 같은 인상을 주기도 하나, 실은 바람직한 국가에 관한 당위론적(當爲論的) 견해의 차이에서 오는 대립으로서의 측면이 강하다. 따라서 이 두 견해의 시비는, 단순한 사실의 탐구만으로는 밝혀질 수 없는 성질의 것이며, 오직 인생의 기본적 태도에 대한 주체적 선택에 의해서만 그 우열이 결정될 수 있는 문제에 속한다.

인생의 기본적 태도에 관해서 어떠한 선택을 하는 것이 마땅하냐 하는 문제는 간단한 해결을 거부하는 어려운 문제이며, 이 철학적인 문제에 깊이 관여하는 것은 우리들의 당면한 과제가 아니다. 다만 한 가지 지적되어야 할 중대한 사실은, 우리들 대부분이 저 인생의 기본적 태도의 문제에 관해서 이미 하나의 길을 선택한 지 오래라는 사실이다. 우리가 민주주의를 국가의 정치 및 사회 생활의 기본 원리로서 정했을 때 우리는 이미 전체주의와 개인주의 사이에서 하나의 길을 선택했던 것이다.

민주주의라는 말은 그 뜻에 모호한 점이 있어 사람에 따라서 약간 다른 의미로 쓰일 수도 있으나, 그 말을 아무리 좋을 대로 해석한다 하더라도 민주주의를 일종의 전체주의로 볼 수는 없을 것이다. 민주주의는 인간의 존엄성에 대한 믿음과 개인의 자유와 평등에 대한 이념의 토대 위에서만 성립할 수 있기 때문이다. 우리가 민주주의를 표방하면서 한편으로는 전체의 이름으로 개인의 희생을 강요하는 어떤 실천이나 학설에 동조한다면 우리는 확실히 자기모순을 범하는 꼴이 될 것이다.

그러나 한편, 우리나라가 처해 있는 심각한 현실을 직시할 때 개인의 자유와 이익만을 강조하고 국가와 민족의 장래를 소홀히 여기는 따위의 개인주의에 심취할 처지가 아니라는 것도 의심의 여지가 없다. 그리고 국가를 단순히 개인의 생명과 재산을 보호하기 위한 수단으로서 만들어진 법적 조직체로 보는 견해가 지나친 추상(抽象)이라는 것도 분명하다. 국가는 주식회사나 협동조합과는 다르다. 국가는 고유한 전통과 문화를 가졌으며 전통과 문화에 생명과 가치를 인정할 수 있을 것이다.

우리 한국과 같은 단일민족국가의 경우에 있어서는 이 점이 더욱 뚜렷하다. 민족국가는 혈연(血緣)과 지연(地緣)이 한데 얽힌 공동체인 까닭에 그 생명체적인 성격이 더욱 현저하기 때문이다.

우리가 믿는 민주주의가 어떠한 전체주의와도 동일시될 수 없음이 분명하듯이, 그것이 보통 말하는 이기주의(利己主義)와 혼동될 수 없음도 분명하다. 민주주의란 본래 인간의 존엄성과 그 평등을 믿는 신념에서 출발한 것이었다. 따라서 그것은 나의 인격과 권익을 존중하는 것과 같은 마음으로 남의 인격과 권익도 존중할 것을 요구한다. 이 한 가지 점만으로도 민주주의와 배타적 이기주의가 양립할 수 없음은 명백할 것이다. 민주주의의 핵심은 선거제도나 의회정치에 있는 것이 아니라, 이성을 가진 인간이 인간답게 행세하는 생활 태도에 있는 것이다.

민주주의 국가에 있어서는 주권이 국민에게 있다. 따라서 국민이 불행하게 되고 국가가 번영한다는 것은 있을 수 없다. 한편, 민주주의 국가에 있어서는 국가 전체의 번영이 곧 국민 각자의 행복을 위한 바탕이 된다. 따라서 만약 국가 전체의 세력이 기울어진다면 국민 각자의 행복도 기대할 수가 없다. 진실로 민주주의의 이름에 부합하는 국가라면, 전체의 이익과 개인의 이익은 원칙적으로 일치한다. 바꾸어 말하면, 국가의 공동 목표와 국민의 개인적 목표 사이에 어긋남이 크면 클수록, 그 나라는 참된 민주주의 이념으로부터 그만큼 멀리 떨어져 있다고 볼 수 있다.

우리 한국에도 전 국민의 소망을 반영한 공동 목표가 있어야 한다. 그것은 전 국민의 소망을 반영해야 하는 까닭에 국민 각자의 개인적 목표와도 조화를 이루어야 할 것이다. 그렇다면 그 공동 목표는 대체로 어떠한 내용의 것이라고 보아야 할 것인가?

인간도 동물인 까닭에 동물로서의 기본적인 욕구는 우선 충족되어야 한다. 인간의 기본적 욕구를 유감없이 충족시키기 위해서는 의식주에 필요한 물질이 요청되거니와, 의식주에 필요한 물질만으로는 경제생활의 안정을 얻었다고 볼 수가 없다. 인간은 동물로서의 기본적인 욕구 이외에 문화적 욕구를 가지고 있으며, 이 문화적 욕구의 충족을 위해서도 물질적 기반이 필요하기 때문이다. 그러므로 "우리의 공동 목표가 무엇인가?"라는 물음에 대한 첫째 대답으로서 주어지는 것은 "국민의 기본적 욕구와 문화적 욕구를 충족시키기에 필요한 물질적 기반을 확보함"이 아닐 수 없다. 그러나 인간의 문화적 욕구라는 것은 변화와 신축성이 강한 심리 상태를 말하는 것이므로, 경제생활의 안정을 위해서 필요한 물질의 양과 질이 어느 정도의 것인지는 반드시 분명하지 않다. 다만 한 가지 확실한 것은, 빈부의 차이를 좁히고 경제적 균형을 얻는 일이 경제생활의 안정을 위해서 매우 중요한 조건의 하나라는 사실이다. 왜냐하면 물질에 대한 인간의 문화적 욕구를 결정함에 있어서 가장 지배적인 요인은 같은 사회에 사는 다른 사람들의 생활수준이며, 자기의 생활 정도가 이웃 사람의 그것에 크게 뒤떨어지는 한 경제문제에 관한 심리적 안정을 얻지 못하는 것이 인간의 일반적 심리이기 때문이다. 따라서 국가 전체의 경제력을 가능한 최고의 수준으로 올리되, 경제적으로 균형된 사회를 이룩하는 것이 우리들의 공동 목표 가운데서 가장 기본적인 것이라는 결론을 얻게 된다.

인간의 문화적 욕구는 물질의 힘만으로 충족시킬 수 있는 성질의 것이 아니다. 물질의 힘으로써 충족시킬 수 있는 따위의 것은 문화적 욕구 가운데서 저속한 부류에 속하며, 더 지성적이요 더 인간적인 문화적 욕구는 오히려 정신의 개발과 더욱 깊이 관계한다. 각자가 타고난 소질을 개발하여 학술, 예술, 스포츠 등의 기술을 연마하고 경험과 수양으로 인격을 함양하는 일은 누구나 가지고 있는 문화적 욕망이다. 그리고 모든 개인들의 이 문화적 욕구가 하나의 구심점을 얻어서 뭉칠 때 국민 문화 또는 민족문화에 대한 포부(抱

負)로 승화한다. 인간이 세우고 인간의 힘으로 실현할 수 있는 최고의 목표는 개인적으로는 각자의 소질을 개발하여 자아의 인격을 실현하는 일이요, 국가적으로는 고유하고 자랑스러운 민족문화를 창조하는 일이다. 여기에 있어서 개인의 인격 실현이 국민 문화 내지 민족문화 창조의 바탕이며, 민족문화는 다시 인류의 세계 문화로 연결됨은 두말할 것도 없다.

우리 한국은 현재 경제적으로는 개발도상의 단계에 머물러 있으며, 문화적으로도 찬란하던 옛날의 전통에 비하면 침체한 상태에 빠져 있는 형편이다. 우리가 이러한 상태에 만족할 수 없는 이상, 경제를 개발하여 부강한 국가를 건설하고 전통의 계승과 새로운 창조로 영광스러운 민족문화를 다시 빛내는 일이 우리들의 당면한 공동 목표의 가장 큰 줄거리가 아닐 수 없다. 이 공동의 목표가 달성되지 않는 한, 국민의 개인적 목표가 달성될 가능성도 희박하며 이 공동의 목표가 달성되는 날에는 각자의 개인적 목표도 따라서 달성을 볼 것인 까닭에 이것은 국가 전체의 목표인 동시에 우리들 개인 각자의 목표이기도 하다.

14. 개인과 국가 (3)

우리들의 원대한 공동 목표가 저절로 우연히 달성될 리는 없으며, 국민 전체의 단결된 노력만이 그것을 달성하는 효과적 방법이다. 그러나 국민 전체가 국가적 공동 목표를 위해서 단결하고 노력할 수 있기 위해서는 그러한 노력을 촉구하기에 적합한 국민 윤리가 확립되어 슬기로운 가치의 풍토가 조성되어야 한다. 이 점에서 있어서 우리 한국의 실정은 어떠한 것일까? 진지한 반성이 요청되는 물음이 아닐 수 없다.

아시아의 등불

우리 한국은 옛날부터 동방예의지국 또는 인정(人情)의 나라로서 알려져 왔으며, 현재도 개인적 인간관계에 있어서는 미풍양속의 전통이 맥맥이 살아 있다. 그러나 근래 우리의 사회적 여건과 생활양식에 급격한 변화가 생겼고, 서구적 가치 풍토가 그릇되게 받아들여지는 등의 사정으로 인하여 우리의 가치 체계에 극심한 혼란이 빚어지고 있다는 사실도 부인하기 어렵다.

오늘날 우리 사회의 양상을 조용히 관찰하건대, 사람들의 행동의 세계에 바람직하지 못한 몇 가지 일반적 경향이 있음을 발견한다. 이와 같은 일반적 경향의 일부는 우리 동양의 전통적 가치 의식에서 유래하는 것이며, 다른 일부는 근래 도입된 서구적 가치 풍토에 근원을 둔 것으로 보인다. 동양적 전통에 유래하는 행동 경향 가운데에서 바람직하지 못한 것으로서 우선 지적할 수 있는 것은, 행동이 이지(理智)보다도 감정에 의하여 지배되는 경향이다. 감정이 뜨겁고 정서가 풍부한 것은 우리 한국인의 특색이며 자랑거리이기도 하나, 합리적이며 객관적인 태도가 요청되는 경우에 있어서까지 감정의 지배를 받는 경향이 있어 적지 않은 폐단이 종종 생긴다. 예컨대 냉철한 지성적 대화가 요청되는 마당에서 감정이 앞서는 까닭에 대화가 통하지 않고 따라서 문제의 해결이 어려워지는 경우가 많으며, 실력을 따라서 적재를 적소에 배치해야 할 인사 문제에 있어서 정실이 앞서는 까닭에 공정한 처사에 위배되는 결정이 내려지는 경우도 적지 않다.

행동의 세계에 있어서의 감정의 우세와 관련된 것으로 또 하나 지적할 것은, 공사(公私)를 혼동하거나 공적인 고려보다 사적인 고려가 우위(優位)를 차지하는 경향이다. 예를 들면 국회의원을 뽑을 때 동창관계 또는 친척관계를 고려하여 투표를 결정하거나, 대통령을 뽑을 때 입후보자의 고향을 따라서 투표를 결정하는 사람들이 아직도 적지 않다. 또 사립학교를 운영하는 사람들이나 언론기관을 장악한 사람들이 학원 또는 언론기관의 공공성을 망각하고 사사로운 동기에 지배되는 것도 같은 경향의 나타남이라 하겠다. 이러한 경향은 합리성보다도 정서나 감정에 지배되는 사람들에게 자연히 따르는 폐단이라 하겠거니와, 이러한 폐단이 국민의 대동단결을 해치고 국가적 공동 목표의 달성을 저해함이 얼마나 큰 것인가에 대해서는 새삼스러운 주석이 필요하지 않을 것이다.

동양적 전통과 관계가 깊은 또 하나의 폐단으로서 지적할 것은, 실질과 내용보다도 형식과 외모에 치중하는 경향이다. 이른바 허례허식을 일삼는 풍조는 이러한 경향의 대표적인 나타남이라 하겠거니와, 그 밖에도 의식주를 비롯한 모든 생활의 측면에 있어서 속보다도 겉모양에 힘을 기울이는 경향이 현저하다. 이러한 경향은 예의와 범절을 숭상하는 유교적 전통이 잘못 전해져 변질되는 가운데 생겨난 폐단이라 할 수 있겠거니와, 선전을 일삼고 전시효과를 노리기에 급급한 오늘의 상품 문화적 풍조에 의하여 더욱 조장되고 있다.

앞에서 지적한 세 가지 경향, 즉 ① 이지에 대한 감정의 우세, ② 공사의 혼동 또는 사사로운 동기의 우세, ③ 지나친 형식주의가 우리의 공동 목표 달성을 얼마나 크게 저해하는가 하는 것은 지각 있는 사람이라면 누구에게나 명백할 것이다. 한마디로 말해서, 여기에 지적된 세 가지의 경향은 대동단결하여 합리적 방법으로 능률과 실질의 향상을 도모해야 할 우리의 현실적 요청에 크게 역행하는 것이 아닐 수 없다.

가치 풍토

근래 도입된 서구적 가치 풍토에 근원을 두었다고 생각되는 행동 경향 가운데도 깊은 반성을 요구하는 것들이 있다. 그러한 것의 가장 일반적이요 중요한 것으로서 우리는 ① 관능적 쾌락의 추구, ② 금전만능주의적 풍조, ③ 이기주의적 행동 경향을 들 수 있을 것이다.

관능적 쾌락을 추구하는 경향은 인간의 본능과도 깊이 연결된 것으로서, 동서고금을 통하여 도처에서 발견되는 경향이며, 반드시 우리에게만 고유한 현상이라고 말할 성질의 것은 아니다. 그러나 그것이 노골적이요 공공연하다는 점에 있어서, 그리고 그 정도가 매우 심하다는 점에 있어서 오늘날 우리들의 실태는 특기할 만한 것이라고 관찰된다. 이 사실을 가장 단적으로 말해 주는 것으로서, 여가를 얻은 사람들이 마음의 양식이 될 책을 읽는 일은 거의 없고, 오로지 오락과 유흥으로 시간을 보내는 것이 일반적 경향이라는 현상을 지적할 수 있을 것이다.

생활에 필요한 물질 또는 그것을 살 수 있는 돈을 귀중히 여기는 것도 어느 시대 어느 사회에서나 볼 수 있는 일반적 현상일 것이다. 그러나 그 정도가 현재 우리 사회의 경우처럼 극심했던 때는 보기 드물었을 것이다. 돈의 위력은 오늘날 우리들의 생활에 있어서 거의 절대적이며, 돈이 제일이라는 사고방식이 우리의 행동을 크게 좌우하고 있다.

관능적 쾌락과 돈은 다 같이 경쟁성이 강하다는 공통성을 가졌다. 경쟁성이 강한 가치를 최고의 목적으로서 열심히 추구할 때, 사람들의 행동은 자연히 심한 이기주의의 경향을 띠게 된다. 경쟁에 이기기 위해서는 남을 돌볼 여유가 없기 때문이다. 인간은 본래 자기를 위하기 마련이지만, 오늘날 우리 사회의 경우는 그 정도가 유별나게 지나치다.

관능적 쾌락 그 자체를 죄악으로 생각하거나 돈을 천하게 여기는 관념에 찬동하는 사람은 오늘날 적을 것이다. 그리고 인간이 자기를 위하는 것은 매우 자연스러운 일이니 이기주의의 경향도 어느 정도까지는 불가피한 것으로 인정할 수 있을 것이다. 다만, 관능적 쾌락이나 돈을 인생에서 가장 중요한 것으로 여기거나 내 이익을 위하는 태도가 남의 존재를 돌보지 않을 정도로 심한 정도에 이를 때에는 사회생활에 많은 폐단이 생기기 마련이다. 현재 우리 한국의 경우는 바로 그 정도가 심한 축에 들어가며, 그 폐단도 결코 작은 편이 아니다.

관능적 쾌락의 숭상, 금전의 숭배, 그리고 이기주의의 경향이 심한 우리들의 가치 풍토에 나타난 폐단으로서 첫째로 지적할 것은 관념과 행동의 유리(遊離)라고 부를 수 있는 현상이다. 우리에게는 아직도 동양적 사고의 유산이 살아 있는 까닭에 대부분의 사람들은 지나친 향락, 배금사상 및 이기주의를 진실로 옳은 생활 태도라고 믿지는 않는다. 관념상으로는 그것들을 부정하면서 행동은 그리로 흐르는 것이 보통이다. 결국 관념의 세계와 행동의 세계 사이에 커다란 거리가 생기고 있는 것이다. 관념과 행동의 유리는 인격의 분열, 즉 이중인격의 탄생을 의미하는 것이며, 사회적으로는 불신 풍조의 원인이 된다. 위선과 불신이 국가 발전에 미치는 악영향은 진실로 치명적이다.

우리들의 가치 풍토에 나타난 폐단으로서 둘째로 지적할 것은 지나친 생존경쟁에 따르는 살벌한 인심이다. 경제적 가치를 추구함에 여념이 없는 까닭에 철저한 지경에까지 도달한 이기주의는 지나친 경쟁을 유발했으며, 지나친 경쟁은 인심을 살벌하게 만들었다. 지나친 경쟁과 살벌한 인심 속에서는 모두가 다 같이 손실을 당하는 결과가 되기 쉬우니, 이기주의가 도리어 자기의 손해를 초래하는 모순에 빠진다.

우리들의 가치 풍토의 결함으로서 셋째로 지적할 것은 사회의 불균형이다. 지나친 경쟁에 참가하는 사람들의 실력에는 많은 개인차가 있다. 체력, 정신력, 절제력, 사회적 지위 등에 있어서 차이가 많은 사람들이 치열한 경쟁을 벌이는 결과는 자연히 가진 자와 못 가진 자의 격차를 심하게 한다. 사회의 불균형은 사회적 불안의 가장 큰 원인일 뿐 아니라, 민주주의 정신에도 크게 위배된다. 민주주의란 본래 만인의 자유와 평등을 지향하는 인권 사상의 이념으로부터 출발한 것이기 때문이다.

우리들의 가치 풍토의 결함으로서 넷째로 지적할 것은 인간의 존엄성이 망각되어 간다는 현상이다. 향락과 돈이 지나치게 추구되는 이기주의적 풍조 속에서는 사람이 사람다운 대접을 받기 어려울 뿐 아니라, 사람이 자기의 신념을 따라서 사람답게 살기도 어렵다. 오늘날 살벌한 인심 속에서 인간이 천대를 받는 현상이 예사로이 일어나고 있으며, 향락, 재물, 권력, 매스커뮤니케이션, 유행 또는 기계 등의 노예가 된 사람들이 자기 자신을 상실하고 항상 무엇엔가 쫓기는 마음으로 살아가는 것이 일반적 현상이다. 그러기에, 인구는 나날이 불어 감에도 불구하고 인간 부재라는 역설적 발언이 식자들의 입에 오르내리게 된 것이다.

15. 개인과 국가 (4)

이상과 같은 우리의 고찰은 "새로운 가치 체계가 수립되어야 한다."는 식자층의 여론과 결론적으로 일치한다. 동시에 우리의 고찰은 새로운 가치 체계가 어떠한 방향으로 모색될 것인가에 대한 기초적 암시를 그 가운데 포함한 것으로 보인다.

비록 새로운 가치 체계의 수립이 요청된다 하더라도, 묵은 가치 체계 속에서 존중되어 오던 것을 전적으로 배격하는 방향으로 그 길을 모색할 수는 없으며, 또 그렇게 할 필요도 없다. 새로운 가치 체계를 모색함에 있어서 가장 핵심이 되는 문제는, "무엇을 존중하고 무엇을 배격하는가?"를 결정함에 있는 것이 아니라, "무엇이 더 귀중한가?"를 결정하는 데 있다. 다시 말하면, 많은 종류의 가치들 가운데서 그 높고 낮음을 재평가함으로써 새로운 가치의 서열을 실천적으로 확립하는 것이 새로운 가치 체계를 모색함에 있어서 가장 핵심이 되는 작업이다.

인간적 가치

우리들의 묵은 가치 체계에 있어서 가장 높은 위치를 차지한 것은, 적어도 행동의 세계에 관한 한 향락과 돈이었다고 본 것이 우리들의 관찰이었다. 그렇다면, 우리들의 새로운 가치 체계에 있어서 이를테면 피라미드의 정상으로 밀어 올려야 할 주 가치는 무엇인가? 이 물음에 대하여 이제까지의 우리들의 고찰이 암시하는 대답은 "인간적 가치가 가치 체계의 정상을 차지해야 한다."는 말로 표현할 수 있음직하다. 그리고 여기서 인간적 가치라 함은 인간의 정신과 육체에 깃든 모든 가치를 지칭하는 것이니, 인품, 학식, 예술적 능력, 생명, 건강, 스포츠 기술, 육체의 아름다움 및 그 밖에 문화적이라고 부를 수 있는 모든 가치를 그 안에 포함한다.

인간적 가치가 높이 실현될 수 있기 위해서는 물질적 가치가 그 뒤를 적절히 밀어 주어야 한다. 다음날 더 많은 일을 하기 위해서는 때때로 긴장을 풀고 즐기는 것도 필요할 것이다. 이러한 뜻에서 경제적 가치는 계속 존중되어야 하고, 관능의 쾌락도 건전한 범위 안에서 긍정되어야 할 것이다. 다만 돈과 쾌락은 어디까지나 인간다운 생활을 위한 기초로서 존중될 것이요, 인간적 가치를 능가하는 대우를 받는 전도(顚倒)가 또다시 있어서는 안 된다는 점만은 잠시도 망각됨이 없어야 할 것이다.

전통적 가치

인간적 가치가 가치 체계의 정상을 실천적으로 차지하고, 물질적 가치가 수단적 가치로서의 제 위치를 온전히 지킬 때 우리들의 사회생활 전반에 어떠한 변화가 생길 것인가는 상상하기 어렵지 않다. 첫째로, 관념과 행동이 유리하여 인격의 분열을 초래하는 폐단은 없어질 것이다. 인간적 가치를 가장 귀중히 여기는 것은 우리들의 오랜 전통이며, 우리 인간성의 깊은 요구와 일치하는 것인 까닭에, 우리가 행동적 가치 체계에 있어서 인간적 가치를 그 정상에 자리 잡게 할 때 영육(靈肉)의 갈등이나 언행의 불일치의 문제는 원칙적으로 해소되는 방향을 취할 것이기 때문이다.

둘째로, 쌍방이 모두 파멸하는 결과를 부르는 따위의 지나친 생활 경쟁은 없어질 것이다. 인간적 가치관은 본래 경쟁성이 강하지 않으며, 오히려 한 사람이 높은 인간적 가치를 실현하면 주위의 다른 사람도 따라서 올라가는 혜택을 받을 경우가 많을 것이기 때문이다.

셋째로, 탁월한 인간이 되는 일에 더 큰 관심이 기울어짐에 따라서 경제적 가치를 둘러싼 치열한 경쟁이 완화되면, 심한 사회 불균형도 어느 정도 극복될 수 있을 것이다. 재물을 가장 귀중한 것으로 대접하는 사회에서만 무제한 많은 재물이 중요성을 갖는 것이요, 그렇지 않은 사회에서는 어느 정도 이상의 재물은 그다지 큰 의의를 갖지 못한다. 따라서 무제한 재물의 추구에서 오는 사회 불균형은 금전만능적인 가치 풍토의 특유한 현상이라고 말할 수 있다.

넷째로, 인간적 가치가 체계의 정상을 차지하면 '인간에 의한 인간의 천대' 또는 '인간 부재'라는 역설적 현상도 자연히 해소될 것이다. 그러한 역설적 현상이 존속하는 한, 우리는 인간적 가치가 가치 체계의 정상을 차지했다고 말할 수 없을 것이기 때문이다.

성실, 새로운 인간상

그러나 이상과 같은 낙관론은, 인간적 가치를 체계의 정상에 올려놓는 새로운 가치 체계가 실천적으로 수립된다는 가정 위에 선 것이다. 관념의 세계 안에서나 또는 말로만 새로운 가치 체계를 옹호한다면 사태는 조금도 달라지지 않을 것이다. 문제는 결국 행동의 세계에 있는 것이며, 관념의 체계는 그것이 행동을 움직이는 산 힘을 가질 때 비로소 중요한 의미를 갖는다.

관념의 체계가 행동을 움직이는 힘을 갖기 위해서는, 새로운 질서를 지향하는 국가적인 운동이 있어야 한다. 국가적 운동이란 전 국민의 참여를 요청하는 것이거니와, 민주주의를 지향하는 국가에 있어서 전 국민의 자발적 참여가 가능한 것은, 민주주의적 지도 세력이 건재할 경우에 국한된다. 그렇다면, 누가 그 민주주의적 지도 세력의 책임을 져야 할 것인가?

우리는 우선 정치인들을 생각하지 않을 수 없다. 올바른 정치에 의하여 사회 현실의 여건이 어느 정도 정비되지 않는 한, 국민 각자의 새로운 관념 내지 새로운 마음가짐은 항상 내면적 소망의 단계에 머무르며, 행동의 세계에까지 발전하지 못하는 불발탄으로 그치기 쉽기 때문이다.

다음에 우리는 교육자와 언론인을 포함하는 지성인들을 생각하지 않을 수 없다. 민주주의를 지향하는 나라에 있어서 새로운 일을 할 수 있는 최대의 힘은 결국, 지성 이외의 것에서 기대할 수 없기 때문이다. 여기서 우리는 대학에 몸을 담은 우리들의 사명과 책임이 지극히 크다는 사실을 다시금 상기한다. 새 날의 지성을 개발하는 것은 대학의 사명 가운데 가장 큰 것이며, 내일의 한국은 오늘의 한국 대학생이 어느 정도의 지성인으로서 성장하느냐에 달려 있다 하여도 과언이 아니다.

새로운 세계를 지향하는 국가적인 운동의 구체적 방안을 제시하는 일은, 그것이 매우 중요한 일이기는 하나, 이 글이 다루어야 할 범위 밖의 과제다. 다만 여기서 한 가지 지적해 두고자 하는 것은 인간적 가치의 앙양을 도모하는 움직임에 있어서 가장 중요시되고 가장 강조되어야 할 덕목은 성실(誠實)이 아닐 수 없다는 사실이다. 자기 자신에 대해서나 다른 사람에 대해서나 항상 성실한 마음을 잃지 않는다면, 우리들의 목표는 자연히 달성된다 하여도 과언이 아니다. 자기의 언행을 성실히 함은 곧 자기의 존엄성을 높이는 길이요, 남을 성실하게 대접함은 곧 남의 존엄성을 높이는 소이(所以)가 되는 반면에, 성실을 떠나서 사람이 사람답게 살고 사람을 사람답게 대접하는 길을 생각할 수 없기 때문이다.

성실이라는 말은 그 뜻이 깊고 넓다. 쉽게 푼다면 '거짓이 없다'는 말에 가까운 뜻이라 하겠으나, 단순한 정직과는 다르다. 그것은 진실로 자신에 대하여 충실한 동시에 남에 대하여 정성을 다할 것을 요청한다. 성실 속에는 냉철한 이지와 뜨거운 인간애가 아울러 담겼다. 그러므로, 만약 우리가 모두 성실한 태도로 살아간다면, 정치, 경제, 사회, 학문, 예술, 교육 등의 온갖 문제들도 자연히 궤도에 올라 해결의 방향으로 움직이게 될 것이다. 진실로 성실은 모든 인간적 미덕의 근본이다.

이토록 중요하고 근본적인 덕목인 까닭에 옛날부터 동서의 선철(先哲)들은 이 성실의 덕을 특히 힘주어 가르쳤다. 동서고금의 위대한 스승들 가운데 이 덕을 강조하지 않은 사람이 없으며, 이 덕을 실천하지 않은 사람이 없다. 이와 같이 볼 때 우리가 말하는 새로운 가치 체계의 모색도 그 근본에 있어서는 옛 지혜로 되돌아가는 일면을 포함하지 않을 수 없음을 알 수가 있다.

(1970. 여름)

2부
전통과 창조

1장 전통과 창조 (I)

1. 전통에 대한 관심

요즈음 우리나라에 있어서 전통(傳統)이라는 것에 대하여 깊은 관심을 표명하는 사람들이 상당히 많다. 역사학자나 노인들뿐 아니라, 대학생들과 같은 젊은 지성인들 사이에도 전통에 대한 관심 내지 애착을 표명하는 사람들이 적지 아니함을 본다.

전통을 존중히 여기는 의견이 오늘날 우리 한국에 있어서만 특유한 것은 물론 아니겠으나, 특히 우리나라에 있어서 전통이 크게 문제되고 있는 이유의 하나는 첫째로 우리 한국이 지금 근대화를 지향하는 후진국의 나라라는 사실일 것이다. 근대화를 서두르는 후진국인 까닭에, 선진국들의 문명 내지 문화가 조수처럼 밀려들고 있으며, 지각이 부족한 일부의 사람들은 외국의 것이라면 무엇이든 숭상하는 한편 우리나라의 것은 모두 업신여기는 경향조차 보이고 있다. 이러한 경향이 그대로 계속된다면 한국의 고유한 문화는 점점 자취를 감추는 동시에 우리나라가 서양 또는 일본 문화의 식민지로 떨어지고 말 염려조차 없지 않다. 일부의 식자층에서 우리 문화의 전통에 깊은 관심을 기울이고 그 중요성을 강조하는 것도 외국 문화를 분별 없이 모방하려 드는 저 경박한 경향을 염려하기 때문일 것이다.

그러나 전통적인 것은 무엇이든 귀중한 것이라고 볼 수 있을 것인가? 일부의 전통주의자들은 전통을 신성시(神聖視)하고 전통적인 것이라면 무조건 귀중한 것이라고 단정하는 경향을 보이고 있으나 과연 그렇게 생각해야 할 성질의 것일까? 외국의 것이라면 무엇이든 찬미하는 태도가 잘못이듯이 전통적인 것이라면 무조건 지키려고 하는 태도에도 역시 반성의 여지가 있다고 보는 것이 대부분의 식자들의 일치된 의견이다. 이에 하나의 결론이 지배적인 세력을 얻게 되었다. 그 결론이란 전통 가운데서 여전히 값진 것을 살리고, 외래의 문물 가운데서 본받을 만한 것만을 받아들여서 저 옛것과 이 새것을 더 높은 차원에서 종합함으로써 우리 민족의 새로운 문화를 창조해야 한다는 것이다.

이것은 하나의 추상적 원칙으로서는 흠잡을 곳 없는 결론이라고 볼 수 있을 것이다. 그러나 우리가 문제를 구체적이며 실천적인 각도에서 다루려고 꾀할 때는 거기에 아직도 많은 문제가 남아 있음을 발견한다. 전통 가운데서 값진 것과 그렇지 못한 것을 구별하는 기준은 무엇이며, 외국의 문물 가운데서 본받을 만한 것과 그렇지 못한 것은 무엇을 표준으로 삼고 구별할 것인가? 그리고 '옛것과 새것을 더 높은 차원에서 종합함으로써 새로운 문화를 창조한다' 함은 구체적으로 어떻게 하는 것을 말하는 것일까? 이러한 문제들이 논리의 비약이나 독단을 벗어나서 대답되기를 기다리고 있음을 본다.

앞에서 지적한 문제들은 모두 만만치 않은 어려움을 내포한 문제들이며, 지금 필자가 시도하고 있는 바와 같은 작은 고찰로써 충분히 다루기에는 너무나 광범위한 문제다. 이에 필자는 전통의 측면에 중점을 두고, 몇 가지 문제에 대한 윤곽적인 고찰만으로 이 글의 목표를 삼고자 한다. 첫째로 우리는 전통에 대한 평가의 기준을 무엇에서 발견할 것인가를 살피기 위하여 우선 전통의 형성 과정과 그 의의를 간단히 고찰하기로 하자.

2. 전통의 형성

전통의 개념에 대한 정확한 정의에 관해서는 사람들의 의견에 다소의 차이가 있을지 모르나 우리는 다음과 같은 일반적인 견해를 따르는 것이 좋을 것으로 생각된다. 즉 앞의 시대로부터 전해 내려오는 생활양식, 사고방식, 가치 관념, 또는 예술의 수법, 그리고 학설 내지 사상 등의 유산 가운데서 현재의 생활과 문화의 존속 내지 발전에 대하여 적극적인 영향력을 가지고 있는 것을 묶어서 전통이라는 말로 부른다고 이해해도 과히 잘못됨이 없을 것이다.

쉽게 말해서, 우리들의 행동 양식 및 사고방식 가운데 앞선 세대로부터 뒤의 세대로 전달되어 오랫동안 존속해 내려가는 것들을 전통이라고 부른다고 할 수 있을 것이다. 그러나 비록 오랜 역사를 가진 행동의 양식 또는 사고의 방식일지라도 그것이 인류에게 보편적인 것이며 또 변화도 발전도 없이 같은 모습으로 지속되는 것은 보통 전통이라고 부르지 않는다. 예컨대 모든 나라의 사람들은 옛날부터 지금에 이르기까지 기어 다니지 않고 서서 다니지만, 우리는 서서 다니는 버릇을 전통이라고는 보통 말하지 않는다. 또 우리가 음식을 먹을 때 발을 사용하지 않고 손을 사용하는 것은 오랜 옛날부터 전 인류에게 공통된 행동 양식이지만, 이것을 전통이라는 말로 부르는 사람도 별로 없다. 대체로 말해서 어느 민족이나 국가에 있어서 고유한 것, 또는 비교의 대상이 될 만한 다른 양식 내지 방식을 찾아볼 수 있는 것에 한하여 전통이라는 말을 적용하는 것이 보통이다. 그러나 이것은 언어의 관용(慣用)에 관한 문제이며, 논리적 필연의 문제는 물론 아니다. 여하튼 우리는 전통이라는 말을 문화의 특수성 내지 고유성과 관련시켜서 사용하는 경향이 있는 것만은 부인할 수 없는 사실이다.

그러면, 전통이라는 것을 앞에서 말한 바와 같이 일반적인 의미로 이해할 때, 그것은 어떠한 과정을 통하여 형성되는 것일까? 전통의 의의와 가치의 문제를 생각하기 위한 준비로서 우리는 우선 그 형성 과정을 살펴보는 것이 좋을 것이다.

인간도 하나의 생물인 까닭에 항상 욕구에 몰리기 마련이거니와, 그 욕구를 충족시키는 것은 여러 가지의 행동을 통해서만 가능하다. 일반 동물의 경우는 대개 본능적 행동으로써 자기의 욕구를 만족시키려 하는 데 그치지만, 인간의 경우에 있어서는 그 생활의 양식과 욕구의 내용이 복잡하고 다양하므로 본능이나 충동을 따르는 행동만으로 욕구를 만족스럽게 해결할 수 있는 경우는 매우 드물다. 이에, 인간의 행동이 소기(所期)의 목적을 달성하도록 돕기 위하여, 사고(思考)라는, 차원을 달리하는 또 하나의 활동이 나타나게 되었다. 사고란 본래 행동의 방향을 조절함으로써 그 효과를 바람직하게 만들기 위한 도구로서 시작되고 또 발달한 것이라고 볼 수 있을 것이다.

어떤 욕구를 느끼는 순간, 생각하는 동물로서의 인간은 부지불식간에 "어떻게 하면 이 욕구를 충족시킬 수 있을까?" 하는 물음을 자기 자신에게 제기하게 된다. 이 스스로 제기한 물음에 대답하기 위하여 원시사회 인간은 여러 가지의 사고와 행동을 통하여 시행착오를 거듭한 것으로 추측되거니와, 그러는 가운데 어떠한 사고방식 내지 행동 양식은 본래 행동 또는 사고의 원동력으로서 작용한 욕구를 충족시키기에 적합한 것으로 알려지고, 다른 어떤 사고방식 내지 행동 양식은 욕구를 충족시키기에 부적합한 것으로 알려지게 된다. 여기서 욕구의 충족이라는 목적의 달성을 위해서 적합한 것으로 알려진 행동 양식 내지 사고방식은 옳은 행동 또는 옳은 생각으로서 존중을 받는 동시에, 그와 반대의 것은 그른 행동 또는 그른 생각으로서 물리침을 받게 된다. 이와 같은 현상은 이른바 도덕적 평가의 대상이 되는 행동과 생각에 관해서만 일어나는 것이 아니라, 우리의 생활 또는 문화의 모든 분야에 있어서 일어난다. 그리고 이것은 곧 전통의 형성을 위한 준비가 되는 것이다.

인간은 본래 사회생활을 하는 존재인 까닭에, 옳은 행동 또는 좋은 생각으로서 인정을 받게 된 행동이나 생각은 모방을 통해서 널리 전파되며, 그 전파는 사회가 갖는 규범적 압력을 통해서 더욱 강화된다. 따라서, 행동 양식이나 사고방식 가운데서 인간의 욕구를 충족하기에 적합하다고 인정된 것은 같은 시대의 사람들에게만 전파되는 것이 아니라, 다음 시대의 사람들에게까지도 옳은 생활의 방식으로서 전달된다. 그것은 처음에는 욕구의 충족을 위한 수단으로서 존중되고 또 젊은 세대에게 전달되지만, 오랜 세월이 흐르는 동안에 그것은 단순한 수단으로서 존중될 뿐 아니라, 그 자체가 목적으로 존중되는 단계에까지 이르게 된다. 그것은 생활을 위한 수단으로서의 가치를 가짐에 그치는 것이 아니라, 그 자체가 진(眞) 또는 선(善) 또는 미(美)로서의 인정을 받기에 이르는 것이다. 이리하여 학문과 도덕 그리고 예술이 발달하는 동시에, 그것은 교육의 과정을 통해서 다음 세대로 전달되고, 또 그 다음 세대로 전달됨으로써, 연면(連綿)한 전통이 형성되기에 이르는 것이다.

3. 전통의 가치

전통은 선조들의 경험과 통찰이 쌓이고 쌓여서 얻어진 지혜의 유산이다. 그것은 오랜 세월을 두고 실험적으로 얻은 지혜인 까닭에 오늘에 있어서도 우리의 생활을 이끄는 지침으로서의 구실을 할 수 있는 경우가 많다. 그것이 오늘의 생활을 이끄는 지침으로서의 구실을 하는 한, 그것은 그만한 가치의 의의를 갖는다. 전통이 존중되는 첫째 이유는 여기에 있다.

오늘의 생활을 이끄는 지혜로서의 가치는, 그러나 전통이 지닌 가치의 전부는 아니다. 다시 말하면, 생활을 위한 실용 가치 즉 어떤 수단으로서의 가치만이 전통의 가치의 전부는 아니다. 처음에는 단순한 수단으로 존중히 여겨지던 것도, 오랜 세월이 흐르는 동안에 점차 그 자체가 목적으로 추구되기에 이르는 경우는 흔히 있는 일이거니와, 전통으로서의 자리를 차지하게 된 어떤 행동 양식과 사고방식, 태도 또는 수법(手法)도 한갓 수단으로서 귀중하다고 인정됨에 그치지 않고 그 자체가 귀중한 것, 즉 그 자체가 목적으로서 추구될 만한 가치를 가진 것으로 인정을 받는 것이 보통이다. 다시 말해서, 전통에는 수단으로서의 가치가 인정될 뿐 아니라, 그것이 전통인 까닭에 귀중하다고 인정되는 가치, 즉 그 고유성과 고전성(古典性)으로 말미암아 인정되는 본래적(本來的) 가치도 생기게 되는 것이 보통이다. 그 고유성과 고전성으로 말미암아 본래적 가치를 인정받기에 이른다는 사회심리학적 사실은, 우리가 전통을 존중하는 이유의 둘째 것이다.

우리의 실생활을 위해서 매우 적합하다는 인정을 받고 하나의 전통으로서의 자리를 차지하게 된 행동 양식이나 사고방식도 오랜 세월이 흐른 뒤에는 별로 신통하지 못한 행동 양식 또는 사고방식으로서 비판을 받는 동시에, 그 실용 가치가 크게 떨어지는 경우가 있다. 시대의 흐름을 따라서 자연환경 및 사회 환경이 크게 달라짐으로써 그렇게 되기도 하고 인간의 경험이 늘고 지능이 발달함에 따라서 더 효과적인 행동 양식 또는 사고방식이 발견되기에 이르러 옛것의 가치가 상대적으로 떨어지는 수도 있으며, 또는 본래 객관적 타당성이 없는 행동 양식 또는 사고방식이, 무지와 오비이락(烏飛梨落) 격의 소홀한 관찰로 말미암아 매우 적합한 것으로 과대평가되다가 합리적 사고의 발달과 더불어 그 어리석음을 깨닫기에 이르러 과거에 인정되어 오던 가치가 소멸되는 경우도 있다.

전통적인 행동 양식 또는 사고방식이 그 실용 가치를 상실했을 경우에 그 전통을 그대로 계승할 것인가 또는 타파할 것인가 하는 문제가 하나의 어려운 문제로서 등장하게 된다. 만약 수단으로서의 가치, 즉 실용을 위한 가치가 전통이 갖는 가치의 전부였다면, 실용 가치가 없게 된 전통은 단연 물리침을 받아야 한다는 결론을 주저 없이 내려도 좋겠지만, 앞에서도 말한 바와 같이 전통에는 그 고유성과 고전성으로 말미암아 생긴 목적으로서의 가치, 즉 전통으로서의 가치가 겸해서 있는 까닭에 그렇게 간단하게 문제를 처리할 수가 없는 것이다. 더욱이, 수단으로서의 가치와 목적으로서의 가치는 본래 범주를 달리하는 두 가지의 가치인 까닭에 한 전통이 갖는 폐단과 그 좋은 점을 비교함으로써 문제를 해결한다는 것도 매우 어려운 일이다.

예컨대, 우리나라의 고유한 건축의 양식은 현대 생활의 관점에서 본다면 여러 가지 비능률적이요 비경제적인 단점을 가지고 있으면서도 그 고유한 특색과 고전미의 가치를 지니고 있으므로, 이를 함부로 물리치기도 어렵고 또 함부로 찬양하기도 어렵다. 다만, 건축의 목적과 건축의 객관적 조건, 그리고 건축하는 사람의 개인적인 사정 등을 고려함으로써 구체적인 사례에 맞도록 결정을 내리는 수밖에 없다.

4. 한국의 현실과 전통의 문제

우리 한국은 지금 근대화를 민족적인 과제로서 추구해야 한다는 것이 일반의 거의 공통된 의견이다. 그리고 근대화를 위해서는 서양의 새로운 문화를 많이 섭취해야 한다는 것도 반대할 사람이 별로 없는 상식이다. 그러나 서양 문화에 대한 단순한 모방이 우리나라의 근대화를 위한 올바른 것이라고는 생각되지 않으며, 서양의 문화 가운데도 취해야 할 것과 버려야 할 것의 구별이 있음도 부인하지 못한다. 이에 우리나라의 전통적 문화와 서구적인 새로운 문화를 높은 차원에서 종합함으로써 새로운 문화를 창조해야 한다는 중도주의적(中道主義的) 견해가 나타나게 되었음은 이 글 첫머리에서 지적한 바와 같거니와, 여기서 일어나는 문제의 하나가 "우리의 전통 가운데서 어떤 것을 어떻게 계승할 것인가?" 이다.

앞에서 간단히 살펴본 전통의 형성과 전통의 가치에 관한 고찰은 우리들의 이 문제, 즉 "어떠한 전통을 어떻게 계승할 것인가?" 라는 문제에 대하여 약간의 암시를 던져 주는 것으로 생각된다. 이 점을 좀 더 구체적으로 검토해 보기로 하자.

첫째로, 우리의 전통적인 것 가운데서 오늘도 아직 그 실용 가치가 탁월하다고 인정되는 것이 있다면, 그것은 무조건 존중히 여겨 고이 간직해야 할 것이다. 전통을 버려야 할 정당한 이유가 될 수 있는 것은 그 전통 속에 깃든 행동 양식이나 사고방식이 오늘의 현실을 살기에 부적합하다고 인정될 경우뿐이다. 따라서 오늘에 있어서도 현실 생활에 적합하여 그 유용성(有用性)이 탁월한 전통이라면, 그것을 굳이 물리치거나 버려야 할 이유가 전혀 없을 것이다.

둘째로, 비록 그 발생 당초에는 실용을 위한 수단으로서의 의의가 컸을지라도, 오늘에 있어서는 실용성이 별로 문제되지 않는 문화의 유산은 새로운 문화의 창조를 위해서 지장이 되지 않는 한, 원칙적으로 아끼고 살리는 것이 옳을 것이다. 이 문제와 가장 관계가 깊은 것은 예술의 분야다. 오늘날 예술을 단순히 실용을 위한 수단으로서 보기는 물론 어려울 것이며, 오히려 실용성보다는 예술 그 자체로서의 가치가 더욱 중요하다고 보는 것이 일반적인 의견이다. 따라서 옛날부터 내려오는 우리나라의 고유한 예술의 수법 또는 기교 그리고 문화재는 이를 아끼고 보존하며, 경우에 따라서는 더욱 발전시킬 것을 꾀함이 마땅할 것이다. 다만 예술도 날로 발전해야 할 것이므로 옛것을 그대로 모방하는 것보다는 옛것에 새로운 창의(創意)를 더하여 변화를 초래함이 바람직할 경우도 있을 것이니, 여기에서도 경우에 따라서는 전통의 부분적이며 발전적인 파괴는 허용되어야 할 것이다.

셋째로, 비록 오랜 전통을 이어 온 제도나 습속(習俗) 또는 생활양식일지라도, 실용적인 면에서도 폐단이 클 뿐 아니라, 그 자체 속에 아무런 선(善)과 미(美)의 가치도 인정할 수 없는 것들은 미련 없이 버려야 할 것이다. 예컨대, 미신(迷信) 또는 그 밖의 비과학적 신념에 입각한 민간요법이나 풍속 또는 그 밖의 생활양식은 비록 그것이 우리나라에 있어서 오랜 역사를 가졌다 할지라도 타파하는 것이 마땅할 것이다.

이상에서 말한 세 가지 부류에 속하는 전통적인 것에 대한 문제는 적어도 원칙적으로는 간단한 해결이 가능한 문제들이다. 그러나 여기에 또 한 가지 부류에 속하는 전통적인 것을 생각할 수 있으며, 이 부류의 것은 실제로도 많이 있는 것으로서 간단한 해결을 허용하지 않는 어려운 문제들을 그 안에 숨기고 있다. 이 넷째 부류의 것이란, 실용적인 측면에서 볼 때에는 현대의 새로운 것에 비하여 비능률적이며 불리한 점이 많으나, 고유하고 특수한 문화로서의 가치를 지니고 있는 까닭에 버리기 어려운 전통적인 것들을 말한다. 예컨대, 한국 여자의 옷은, 많은 활동이 요구되는 현대의 생활을 위해서 적합하지 못하며, 비단이나 모시를 재료로 사용할 경우에는 매우 비경제적이기도 하다. 그러나 그것은 우리나라의 고유한 아름다움을 간직한 것으로 그 자체의 문화적 가치를 가지고 있다.

이와 같이 한편으로는 장점을 가지고 있으며 다른 한편으로는 단점을 가지고 있는 전통의 경우에는, 그것을 취할 것이냐 버릴 것이냐에 관해서 어려운 문제가 생기는 것이 보통이다. 의복의 경우에는 활동할 때에 입는 옷과 휴식을 즐길 때에 입는 옷을 구별할 수도 있으므로 한복이냐 양장이냐 하는 문제를 절충적으로 해결함이 비교적 수월할지도 모르나, 그러한 절충이 간단히 허락되지 않을 경우도 많다.

5. 외래문화의 수용

문화에 있어서, 전통적인 것을 이어받느냐 버리느냐는 문제가 일어나는 것은, 새 시대와 더불어 새로운 것이 나타나면서 일종의 선택을 강요하기 때문이다. 그리고 우리나라와 같은 후진국의 경우에 있어서는 그 새로운 것이 외국으로부터 흘러들어 오는 경우가 많으므로 전통의 계승의 문제는 외래문화의 섭취의 문제와 표리(表裏)의 관계를 이루고 일어나는 것이 보통이다.

외국의 문화를 받아들임에 있어서 첫째로 고려해야 할 것은, 그것이 우리 자신의 생활을 향상시키기에 얼마나 적합하며, 우리 문화의 앞으로의 발전을 위해서 얼마나 도움이 될 것이냐 하는 점이다. 외국의 문화를 받아들이는 목적은 우리 자신의 향상과 발전에 있으며, 외국의 문물은 우리 자신의 성장을 위한 영향으로서만 의의가 있을 것이기 때문이다.

외국으로부터의 새로운 물결을 평가하는 기준을 우리 자신의 생활의 향상과 문화의 발전에 대한 적합성 내지 기여도에서 발견할 때, 외국 문화에 대한 분별 없는 찬미와 분별 없는 배척으로 나누어지는 두 극단의 태도가 모두 부당함은 스스로 명백하다. 이른바 선진국의 문화인 까닭에 무조건 숭상해야 한다는 추리도 성립할 수 없으며 남의 나라의 것인 까닭에 물리쳐야 한다는 이론도 성립할 여지가 없기 때문이다.

외국의 문화 가운데서 좋은 것은 취하고 나쁜 것은 버려야 한다는 말은 입을 가지고 있는 사람이라면 누구나 할 수 있는 말이다. 그러한 말이 의미를 가질 수 있는 것은 외국의 문화에 있어서 좋은 것과 나쁜 것을 구별할 기준이 밝혀졌을 경우에 있어서뿐이다.

외국의 문화 가운데서 좋은 것은 받아들인다고 말할 때 그 좋은 것이란 우리 한국에 적합하다는 뜻에서 좋은 것이라야 할 것이며, 우리 한국에 적합하다 함은 우리나라에 받아들일 경우에 우리의 향상과 발전을 위해서 도움이 된다는 뜻으로 보는 것이 옳을 것이다. 이와 같이 볼 때, 외국 문화에 있어서 좋은 것과 나쁜 것을 구별하는 기준의 윤곽이 어느 정도 밝혀져 감을 깨닫게 된다. 그러나 우리의 향상과 발전을 무엇으로써 측정하느냐 하는 물음까지가 대답되지 않는 한, 우리의 문제는 아직도 완전한 해결점에 도달했다고 볼 수가 없다.

향상과 발전을 측정하는 기준을 철학의 차원에서 밝히는 것은 매우 힘든 일이며, 이 글이 다루어야 할 문제의 영역 밖에 속한다고 보는 것이 좋을 것이다. 그러나 우리는 향상 또는 발전이라는 개념에 관해서 어느 정도 상식화된 통념을 가지고 있으며, 이 통념을 따르는 한 그 기준도 어느 정도 짐작할 수 있음직하다.

여하튼, 적어도 한 가지만은 의심할 여지가 없다. 즉, 우리의 현실에 맞도록 우리의 생활을 향상시키고 우리의 문화를 발전시킴에 도움이 되도록 외국의 문화가 선택적으로 섭취되어야 한다는 사실만은 명백하다. 우리가 외국 문화를 대하는 태도에 있어서 주체성(主體性)을 견지해야 한다는 것도 결국은 저 명백한 사실을 강조하고 있음에 지나지 않는 것으로 해석된다.

외래의 문화를 대하는 태도에 있어서 주체성을 견지해야 한다고 강조할 때, 우리는 자연히 저 외래의 문화와 우리 자신의 전통문화와의 관계를 생각하지 않을 수 없게 된다. 일부에서는 주체성을 견지함과 전통문화를 숭상함 사이에 정비례 내지 동일의 관계가 존재하는 것처럼 생각하는 경향이 있는 듯하나, 이것은 지나치게 단순한 생각일 것이다. 외국의 것을 무조건 숭상하는 것이 주체성에 위배되듯이, 먼 옛날의 것을 무조건 숭상하는 것도 역시 주체성을 잊은 자세가 아닐 수 없다. 왜냐하면 주체성을 갖는다 함은 자기 자신의 특수성과 자기 자신의 처지에 충실함을 뜻하는 것이 아닐 수 없으며, 옛날의 것을 무조건 숭상함도 엄밀한 뜻에서 자기 자신에게 충실한 태도라고 보기 어렵기 때문이다. 공간적으로 먼 곳의 것이 나 자신의 것이 아니듯이 시간적으로 먼 때의 것도 나 자신의 것은 아니다. 남의 나라의 것을 무조건 숭상함이 민족적 주체성을 배반하는 것이라면, 남의 시대의 것을 무조건 숭상함은 현대인으로서의 주체성을 배반하는 것이라 할 수 있을 것이다.

6. 새 문화의 창조

우리는 무엇보다도 우리 자신으로서 살아야 하며, 우리 스스로의 문화를 가져야 한다. 그러나 우리는 단독으로 떨어져 있는 고립체(孤立體)가 아니라, 한편으로는 오랜 역사와 전통을 가진 우리 민족에 속해 있으며, 다른 한편으로는 여러 나라 사람들이 넓은 지역에 퍼져서 살고 있는 이 시대에 속해 있다. 그리고 오늘날 이곳에 살고 있는 우리들 한국인은 같은 민족에 속하는 동시에 또 같은 시대에 속한다는 이중의 유대를 통하여 깊이 연결되고 있다. 지금 우리라는 말이 이토록 실감을 동반하고 사용될 수 있는 것도 우리가 이 이중(二重)의 유대로써 연결되어 있기 때문일 것이다.

고립된 개인들의 순전히 우연한 집합이 아니라, 이중의 유대로 연결되어 넓은 관점에서 볼 때 대체로 같은 운명을 나누며 살고 있다고 말할 수 있는 우리들인 까닭에, 우리가 만족과 보람을 느낄 수 있는 삶을 갖기 위해서는 하나의 공동 목표 아래 단결해야 할 것이다.

우리들의 공동 목표는 우리들의 필요와 형편을 따라서 우리가 주체적으로 세워야 할 것이지만, 우리의 공동 목표 안에 반드시 포함시켜야 할 두 가지 사항이 있다. 그 하나는 우리가 다 같이 잘사는 일이며, 그 또 하나는 우리 자신들의 찬란한 문화를 창조하는 일이다. 그리고 이 두 가지 사항 사이에는 밀접한 상호 보완의 관계가 있다. 잘살기 위해서는 찬란한 문화를 창조해야 하고, 찬란한 문화를 창조하기 위해서는 잘살아야 하는 것이다. 이 두 가지 사항이 하나의 공동 목표 속에 통일될 수 있는 것도, 실은 그 두 가지가 그토록 긴밀한 상호 보완의 관계를 가지고 있기 때문이다. 우리가 전통의 문화를 힘써 계승하고 외래문화를 널리 받아들인 것도, 우리가 다 같이 잘사는 동시에 우리 자신의 찬란한 문화를 세운다는 저 공동의 목표를 달성하기에 그것이 필요하고 도움이 되기 때문이다.

옛날에 기원을 둔 전통문화나 먼 곳에서 일어난 외래문화는, 그것들이 모두 우리 자신의 사회와는 여러 가지로 조건이 다른 사회를 배경으로 삼고 발달한 것인 까닭에, 우리들의 실정에 언제나 잘 맞기는 어려운 것이며, 따라서 그것들을 우리 자신의 것으로서 새로이 만들어야 할 필요가 있는 것이다.

외래의 문화도 전통의 문화도 그것이 그대로 우리 자신의 문화가 될 수는 없는 까닭에 그것들을 우리 자신의 것으로서 새로이 만들어야 한다고 하였다. 이것은 외래의 문화와 전통의 문화를 새로운 문화의 창조를 위한 자료로 활용해야 한다는 말과 같은 뜻으로 해석된다. 그러나 외래의 문화와 전통의 문화를 새로운 문화 창조를 위한 자료로 활용한다 함은, 그것들을 평면적으로 절충하거나 단편적으로 혼합하여 겉으로 보기에 다른 듯한 제3의 것을 만든다는 뜻이 아니다. 우리가 말하는 바의 본의는 남의 나라의 것 또는 먼 옛날의 것을 관찰하여 우리 자신의 것을 위한 교훈으로 삼아야 한다는 뜻이 아닐 수 없다.

남의 문화 또는 옛날의 문화로부터 올바른 교훈을 찾아볼 수 있기 위해서는 첫째로, 남의 것 또는 옛것에 대한 이해가 그 깊은 근원에까지 사무쳐야 한다. 성급하고 피상적인 관찰로는 진실로 우리에게 필요하고 우리에게 도움이 되는 것을 찾아낼 수가 없는 것이다. 남의 나라 또는 옛날의 문화가 우리의 오늘을 위한 교훈이 될 수 있는 것은 그 가운데 우리 조상과 외국 사람들이 오랜 경험으로 얻은 지혜가 깃들어 있기 때문이며, 그 겉모습이 신기하고 아름답기 때문은 아니다.

그러나 우리 눈에 뜨이기 쉬운 것은 속이 아니라 겉모습이다. 남의 문화를 바라보는 우리 눈에 비치기 쉬운 것도 역시 겉모습인 까닭에 외래문화와 전통에 대한 우리의 이해는 흔히 피상적(皮相的)이기 쉬우며, 그것들로부터 배운다는 우리의 태도는 얄팍한 모방으로 그치기가 쉽다.

국가나 문화가 눈부신 발달을 거둔 곳에는 반드시 그러한 발달의 원인이 되었던 지혜와 용기 및 그 밖의 어떤 탁월한 정신이 있는 법이다. 그러나 그 정신은 깊고 먼 곳에 깔려 있는 까닭에 좀처럼 발견하기 어려우며, 우리 눈에 뜨이기 쉬운 것은 눈부신 발달의 결과로서 생긴 표면적인 현상들이다. 따라서 우리가 남의 나라의 문화나 오랜 전통으로부터 영향을 받을 때도 자칫하면 이 표면적인 현상들에 의하여 현혹되는 일이 많다. 한두 가지의 예를 들 때, 우리의 주장은 더욱 분명해질 것이다.

현재 우리나라와 매우 깊은 관계를 맺고 있는 미국은 비교적 짧은 기간에 눈부신 발전을 거두어 고도의 물질문명을 자랑하기에 이른 나라다. 이 미국의 문화는 자연히 우리나라에 많은 영향을 미치고 있거니와, 우리가 지금 미국으로부터 받아들이고 있는 것은 주로 외형적이거나 말단적인 것, 심지어는 번영의 부작용으로서 생긴 퇴폐적인 현상들이다. 미국이 그토록 발전할 수 있었던 것은, 유리한 자연조건 이외에 개척시대의 그들에게 용감하고 진취적이며 근면한 정신이 있었기 때문이었다. 그러나 지금 우리가 미국으로부터 배우고 있는 것은 그들의 번영을 가져온 원인이 된 저 강건한 정신이 아니라 번영이 이루어지는 동안에 필요를 따라 점차로 생긴 제도의 외형이거나, 번영이 이루어진 다음에 그 부작용으로써 생긴 타락된 현상일 경우가 많다.

우리는 우리의 전통에 관해서도 비슷한 예를 찾아볼 수가 있다. 널리 알려진 바와 같이 우리 전통문화의 바탕을 이루고 있는 것은 유교 및 유교적 제도다. 그런데 유교의 근원이라고 볼 수 있는 공자(孔子)나 맹자(孟子)는 매우 탁월한 사상과 정신을 가진 스승들이었으나, 지금 우리에게 흔히 알려지고 있는 유교적인 것들은 공자나 맹자의 가르침을 멀리 벗어난 후세의 여파에 가까운 것들이다.

우리가 남의 문화 또는 전통의 문화로부터 그 진수(眞髓)에 해당하는 탁월한 정신을 받아들이느냐, 또는 그 외형이나 부작용을 받아들이느냐를 결정하는 것은 우리들 자신의 마음가짐이다. 우리 자신의 문화를 창조함에 있어서 그 핵심의 자리를 차지하는 것은 우리들 자신의 정신이며, 외래의 것과 전통적인 것은 오직 이 정신에 의하여 사용될 자료이며 도구일 뿐이다.

(1969. 4)

2장 전통과 창조(Ⅱ)*

근래 우리 한국의 전통문화에 대한 관심이 언론과 저술, 그리고 학술 회의 등을 통하여 크게 고조되고 있다. 외래의 문물, 특히 서양의 것을 무조건 탁월한 것으로 숭배하는 종래의 태도에 대한 반작용의 심리도 가담한 듯이 보이는 이 경향에 대하여 현재 우리나라의 여론은 크게 두 갈래로 나누어진다. 우리의 고유한 전통을 되찾는 것은 민족 지상의 과제라고 강조하면서 한 걸음 더 나아가 우리 조상들의 업적이 세계 어느 나라와 견주어도 손색이 없음을 자랑하는 사람들이 있는가 하면, 그러한 태도는 낡아빠진 복고주의 내지 고루한 국수주의라고 혹평하면서 못마땅하게 생각하는 사람도 있다. 자유

* 원고를 정리하는 가운데, 「전통과 창조」라는 같은 제목으로 쓰인 글이 두 편 있다는 것을 발견하였다. 하나는 1969년에 『아세아(亞細亞)』에 발표한 것이고, 또 하나는 1977년에 『한국문학』에 발표한 것이다. 『한국문학』을 위해서 글을 썼을 때 그전에 같은 제목의 글을 쓴 일이 있다는 것을 까맣게 잊고 있었다.
같은 사람이 같은 제목으로 쓴 것인 만큼 중복되는 말도 없지 않으나, 그동안에 8년이라는 시간 차이가 있었고 문제를 보는 각도도 좀 다르므로, 서로 보완하는 구실을 할 수 있음직하여, 여기 함께 싣기로 하였다.

가 표방되는 나라에 있어서 공통의 관심사를 두고 견해가 나누어지는 것은 흔히 있을 수 있는 자연스러운 현상이라고 하겠으며, 전통을 대하는 두 가지 상반되는 태도에도 각각 일리가 있음을 부인하기 어려우나, 민족의 주체성과 직결되는 문제에 관하여 지성 사회의 견해가 양극으로 갈라진 상태가 지속되는 것은 결코 바람직한 상황이 아니다.

인류가 스스로 자랑할 만한 것을 가졌다면, 역시 그것은 문화가 아닌가 한다. 도덕과 학문을 포함한 넓은 의미의 문화를 이룩했다는 사실을 떠나서 인간이 만물의 영장임을 자랑할 근거는 별로 없을 것으로 보인다. 인간의 경이(驚異)는 곧 문화의 경이라 하여도 과언이 아니다.

군국주의자들은 침략과 정복을 통하여 영토를 확장한 사실이 그 민족의 우수성을 밝히는 증거라고 가르치기도 하였다. 그러나 오늘의 양식은 한 민족이 이룩한 문화의 업적 가운데 그 민족의 우수성을 찾아야 한다고 믿는다. 우리 한국이 스스로 긍지를 느끼며 세계 앞에 설 수 있는 첫째 이유도 우리 조상이 기록한 찬란한 문화에 있음을 부인하지는 못한다.

이와 같은 견지에서 볼 때, 그리고 개화의 물결과 일제의 식민지 정책 속에서 우리가 민족의 주체 의식을 마비시켜 온 지 오래임을 반성할 때, 지금 식자(識者)들 사이에 우리의 문화적 전통을 되살리고자 하는 의욕이 강한 것은 너무나 당연한 움직임이라 할 것이며 이에 대하여 가벼운 냉소로 응하는 것은 사려 깊은 태도라고 보기 어렵다.

그러나 전통을 강조하는 사람들이 실제로 하고 있는 일을 냉정한 눈으로 바라볼 때, 그들의 지향에 대하여 어떤 불안감과 위험성을 느끼는 심정에도 충분히 이해가 간다. 많은 경우에 있어서 전통에 애착하는 안목이 너무나 옹졸하고 그 시야가 협소하기 때문이다. 그것은 전통을 가벼이 여기는 그릇된 태도에 대한 반작용의 심리로서 출발했던 까닭에, 흔히 반작용의 심리가 그렇게 되기 쉽듯이 전통의 존중이 좀 골수로 흐르는 아쉬움이 있다.

일부의 전통 존중은 지나친 복고주의로 치우친다. 과거의 사고방식 또는 과거의 생활 태도로 되돌아가는 것만으로도 오늘을 위한 문제의 해결이 될 수 있다고 믿기나 하는 듯이 옛것을 과대평가하고 옛것의 재생을 동경한다. 말로는 단순히 옛것으로 되돌아가자는 것이 아니며 옛것을 오늘에 맞도록 되살리는 것이라고 하지만, 옛것에 대한 평가가 맹목적으로 과대할 경우에는 실제에 있어서 복고주의와 다름없는 결과가 된다.

일부에서는 우리나라에 있어서 고유한 것을 찾아내려는 의욕이 지나쳐서, 사실은 우리나라에만 고유한 것이 아니라 다른 나라에도 있는 것을 마치 우리나라에만 특유한 것처럼 들고 나선다. 그리고 이런 사람들은 무엇이든 특유한 것이라면, 오로지 특유하다는 그 사실만으로도 그것이 더할 나위 없이 귀중하다는 증거가 된다고 보는 경향이 있다. 예컨대, 우리나라의 원시 종교의 바탕이 되어 온 샤머니즘을, 그것이 본래부터 우리나라에 있다는 이유로, 앞으로 형성될 한국 윤리 또는 한국 사상의 주축으로 삼아야 한다고 주장하는 따위가 그것이다.

어떤 사람들은 우리 주체성을 강조함에 철저한 나머지 폐쇄적이며 배타적인 경향으로 흐른다. 이런 사람들이 주장하는 바에 따르면, 모든 방면에 있어서 우리나라의 것이 가장 우수하다. 서양이 자랑하는 민주주의나 과학 정신 같은 것도 이미 우리나라에는 옛날부터 있었다. 우리 안에 가까이 있는 것을 굳이 밖으로부터 구할 필요가 없다. 우리나라의 것만을 가지고도 충분히 현재에 대처할 수가 있다는 것이다.

우리의 문제는 현재와 이곳에 있다고 보아야 한다. 현재와 이곳에 일어나고 있는 문제들을 어떻게 해결하느냐? 바로 이것이 우리들의 기본 문제다. 다만 현재라는 시점은 단독으로 떨어져 존재하는 것이 아니라 과거에 멀리 연속되고 있으며, 이곳이라는 공간 역시 단독으로 떨어져서 있는 것이 아니라 다른 여러 지역과의 관계를 짓고 존재하는 한 지점이다. 다시 말해서 현재는 역사라는 시간의 계열 속의 한 부분으로서 파악되어야 하며, 이곳은 세계라는 공간 체계의 한 부분을 이루는 특수자로서 이해되어야 한다.

비록 현재의 문제라 하더라도 그것은 과거와 연결된 역사적 현재의 문제인 까닭에 과거와의 관계를 떠난 단절된 문제로서 다루어질 수가 없다. 특히 문화라는 것은 전통 속에 뿌리를 박고 성장하는 역사적 산물인 까닭에 전통을 무시한 정신으로 새로운 것을 창조할 수가 없다.

비록 이곳의 문제라 하더라도 그것은 세계와 연결된 인간 사회의 문제의 일환으로 생긴 문제인 까닭에 폐쇄적인 안목으로 고집을 부림으로써 해결될 문제가 아니라, 널리 해외까지도 시선을 돌리는 열린 자세로 다루어야 할 문제다. 비록 민족문화의 문제라 하더라도 그 민족은 단절 속에 사는 고립된 존재가 아니라 세계적 교류의 와중에 사는 특수한 집단인 까닭에 외래문화의 영향을 거부할 수 없을 뿐 아니라 오히려 주체적 견지에서 널리 영양을 섭취하는 적극적 자세로 다루어야 할 문제로 보인다.

한마디로 말해서, 우리의 현실은 시간적으로는 우리 민족의 전통과 연결되어 있고 공간적으로는 오늘의 세계와 연결되어 있다. 전통과 세계가 종횡으로 마주치는 좌표의 일점으로서 우리의 현실이 파악되어야 할 것이며, 현실이 내포하는 문제를 해결하는 노력도 같은 안목으로 시도해야 할 것으로 믿는다. 전통에만 치중하고 세계를 망각하는 것은 현실을 시간의 측면에서만 파악하고자 하는 평면적 견해이며, 세계만을 바라보고 전통을 망각하는 것은 현실을 공간의 측면에서만 파악하고자 하는 평면적 편견이라 하겠다. 우리의 현실은 시간과 공간의 교차로써 이루어지고 있는 까닭에 두 측면을 아울러 보는 입체적 견지에서 바라볼 때 비로소 구체적인 파악이 가능할 것이다.

전통과 세계는 모두 우리 것으로서의 일면과 남의 것으로서의 타면을 아울러 가지고 있다. 우리의 전통은 그것이 우리의 전통이라는 점에서 우리의 것이다. 그러나 그것이 우리 시대의 것이 아니라 옛날 시대의 것이라는 점에서 남의 것이다. 오늘의 세계(남의 나라들의 총칭으로서의 세계)는 그것이 오늘의 세계라는 점에서 우리의 것이다. 그러나 그것이 우리나라가 아니라 남의 나라들이라는 점에서 남의 것이다. 전통 속에 들어 있는 우리의 것과 세계 속에 들어 있는 우리의 것을 종합하는 가운데, 그리고 전통 속의 남의 것과 세계 속의 남의 것을 가려내는 가운데 오늘날 우리 민족의 문화가 창조되어야 할 것이다.

이제까지의 우리의 고찰은 문화 전반에 걸친 것이었던 까닭에, 자연히 추상적임을 면치 못했다. 이제 앞에서 주장한 견해의 뜻을 좀 더 명백하게 하기 위하여 문화의 한 구체적 분야에 국한시켜서 문제를 생각해 보기로 하자. 예컨대 한국의 철학을 수립해야 한다는 목표를 세웠을 경우에 우리는 어떠한 원칙과 방법에 의하여 이 과제를 수행할 것인가? 우리 민족의 선철(先哲)들이 남긴 철학 사상을 발굴하고 해석하는 일에 몰두할 것인가? 또는 서양의 유명한 철학자들의 학설을 빌려서 거기에 이를테면 한국적 색채를 가함으로써 우리의 것을 만들 것인가? 아니면, 그 밖의 어떤 길을 따라서 목표로 접근할 것인가?

필자가 믿는 바로는, 한국의 철학은 과거에 있었던 국내외의 어떤 철학자의 학설을 토대로 삼을 것이 아니라 우리들의 철학적 문제들로부터 출발해야 할 것이다. 현재 이곳에 사는 우리들의 마음속 또는 전체로서의 현실 속에 일어나는 철학적 문제들을 우리들의 연구와 사색으로써 풀어 나가는 가운데 한국의 철학이 형성된다고 보는 것이다.

우리들의 마음속 또는 전체로서의 현실 속에 일어나는 철학적 문제들 가운데는 여러 가지가 포함될 수 있다. 만약 마음속에 퇴계나 율곡 같은 선철들의 사상을 궁금하게 여기는 의문이 간절하다면, 그것도 넓은 의미에 있어서 우리들의 철학적 문제라고 볼 수 있을 것이다. 우리는 외국의 어떤 철학자의 사상에 대한 궁금증에 대해서도 같은 말을 할 수 있을 것이다. 그러나 어떤 학자나 학설에 대한 호기심이나 의문은 일차적 의미의 철학적 문제는 아니다. 정확하게 말해서 그것은 철학사적 문제라고 보는 것이 옳다.

일차적 의미로 철학적 문제라고 부를 수 있는 것의 대표적인 것은 역시 형이상학(形而上學)의 문제, 인식의 문제, 가치의 문제 등이다. 이와 같은 철학의 문제들이 피할 수 없는 자기의 문제로 가슴을 채웠을 때, 그리고 과거에 나타난 어떤 학자의 학설 속에서 그 해답을 고르는 것이 아니라, 우리 자신의 사색을 통하여 어떤 해답에 접근했을 때, 그때 우리는 비로소 우리 자신의 철학을 갖게 된다. 우리 조상들의 저술 속에 산재해 있는 철학 사상을 발굴하여 정리하는 것도 물론 우리 철학을 위한 큰 공헌임에 틀림이 없다. 그것은 과거의 한국 철학을 정리하는 중요한 연구가 될 뿐 아니라, 오늘의 한국 철학도들을 위해서도 훌륭한 도움이 될 것이다. 그러나 우리들의 조상이 도달한 경지에 무엇인가 새로운 것을 보태는 바 없는 한, 그것 자체가 오늘의 한국 철학이 될 수는 없다.

다른 모든 분야에 있어서와 마찬가지로 철학에 있어서도 우리는 선인들의 유산을 십분 활용하는 것이 바람직하다. 지금 우리 마음속을 채우고 있는 우리들의 문제를 풀기 위해서 우리 자신만의 힘에 의존하는 것보다는 같은 문제에 대하여 선철들이 남긴 발자취의 도움을 받는 것이 더 나은 해결에 이르는 첩경이다. 이때 우리는 과거의 철학자들 가운데서 누구의 학설을 참고로 삼아도 좋을 것이나 같은 값이면 바로 우리 조상들의 학설을 살펴보는 것이 바람직할 것이다. 우리들의 문제 및 사고방식은 전통을 통하여 우리 조상들의 문제 및 사고방식에 연결되고 있기 때문이다. 특히 실천에 직결되는 가치의 문제들을 다루는 데 있어서는 우리들의 전통으로부터 배울 것이 많을 것으로 생각된다.

오늘의 한국과 옛날의 한국 사이에 같은 민족 또는 같은 지역을 매개로 한 공통점이 있다면, 오늘의 한국과 오늘의 외국 사이에는 같은 시대를 매개로 삼은 공통점이 있다. 우리 민족의 과거를 우리의 것이라고 부를 수 있다면, 우리 시대의 세계도 그것이 우리 시대의 것이라는 뜻에서 우리의 것이라고 말할 수 있을 것이다. 이러한 관점에서 볼 때, 우리는 현대의 철학 사상 전체로부터 (비록 그것이 다른 나라에 근거를 둔 것이라 할지라도) 배울 것이 많을 것이라는 추리를 하게 된다. 현대라는 공통된 배경을 가진 사상인 까닭에 그것은 결코 우리의 문제와 무관한 학설이 아닐 가능성이 많기 때문이다.

지금까지의 고찰을 우리는 다음과 같이 요약할 수 있을 것이다. 오늘날 우리가 한국의 철학이 본궤도에 오르기를 희망할 때, 단순히 우리의 철학적 전통을 발굴하고자 하는 과거지향의 방법보다는 우리의 현실, 즉 지금 이곳의 문제를 출발점으로 삼고 미래를 지향하는 각도로 추진해야 한다. 다만 철학의 문제란 완전하게 새로운 것은 거의 없으며 선철들이 고심한 문제들이 되풀이 문제될 경우가 많으므로, 비슷한 문제들에 대하여 우리나라의 선철들이 남긴 유산을 충분히 활용해야 함은 물론, 남의 나라의 철학자들, 특히 현대의 세계적인 철학자들의 학설을 깊이 공부해야 할 것이다. 요컨대 우리나라의 것이든 남의 나라의 것이든 이미 선철들의 학설을 해석하고 주석을 다는 것만으로는 오늘의 한국 철학이라고 볼 수 없으며, 우리 자신의 문제에 대하여 우리 자신이 어떤 해답으로 접근했을 때 비로소 오늘의 우리 철학이 탄생한다는 것이다. 다만, 우리의 문제를 푼다 해서 저 혼자 제멋대로 생각한다면 유치한 단계에 머물거나 독선에 빠지기 쉬우므로, 선철들의 유산에서 배우는 바 많아야 할 것이다. 특히 철학 사상이란 그 나라의 문화적 배경을 반영한 전통에 연결될 때 크게 결실을 맺을 수 있는 것이므로, 우리나라의 철학적 전통의 힘을 크게 빌려야 할 것이다.

우리나라의 선철들의 지혜로부터 많은 것을 배울 수 있기 위해서는 우선 선철들의 사상이 정리되어 있어야 하고, 또 누구나 이해할 수 있도록 현대어로 잘 번역되어 있어야 한다. 이러한 관점에서 볼 때, 그리고 우리나라의 경우 아직 고전에 대한 정리와 번역의 작업이 겨우 시작되었음에 불과함을 생각할 때, 선철과 고전에 대한 연구에 우선 주력해야 할 단계에 있음이 분명하다. 선인들의 문화적 유산을 정리하고 보존하는 일은 단순히 앞으로의 창조를 위한 거울로서만 중요한 것이 아니라, 그 자체가 영원한 가치의 보존이라는 깊은 의의를 가지고 있다. 우리가 조상들의 탁월한 작품을 국보로 지정하고 박물관에 보관하는 등 온갖 수단으로 지키는 뜻도 여기에 있다. 고분 속에 묻힌 문화재를 발굴하여 깨끗이 손질하고 우리들 후손이 누구나 조상의 얼과 솜씨를 대할 수 있도록 진열함이 바람직하듯이, 서고(書庫) 속에 묻혀 있는 고전을 정리하고 번역하여 오늘의 배우는 사람들이 누구나 그 슬기에 접할 수 있도록 준비하는 것은 매우 중요한 일이다.

그러나 조상들이 남긴 탁월한 유산을 바라보기만 하고, 오로지 조상들의 훌륭함을 자랑하는 것만으로 만족하는 것은 결코 생각 있는 자손들이 취할 태도가 아니다. 우리는 과거만 돌이켜 볼 것이 아니라, 미래를 내다보는 진취적 태도로 살아야 할 것이다.

앞에서 한국의 철학에 관하여 말한 바는 문화의 다른 분야에 관해서도 대체로 적합할 것이다. 미술과 음악 등 예술의 각 분야에 있어서도 우리의 전통을 크게 살려야 할 것이고, 전통으로부터 많은 것을 배워야 할 것이다. 그러나 우리의 것에 집착한 나머지 독선과 자기만족에 빠지는 것은 좋은 일이 아니다. 세계는 날로 좁아지고 있으며, 여러 나라의 문화들은 부단히 교류되고 있다. 한 가지만 알고 둘은 모르는 옹졸한 태도는 현대인이 취할 바른 태도가 아니다. 그러나 잡다한 것의 혼합만으로 새로운 문화가 창조되는 것은 아니다. 우리의 것과 남의 것, 옛날의 것과 오늘의 것 등을 무원칙하게 혼합할 때 우리가 얻는 것은 창조가 아님은 물론, 불행한 혼란일 뿐이다. 새로운 것이 창조되기 위해서는 단순한 모방을 거부하는 강한 자기 정신이 건재해야 한다. 그 자기 정신이란, 옛날의 우리 조상들의 정신일 수도 없고 오늘 이 땅에서 사는 우리 자신들의 정신일 따름이다.

(1977. 9)

3장 종교에 관한 속견(俗見)

1. 우리들은 모두 무엇인가 믿고 산다

우리는 무엇인가 믿고 산다. 아무것도 믿지 않는 사람은 없다. 신앙이라는 것을 전적으로 배척하는 사람들도 자기의 눈과 귀를 믿는다. 눈이나 귀를 의심하는 사람들은 이성(理性)이라는 기능을 믿는다. 아무것도 믿지 않는다고 주장하는 사람들까지도 무엇인가를 믿고 있기에 그러한 주장을 하는 것이다. 그들이 만약 자기의 판단을 믿지 않았더라면, 그리고 자기의 발언을 알아들을 다른 사람의 존재를 믿지 않았더라면, 그러한 주장조차 할 수 없었을 것이다.

우리는 자고 나면 또 날이 밝으리라고 믿는다. 봄이 가면 여름이 오리라고 믿으며, 오늘도 달이 머리 위에 떨어지는 일은 없으리라고 믿는다. 나는 책상 위에서 종이에 글씨를 쓰고 있다고 믿는다. 그러나 이러한 믿음들이 진실로 타당하다는 것을 엄밀하게 증명하지는 못한다. 무엇인가 하나를 전제로서 믿고 들어가지 않는 이상, 우리는 아무것도 증명하지 못한다. 가령 내가 지금 책상 위에서 글을 쓰고 있다는 매우 확실한 듯한 사실도, 내가 지금 꿈을 꾸고 있는 것도 아니며 환각을 보고 있는 것도 아니라는 가정(假定)을 믿지 않는 한, 완전하게는 증명되지 않는다. 그리고 지금 내가 꿈을 꾸고 있지 않다는 것을 우리는 확고하게 믿을 수는 있으나, 완전히 논리적인 추리로써 증명할 수는 없다. 모든 주장, 모든 행동은 어떤 믿음을 전제로 삼고 이루어지는 것이다.

우리들의 차이는 믿음을 가졌느냐 안 가졌느냐에 있는 것이 아니라, 무엇을 믿고 있느냐에 있다. 어떤 사람들은 경험에 나타난 세계를 믿고, 어떤 사람들은 나타나지 않는 세계를 믿는다. 어떤 이들은 인간의 힘을 믿고, 다른 어떤 이들은 인간 밖의 초월한 존재의 힘을 믿는다. 내 자신의 힘을 믿고 사는 사람들이 있는가 하면, 남의 힘을 믿고 사는 사람들도 있다. 모두들 무엇인가를 믿고 있다. 다만 그 믿는 바의 대상은 사람에 따라서 다르다.

믿는 것이 옳으냐 그르냐를 따지고 다투는 것은 무의미한 일이다. 믿는 것을 그르다고 반대하는 사람들도 실은 무엇인가 믿고 있기 때문이다. 어느 정도 논쟁할 여지가 있는 것은 무엇을 믿는 것이 가장 타당하냐는 문제다. 그러나 이 문제에 대하여도 절대로 반대할 수 없는 해답을 준다는 것은 원칙상 불가능한 일이다.

2. 신앙이라는 믿음

종교니 신앙이니 하는 것이 믿음 가운데서도 두드러진 것임에는 의심의 여지가 없다. 그러나 그것이 어떠한 종류의 믿음이냐, 특히 그것과 미신의 차이는 어디에 있느냐는 물음에 대하여 순전히 객관적인 대답을 제시하기는 어려운 일이다. 상식적인 견지에서 말한다는 전제 아래서만 우리는 이 문제에 대하여 마음 놓고 논할 수가 있다.

만약 모든 세상일이 마음대로 되는 것이라면 우리는 종교라는 것을 갖지 않았을지도 모른다. 그러나 세상에는 우리가 원하지 않는 일이 너무나 많이 생긴다. 아무리 다복한 사람일지라도 병고와 늙음과 죽음을 면하지 못한다. 대자연의 움직임이 내 마음대로 되지 아니함은 말할 것도 없거니와, 내 몸과 내 마음조차도 마음대로 되지 않는다. 수많은 사람들이 도덕적인 갈등에 사로잡힌다. 한마디로 말해서 인생은 어려운 문제들로 가득 차 있다. 영생과 행복을 염원하는 사람들에게 뜻대로 되지 않는 일이 허다하다는 사정은 풀어야 할 문제의 상황 속으로 항상 그들을 몰아넣는다. 이러한 문제들이 풀 수 없는 성질의 것이라고 일찌감치 단념해 버리는 사람들, 또는 그 문제들을 가능한 범위 안에서 풀려고 애쓰되 그것은 어디까지나 사람 자신의 힘으로 해야 한다고 믿는 사람들에게는 이른바 종교라는 것이 필요 없다. 그러나 인생의 어려운 문제들을 체념하지도 못하고, 또 사람의 힘으로 그 문제들을 풀 수 있다고도 생각하지 못하는 사람들에게는, 신앙이라는 심리 내지 종교라는 현상이 불가피한 것으로 된다.

사람의 힘은 매우 큰 것 같기도 하지만 보기에 따라서는 진실로 하잘것없는 것이기도 하다. 우주에 못 갈 구석이 없도록 재주가 놀랍다곤 하지만, 정작 행복을 위하여 필요한 일에는 거의 무력한 존재라고 인간 스스로를 반성하는 사람들도 있다. 인생의 태산 같은 문제들을 인간 자신의 힘으로 처리한다는 것은 도저히 불가능할 것도 같다. 그러나 이 덧없고 부조리한 인생을 그대로 수긍할 수도 없는 사람들, 이런 사람들의 심리가 필연적으로 달리는 곳은 인간을 초월한 무한한 존재, 흔히 신(神)이라는 이름으로 불리는 절대자다. 이 절대자의 무한한 힘만이 우리를 구제할 수 있는 유일한 희망이라는 생각은 그런 사람들이 자연히 도달하는 결론이다.

인간 밖에 어떤 전지전능한 절대자가 존재하리라는 믿음, 그리고 이 절대자는 우리들 무지 무능한 인간들을 구제해 줄 수 있으리라는 믿음을 우리는 보통 신앙이라고 부르며, 신앙에 입각한 여러 가지 가르침과 제도를 널리 종교라 일컫는다. 그러나 그러한 절대자가 존재한다는 확실한 증거가 있는 것은 아니며, 그 존재를 논리적으로 증명했다고 믿는 모든 학설은 사실인즉 논리의 비약 또는 선결문제 요구의 오류를 범하고 있는 것이다. 하지만 절대자가 존재하지 않는다는 증거가 있느냐 하면 그것도 역시 아니다.

절대자의 존재를 부인하는 사람이 만약 자기 자신 확실한 증거도 없는 사실을 믿는 일이 전혀 없었더라면, 증거 없이 절대자를 믿는 사람들의 논리적인 결함을 지적할 자격이 있었을 것이다. 분명히 있다는 증거도 없다는 증거도 확실치 않은 것이라면, 그런 것은 일단 없는 것으로 간주하는 것이 순서일 것이기 때문이다. 그러나 사실인즉 절대자를 부인하는 사람들도 다른 무엇을 확실한 증거 없이 믿고 있는 까닭에, 신앙을 논리적으로 공격할 자격을 가졌다고 보기는 힘들다.

요컨대 초월한 절대자의 존재를 믿는 사람들과 믿지 않는 사람들이 다 같이 증명할 수 없는 믿음 속에 살고 있는 것이며, 그 믿음의 체계 또는 믿음과 행동 사이에 자기모순이 없는 한, 여기서 아무도 상대편의 믿음을 공격하고 비웃을 자격이 없는 것이다.

3. 종교의 공적과 허물

종교는 본래 인간의 절실한 요구 — 행복을 희구하는 절실한 요구 — 와, 그 요구를 충족시키기에는 너무나 불완전한 인간의 현실에 기인한 것이었다. 그리고 종교적 신앙이 믿는 바가 참이냐 거짓이냐는 문제는 엄밀하게는 끝내 논증도 반증도 될 수 없는 문제였다. 그러나 우리가 어떤 기성 종교 또는 기성 종교가 하고 있는 일의 옳고 그름을 평가할 수 있는 길이 전혀 막힌 것은 아니며, 그러한 평가는 우리의 실생활을 위해서 매우 중요한 일이라고 믿는다.

종교의 신앙이 내세에 있어서의 좋은 결과를 약속한다는 주장은 일종의 희망을 표명하는 것 이외에 아무것도 아니다. 따라서 우리의 더욱 현실적인 관심사는 종교의 신앙이 이 지상의 생활을 위하여 무엇을 보태 주느냐는 문제가 아닐 수 없다. 종교를 위하여 인생이 있는 것이 아니라, 인생을 위하여 종교가 있는 것이라면, 종교가 우리 인간의 실생활에 미치는 영향은 종교의 공과(功過)를 평가함에 있어서 중요한 척도의 하나가 아닐 수 없다.

어떤 사람들은 종교를 믿는 덕택으로 마음의 안정을 얻었다고 한다. 믿음이 마음의 괴로움을 제거하고 고유한 즐거움으로 대치해 준다면, 그러한 신앙은 찬양을 받아 마땅할 이유를 가졌다. 신앙의 또 하나의 중요한 효과는 그것이 믿는 이의 도덕적 수준을 높여 주는 경우가 있다는 사실이다. 사실 대부분의 종교 사상은 시대의 도덕 사상과 밀접한 결합을 가졌다. 신앙이 아니고서도 얼마든지 유덕한 인격이 될 수가 있다. 그러나 사람의 의지는 의외로 약한 것이며, 여러 가지 이기적인 유혹 앞에 굴복하기가 일쑤다. 지성이 옳다고 판단한 길을 벗어나서 정념이 이끄는 길로 끌려가기가 쉽다. 이럴 때 우리의 도덕적인 신념이 종교적인 신앙과 결합되어 있다면, 정념의 유혹을 물리치는 힘이 월등히 강화된다. 이지(理智)는 약하고 정열은 강한 것, 정념이라는 굳센 정열을 막을 수 있는 것은 오직 더 강한 또 하나의 정열뿐이다. 그리고 신앙은 본래 매우 강력한 정열의 일종이다.

그러나 신앙이 언제나 우리의 도덕을 위하여 좋은 영향만을 끼치는 것은 아니다. 도덕이란 본래 사회생활의 원만한 영위를 위한 방안으로서의 의의가 크다. 따라서 역사적 현실이 변동하여 사회의 상황이 달라질 경우에는 도덕의 내용도 그에 순응하여 바뀌어야 할 것이다. 그러나 신앙과 결합될 때 도덕 사상은 그것이 신봉하는 도덕률을 절대 불변하는 가치로 보는 경향이 있다. 예컨대 인구의 증가가 바람직할 경우에는 산아를 장려하고, 인구의 증가가 생활의 위협과 전쟁의 위기를 조장할 경우에는 산아를 제한하는 것이 마땅할 것이다. 그러나 산아 제한은 하나님의 뜻을 어기는 짓이라고 믿는 일부 종교가들은 이럴 경우에 현실을 무시한 주장을 고집하는 것을 자랑으로 여긴다. 종교나 도덕을 위해서 인생이 있는 것이 아니라, 인생을 위해 종교나 도덕이 있다는 상식적인 사실을 그들은 구태여 부인하려고 애쓴다.

그러나 종교에 관련하여 발생하기 쉬운 폐단 가운데서 가장 보기 싫은 것은 위선이라는 악덕이다. 위선이 가장 심한 것은 종교를 직업으로 삼는 사람들 가운데서 간혹 찾아볼 수 있다. 그들은 직업상 좋은 말을 많이 해야 하며, 또 일반 사람들보다는 어딘가 다를 것이라는 기대를 받고 있다. 그러나 좋은 말을 하기가 간단하듯이 좋은 행동도 하기가 용이한 것은 아니며, 남들이 기대하듯이 거룩한 인격이 된다는 것이 아무에게나 가능한 일은 아니다. 여기서 필경 생기기 쉬운 것이 입과 겉으로만 번드르르한 인격자, 이를테면 은주전자에 구정물을 담은 것 같은 사람이다. 게다가 종교의 가르침 가운데는 대개 금욕적인 일면이 있다. 그러나 자연적인 욕망을 갖기로 말하면 신자나 속인이나 다를 바가 없다. 자연스러운 욕구를 억지로 막다가 그것이 어쩌다 터지는 날에는, 도리어 반동적으로 보기 흉한 꼴이 생긴다. 중이 고기 맛을 알면 운운하는 상말은 좀 지나친 표현일지도 모르나, 사실 그런 말을 들어도 싼 종교가들이 이따금 신문에 소개되고 있음을 본다.

4. 궤도를 벗어난 종교

종교란 본래 인간의 어떤 절실한 요구에 근거를 두고 생긴 것이었다. 그러한 뜻에서 종교에도 어떤 목적이 있다고 말할 수 있을 것이다. 종교가들 가운데는 신앙의 생활 그 자체가 목적이라고 주장하는 사람이 있을지도 모른다. 그러나 그들도 마음의 속을 쪼개고 볼 때, 영혼의 구제라든지 인생고(人生苦)로부터의 해탈이라든지를 목적으로 삼고 있음을 숨기지 못할 것이다.

영혼의 구제나 해탈이 신앙으로 달성할 수 있는 목표냐 아니냐는 논의의 여지가 있는 문제라 할지라도, 적어도 신앙을 가진 사람으로서는 떳떳이 내세울 수 있는 목표다. 그러나 떳떳하지 못한 목적을 위한 수단으로서 종교를 이용하는 사람들이 있다. 가장 흔한 예는 종교를 돈벌이의 수단으로 삼는 경우다. 필자가 만난 어떤 미국인 변호사는 신학대학을 거쳐 목사가 될 것인가, 법과대학을 거쳐 변호사가 될 것인가, 상당히 망설였다고 태연하게 말하였다. 도대체 목사와 변호사 사이에 어떤 공통점이 있는가 생각해 보라. 그것들은 미국의 경우에 있어서, 돈벌기에 좋은 직업이라는 공통점을 가졌을 뿐이다. 종교가 직업화한 것은 오늘날에 시작된 일이 아니다. 그러나 오늘날은 종교를 돈벌이의 수단으로 삼는 것이 부끄러운 일인 줄을 모르는 점에 있어서 과거 어느 때보다도 한 걸음 앞서지 않았나 의심된다.

종교가 막대한 이용 가치를 지니고 있음이 증명된 것은 비단 경제생활의 분야에 있어서 뿐만이 아니다. 그것이 정권을 둘러싼 싸움에 있어서 유력한 무기라는 것은, 국민이 그 대표를 선거하는 행사가 있을 때마다 밝혀지는 일이며, 해방 직후 많은 목사들이 고관대작을 차지했다는 사실에 의하여도 증명되었다. 그리고 종교가 사교를 위한 수단으로서 널리 이용되고 있으며, 때로는 취직, 결혼, 유학 등을 위한 수단으로서 이용되고 있음은 이미 상식에 가까운 사실이다.

신앙이 속된 이익을 위한 수단으로서 이용될 때, 종교로서는 궤도를 벗어난 타락임은 두말할 필요도 없다. 오늘날 불교, 유교, 기독교를 막론하고 모두 당파 싸움이 치열하고 종교적 재단이 운영하는 학원에 분쟁이 심한 현상은, 종교가 그 본래의 자세를 잃고 궤도를 벗어났음에 기인한다고 보아서 틀림이 없을 것이다. 종교가 그 본래의 목표를 잃고 궤도를 벗어날 때, 그러한 종교는 필연적으로 위선이라는 악덕과 손을 잡기 마련이다.

종교를 가질 것인가, 안 가질 것인가? 갖는다면 어떤 종교를 믿을 것인가?

이러한 문제에 대해서 절대로 논의의 여지가 없는 해답을 내리기는 힘들 것이다. 다만 우리가 확언할 수 있는 것은, 믿으면 믿는 자세로서 안 믿으면 안 믿는 자세로서 논리의 일관성 있는 태도를 가져야 하리라는 상식이다. 입으로는 믿지 않는다고 주장하면서 심장으로는 믿고 있음도 자기모순이며, 입으로는 믿는다고 공언하면서 스스로 믿는다고 공언하는 가르침의 내용과는 다른 행동을 하는 것도 자타를 속이는 거짓이 아닐 수 없다. 모든 것은 신의 섭리라 주장하고, "당신의 뜻대로 하시옵소서!"라고 기도하면서 제3차 세계대전을 겁내는 사람이 있다면, 그도 역시 자기모순에 빠졌다고 해야 할 것이다.

(1963. 5. 26)

3부
한국인과 가치관

1장 한국 문화의 내일을 위한 정신적 기조(基調)
2장 오늘의 한국과 가치관의 문제
3장 자아의식과 가치 의식
4장 후진성의 극복과 주체 의식의 회복
5장 우리 민족성의 반성

1장 한국 문화의 내일을 위한 정신적 기조(基調)

1. 우리들의 근본 문제

사람은 누구나 행복을 추구할 권리를 가지고 있으며, 모든 사람이 한 걸음 더 행복에 접근할 수 있도록 함께 최선을 다하는 것은 아무도 거부해서는 안 될 마땅한 생활 태도다. 이것은 우리가 오래전부터 믿어 온 공동의 신념이며, 우리 민족 발전의 내일을 염원하는 지성들의 토론에 참가하기 위해서 엮어지는 이 글도 저 공동의 신념을 바탕으로 삼고 전개되어야 할 것으로 보인다.

모든 사람들의 행복을 위해서 최선을 다해야 한다고 하나, 행복의 정의가 일정하지 않을 것이므로, 우리에게 참으로 마땅한 생활 태도가 무엇인지 그것만으로는 명백하지 않다. 아무도 반대할 수 없는 절대적인 행복론(幸福論)을 제시하기는 아마 어려울 것이며, 따라서 우리의 올바른 생활 태도가 무엇이냐에 관해서도 이론(異論)의 여지가 없는 결정적인 견해에 도달하기는 어려울 것이다. 그러나 한국 문화의 방향을 문제로 삼는 우리가 행복의 개념에서부터 출발한 것은, 행복과 문화의 창조 사이에 밀접한 관계가 있다고 보았기 때문이며, 그러한 견지에서 볼 때, 우리가 말하는 행복이 무엇이냐에 대해서 어느 정도 일치된 대답을 얻는 것은 반드시 불가능하지는 않을 것으로 보인다.

자아의 실현

문화와 행복 사이에 밀접한 관계가 있다고 전제했을 때, 이미 우리는 행복을 자아의 실현과 가까운 뜻으로 이해한 것이다. 자기의 삶에 깊은 만족을 느낄 때 우리는 행복하다고 말한다. 그리고 우리가 깊은 만족을 느끼는 가장 현저한 경우는, 다른 사람들과 깊은 우정을 나눌 때와, 자기 자신의 인간적 성장 또는 자신이 속하는 사회의 번영을 의식할 때이다. 다른 사람들과 깊은 우정을 나눌 수 있는 슬기로운 인간관계도 결국은 자기의 인격적 성장에 토대를 두는 것임을 생각한다면, 행복을 위한 가장 근본적인 조건은 역시 우리들의 인간적 성장, 즉 자아의 실현이라는 결론에 이른다.

자기 성장

이 글이 주제로 삼는 문화에 있어서도 그 핵심을 이루는 것은 인간의 자기 성장이라고 보인다. 한 개인의 자기 성장을 문화라고 부르지는 않지만, 개인들의 자기 성장 과정의 총화 또는 그 성장 과정의 표현의 사회적 총화를 우리는 문화라고 부른다. 그러므로 "우리가 지향해야 할 바람직한 문화는 어떠한 유형의 것인가?" 하는 절실한 물음에 대해서, 모든 사람들의 만족스러운 자기 성장 또는 자아실현의 표현이며 또 장차의 자기 성장을 위해서 적합한 밑받침이 될 수 있는 문화라고 일단 대답할 수 있을 것이다.

옛날에는 일부 특권층의 인간적 성장만을 중요시하고, 대다수의 서민층의 희생을 대가로 삼고 얻은 소수의 업적을 훌륭한 문화의 형성으로 인정한 시대도 있었다. 그러나 현대를 사는 우리는 모든 사람들의 인간적 성장이 요청되고 있음을 강조하지 않을 수 없다. 만인의 평등한 인류에 대한 신념은 민주사회를 떠받들고 있는 근본원리이며, 오늘날 우리나라의 특수한 사정을 아무리 중요시한다 하더라도 이 근본원리만은 포기할 수 없기 때문이다.

이제 우리들이 공통의 관심사로 삼고 있는 근본 문제의 내용이 무엇인지 그 윤곽이 약간은 드러난 것으로 보인다. 우리 모든 한국 사람들이 각각 타고난 소질과 자주적 소망을 따라서 유감없이 자아를 실현하기에 가장 적합한 문화 내지 정신 풍토는 어떠한 것인가? 이 물음은 우리 모두가 당면한 절실한 문제이며, 우리가 지금 한국의 정신문화를 두고 이 자리에서 만나게 된 것도 바로 이 절실한 물음에 대한 해답을 모색하기 위한 것으로 안다.

인간적 성장

플라톤을 비롯한 여러 선철(先哲)들이 거듭 지적한 바와 같이, 개인 각자의 단독적 노력만으로 높은 수준의 자아가 실현되기는 어려우며, 반드시 사회 전체의 조직과 제도의 힘을 빌리지 않으면 안 된다. 여기, 전체로서의 문화의 문제뿐만이 아니라 개인의 인간적 성장의 문제도 제도와 관련된 사회적 문제이며, 사회 또는 국가를 떠나서 윤리 내지 가치관의 문제를 논의함이 무의미한 소이(所以)가 있다. 결국, 우리의 문제에 좀 더 구체적인 각도로 접근하기 위해서는 우선 "우리 모두의 행복을 위하여 가장 적합한 사회제도 내지 사회철학은 무엇인가?"라는 물음부터 시작해야 한다는 추론(推論)에 이른다. 이 물음에 갖추어진 대답을 주는 것은 필자의 역량 밖의 일일 뿐 아니라, 지면과 시간의 제약 등 여러 가지 여건이 그것을 허락하지 아니하므로 우리는 극히 조잡하고 예비적인 고찰을 꾀하는 것으로 만족할 수밖에 없다.

자기 성장이니 자아실현이니 하는 개념의 핵심을 이루는 것은 어떤 정신적 가치의 성취라고 보는 것이 우리들의 통념이며, 필자도 그러한 통념을 따라서 이 말들을 쓰고 있다. 그러나 비록 정신적 가치라 할지라도 생물학적 생존 또는 기본적 물질생활의 기초 위에서만 실현이 가능한 것이므로, 우리들에게 적합한 사회제도 내지 사회철학은 우선 국민 전체의 고르고 안정된 물질생활을 보장해 줄 수 있어야 할 것이다. 바꾸어 말하면, 우선 경제적인 발전과 균형을 아울러 성취할 수 있는 제도와 철학이 우리에게 요청되고 있는 것이다.

자유와 이상을 향한 노력

경제의 발전과 균형만으로 국민 전체의 인간적 성장이 보장되는 것은 물론 아니다. 개인의 자아실현을 위해서 더욱 중요한 것은 정신의 자유와 이상을 향한 노력이다. 그러므로 우리가 요청하는 것은, 경제의 균형된 발전을 성취하기에 적합할 뿐 아니라, 정신의 자유를 보장하고 이상으로의 노력을 고취하는 제도와 철학이 아닐 수 없다. 경제에 있어서 균형된 발전을 성취하기 위해서는 계획과 통제의 힘을 빌려야 할 경우가 많을 것이다. 그러나 그 계획과 통제는 민주주의적 절차를 거쳐서 도달한 지성적 결론에 의거함이 바람직하다. 그리고 자유민주주의의 사회철학이 그 장점과 효능을 가장 현저하게 발휘하는 것은, 경제의 분야에 있어서보다도 정치의 분야에 있어서라고 보는 것이 현대 사회철학자들의 우세한 견해인 것으로 알고 있다.

2. 우리 정신 풍토의 근본 결함

경제에 있어서 균형된 발전을 이룩하고, 나아가서 국민 각자의 만족스러운 자아실현을 성취함으로써, 그리고 자랑스러운 민족문화를 형성함에 있어서, 그 목적에 적합한 제도를 수립하는 것도 중요하지만, 더욱 중요한 것은 공동 목표의 달성을 향한 국민 전체의 단결과 협동이다. 그러나 우리 한국은 국민의 총화가 크게 역설되고 있는 가운데, 실제에 있어서 전 국민의 협동과 단결이 그지 잘되고 있는 것으로 보기 어려운 형편에 있다. 어느 정도의 생각이 있는 사람이라면, 협동과 단결이 급선무임을 누구나 알고 있으며, 또 그것을 역설하기에 게으름이 없음에도 불구하고 현실은 각자의 이익을 추구하기에 급급하여 공동체 전체의 요청을 외면하는 경우가 많다.

협동과 단결이 요청되고 있음을 알고 또 우리 모두가 그것을 바라고 있음에도 불구하고 이 소망이 실천되지 못하는 근본 이유는, 개인들이 각각 추구하는 인생의 목표가 지나친 경쟁성을 가지고 있기 때문이다. 우리들 대부분이 행동으로써 추구하는 인생의 목표는 금력, 권력, 지위, 향락 등 배타적이며 경쟁성이 강한 가치들이다. 너와 나의 행동 목표는 서로 충돌하며, 내가 나의 목표를 달성하기 위해서는 비록 본의는 아닐지라도 남의 길을 막아야 하는 실정이다. 치열한 경쟁 상황에서 맞서고 있는 까닭에, 너와 나는 필경 승자와 패자로서 나누어져야 하며, 함께 다 같이 뜻을 이룰 길이 막혀 버렸다. 아무도 패자로서 만족하기를 원치 않는 까닭에, 우리는 수단을 가리지 않고 싸워야 하며, 모르는 사이에 철저한 이기주의를 행동의 근본원리로 삼기에 이르렀다.

금전 또는 권력 따위의 경쟁성이 강한 목표 내지 가치를 최고의 선(善)인 양 배타적으로 추구하는 가치 풍토의 폐단은 비단 협동과 단결의 길을 막아 우리들의 경제적 번영을 어렵게 하는 데 그치지 않는다. 우리가 앞에서 말한 인간적 성장 또는 자아의 실현을 정신적 가치에 큰 비중을 두는 개념으로 이해하는 한, 금전이나 권력이 가치 체계의 정상을 차지하는 풍토 속에서 이 인본주의적 이상의 실현을 기대하기 어려움은 스스로 명백할 것이다. 물질적 가치가 극도로 높은 자리를 차지하는 풍토 속에서도 사람들은 여전히 유덕한 인격, 깊은 지식, 높은 예술 따위의 정신적 가치에 대한 동경을 잃지 않을 것이다. 만약 높은 수준의 물질적 가치와 정신적 가치를 아울러 가질 수만 있다면, 아무도 결코 후자를 포기하지 않을 것임에 틀림이 없다. 그러나 우리가 물질적 가치를 우선적으로 추구하는 동안, 저 두 가지가 다 같이 높은 수준에까지 도달하기는 거의 불가능하다. 금전 또는 권력과 같은 물질적 가치의 경쟁에 있어서 승리를 거두는 일 하나만도 지극히 어려운 일이므로, 더욱 여력이 있어서 학덕과 예술 따위의 정신적 가치에 있어서까지 큰 업적을 올린다는 것은 범인으로서는 한갓 꿈에 지나지 않는다. 만약 학덕이나 예술이 물질적 가치를 둘러싼 경쟁에 있어서 절대적으로 유리한 조건이 될 수 있다면, 아마 사태는 크게 달라졌을 것이다. 그러나 우리의 현실은 학덕과 학술을 발판으로 삼고 큰 재산을 모으거나 강한 권력을 잡을 수 있는 구조가 아닌 까닭에, 물질적 가치를 향한 끝없는 야망은, 결과에 있어서 정신적 가치에 대한 희망을 버리지 않을 수 없게 한다.

사람들이 반드시 물질적 가치의 우위(優位)를 공언하는 것은 아니다. 아마 마음 한구석에서는 정신적 가치가 더욱 귀중하다고 생각하는 사람들도 많을 것이다. 그러나 그러한 생각은 한갓 생각임에 그치고, 우리의 행동은 부지불식중에 물질적 가치 쪽으로 기울어진다. 그리고 우리의 사회 현실을 결정하는 것은 사람들의 실천적 행동이요, 관념적 심리 상태는 아닌 까닭에, 정신적 가치에 대한 저 미온적인 향수는 현실 개조를 위한 큰 힘이 되기 어렵다.

경제에 있어서 균형된 발전을 이룩하고 국민 각자의 인간적 성장을 성취하여 자랑스러운 민족문화를 형성한다는 우리의 공동 목표를 달성하기 위해서 또 한 가지 절실하게 요청되는 것은 합리적 정신이다. 오늘의 국가 경제는 치열한 국제 경쟁의 상황 속에 있으며, 이 국제 경쟁에 있어서 우리나라와 같이 자연 자원이 부족한 나라가 패배하지 않기 위해서 특히 중요한 것은, 합리적 정신의 결합으로 볼 수 있는 과학과 기술 그리고 생산과 소비 전체의 합리적 운영이다. 빈부의 격차를 좁히고 균형된 사회를 실현함에 있어서 가장 절실한 것도 합리적 정신의 한 특수 형태로서의 공정한 마음이다. 그리고 학문, 예술, 교육, 운동경기 등 여러 분야를 통해서 큰 업적을 쌓는 가운데 높은 자아를 실현하기 위하여 가장 긴요한 것도, 역시 합리적 정신에 토대를 둔 인간적 노력이다. 한마디로 말해서, 물질의 세계에 있어서나 정신의 세계에 있어서나, 현대에 있어서 남보다 앞서는 업적을 성취하자면, 투철한 합리적 정신의 발휘가 있어야 하는 것이다. 국제적 경쟁 속에서 후진성을 극복해야 하는 우리로서는 능률과 실질에 역점을 두지 않을 수 없으며, 능률과 실질은 대체로 합리적 정신과 밀접한 함수관계를 가졌다.

그러나 오늘의 한국을 합리적 정신의 발휘가 강한 나라라고 보기는 어려울 것으로 보인다. 과학과 기술은 아직도 선진국의 수준에서 뒤떨어지고 있으며, 대표적인 기업체의 운영에 있어서도 합리적 기업 원리 및 기업 정신과는 모순되는 요인들의 영향을 받는 바 적지 않다. 사치와 낭비의 풍조가 몰고 온 높은 소비수준은 도무지 합리성과는 거리가 먼 것이며, 분배의 합리성을 근본으로 삼는 사회정의의 실현은 아직도 많은 어려움을 내포한 채 내일의 과제로서 남아 있다. 그리고 여러 분야에서 인간적 성장을 꾀하는 각계각층의 활동에 있어서도, 시간과 정력 및 물자의 사용이 반드시 치밀한 계획과 합리성을 따르고 있는 것으로는 보이지 않는다.

우리나라에 있어서의 합리적 정신의 부족은 아마 동양의 오랜 전통과 깊은 관계를 가졌을 것이다. 조선시대 이후의 우리 조상들의 의식구조는 유교 사상의 결정적인 영향을 받고 형성되었으며, 그 유교 사상의 바탕에는 동양적 가족주의가 깔려 있었다. 유교 사상이나 가족주의에도 그 나름의 합리성이 있다고 보아야 할 것이나, 능률과 실질 그리고 사회정의 촉진에 있어서 핵심적인 구실을 한 서구적 합리성과는 이질적인 면을 강하게 가지고 있다. 그뿐만 아니라, 전통적 한국 사상에 영향을 미쳤던 다른 사상 계열 즉 노장 사상, 신선 사상 및 불교 사상에도 서구적 의미의 합리적 정신은 미약한 편이다. 여기에 일반적으로 이지(理智)보다도 감정이 우세를 보이는 우리 민족성까지 겹치게 되어 서양의 근대화를 위하여 크게 이바지한 합리적 정신이 우리의 경우는 좀 부족하게 된 것으로 보인다.

3. 내일을 위한 정신 기조

이제까지의 우리의 고찰이 도달한 결론의 첫째는, 재산과 권력 또는 향락과 같은 물질적 내지 외적 가치가 인격, 학문, 예술 또는 우정 따위의 정신적 내지 내적 가치를 압도하는 뒤바뀐 가치 체계가 그 본래의 서열을 회복해야 한다는 것이다. 그리고 둘째는, 서양의 근대화에 있어서 원동력의 구실을 한 합리적 정신의 앙양이 우리 한국의 발전을 위해서도 요청된다는 것이다. 국민 각자의 자아를 실현하여 자랑스러운 민족문화를 수립한다는 우리의 이상을 위해서 요청되는 것이 위에 말한 두 가지뿐이라는 뜻은 물론 아니다. 다만, 제한된 지면을 가지고 모든 문제를 다룰 수 없으므로, 우리들의 내일을 위해서 가장 절실하다고 생각되는 이 두 가지 요청에 초점을 두고 이 글의 뒷부분을 정리하고자 한다. 우선 정신적 내지 내적 가치를 그 본래의 자리에 올려놓는 문제부터 다루기로 하자.

인간 회복

인간의 비인간화를 개탄하고, 인간 본연의 모습의 회복을 외치는 소리도 이젠 별다른 감명을 주지 않을 정도로 귀에 젖어 버렸다. 그러나 현대 문명의 가장 큰 숙제의 하나인 인간 회복의 문제가 해결되었거나 완화된 것은 결코 아니며, 우리가 앞에서 말한 정신적 가치를 제자리에 다시 밀어 올리는 문제도 필경 같은 문제를 다른 표현으로 제기한 데 지나지 않는다. 인간 회복이란 인간적 가치의 회복을 일컫는 것이며, 우리가 말한 정신적 내지 내적 가치가 인간적 가치와 엄밀하게 동의어라고 보기는 어려울 것이나, 두 말의 뜻이 거의 같다고 해도 무방할 것이다.

르네상스 이후의 서양에 있어서 여러 분야의 사상적 기조를 이룬 것은 휴머니즘, 즉 인간을 존중히 여기는 관념이었다. 자유와 평등을 강조한 인권 사상이 그것이었고, 인권 사상에 기초를 둔 민주주의도 그것이었다. 그러나 그 서양 세계가 마침내 인간의 비인간화라는 역설적인 결과에 도달하고 말았다. 이 역설적 결과에 도달한 근본 원인으로서 사람들은 흔히 과학 기술과 기계를 지적한다. 그러나 과학 기술 또는 기계 그 자체에는 아무런 의지도 책임도 없다. 결국의 책임은 과학 기술과 기계의 사용에 있어서 잘못을 저지른 인간이 져야 할 것이다. 서양 사람들의 사고와 행동의 어디엔가 잘못이 있었다고 보지 않을 수 없다.

그 잘못의 하나는, 이미 앞에서 언급한 바와 같이, 물질적 가치의 위치가 지나치게 높은 자리를 차지한 저 가치 체계의 전도(顚倒)에 있었다. 과학 기술의 개발과 산업혁명, 그리고 자본주의의 발달을 경험한 서양 세계에 있어서, 물질과 기계의 위력은 날로 늘어났으며, 마침내는 정신과 인간을 압도하는 경지에까지 이르렀음은 널리 알려진 사실이다.

이와 같은, 본래의 전도는 과학 기술과 기계의 발달 그 자체가 가진 역학(力學) 또는 논리(論理)의 필연적 결과이기보다도, 과학 기술과 기계를 사용한 인간의 의지와 판단의 결과라고 보아야 할 것이다. 물질과 과학 기술 그리고 기계를, 인류의 수복을 위한 도구로서 활용하기보다는, 재산을 위한 재산의 축적, 경제적 경쟁에서의 개인적 승리, 제국주의적 국가 이익의 추구, 또는 향락에 그치는 향락 생활을 위한 수단으로서 사용한 데 근본적인 문제가 있었다. 인생의 궁극목적 또는 인류의 공동선(共同善)에 관한 탁월한 학설을 산출한 서양 문화이기는 하였으나, 그 학설들을 실제 행동으로 실천함에 있어서는 서양 사람들도 성공을 거두지 못한 아쉬움이 있다.

서구적 오류

가치 체계의 전도를 초래한 근원이라고 생각되는 서구적 오류의 또 하나는 지나치게 개인주의적인 자아의 관념이 아닐까 한다. 듀이 같은 학자는 중세의 가톨릭 사상까지도 개인주의의 한 형태라고 보았거니와, 동양인에 비해서 서양인에게 개인주의적 자아의 관념이 일찍부터 싹트기 시작한 것은 분명한 사실이라 하겠다. 일찍부터 싹튼 개인주의적 자아의 관념은 르네상스 이후에 대두한 인권 사상과의 결합을 통하여 더욱 강화되었고, 여러 가지 형태의 자유주의의 풍토 속에서 극단적인 단계에까지 발달하였다. 개인의 자아의식과 인권 사상 그리고 여러 가지 형태의 자유주의는 각각 그 안에 정당하고 바람직한 것을 많이 가지고 있는 것임에 틀림이 없다. 그러나 극도로 발달한 개인주의적 자아의 관념이 물질주의적 가치 체계 및 치열한 사회 경쟁 등과 결합하게 됨에 이르러, 여기에 또한 새로운 문제점이 있음을 간과하기 어려운 것이다.

인간이란 본래 사회적이며 윤리적인 동물이다. 사회적이며 윤리적인 까닭에, 집단적 협동 생활을 통하여 번영하기 마련이며, 인정(人情)과 화친(和親) 속에서 행복을 얻기 마련이다. 서구적 개인주의 속에도 집단적 협동 정신이 본래부터 없지 않으며, 또 그 속에서도 인정과 화친의 원리를 찾아볼 수 있을 것이다. 그러나 현대의 물질문명이 강요하는 사회 경쟁과 기계적 생활양식 속에서, 서양의 개인주의는 필경 고독한 군중을 대량생산한 빈곤한 철학이 되고 말았다.

이상의 고찰은 우리가 서양의 문화를 수용함에 있어서 특히 경계해야 할 점이 무엇인가를 암시해 준다. 경제와 정치에 있어서 후진성이 현저한 우리 한국이 서양 문명의 도입을 통하여 얻을 수 있고 또 얻어야 할 것은 자못 크고 많다. 그러나 우리는 서양이 그 근대화 과정에서 경험한 두 가지 불행한 현상의 전철(前轍), 즉 가치 체계의 전도와 고독한 철학으로서의 왜소화된 개인주의의 전철만은 모면해야 한다. 그러면 서양이 경험한 저 전철을 극복할 수 있는 원리 또는 철학을 어디서 찾을 것인가?

그 구원의 철학을 새롭게 만들어 내야 한다고 믿는 사람들도 있을 것이다. 그러나 아무런 문화적 유산의 힘도 빌리지 않고 완전히 새로운 철학을 독자적으로 만들어 낸다는 것은 극히 비현실적인 생각이다. 우리들은 역시 조상들이 쌓아 올린 지혜를 살려야 하거니와 이미 많은 사람들이 거듭 지적했듯이, 우리 동양의 오랜 전통 속에 담긴 풍부한 지혜 속에서 현대의 서양적 비극을 극복함에 도움이 될 정신 또는 원리를 찾아보는 노력이 앞서야 할 것으로 보인다.

동양의 전통적 사상은 유교, 불교 또는 노장(老莊), 그 밖의 어느 계열에 있어서나, 정신적 가치 내지 인간적 가치가 압도적인 우위를 차지하는 가운데 형성되었다. 이지(理智)에 비하여 감정이 풍부한 민족성을 바탕으로 삼고 발달한 우리들의 의식구조 속에는 인정과 친화의 요소가 짙은 농도를 차지하고 있으며, 그뿐만 아니라, 노장 및 선불교(禪佛敎)의 사상의 영향을 받은 바 큰 우리들의 전통 정신 속에는 개인의 영욕과 현실의 희비를 초월할 수 있는 개안(開眼) 내지 해탈의 슬기가 깃들었다. 이와 같은 동방의 슬기로운 전통 속에서, 정신적 가치의 몰락과 인간의 왜소화(矮小化)로부터 우리를 건져 줄 귀중한 원리를 찾아보려고 하는 것은, 결코 근거 없는 망상이 아닐 것이다.

그러나 한갓 소박한 복고주의나 허황한 신비주의 따위로 우리들의 어렵고 거창한 문제를 해결할 수 있다고 믿는다면, 우리들의 내일은 슬픈 것이 되고 말 것이다. 싫든 좋든 우리는 현대 속에 살고 있다. 밀도 높은 인구와 도시화, 공업화와 오염, 그리고 복잡하게 분화된 사회제도 등으로 특징지어지는 현대에 사는 우리가 단순하고 소박하던 옛날의 생활양식으로 되돌아감으로써 오늘의 문제를 해결할 수는 없다. 우리 한국에 있어서도, 우리의 현실은 과학과 기술, 산업화 그리고 고도의 경제성장을 요청하고 있는 것으로 보인다. 우리는 우선 생존해야 하며, 생존을 위해서는 전근대적 후진성을 벗어나야 하기 때문이다. 짧게 말해서, 우리는 과학과 기술 그리고 산업화가 몰아온 현대의 문제를 과학과 기술의 발달 및 산업화를 촉구하는 가운데 극복해야 하는 역설적 상황에 놓여 있는 것이다.

과학과 기술의 발달, 그리고 고도의 산업화를 성공적으로 수행하기 위해서는 첫째로 합리적 사고와 행동에 있어서 높은 수준을 보여야 한다. 그리고 사회정의의 실현 내지 균형 잡힌 사회 발전을 위해서도 합리적 정신의 광범위한 발휘가 요청된다. 평등 및 공정의 원리의 핵심을 이루는 것은 바로 합리적 정신이기 때문이다. 그런데 앞에서 말한 바와 같이, 우리 한국인의 사고와 행동에는 합리적 정신이 부족함을 자인하지 않을 수 없다. 우리는 현대의 시대적 요청에 적응하기 위하여 합리적 정신의 앙양을 힘써야 하거니와, 이 점에 있어서 서양의 문화로부터 배워야 할 것이 많다. 정신적 가치 내지 인간적 가치의 회복을 위해서 동양의 전통으로부터 배워야 할 것이 많았던 것과는 대조적인 사정이다.

여기서 우리는 한 가지 어려운 문제에 부딪치게 된다. 개인주의가 고독하고 빈약한 철학으로 전락함을 막기 위해서 살려야 할 동양의 정감 깊은 인정미와, 후진성의 탈피를 위해서 바람직한 서양의 합리적 정신을 어떻게 아울러 살릴 수 있느냐 하는 문제다.

본래 동양의 뜨거운 인정은 사소한 것을 따지지 않는 대범한 마음씨에 바탕을 둔 것이다. 그러나 서양의 근대화에 크게 이바지한 합리적 정신은 이해득실을 계산하고 시시비비를 파고드는 세밀하고 냉철한 정신이다. 이와 같이, 성질이 서로 다른 두 가지의 인간적 심사(心事)를 아울러 살리는 종합이 현실적으로 가능할 것인가?

일상적이며 낮은 차원에서 문제를 생각하는 한, 위에서 말한 두 가지의 인간적 심사는 서로 충돌하는 것이며, 한편을 촉진하면 다른 한편은 자동적으로 억제를 당하기가 쉽다. 그러나 인간적 왜소성을 탈피한 높은 차원의 경지에서 문제를 생각할 때 저 두 가지의 심사를 하나의 종합 속에 양립시킴이 전혀 불가능하지 아니함을 발견한다. 공자와 소크라테스 또는 스피노자와 같은 위대한 선철들의 생애와 사상 속에 이미 저 두 가지 심사의 종합이 구현되었다는 사실이 우리에게 희망을 주는 것이다.

뜨거운 인정과 차가운 합리성의 종합을 가능하게 하는 바탕은 넓은 의미로 종교적이라고 부를 수 있는 인간애의 정신이라고 생각된다. 이해득실을 계산하고 시시비비를 추궁하는 동기가, 작고 이기적인 '나'를 위함에 있는 것이 아니라 더 큰 '우리'에 대한 도량 있는 사랑에 있을 때, 저 합리주의의 심사는 이 인간애적 자아 속에 조화롭게 포섭된다.

(1974. 4. 24)

2장 오늘의 한국과 가치관의 문제

1. 가치관의 개념

우리 사회에 있어서 가치관이라는 말은 약간 다양한 뜻으로 쓰인다. 인간의 이상 또는 시비선악(是非善惡)에 대한 신념 내지 관념의 뜻으로 쓰이기도 하며, 모든 행위의 동기의 구실을 하는 목적의식을 가리키는 말로 쓰이기도 한다. 어떤 사람은 가치 의식의 체계에만 가치관이라는 말이 적합하다고 믿으며, 어떤 사람은 개별적 가치 의식 하나하나에 대해서도 그 말을 사용한다.

필자는 가치관이라는 말을 넓은 뜻으로 받아들여 사상(事象)에 대한 평가적 태도 일반을 가리키는 말로 이해하고자 한다. 여기서 평가적 태도라 함은 사상에 대한 애증(愛憎), 호오(好惡), 찬양과 비난, 환영과 배척 등 모든 지향성을 총칭하는 것이며, 그 지향성의 관념적 측면과 행동적 측면을 아울러 포함한다.

가치관은 관념과 일치하는 행동의 수반(隨伴) 여부를 따라서 관념에 그친 가치관과 행동에 이른 가치관으로 나누어 볼 수가 있다. 우리에게 더 중요한 것은 관념에 그친 가치관이 아니라 행동에까지 이른 가치관이다. 그러나 모든 가치관은 그것이 행동에 영향을 줄 수 있는 가능성을 가지고 있는 까닭에 그 나름의 중요성을 지니고 있다. 관념은 행동을 이끌어 가는 지침이며 전자와 후자 사이에 약간의 차이가 — 행동이 미처 관념을 따르지 못한다는 거리가 — 생기는 것은 일반적인 현상이니, 관념과 행동 사이에 약간의 차이가 있다 해도 그것은 크게 걱정할 일이 아니다. 그러나 관념과 행동의 유리(遊離)가 지나칠 경우에는, 인격의 분열, 내적 갈등 그리고 사회적 불신 등 심각한 문제를 동반한다.

가치관의 가장 큰 의의는 인간이 삶의 과정에서 부단히 봉착하는 문제들을 해결하기 위한 처방의 구실을 한다는 사실에서 발견된다. 인생이란 문제 상황의 연속이거니와, 크고 작은 문제들을 해결하기 위해서는 바른 행위가 요청되며, 바른 행위가 무엇인가를 일러 주는 것이 바로 가치관이다.

우리가 현실적으로 가지고 있는 모든 가치관이 가장 적합한 행위를 지시하는 것은 아니다. 현실적으로는 그릇된 길로 오도(誤導)하는 가치관도 많으니, 여기에 바른 가치관과 그릇된 가치관의 구별이 생긴다. 현존하는 가치관의 결함을 지적하고 올바른 가치관의 체계를 제시하는 것이 윤리학의 중요한 과제라면, 올바른 가치관을 체득하도록 인간을 지도 훈련하는 일은 교육의 기본 과제라 하겠다.

가치관의 옳은 것과 그른 것을 판별하는 기준, 즉 올바른 가치관을 위한 기본 원리를 정립하는 문제는 가치철학(價値哲學)에 있어서 가장 궁극적인 문제다. 가치관의 옳은 것과 그른 것을 판별하는 객관적 기준이 선천적으로 정해져 있다는 가정(假定)에서 출발할 경우에는 그 기준의 존재를 확인하는 문제가 지극히 어려운 문제로서 제기된다. 논자들은 형이상학설 또는 직각설에 의거하여 이른바 선천적이며 객관적인 기준을 제시하거니와 그들이 제시하는 기준이 각양각색이어서 일치된 결론에 도달한 적이 없다는 사실이 이 문제의 어려움을 단적으로 말해 준다.

현대의 많은 학자들은 가치관의 옳고 그름을 판정하는 기준 자체도 우리들의 가치관에 의해서 정립된다는 견해를 취한다. 이 견해에 있어서는 가치체계의 가장 궁극적인 원리는 인간이 주체적 결단 내지 선택을 통하여 정립한다는 결론으로 귀착되거니와 그 마지막 결단 내지 선택을 어떻게 정당화하느냐 하는 문제, 즉 마지막 결단 내지 선택의 타당성을 어떻게 밝히느냐 하는 어려운 문제에 부딪친다.

2. 우리들의 근본 문제

우리 한국이 지금 산업사회라고 불릴 수 있는 경지에 이르렀느냐 아니냐에 관해서는 이론(異論)이 있을 것이다. 그러나 선진 산업사회가 안고 있는 어려운 문제들이 우리 한국에도 이미 밀어닥치고 있다는 사실은 아무도 부인하지 못할 것이다. 적어도 산업사회의 초기 단계에는 이미 돌입하고 있다는 사실과 선진 산업국가들의 문화적 영향을 크게 받고 있다는 사실로 말미암아, 우리나라에도 현대 산업사회가 일반적으로 당면한 문제들이 심각하게 대두되고 있는 실정이다.

첫째로, 산업 체제의 공업화 내지 기계화 및 사회 여러 분야의 조직화에 의하여 생기기 쉬운 인간 소외의 문제가 있다. 삶의 가장 큰 보람은 자신의 주체적 판단에 입각한 자유로운 활동과 그러한 활동을 통한 자아의 인간적 성장 내지 인격 실현에 있다는 현대 민주주의 통념을 따른다면, 이 인간 소외의 문제는 결코 소홀해서는 안 될 근본적 문제가 아닐 수 없다. 산업사회가 성취한 경제적 풍요는 사람들의 물질생활의 안정을 가져온 공은 컸으나, 인간으로 하여금 그 본연의 모습을 잃게 하는 큰 손실을 수반하였다. 우리나라는 아직 공업화가 경제적 풍요의 단계에는 이르지 못하고 있으나, 인간 소외의 한 징후로 볼 수 있는 인간적 가치의 몰락 현상은 간과할 수 없다. 금전 또는 권력이 인간을 압도하는 가치의 전도 속에서, 우리도 인간 소외의 문제를 우리 자신의 문제로서 신중히 고려해야 할 것이다.

둘째로, 사회적 불균형의 문제가 있다. 치열한 사회 경쟁과 기업의 대형화는 사회적 불균형의 소지로서 작용할 가능성이 크거니와 개발도상의 나라로서 많은 민족 자본의 축적이 요청될 뿐 아니라 기업 경영의 민주화를 요원한 과제로서 남기고 있는 우리나라에 있어서, 빈부의 격차의 문제는 특히 심각한 상황에 있는 것으로 보인다. 국민의 총화가 요청되는 우리 현실을 고려할 때, 이 문제도 역시 가장 근본적인 문제의 하나로 헤아려야 할 것이다.

셋째로, 국토의 분단과 남북의 대치에서 오는 어려운 문제들이 있다. 국토의 평화적 통일이라는 긴 목표가 있고, 이 민족의 염원을 성취하기 위해서는 우선 우리 남한이 경제적, 사상적 우위를 확보한다는 당면한 과제를 달성해야 한다.

넷째로, 동양 문화 및 그 전통적 가치의 탁월한 측면을 어떻게 계승하여 어떻게 발전시키느냐 하는 문화사적 문제가 있다. 금전만능적 물질문화가 극도로 발달하면서, 애경(愛敬)의 정서를 중심 삼는 인간다운 인간관계가 무너지고 이해와 손실을 으뜸으로 삼는 삭막한 인간관계가 그 자리를 대신하는 경향 속에 현대 인류의 큰 위기가 있다. 이러한 위기를 극복하고 정리(情理)가 생동하는 인간관계를 회복하는 데 동양의 오랜 지혜를 살려야 한다는 것이 식자들의 판단이거니와 동양 문화의 전통을 바르게 이어받는 문제는 우리의 민족문화를 창달하는 과제와 관련해서 중요한 문제가 아닐 수 없다.

3. 우리에게 바람직한 가치 체계

이미 말한 바와 같이 가치관의 가장 중요한 기능은 행위의 지시에 있다. 그리고 행위가 가진 가장 기본적인 임무는 삶의 과정에서 봉착하는 문제들을 해결함이다. 따라서 그 기능을 유감없이 수행하는 가치관을 옳은 가치관이라고 부르는 데 동의한다면, 현대 한국인을 위하여 바람직한 가치관은 우리 한국이 당면한 중요한 문제들을 해결하기에 가장 적합한 행위의 처방을 지시해 주는 가치관이라고 말할 수 있을 것이다. 그렇다면 앞에서 지적한 우리들의 공동 과제에 비추어 볼 때, 오늘날 우리에게 바람직한 가치관의 체계는 어떠한 것일까?

첫째로, 인간 및 정신적 가치에 우위를 두는 체계라야 할 것이다. 우리들의 가장 근본적 문제인 인간 소외를 극복하고 인간의 본연을 회복하기 위해서 우선 이 점이 강조되어야 할 것으로 믿는다. 금전과 권력 그리고 쾌락 따위의 모든 가치가 전인(全人)으로서의 인간이 자아를 실현하기 위한 수단으로서의 위치에서 제구실을 하는 그러한 가치 체계가 수립되어야 한다. 이러한 원칙을 따라서, 인간 및 정신적 가치가 가치 체계의 정상을 차지하는 목적 그 자체로서 존중되어야 할 것이며 금전 또는 권력 같은 수단적 가치는 그 자체가 목적으로서 추구됨이 없이 항상 인간을 위해서 활용되는 동시에 수단이 목적을 압도하는 일이 없는 생활 풍토가 조성되어야 할 것이다.

둘째로, 합리적 정신과 공정심이 지시하는 바를 따라서 생각하고 행동하는 태도를 앙양해야 할 것이다. 우리 한국의 급선무의 하나는 경제의 성장과 안전이다. 산업주의 및 산업사회에 어려운 문제점이 허다함에도 불구하고, 우리의 현실은 산업화의 촉진을 요청하고 있다. 우리의 문제는 산업화를 거부함으로써 해결할 수 있는 것이 아니라, 산업화의 과정을 일단 거쳐서 그것을 넘어서는 방향으로 극복해야 할 문제들이다. 그리고 산업화를 통한 경제의 성장과 안정을 이룩함에 있어서 긴요한 것이 합리성과 공정성인 것이다.

산업화는 과학 기술의 발달을 전제로 삼는 것이며, 과학 기술의 발달은 합리적 정신의 발휘 없이는 불가능하다. 그리고 산업화 과정이 순조롭게 진행되기 위해서는 기업의 합리화가 요청되는 것이니 합리적 정신은 산업화를 위한 기본적 역량이라 하여도 과언이 아니다.

산업화를 지향하는 개발도상국가에 있어서 매우 중대한 문제의 하나는 분배를 중심으로 한 사회정의의 문제다. 사회정의의 실현은 폭력적 방법으로밖에 바랄 수 없다는 견해도 있으나, 적어도 우리 한국의 현실은 폭력 혁명의 길을 용납할 수 없는 실정이다. 만약 사회정의가 평화적 방법으로 실현되어야 할 것이라면 여기에서 성패의 관건은 사람들이 얼마나 합리적 정신에 투철하냐에 달려 있다. 사회정의가 실현되기 위해서는 첫째로 모든 사람의 권리와 의무를 공정하고 동등하게 존중하고 모든 일을 사리에 따라 처리하는 태도가 앞서야 하기 때문이다.

셋째로, 개인의 행복을 성실하게 추구하는 가운데 공동체의 번영이 초래되고, 공동체의 번영을 추구하는 가운데 개인의 행복이 실현되도록, 개인의 목표와 공동체의 목표를 조화시키는 슬기를 길러야 할 것이다. 오늘날 금전 또는 권력 따위의 경쟁적 가치를 최고의 목적인 양 다투어 추구하는 풍조가 지배하면서 이기주의의 경향이 현저하게 되었다. 지나친 이기주의는 사회 또는 국가 전체에 대하여 파괴적으로 작용하기 마련이며, 공동체가 입는 파괴는 급기야 그 공동체에 속하는 개인들의 행복에 치명적 요인이 되곤 한다. 이러한 이기주의의 도리를 모면하기 위해서도 어리석은 이기주의는 극복되어야 할 것이다. 한편 지나친 개인주의 내지 이기주의에 대한 반동적 추세와도 같이 전체만을 강조하는 사람들이 있다. 국가와 민족을 위해서 개인은 희생되어도 좋다는 식의 주장을 감행하는 것이다. 개인의 희생을 강요하는 그 전체의 정체가 무엇인지도 모호하거니와, 전체를 앞세우는 사람들 자신부터가 과연 일신을 돌보지 않는 애국자들인지 의심스러울 경우가 많다. 전체를 앞세우는 미명(美名) 뒤에 숨어서 사욕의 충족을 꾀하는 속임수를 경계하지 않을 수 없는 것이다. 공동체의 파괴를 개의치 않는 개인의 행복 추구가 어리석은 단견(短見)이듯이 개인의 행복을 외면한 전체의 번영이란 전근대적 환상에 가깝다. 개인의 행복과 공동체의 번영을 조화롭게 양립시킬 수 있는 가치 체계의 수립을 지향해야 할 것이다.

번영된 공동체 속에서 개인의 행복을 실현할 수 있기 위해서 가장 긴요한 것은 협동 정신이다. 그리고 어떤 구심점을 향해 단결하여 서로서로 협동할 수 있는 가장 기본적인 조건은, 인간 및 정신적 가치에 우위를 두는 건전한 마음가짐이다.

이상과 같은 몇 가지의 특색을 가진 바람직한 가치 체계의 수립을 위한 근본적 토대가 되는 것은 인간을 존중히 여기는 정신이다. 타인을 위해서 나를 희생하는 전근대적 미덕이 아니라, 나와 남을 한결같이 공정하게 대접하는 정의심과 나와 남을 모두 사랑하는 마음으로 아끼는 인애(仁愛)의 정신이 그 근본에 깔려야 한다.

4. 가치 체계의 정립을 위한 선행조건

우리가 현재 살고 있는 행위의 세계는 앞에서 살핀 바람직한 가치 체계로부터는 상당한 거리에 있다. 첫째로 급격하게 받아들여진 물질문명 내지 상품 문화 속에서 인간이 수단적 가치의 중압에 깔려 그 본연의 빛을 잃은 가운데, 인간을 인간으로서 대접하는 당연한 윤리가 무너져 가고 있다. 둘째로, 오랜 가족주의 전통 속에서 자라난 주정주의(主情主義)의 경향과 봉건사회의 전통 안에서 발달한 형식 또는 외형에 대한 편중의 경향은 아직도 완강하게 살아남아서 합리적 태도가 요청되는 갖가지 상황 속에서 부적합한 행위로 사태를 악화하는 사례가 허다하다. 셋째로, 사리와 사욕이 난무하는 풍조 속에서 개인주의와 이기주의가 혼동되는 가운데 공동체를 구심점으로 삼는 협동 정신의 부족을 통감한다.

우리나라의 식자들 사이에 있어서 가치관의 문제가 깊은 관심을 끌어온 지는 이미 오래며 비록 산발적이기는 하나 새로운 가치 체계의 정립을 위한 각계의 노력도 적지 않았다. 그러한 관심과 노력이 다소의 성과를 얻은 바 없지 않으나 근본적인 문제들은 아직도 그대로 남아 있는 실정이다. 이에 성과가 부진했던 이유를 살펴보고 가치 체계의 정립을 위한 정지(整地) 작업의 문제부터 다시 접근해 가는 것이 앞으로의 새로운 경지를 위해서 도움이 될 것으로 보인다.

첫째로, 가치 체계의 정립이라는 과제가 매우 어려운 문제라는 사실을 지적해야 할 것이다. 우리의 사고방식 및 행동 양식은 오랜 세월을 통하여 형성된 것으로 좀처럼 바꾸기 어려운 습성의 일종이다. 비록 마음속으로 새로운 길을 따르리라 다짐한다 하더라도 행동이 말을 듣지 않을 경우가 많다. 그뿐만 아니라 현재의 가치 체계가 잘못됨을 깨닫고 그것을 뜯어고쳐야 한다는 생각을 가진 사람들이 일부에 존재한다 하더라도 그러한 생각이 대부분의 사람들에 의하여 받아들여지지 않는 한 실천에 옮겨지기는 어렵다. 사회의 풍조를 거슬러 가며 산다는 것은 매우 힘든 일인 까닭에 소수의 사람들만으로는 새로운 길을 실천하기가 어려운 것이다.

둘째로, 새로운 가치 체계를 위한 근본원리가 이론적으로 확립되지 못하고 있다는 사실을 지적해야 할 것이다. 우리나라에 있어서 가치 체계의 문제를 걱정하는 개인이나 기관은 이 문제를 상식으로 해결하려는 경향이 있다. 가치관의 문제는 만인이 관계하는 일상의 문제임에는 틀림이 없으나 상식만으로 다룰 수 없을 뿐 아니라 한두 분야의 전문적 지식만으로도 다루기 힘든 거창한 문제다. 매우 거창한 문제를 상식적이고 단편적인 수준의 방법으로 해결하고자 꾀하는 까닭에 항상 제자리걸음을 면치 못하고 있는 실정이다.

셋째로, 신구 두 세대 사이의 가치관적 불협화의 문제가 있다. 어느 사회에 있어서나 젊은 세대와 늙은 세대 사이에 어느 정도 가치관의 차이가 생기는 것은 일반적인 현상이라 하겠으나, 오늘날 우리나라의 경우는 급격한 사회변동으로 인하여, 신구 두 세대가 생각을 달리하는 정도가 일반의 경우보다 큰 경향이 있다. 같은 사회에 있어서는 하나의 새로운 가치 체계를 세우는 것이 바람직한 일이며, 신구 두 세대 사이의 견해의 차이가 너무 크다는 사실은 마음과 힘을 모아 하나의 바람직한 가치 체계를 형성해 나감에 저해 요인이 아닐 수 없다.

넷째로, 지성인과 권력층 사이의 협동이 부진하다는 사실도 가치 체계의 혁신을 저해하고 있다. 가치 체계의 혁신이란 관념의 혁신만으로 이루어지는 것이 아니라 사회 현실의 혁신과 병행해야 한다. 사회 현실을 개선함에 있어서 그 방향을 제시하는 것은 지성의 임무요, 그 방향을 따라서 현실을 혁신하는 일의 주도권을 잡은 것은 정치 및 경제의 실력자들이다. 그러므로 특히 개발도상국이 새로운 가치 체계를 지향하는 단계에 있어서 매우 중요한 것은 지성과 권력층의 협동이다. 그런데 우리나라의 경우는 지성인들이 야당적 견지에서 비판 내지 항거의 자세를 취해 온 전통이 오래고 또 작금의 특수 사정이 지성적 비판에 대하여 너그러울 수 있는 여유가 부족한 까닭에 이 두 엘리트 계층의 협력이 이루어지기 어려운 실정이다. 이 두 계층의 역량이 하나로 뭉치기 어려운 까닭에, 지성인들이 생각하는 가치 체계의 정립은 관념의 세계에서 맴도는 결과가 되고 권력층이 시도하는 그것은 그 방향과 이론적 기초에 있어서 허점을 보이는 실정이다.

다섯째로, 현재 우리가 가지고 있는 가치관의 근시안적 경향과 그 타당성을 지적할 수 있다. 가치관을 뜯어고친다는 것은 원대한 안목으로 삶을 생각할 때 가능하다. 묵은 가치관에서 새 가치관으로 바뀌는 과도기에는 여러 가지 어려움과 괴로움이 따른다. 당장 닥쳐오는 곤란과 불편을 무릅쓰고 먼 장래를 내다보는 자세에서만 가치관의 혁신은 가능하다는 뜻이다. 그러나 우리들이 현재 살고 있는 가치관은 당장 오늘의 즐거움에 비중을 두는 경향이 큰 까닭에, 대국적 견지에서 먼 장래를 내다보고 가치관을 고쳐 나가는 문제에 대하여 적극적으로 참여하는 기풍이 약하다.

여섯째로, 선진 산업사회의 일반 사조와 그 상품 문화의 영향이 바람직한 가치 체계의 정립에 대하여 역기능적으로 작용하고 있다는 사실을 지적해야 한다. 세계는 나날이 좁아져 가고 있으며, 여러 나라들은 서로 문화적 영향을 주고받는다. 문화의 교류는 상호적이라고 보아야 할 것이다. 국력의 차이에 따라서 주로 영향을 주는 나라와 받는 나라로 나누어지는 불균형 현상이 생긴다. 우리나라는 아직 강대국의 대열에 참여하지 못하는 형편이므로 선진 산업사회의 영향을 주로 받는 처지에 놓여 있거니와 그 영향에 좋은 측면도 없는 것은 아니나, 금전만능의 상품 문화가 미치는 영향에는 역시 파괴적 측면이 크다는 것을 부인하기 어렵다.

우리나라에 있어서 가치 체계 정립을 위한 노력이 만족스러운 성과를 거두지 못하는 이유가 이제 말한 바와 같은 저해 요인 때문이라면, 우선 그러한 요인들을 제거하는 정지 작업이 선행되어야 할 것이다. 첫째로 이 정지 작업을 위한 종합적 연구 기관이 있어야 할 것이며, 둘째로, 신구 두 세대의 가치관의 차이를 좁히고 지성과 권력 사이의 견해 차이를 조정하는 데 필요한 대화의 기회가 자주 마련되어야 할 것이다.

5. 가치관과 교육의 문제

가치관은 관념과 행동의 두 측면을 가지고 있다. 새로운 가치관을 수립한다 함은 우리들의 사고방식에 변화를 가져온다는 사실을 의미한다. 그리고 사고방식 내지 행동 양식에 변화를 가져온다는 것은 다름 아닌 인간 교육에 해당한다. 새로운 가치관을 세운다 함은 곧 새로운 인간 교육을 성취한다 함이니 교육을 떠나서 가치관의 문제를 생각하는 것은 거의 무의미한 일이다. 이에 끝으로 가치관의 문제를 인간 교육의 문제로 보는 각도에서 간단한 고찰을 더함으로써 이 글을 마무리짓고자 한다.

인간 교육의 본질은 태도의 변화를 일으킴에 있다는 점에서 단순한 지식 교육과 다르다. 지식 교육은 인식의 변화를 일으키는 것만으로 성립하나, 인간 교육은 실천적 태도의 변화에 이르러서 비로소 성립한다. 이러한 차이가 우리에게 알려 주는 가장 중요한 사실은 단순한 지식 교육을 위해서 유효한 방법이 인간 교육을 위해서는 무력할 수도 있다는 것이다.

지식 교육은 지능에 호소하여 인식을 달리하게 함으로써 성립하는 것이니 언어를 비롯한 여러 가지 기호를 사용함으로써 그 목표에 도달할 수가 있다. 그러나 인간 교육의 경우는 실천적 태도에 변화를 일으킴으로써 성립하는 것이니 정의(情意)에까지 호소함이 없이는 그 목표에 도달할 수가 없다. 인간 교육을 위해서도 인식을 달리하도록 지식에 호소할 경우가 많으나 이는 인식의 변화가 정의, 즉 태도에까지 변화를 일으킬 가능성이 있다는 심리학적 사실 때문이니 인간 교육의 문제를 정의와의 관계를 떠나서 생각할 수 없음에는 다를 바가 없다.

우리들의 실천적 태도가 오로지 인식에 의해서 결정되는 것이라면 인식의 변화를 꾀하는 지식 교육에서 사용되는 같은 방법으로 가치관 교육, 즉 인간 교육에서도 만족스러운 성과를 거둘 수가 있을 것이다. 그러나 널리 알려진 바와 같이 인간의 실천적 태도를 결정하는 요인들 가운데서 인식 외적인 것들이 차지하는 비중은 상당히 큰 까닭에 인식 교육에서 사용되는 방법이 가치관 교육에 있어서 거둘 수 있는 성과에는 스스로 한계가 있다.

인간 교육 또는 가치관 교육을 위해서 지금 우리들이 가장 많이 사용하고 있는 방법은 언어를 통한 설득의 방법이다. 그러나 언어를 통한 설득 방법으로 사람들의 실천적 태도에 변화를 가져올 수 있는 것은 어떤 국한된 범위 안에서뿐이므로 우리나라의 인간 교육은 소기의 성과를 거두지 못하고 항상 같은 수준에서 제자리걸음을 치는 실정이다.

무릇 사람들의 행위에는 의식적으로 또는 무의식중에 추구하는 목적이 있다. 행위의 목적은 매우 다양한 까닭에 경우에 따라서 그 내용이 천차만별하나, 결국 모든 사람들이 궁극적으로 희구하는 것은 넓은 의미의 행복이라는 점에서 하나의 공통성을 발견할 수가 있다. 모든 사람들의 모든 의식적 행위는 행복의 개념 속에 포섭되는 어떤 목적을 지향하고 있다 하여도 과언이 아니다.

가치관에 있어서 가장 기본적인 문제의 하나는 그 사람이 마음속에 품고 있는 행복의 개념이 무엇이냐 하는 그것이다. 돈을 최고의 가치로 삼는 행복의 개념도 있고 권력을 정점으로 삼는 행복의 개념도 있으며, 높은 인격 또는 문화적 가치 창조를 최고의 선으로 여기는 행복의 개념도 있다. 이 밖에도 또 여러 가지 경우가 있거니와 여기서 특히 중요한 것은 어떤 행복 개념은 사람들로 하여금 서로 적대관계를 맺도록 강요함으로써 사회 공동체에 대하여 파괴적으로 작용하고, 다른 어떤 행복 개념은 사람들의 관계를 단결과 협동으로 유도함으로써 공동체의 발전에 건설적으로 기여한다는 사실이다. 이러한 사실이 우리에게 알려 주는 첫째의 교훈은, 가치관 교육에 있어서 가장 먼저 해야 할 중요한 일은 사람들로 하여금 올바른 행복관을 갖도록 인도하는 작업이라는 점이다. 그리고 어떤 행복관의 우열을 결정함에 있어서 가장 핵심적인 관건이 되는 것은 인간이 희망할 수 있는 최고의 선(善)을 무엇으로 보느냐 하는 관념 내지 신념이다.

최고의 선을 무엇으로 보아야 하느냐 하는 문제는 윤리학 내지 철학에 있어서 근본적인 문제의 하나다. 이것은 결코 상식으로 처리할 수 있는 문제가 아니며 반드시 철학의 힘을 빌려서 대답해야 할 문제다. 여기서 우리가 당장 도달하는 결론의 하나는 가치관 교육의 문제가 철학적 탐구의 과정을 생략하고 처리될 경우에는 그 소기의 목표에 이르기 어렵다는 명제다.

어떤 개인이 올바른 행복관을 터득하고 그러한 행복을 위하여 노력하기를 결심한다 하더라도 그러한 결심이 언제나 실천에 옮겨질 수 있는 것은 아니다. 세상이란 혼자서 사는 곳이 아닌 까닭에 비록 하나의 옳은 길을 택하여 그 길을 걷고자 원한다 하더라도 여의치 않을 경우가 많다. 어떤 원대한 목표에 도달한다는 고상한 목적을 세운 사람도 우선 의식주의 문제 등 기본적인 문제들부터 해결해야 하며 그러한 기본 문제의 해결을 위해서 우리가 해야 할 일도 적지 않다. 사회의 구조 내지 풍토가 건전할 경우에는 기본 문제의 해결을 위해서 요구되는 행위가 저 원대한 이상의 실현을 위해서도 도움이 되는 따위의 것이지만 부조리가 가득한 사회의 경우에 있어서는 현실과 이상의 지나친 괴리(乖離)로 말미암아 기본 생활의 해결을 위해서 현실에 적용하는 행위들이 저 원대한 이상의 실현과는 양립할 수 없는 따위의 것이 되기가 쉽다. 이러한 사실로부터 우리가 얻는 결론은 가치관 교육이 성공적으로 수행될 수 있기 위해서는 사회 현실의 개조의 노력이 항상 병행해야 한다는 그것이다.

학교의 교과서를 통해서 어떤 도덕 또는 윤리를 배운 학생들은 일단 그 교과서에서 배운 원칙대로 행위할 것을 꾀할 것이다. 그러나 만약 사회 현실이 그 교과서와는 완전히 다르게 움직이고 있다는 사실을 그가 발견한다면, 그리고 교과서가 가르친 원칙을 따라서 행동할 경우 그것이 그 개인에게 큰 위험과 손실을 가져온다는 사실을 발견한다면, 아마 그는 교과서의 가르침이 실천에 옮기기 어려운 공론(空論)이 아닌가 하는 회의를 느낄 것이다. 그러므로 훌륭한 가치관 교육을 실천할 수 있기 위해서는 바람직한 가치 이론을 가르칠 뿐 아니라 그 가치 이론을 실천에 옮길 수 있는 사회적 지반을 마련해야 하는 것이다. 이 사회적 지반을 마련하는 일은 교육자들만의 책임이 아니므로 가치관 교육 내지 인간 교육의 문제는 각계의 지도층을 위시한 국민 전체가 함께 해결해야 할 문제임을 알 수 있다.

(1976. 3. 6)

3장 자아의식과 가치 의식

1. 자아 그리고 가치

요즈음에 흔히 쓰이는 말 가운데 의식구조라는 것이 있다. 유행어처럼 쓰이는 말이므로 그 뜻이 반드시 일정한 것 같지 않으나 사고방식 또는 정신상태 같은 말과 비슷한 뜻으로 쓰일 경우가 많은 것처럼 보인다. 다만 구조(構造)라는 말이 체계적인 것을 가리키는 사실로 미루어 볼 때에, 의식구조라는 말도 우리 정신 상태의 체계적인 측면을 머리에 두고 쓰이는 것으로 짐작된다.

무릇 모든 체계적인 것에는 그 바탕 또는 알맹이를 이루는 것이 있다. 그리고 내가 보기에는 의식구조의 바탕 또는 알맹이를 이루는 것은 자아의식(自我意識)이다.

사람은 누구나 자기를 사랑한다. 우리는 모두 자신의 이익을 추구하며 자신이 잘되기를 바란다. 사람은 누구나 자기의 행복을 추구하며 자기가 잘되기를 바라는 점에서 다를 바가 없다. 그러나 무엇을 자기, 곧 나라고 생각하며 무엇을 행복 또는 잘됨이라고 생각하느냐에 이르러서는 사람에 따라서 차이가 있으며, 이 차이가 갖는 뜻은 참으로 크다. 무엇을 '나' 그리고 '잘됨'이라고 생각하느냐에 따라서 개인의 인격과 삶이 저마다 좌우될 뿐만 아니라 그들이 사는 사회 전체의 흥망이 크게 영향을 받는다.

'나' 그리고 '잘됨'에 대한 생각은 개인에 따라 얼마쯤의 차이가 있지만, 같은 시대와 같은 사회에 사는 사람들은 자아 및 가치에 대해서 대체로 비슷한 생각을 갖는 경향이 있다. 그것은 우리의 사고방식이 공통된 자연환경 및 공통된 사회 환경의 영향을 받기 때문이라고 풀이되거니와 우리는 여기서 한국인의 자아의식 또는 한국인의 가치관을 일반적으로 이야기할 수 있는 바탕을 발견한다.

우리는 자아 곧 나의 범위를 나의 몸의 범위와 같은 것으로 생각하는 경향이 있다. 머리끝에서 발끝까지를 그 사람의 자아의 전부로 생각하는 것이다. 그러나 이 생각이 언제나 반드시 옳지 않음은 곧 알 수가 있다. 구체적인 보기를 통하여 살펴보기로 하자.

우리는 삶 속에서 자랑을 느끼기도 하고 부끄러움을 느끼기도 한다. 이때 자랑 또는 부끄러움을 느끼는 주체도 자아요, 그 대상도 또한 자아임은 틀림없는 사실이다. 내가 나를 자랑스럽게 또는 부끄럽게 생각하는 것이다. 따라서 우리가 어떠한 경우에 자랑 또는 부끄러움을 느끼는가를 살펴보는 것은 자아의 범위의 문제를 생각하는 데에 좋은 실마리가 될 것이다. 우리가 자랑 또는 부끄러움을 느끼는 것들의 범위와 자랑과 부끄러움의 대상으로서의 나의 범위와의 사이에 밀접한 관계가 있을 것으로 보이기 때문이다.

거울에 비친 자기의 얼굴이나 몸이 아름다움을 본 사람은 자랑을 느낀다. 이것으로 우리는 몸이 그 몸을 지닌 사람의 자아의 한 부분임을 확인한다. 많은 사람들은 자기가 지난날에 한 행위나 일에 대하여 자랑 또는 부끄러움을 느낀다. 이것은 지난날의 행위나 업적도 자아의 범위 속에 들어올 수 있음을 말한다. 부모들은 자녀에 대하여 자랑과 부끄러움을 느끼며 자녀들은 부모에 관해서 같은 것들을 느낄 수 있다. 다시 나아가서 우리는 자기가 다니는 학교에 대해서 자랑을 느끼며, 자기가 속한 민족에 대해서까지 자랑을 느낀다. 이것은 가까운 살붙이, 자기가 다니는 학교 그리고 조국까지도 자아의 범위 안에 동화될 수 있음을 뜻한다.

부모나 형제, 모교나 조국이 언제나 우리의 자아 속에 포함되는 것은 아니다. 부모나 형제와 대립하는 순간에 또는 동창생이나 동족의 어떤 사람과 날카롭게 대립하는 순간에 우리의 자아는 그때마다 그만큼 그 범위가 줄어든다. 알기 쉽게 말해서, 학교와 학교가 겨루는 운동경기를 응원하는 순간의 자아는 학교 전체를 포함하지만, 학과와 학과가 겨루는 운동경기를 응원하는 순간의 자아는 자기의 학과와만 범위를 같이한다.

자아는 본디 물질의 체계가 아니라 의식의 체계다. 자아의 범위를 몸으로써 한계 짓는 생각이 잘못임은 이것으로 명백하다. 곧, 생각하고 판단하는 주체로서의 자아를 중심점으로 삼고, 그 주체적인 자아가 자기의 것으로 의식하는 모든 것이 동심원이나 나선형의 꼴로 늘어나고 줄어드는 의식의 체계가 넓은 뜻의 자아에 해당한다.

자아는 의식의 체계요, 의식은 유동(流動)하는 까닭에, 우리의 자아는 순간마다 의식 상태가 어떠냐에 따라서 그 범위의 신축성을 갖는다. 동물스러운 욕구에 사로잡히는 순간에서와 같이 작은 자아로 움츠러들 때도 있고 집단을 위해서 최선을 다할 마음을 먹을 때와 같이 자아의 범위가 크게 넓어질 경우도 있다. 그러나 개인의 자아는 때에 따라서 늘어나고 줄어드는 가운데도 평소에 꽤 일정한 범위를 유지하는 경향이 있다. 평소의 거의 모든 시간에 매우 좁은 범위만을 자아로서 의식하는 사람도 있고, 그와 반대로 거의 대부분의 시간에 매우 큰 범위를 자아의식 속에 동화시키는 사람도 있다. 평소에 좁은 범위의 자아밖에는 의식하지 못하는 사람을 인격이 좀스러운 사람이라고 말한다면, 늘 넓은 범위의 자아를 의식하는 사람은 참된 뜻에서 커다란 인격자(人格者)라고 볼 수 있을 것이다.

2. 한국인의 경우

무엇을 자아로 의식하느냐의 문제와 아울러 또 하나의 중요한 것은, 무엇을 잘됨 또는 행복이라고 생각하느냐의 문제다. 이 문제는 자아가 추구하는 삶의 목표 또는 이상이 무엇이냐의 문제에 해당한다. 우리 주변에서는 흔히 누가 돈을 많이 벌었거나 높은 자리에 오르게 되면, '잘됐다' 또는 '성공했다' 따위의 표현으로 그 사람의 처지를 부러워하기도 하고 축하하기도 한다. 이것은 우리 사회에서 잘됨 또는 행복을 돈 또는 사회적인 지위의 획득으로 보는 경향이 강하다는 사실을 반영하는 것이나, 반드시 모든 시대와 모든 지역의 사람들이 그와 같이 생각한다고 할 수는 없다. 삶의 이상을 다르게 세우는 사람들도 있으며, 그 이상이 어떠한 것이냐에 따라서 개인의 인격과 사회의 양상이 크게 달라진다.

한국인의 의식 속에서 자아는 일반적으로 어떠한 범위를 가리키는 것이며, 또 한국 사람들이 삶의 목표로 삼는 잘됨의 내용은 구체적으로 어떠한 것일까? 오늘날의 우리들의 자아의식과 수백 년 전의 우리 조상들이 가졌던 자아의식과의 사이에도 상당한 틈이 있는 것으로 보인다.

우리 조상들의 자아의식은 가족주의에 짙게 물들어 있었다. 거의 모든 개인들이 가문 전체를 자아로서 의식하였다. 가문으로부터 독립한 개인으로서의 자아의식이 전혀 없지는 않았으나 많은 경우에 가문에 대한 의식이 앞자리를 차지하였다. 사람들은 가문으로부터 동떨어진 독립인으로서의 자아를 의식하기에 앞서서, 가문과 뗄 수 없이 관계지어진 성원 또는 부분으로서의 자기를 의식하였다. 개인은 가문과 운명을 같이했던 것이며, 가문의 번영을 통하지 않고 개인만이 잘되는 것은 생각하기 어려웠다. 사람들은 개인을 생각하기에 앞서서 가문을 생각하는 경향을 가졌으며, 혼인까지도 맺어지는 개인들을 위한 제도이기보다는 가문 전체를 위한 것이었다. 결혼 문제에 대한 결정권이 당사자들에게 있지 않고 집안 어른들에게 있었던 것도 그것이 당사자들의 개인의 문제로서 인정되지 않고 가문의 큰일로 여겨졌기 때문이다.

우리의 조상들은 남을 대할 때에도 독립된 개인으로가 아니라 어느 가문의 한 성원으로 보는 경향이 있었다. 개인으로서의 자질이나 역량을 묻기에 앞서서, 누구의 집 자손이냐가 더 큰 관심사였다. 한 개인이 나라에 죄를 지으면 삼족을 멸하고, 한 개인이 나라에 공을 세우면 그의 집안 전체가 대접을 받게 된 것도, 사회를 형성하는 기본단위를 가족 또는 가문으로 보는 사고방식의 자연스러운 결과였다.

우리 조상들의 자아는 '나'라는 말보다 '우리'라는 말에 의해서 더 적절하게 표현되었다. 이러한 언어의 전통은 오늘도 살아남아서, 서양 사람들이 내 집, 내 어머니, 내 마누라라는 말을 쓸 경우에, 우리는 우리 집, 우리 어머니, 우리 마누라라는 말을 흔히 쓴다.

우리 조상들은 같은 집안 사람들 사이에서는 '고맙다' 또는 '미안하다'는 따위의 인사를 하지 않았다. 고맙거나 미안한 느낌은 본디 남에게 느끼는 감정이다. 한집안에 속하는 사람들은 남남이 아닌 까닭에 고맙다거나 미안하다는 인사는 도리어 어울리지 않는다. 그런 인사가 어울리지 않는 사이에 그러한 인사를 하는 사람이 있으면, 인사를 받은 사람은 우리가 왜 남남끼리냐고 하면서 섭섭히 여긴다.

우리나라에서 개인의 사생활이 크게 문제가 되기 시작한 것은 최근의 일이다. 우리 조상들의 경우에 한 가정 내부에서 개인의 사생활을 권리로서 주장하는 일은 별로 없었던 것으로 안다.

식구끼리는 서로 다른 사람의 방을 두드리지 않고 드나들 수 있었으며, 집에 온 편지는 식구 가운데서 누가 먼저 읽어 보는지가 큰 문제가 되지 않았다. 수신인을 쓸 때부터 '어느 댁에 들여보내시오'의 뜻인 '아무개 씨 댁 입납'이라고 해서 개인의 이름보다도 집안 이름으로 적을 경우가 많았다.

그러나 근래에 서양 사람들의 사고방식이 많이 수용된 뒤로, 우리 한국인의 자아의식에도 두드러진 변화가 일어나고 있다. 우리 조상들이 가졌던 전통의 자아의식이 늙은 세대의 마음속에는 아직도 상당히 두텁게 깔려 있으나 젊은 세대에는 서구의 개인주의적인 자아의식의 색채가 뚜렷한 것으로 보인다.

문예부흥 이후의 서양의 역사는 인간의 자아에 대한 자각에 의하여 방향지어졌고, 그 자아의 자각은 주로 개인주의적인 자아의 그것으로써 개인의 권리 의식을 핵심으로 삼는 자각이었다. 파시즘 또는 공산주의에서와 같이 집단을 앞세우는 움직임이 일부에 있었던 것은 사실이나 오늘날에 우리 한국과 문화 교류가 잦은 국가에서 사람들의 자아의식을 지배한 것은 철저한 개인주의였다. 이를테면, 우리나라와 가장 밀접한 관계에 있는 미국 사람들의 자아의식이 얼마나 개인주의적인지는 그들의 가족끼리의 인간관계를 살펴보면 곧 알 수가 있다.

미국 사람의 경우에도 가족은 매우 가까운 인간관계임에 틀림이 없다. 그러나 우리나라의 경우와는 사정이 다르다. 우리나라의 늙은 세대의 의식구조 속에는 가정은 하나의 유기체의 존재이며, 가족은 서로가 서로의 분신이다. 그러나 미국 사람의 경우는 다르다. 가족이라는 것은 하나의 유기체이기보다는 여러 개인들의 집합이다. 어디까지나 독립적이며 독자적인 권한을 가진 여러 개인들의 집합체다. 엄밀하게 따져서 그것은 하나의 '우리'가 아니라 여러 개의 '나'들의 모임이다. 그들의 가정에서는 부모와 자녀 또는 형제와 자매 사이에서도 사생활을 존중해야 하고, 고맙다는 인사 또는 미안하다는 인사를 하지 않으면 실례가 될 경우가 흔히 있다. 편의에 따라 한지

붕 밑에 살고 있지만, 사실은 식구 한 사람 한 사람이 모두 어엿한 주인인 것이다.

현대 한국인의 자아의식 속에는 조상들로부터의 전통적 사고방식과 서양으로부터의 개인주의 사고방식이 뒤섞여 있다. 어떠한 비율과 어떠한 방식으로 뒤섞여 있는가는 개인에 따라서 차이가 있을 것이다. 대체로 말해서, 늙은 세대에 전통 인자가 강하고 젊은 세대로 갈수록 서구적인 인자가 강하다. 지역으로 따지면 도시에는 서구 색채가 강하고 농어촌에는 전통 색채가 많이 남아 있다. 교육 정도가 높고 지성이 발달한 사람일수록 서구의 개인주의의 색채가 강한 것도 일반 경향이다. 이러한 현상이 우리에게 말해 주는 것은, 지금 우리들의 추세는 전통적인 자아의식이 점점 약화되는 반면에, 서구의 개인주의 의식이 차지하는 비중은 점점 커가는 방향으로 기울고 있다는 것이다.

"사람은 누구나 자기가 잘되기를 바란다."고 말할 때의 잘됨에 해당하는 삶의 목표도 우리 조상들과 오늘의 한국인과의 사이에는 상당한 차이가 있는 것으로 보인다. 조선시대의 우리 조상들은 자아와 가족을 하나로 보았기 때문에, 그들은 삶의 목표도 가족을 떠나서 세울 수가 없었다. 가족의 공동 목표가 곧 개인의 목표요, 개인의 목표는 가족 전체의 목표이기도 하였다. 다만, 신분이 절대적인 뜻을 갖던 시대였던 까닭에 양반계급이 추구한 삶의 목표와 상인계급이 추구한 그것과의 사이에는 상당한 차이가 있었던 것으로 보인다.

양반의 경우에는 글공부를 잘하여 경서와 문장 그리고 서도에 능한 선비가 되거나 벼슬길에 올라 임금을 섬기는 것이 남자들의 목표의 하나였고, 여자들은 바느질을 비롯한 살림의 기술을 익히고 부덕을 닦아 현모양처가 되는 것을 이상으로 삼았다. 선비가 되거나 벼슬길에 오르는 것도 가문의 영예를 위해서라는 동기가 컸고, 현모양처의 이상도 가족을 위해서 봉사하고자 하는 기본 정신으로 밑받침되고 있었다.

그러나 상인의 경우에는 학자가 되거나 벼슬을 하는 것은 본디 바라보기 어려운 목표였다. 따라서 그러한 것은 아예 염두에 두지 않았고, 식구들이 입을 것과 먹을 것을 걱정하지 않고 살아갈 수 있을 정도의 생활의 안정을 얻는 것을 목표로 삼는 것이 일반 경향이었다. 물론, 그 시대에서의 경제생활은 가족을 단위로 삼는 것이 보통이었으며, 경제생활의 안정이라는 저 기본 목표는 가족의 공동 목표인 동시에 개인의 목표이기도 하였다.

양반계급이거나 상인계급이거나를 가릴 것 없이 누구에게나 삶의 중요한 목표가 된 것이 있으니, 그것은 핏줄을 이을 아들 또는 손자를 낳아서 잘 기르는 일이다. 의학의 발달이 현대와 같지 않은 시대여서 아들 하나만으로는 불안했던 까닭에 여러 형제를 두는 것을 복된 일이라고 생각하였다.

그 밖에 누구나 바란 것은 건강한 몸으로 사는 것, 곧 건강과 장수였다. 그러나 진정한 축복은 부부가 늙도록 함께 살 경우이며, 홀아비나 홀어미로서 오래 사는 것은 그리 크게 바람직한 것이 못 되었다. 더욱이, 자식이 먼저 죽고 늙은 부모만이 오래 사는 것은 도리어 욕된 일이었다.

현대의 한국인은 삶의 목표로서 어떠한 가치를 겨냥하고 있을까? 늙은 세대의 의식구조나 생활 태도 가운데에는 아직도 옛날의 조상들을 본받은 가족주의의 색채가 짙게 남아 있을 경우가 많다. 그러나 전체로 볼 때에는 개인주의의 방향으로 변화해 가는 경향이 두드러진다. 가족주의의 경향을 보이는 사람들도 옛날과 같은 대가족주의를 고집하는 경우는 드물며, 관심의 범위가 소가족으로 축소되는 것이 일반적인 현상이다.

가문의 영예 또는 가정경제의 안정 같은 가족주의의 목표를 벗어난 개인들이 추구하는 목표 중에 구체적으로 어떠한 것이 가장 대표적일까? 가족보다도 더 큰 집단인 국가나 민족을 위한 어떤 사업에 정열을 기울이는 사람도 더러는 있을 것이다. 그러나 가장 흔한 것은 자기 한 개인을 으뜸으로 생각하는 생활 태도다. 자기 개인을 위해 추구하는 여러 가지 가치들 가운데에서도 가장 강력하게 사람들의 행동을 지배하는 것은 금전, 사회적인 지위, 관능적인 쾌락 따위다. 다시 말해서, 많은 재물과 높은 지위를 얻어 물질적으로 풍요한 생활을 즐기는 것을 복되게 잘사는 것으로 여기는 경향이 강하다.

3. 우리들 공동의 문제

재물과 풍요한 생활을 원하고 높은 사회적인 지위를 탐내며 고생스럽고 뒤떨어진 삶을 싫어하는 것은 인간의 본능에 가까운 것으로, 어느 시대와 어느 사회에서도 볼 수 있었던 일반 경향일 것이다. 청빈과 탈속을 강조한 금욕주의 사상이 고취된 시대가 없었던 것은 아니나, 그것도 지나친 탐욕과 향락에 대한 경계 또는 반작용으로 볼 수 있으며, 풍요하고 쾌적한 생활 그 자체를 배척하거나 비난할 이유는 없었던 것으로 믿는다. 그러나 물질과 쾌락의 숭상은 자칫하면 정도를 지나치기 쉬우며, 그 정도가 지나칠 경우에 여러 가지로 바람직하지 못한 결과가 따른다.

돈, 권력, 그리고 관능의 쾌락 따위는 같은 것을 여러 사람이 동시에 갖기 어려우며 나누면 분량이 줄어든다는 뜻에서 경쟁성이 강한 가치다. 경쟁성이 강한 가치를 삶의 궁극목표인 듯이 일반이 맹렬하게 추구할 경우에 자연히 사회 경쟁이 치열해지며, 지나친 사회 경쟁은 이기적인 인간상을 조장하여 협동과 단결을 어렵게 한다. 그뿐만이 아니라 치열한 사회 경쟁과 이기주의의 결합은 사회의 불균형을 더욱 크게 하여 심각한 사회문제의 요인이 된다.

돈, 권력, 향락 같은 수단 가치 또는 일시적인 가치가 지나친 관심의 대상이 되는 사회 풍조 속에서는 학문, 예술, 도덕, 종교 같은 본래적이요 영속적인 가치가 상대적으로 소홀한 대접을 받는, 가치 체계 전도의 현상이 일어난다. 가치 체계가 뒤바뀔 때에 사회는 혼란에 빠지고 문화는 쇠퇴의 길을 밟는다.

자기 자신을 사랑하는 마음은 버릴 필요도 없는 인간성의 바탕이다. 그러나 자기 사랑의 내용은 여러 가지로 다를 수가 있으니, 자아의 범위에 신축성이 있고 자아가 추구하고 매달리는 목표에도 여러 차원이 있기 때문이다. 무엇을 자아의 범위로 의식하고, 자아를 위하여 어떠한 목표를 추구하느냐 하는 것은 개인의 행복과 사회의 번영이 달려 있는 기본적인 실천 문제의 하나다.

우리의 의식이 두뇌와 신경에 의존하고 우리의 신경계통이 신체와 유기적으로 연결되어 있는 사실은 모든 사람으로 하여금 자기의 몸을 자아의 중심으로 의식하지 않을 수 없게 한다. 그리고 사람들이 자기의 몸을 자아의 중심으로 여기는 심리에 아무런 잘못도 없을 것이다. 그러나 우리가 나의 몸을 나의 전부로 생각해야 할 근거는 없으며, 우리가 자아의 범위를 몸으로 국한시킬 때, 얻는 것보다는 잃는 것이 훨씬 더 크다. 자아는 의식의 체계이므로 우리의 사고방식이 어떠냐에 따라서 그리고 우리의 수양과 훈련에 따라서 그 범위를 넓혀 갈 수 있으며, 남의 존경과 사랑을 받아 가며 보람찬 생애를 보낸 사람들 또는 위대한 인물로서 후세의 기억에 남은 사람들은 대체로 자아의 범위를 넓게 체득한 인격의 소유자였다.

우리는 자신의 몸에 걸친 의복이나 장신구를 자아의 범위로 의식하기에 별로 어려움을 느끼지 않는다. 우리는 늘 가까이 두고 쓰는 물건이나 값진 재산을 자아의 범위로서 의식하기에도 별다른 어려움을 느끼지 않는다. 그러나 의복이나 그 밖의 소유물보다, 내 자아의 범위로서 생각할 이유가 충분한 존재들이 우리 주위에는 헤아릴 수 없이 많다. 같은 피를 나눈 부모와 형제 및 그 밖의 가족들, 나의 사상과 재능으로 만들어진 작품들도 나의 범위로서 의식될 만하며, 실제로 그렇게 의식될 경우가 많다. 나의 친구, 나의 고향, 나의 조국과 같이 무릇 나의 것이라고 부를 수 있는 모든 것들은 자아의 범위 안에 포섭될 가능성을 가졌다. 어떤 특수한 순간뿐만이 아니라, 평소에도 넓은 범위의 자아의식을 가지도록 반성하고 노력함으로써 우리는 어느 정도 큰 자아를 가진 사람으로서 살 수 있을 것이다.

다음으로, 무엇을 행동의 목표로 삼느냐 하는 문제는 마침내 가치관의 문제로 귀착하거니와, 이 문제도 실은 자아의식의 구조와 밀접한 관계를 가졌다. 자아의 범위를 자기의 육체로 국한시키는 작은 자아를 위해서 사는 사람은 자연히 생물학적인 욕구를 충족시키는 일 또는 생물학적인 욕구의 충족을 위하여 필요한 사물에 우선적으로 집착하는 경향을 보인다. 한편으로, 더 넓은 범위를 자아 속에 포섭하는 사람은 더 큰 자아의 보존과 번영 또 그 보존과 번영을 위해 필요한 사물에 우선적으로 애착을 느끼기가 쉽다.

그러나 자아의 범위가 좁은 이기주의자 중에도 물질 가치나 관능적인 쾌락보다는 정신적이며 영속성 있는 가치에 더 애착을 느끼는 사람이 있다. 이를테면, 국가나 사회의 현실 문제는 외면하고 오로지 학술을 위한 학문 연구에만 몰두함으로써 개인의 업적을 높이려는 학자, 또는 자기의 창작 활동 밖의 일에는 전혀 시간과 정력을 나눠 쓰지 않는 이기적인 예술가의 경우가 그렇다. 그리고 자기 한 개인보다는 어떤 큰 집단을 위해서 헌신하는 사람들의 경우에도 그들이 강력하게 추구하는 목표가 물질주의의 경향을 띨 수도 있다. 이를테면, 한 가족 또는 국가를 위해서 헌신적으로 노력하는 사람들 가운데도 그 가정 또는 국가의 물질적인 번영을 중요시하는 사람이 있는가 하면, 오히려 가정 또는 국가의 정신적인 영광을 더 중요시하는 사람도 있다.

경제적인 또는 물질적인 가치를 우선적으로 추구하는 태도와 문화적인 또는 정신적인 가치를 우선적으로 추구하는 태도를 비교할 때에 어느 편이 옳고 바람직한지를 일률적으로 단정하기는 어려울 것이다. 상황에 따라서 저것이 바람직할 수도 있고 이것이 바람직할 경우도 있을 것이다. 개인의 경우에나 집단의 경우에나 기본 생활의 안정이 풀리지 않은 과제로서 남아 있을 경우에는 경제적인 또는 물질적인 가치를 우선적으로 추구하는 태도가 현실적으로 정당화될 것이요, 이미 기본 생활의 안정 문제는 충분히 해결되었음에도 불구하고 사치와 고도의 향락을 위해서 계속해서 경제적인 풍요를 최고의 가치로 인정하는 태도는 비판의 대상이 될 것이다. 필자가 믿는 바로는 친근한 인간관계, 학문과 예술, 건강과 스포츠 같은 인간적인 가치 또는 정신 가치의 높은 수준에 도달함을 궁극의 목표로 삼되, 그러한 이상이 한갓 공상에 그치지 않기 위해서 필요한 물질 여건의 조성에 마땅한 비중을 두는 태도가 현실적으로 바람직한 자세라고 생각한다.

자본주의에 바탕을 둔 산업사회 속에서 우리의 자아는 졸아드는 경향을 보이고, 우리의 가치관은 물질적이며 외형적인 것 또는 향락적인 것에 지나친 비중을 두기 쉽다. 이러한 경향은 개인의 인권 신장에 기여했을 뿐 아니라, 쾌적하고 편리한 생활에 필요한 물질문명의 발달을 촉진했다는 사실 같은 것을 통하여 보탬을 준 바도 없지 않으나, 인류 문화를 위기로 몰 수 있는 심각한 문제점을 안고 있다. 왜소한 개인주의와 물질주의적인 가치관의 문제점은 이미 여러 사상가들에 의해서 지적되어 왔다. 그들이 공통으로 지적한 문제점의 하나는 왜소한 개인주의가 현대의 인간을 한없이 고독한 존재로 떨어뜨리고 있다는 사실이다. 인간은 본디 사회적인 동물이어서 긴밀한 협동 속에서 번영하기 마련이며, 깊은 정의 오감을 통하여 행복을 얻기 마련이다. 자아의 범위를 좁게 국한하는 두터운 껍질에 스스로 갇힘으로써 이웃과의 깊은 유대를 잃고 사는 개인들의 모습은 절대로 바람직한 인간상이 아니다.

학자들이 공통으로 지적한 문제점의 또 하나는 물질적인 가치에 대한 지나친 숭상이 인류의 정신문화를 후퇴시킬 것이라는 사실이다. 돈이나 권력 또는 관능적인 쾌락 따위의 수단적인 가치 또는 일시적인 가치가 사람들의 가장 강력한 추구의 대상이 될 때에 인격, 우정, 학문, 예술 같은 정신적이요 영속적인 가치는 상대적으로 소홀한 대접을 받게 된다. 이것은 가치 체계의 전도를 의미하는 것이며, 인간이 가질 수 있는 가치들 가운데서 가장 귀중한 것을 잃는 결과를 불러올 것이다.

우리가 우리들의 자아의식과 가치관을 저마다의 소원대로 바꿀 수 있는 것은 아니다. 다시 말해서, 자아의식이나 가치관은 우리의 소망을 따라서 마음대로 결정되는 것이 아니라 생활과 체험을 통하여 형성되는 것이다. 그러나 우리가 어떠한 자아의식과 가치관이 가장 바람직한가에 대하여 확고한 신념을 가지고, 현재의 자아의식과 가치관을 고쳐 나가도록 최선을 다하면, 그러한 노력이 공연한 허사로 끝나지는 않을 것이다.

그러나 한 개인만이 주위의 사람들과 전혀 다른 자아의식 또는 가치관을 가지고 살기는 어려운 일이다. 자아의식과 가치관을 고치는 문제는 개인 저마다의 문제인 동시에 그가 몸담고 있는 사회 전체의 문제이기도 하다.

(1977. 1)

4 장 후진성의 극복과 주체 의식의 회복
— 한국의 경우

1. 약자의 심리

약자(弱者)에게는 약자라는 핸디캡으로 말미암아 조장되는 심리가 있다. 그리고 그와 같이 조장되는 심리는 어떤 한 가지 형태로 국한되는 것이 아니라, 여러 가지 형태로 나타나는 것이며, 때로는 언뜻 보기에 서로 정반대되는 듯한 두 가지 심리가 약자라는 같은 뿌리로부터 갈라져서 자라나기도 한다.

상식으로 알고 있는 바와 같이, 약자의 심리 가운데서 가장 대표적인 것은 종속욕(從屬欲)이라고 부를 수 있는 성향이다. 간혹 복종욕(服從欲)이라는 이름으로 불리기도 하는 이 성향은 자기 보존의 본능과 직결되는 것인 동시에, 인간에 있어서 더 자연스러운 경향인 지배욕(支配欲)의 변태적 발현이기도 하다. 자기를 보존하고자 하는 욕구는 모든 생물에게 공통된 기본적 본능이라 하겠거니와, 약자가 치열한 생존경쟁의 싸움터에서 자기를 보존하는 가장 손쉬운 길은 강자에게 종속하여 그 보호를 받는 일이다. 이에 스스로의 힘으로 자기의 생존을 지킬 만한 능력이 부족한 약자들에게는 강자의 깃 밑에 종속하기를 원하는 경향이 저절로 움트게 된다. 사람들에게 복종욕이라는 본능이 날 때부터 준비되었으리라고는 생각되지 않는다. 그보다는 지배욕이 더 일반적이요 정상적인 경향이다. 그러나 스스로 지배할 만한 힘을 자기 안에 갖추지 못한 사람들은 저 본래의 지배욕을 복종욕으로 전환시킬 이유를 가졌다. 본능처럼 샘솟는 저 지배욕을 채우지 못하는 불만을 보상하는 가장 효과적인 길이 바로 강자에 대한 복종 속에서 발견되기 때문이다. 강자의 힘을 빌려서 경쟁자를 누르는 효과를 거둘 뿐만 아니라, 자기의 상전과 자기를 동일시하기에 이르는 일반적인 심리는 상전이 하는 지배 가운데 자기 스스로가 지배하는 듯한 만족을 느끼는 효과조차 거두는 것이다.

종속욕에서 필연적으로 파생하는 것은, 거의 대부분의 약자에게서 발견되는 비굴성과 잔인성이다. 모든 복종이 반드시 비굴함을 내포하는 것은 물론 아니다. 그러나 어떤 고상한 의무감에서가 아니라, 약자의 자기 보존의 동기에서 유래하는 거의 대부분의 복종은 자연히 비굴이라는 악덕을 동반하기 마련이다.

약자의 복종과 잔인성이 연결되는 것은, 복종욕이 지배욕의 일그러진 형태라는 사실에서 온다. 복종은 인간 본래의 소망은 아니었다. 근본적인 소망은 지배함에 있다. 지배하는 대신 복종을 감수해야 하는 처지는 언제나 한 구석에 불만을 남기기 마련이며, 이 불만은 자기보다도 더 약한 자에게 배설구를 발견하지 않으면 아니 된다. 그리고 억눌린 지배욕이 저보다도 더욱 약한 자에게로 터져 나올 때, 그곳에 바로 잔인이라는 악덕이 나타나는 것이다. 늘 상사에게 눌려 지내는 하급 공무원이 만만한 백성을 괴롭히는 행패 가운데 우리는 그러한 잔인성의 전형을 본다. 떼를 짓고 사는 닭들의 생태를 관찰하면 그 가운데서 가장 강한 수탉은 매우 성품이 온후한데, 둘째, 셋째로 내려갈수록 저보다 더 약한 자들에 대하여 몹시 잔인하다는 동물 심리학자의 보고도 같은 결론을 뒷받침한다. 그 잔인성이 약자의 심리라는 것은,

닭의 무리 가운데서 최강자를 없애고 둘째로 강하던 것을 최강자의 위치로 올리면, 새로 강자의 자리를 차지한 닭의 잔인성이 현저하게 누그러진다는 사실에 의하여 증명된다.

약한 자가 비굴한 동시에 잔인하다는 것은 민족의 경우에 있어서도 현저하게 나타나는 일반적인 경향이다. 약소민족의 성원들은 강대한 외국에 대하여는 비굴한 반면에, 비교적 만만한 동족끼리는 그지없이 잔인함을 드러냄으로써 그들의 비극을 더욱 비극적인 것으로 만든다.

약자의 심리에 있어서 널리 발견되는 또 하나의 특색은 자기 혐오와 배타성이다. 자기를 혐오함과 남을 배척함은 언뜻 보기에 서로 반대되는 듯한 인상을 주기도 하나, 실은 근본에 있어서 같은 심리의 두 측면에 가까운 관계를 가졌다. 약한 자가 자기의 약함을 솔직히 인정할 때, 약한 자기 자신에 대한 불만이 바로 자기에 대한 혐오로 발전한다. 그는 강한 타자를 선망에 가득 찬 눈으로 칭송하는 동시에, 자기 자신의 값을 실제 이하로 내려 깎는다. 남의 것은 모두 훌륭하고 나의 것은 모두 지질하다. 그러나 성격에 따라서는 자기의 약함을 인정하지 않고 도리어 자기에 대한 일종의 과대평가로써 자기를 속이는 사람도 있다. 이러한 사람들은 흔히 남을 과소평가하는 동시에 또 남을 배척하는 경향까지도 아울러 나타내는 것이 보통이다.

열등감의 발로로서의 자기 혐오와 배타성의 경향은 약한 개인의 경우에 있어서보다도 약한 민족의 경우에 있어서 더욱 뚜렷한 형태를 띠고 나타난다. 민족이란 대체로 장구한 역사와 방대한 성원을 가진 복잡한 전체의 이름인 까닭에 거기에는 아직 분명히 알려지지 않은 여러 가지 요소들이 포함되고 있다. 따라서 과거와 현재가 빤히 드러난 어떤 개인의 경우보다도, 미화(美化)와 이상화(理想化)로써 과대평가할 수 있는 어수룩한 구석이 훨씬 많다. 거기에는 거룩한 신화(神話)가 있고, 전설의 가미(加味)를 통하여 더욱 위대해진 성군(聖君)과 영웅 그리고 석학(碩學)이 있다. 자랑하기를 원하는 마음으로 볼 때, 어느 민족에게나 숱한 자랑거리가 있는 법이다. 그러나 스스로를 혐오의 눈으로 보고자 원하는 마음에 대하여는 또 얼마든지 그렇게 볼 수 있는 이유를 간직한 것이 민족이라는 거창한 전체다. 거기에는 거짓과 횡포와 굴욕, 그 밖의 무수한 수치의 기록이 묻혀 있다. 그리고 민족이라는 것이 많은 사람의 집합체라는 사실은 민족적 수치의 책임을 민족 내의 다른 사람들에게 지우기에 매우 편리하다. 서로 책임을 미루는 것이다. 민족의 수치를 내가 책임질 수 없는 나의 수치라고 생각하는 까닭에, 그것에 대한 혐오는 더욱 가중할 수밖에 없다. 내 나라의 것은 모두 추악하게만 보이며, 이 버림받은 민족의 일원으로 태어난 나의 운명이 그저 저주스럽기만 하다.

2. 탈피하지 못한 식민지 기질

우리 한국의 경우에 있어서, 아직도 약소민족으로서의 심리에 지배됨이 있는지, 있다면 어느 정도의 것인지를 정확히 밝히기는 결코 수월한 일이 아니다. 그러나 우리가 자신을 내성하고 주위를 관찰할 때, 수백 년의 세월을 두고 형성된 식민지적 기질이 완전히 가셨다고는 보기 힘든 여러 가지 징조가 있음을 발견한다.

신문의 보도 또는 문필가들의 논평을 보면, 한국을 대표하는 기관 내지 지도층이 강대한 외국에 대하여 낮은 자세를 취한다는 기사와 비판이 흔히 눈에 띈다. 그리고 이러한 기사 내지 비판이 근거 없는 허위로서 느껴지지 않는 것은 심상치 않은 현실을 반영하는 것으로 이해되거니와, 그러한 기사와 비판을 쓰는 사람들은 그러면 언제나 당당한 자세를 취하느냐 할 때, 반드시 그렇지도 못하다는 사실에 약소민족으로서의 끝없는 슬픔이 있다. 비판만은 제대로 할 줄 알면서도 막상 자기가 당하고 보면 저도 모르는 사이에 허리가 앞으로 구부러지거나, 아니면 필요 이상으로 뒤로 젖혀진다. 뒤로 젖혀지는 것은 앞으로 구부러지는 자세의 반동이니, 역시 약자의 자세임에는 다를 바가 없다.

일부에서 들리는 소리에 의하면, 일본의 통제 밑에서 성장한 기성세대에 있어서 일본에 대하여 향수를 느끼는 경향이 있다는 관찰이 있다. 물론 향수라고까지 말하는 것은 좀 지나친 표현일 것이다. 그러나 여하튼 그 비슷한 무엇이 약간이라도 있다면, 이도 역시 가볍게 웃어 넘기기 어려운 현상이 아닐 수 없다. 문제는 기성세대에만 있는 것 같지 않다. 젊은 세대에도 나쁜 물이 옮아 가고 있는 것이 아닌가 의구스러움을 금치 못한다. 이것은 하나의 기우(杞憂)이기를 바라면서도, 다달이 발표되는 베스트셀러 책 이름들 가운데 일본 책 번역이 늘 윗자리를 차지한다는 사실이 항상 마음에 꺼림칙하다.

우리가 버젓이 주체적인 자세를 취하지 못하고 있다는 증거는 일상생활의 사소한 현상 가운데도 종종 나타나는 것으로 보인다. 예컨대 국산품이라는 말은 우리나라에서 생산된 물품의 뜻에 그치지 않는 더 나쁜 의미로 쓰이며, 미제니 일제니 하는 말은 단순히 그것을 만들어 낸 나라를 밝히는 데 그치지 않는 좋은 뜻으로 쓰인다. 물론 이것은 국산품의 질이 외국산의 그것만 못하다는 사실에서 저절로 일어난 언어의 자연현상이니, 마음가짐의 주체성의 문제와는 직접 관계가 없다고 보는 견해도 있을 것이다. 그러나 이러한 말버릇의 배후에는 국산품을 실제 이하로 낮게 평가하고 외래품을 실제 이상으로 높이 평가하는 심리가 숨어 있으니, 역시 마음가짐의 주체성의 문제와 관계가 있다고 보아야 할 것이다.

내 나라의 것보다도 남의 나라의 것을 더 좋게 여기는 태도를 모두 제정신을 잃은 증거라고 함부로 탓할 수는 없을 것이다. 남의 나라의 것이 실제로 더 좋으면, 그것을 더 좋게 여기는 것은 자연스러운 인심일 뿐 아니라 공정한 판단이기도 하다. 우리나라는 현실에 있어서 소위 선진국들에게 여러모로 떨어져 있으니, 남의 것들 가운데 우리의 것보다 나은 것이 허다함도 사실이며, 또 이 나은 것들을 낫다고 판단하는 동시에 그것을 본받음에 별로 나무랄 이유도 없다 할 것이다. 그러나 만약 남의 나라의 것이 일반적으로 나은 것이 많다는 사실을 이유로, 남의 나라의 것은 무엇이든지 좋고 내 나라의 것은 어느 것이나 나쁘다고 판단하기에 이른다면 거기 문제가 있음을 부인하지 못할 것이다. 그리고 우리나라에 지금 남의 것을 숭상하고 나의 것을 업신여기는 기풍이 약간 정도를 넘고 있지 않은가 의심스러운 바 있음에, 그것이 남의 문제가 아닌 내 문제라고 생각할 이유가 있다.

예컨대 우리나라의 영화가 프랑스나 미국의 그것에 비하여 대체로 뒤떨어지고 있다는 사실은 솔직히 인정해야 할 것이다. 그러나 외국의 모든 영화가 한국의 모든 영화보다 낫지는 않을 것이다. 우리나라에 수입되는 것 가운데는 진실로 보잘것없는 따위도 많이 있다. 그리고 국산 영화에도 볼 만한 것이 종종 나온다. 그렇지만 영화는 역시 외국 것이라야 한다는 생각이 확고부동한 신념으로 화한 사람들이 전혀 없지 아니함은 섭섭한 일이다. 사태는 음악에 있어서도 마찬가지고, 문학이나 학술에 있어서도 마찬가지다. 말의 뜻도 제대로 모르는 샹송이나 재즈를 발음도 어색한 프랑스어 또는 영어로 불러야 겨우 기분이 나는 사람들이 있다. 읽지도 못하는 외국 잡지를 들고 다니는 사람은 줄어든 것 같으나, 아직도 플라톤이나 아우구스티누스의 영어 번역을 원서라고 부르는 사람들이 있다.

언어에 귀천(貴賤)이 있을 리 없으며, 우리에게는 우리말이 가장 자연스럽고 좋은 말일 터인데 서투른 외국 말 사용에 일종의 자랑과 우월감을 느끼는 것은 무슨 심리일까? 30대, 40대의 학식 있는 여자들이 모인 자리에서 일본어가 유창하게 왕래하는가 하면, 급기야는 가네무라(金村)니 요시가와(吉川)니 하는 일제 말기에 얻은 창씨명(創氏名)을 불러 옛정을 되살리기도 한다.

제정신을 바짝 차리지 못하는 폐단은 일반 대중에게만 있는 것이 아니라,

자타가 공인하는 지도층에도 있는 것 같다. 야당의 거두가 미국 대사관 앞을 산책한 사건은 우연한 코스의 선택이었다고 치더라도, 대통령에 당선만 되면 곧 미국으로 달려가겠다는 따위의 선거 공약은 좀 곤란하지 않을 수 없다. 한편 미국에 대하여 반발적인 자세를 취하는 대신 일본에게 굽혀 그 원조에 기대어 보자는 또 하나의 조류가 있다는 일부의 보도가 만약 사실이라면 그것은 더욱 심각한 부끄러움이 아닐 수 없다.

3. 경제와 문화의 식민지성

오늘날 한국이 당당한 독립국가임에도 불구하고 우리에게 아직도 식민지적 기질의 잔재가 남았음이 사실이라면, 그것은 어떠한 원인에 연유하는 것일까? 8 · 15 이전에 박힌 습성이 아직도 완전히 가시지 못했기 때문이라는 이유도 없지는 않을 것이다. 그러나 우리가 독립국의 지위를 얻은 지 벌써 30년이 지났다. 이제 심리적 타성(惰性)만이라면 어느 정도 극복할 수도 있는 오랜 세월이다. 심리적 타성 이외의 다른 요소가 우리의 식민지적 기질의 탈피를 방해하고 있는 것으로 보지 않을 수 없다.

한 나라가 명실이 상부하는 독립국이 될 수 있으려면, 정치적인 독립뿐만 아니라 경제와 문화 일반에 있어서의 독립이 성취되어야 한다. 그런데 8 · 15가 우리에게 선물로 준 것은 고작 좁은 의미의 정치적 독립에 지나지 않았다. 경제와 문화 일반에 있어서의 독립은 민족적인 숙제로서 주어졌던 것이다. 그러나 우리는 이 숙제를 푸는 데 있어서 그리 우수한 성적을 내지 못한 것 같다. 그리고 이 숙제 해결에 있어서의 불량한 성적이 우리의 식민지적 기질과 밀접한 상호 관계를 짓고 있는 것으로 보인다. 다시 말하면 조선시대 이래의 식민지적 기질은 우리의 경제와 문화 일반의 자주적 재건을 가로막는 핸디캡이 되었으며, 경제와 문화 일반에 있어서의 자주성의 결핍은 우리의 식민지적 기질의 탈피를 지연시키는 악순환을 일으켰던 것이다.

경제의 자립 없이 완전한 독립국의 구실을 할 수 없음은 주지의 상식이거니와, 해방 이후 우리나라가 저지른 가장 큰 실패도 바로 이 경제면에 있었다. 국토의 양분(兩分)을 계기로 여러 가지 여건이 나빴던 것도 사실이며, 미국의 원조가 소비재에 치우쳤던 것도 사실이다. 그러나 소경이 개천을 나무라기 전에 할 일이 있다. 모든 책임을 우리 스스로 지고 나서는 반성이 앞서야 한다.

"가난 구제는 나라도 못한다."는 속담이 있다. 개인의 가난을 원조만으로 구제할 도리가 없음이 사실이라면 국가의 빈곤은 더욱 구제의 길이 없을 것이다. 스스로 돕는 자만이 활로를 개척할 수 있음은 개인의 경우에 있어서나 국가의 경우에 있어서나 마찬가지다. 검소한 생활에 견디어 가며, 부지런히 땀 흘리는 사람들만이 곤궁한 현재를 벗어날 수 있을 것인데, 우리는 바로 그 반대의 길을 걸어왔던 것이다. 소비생활은 가난한 처지에 비하여 사치스러웠으며, 스스로 땀 흘려 만드는 대신 남이 가져다주기를 기다리는 안일한 자세를 선택하였다. 거기에 위정자(爲政者)의 부패까지 덮치고 보니, 종이 조각만 이리저리 돌리는 이름만의 실업가들은 졸지에 갑부가 되는 반면에, 실제로 생산품을 만드는 공장들은 차례로 문을 닫아야 했다. 결과는 소비생활의 형태만이 근대화하는 기형아적 경제 상태였고, 절도(節度)도 염치도 모르고 그저 손만 내미는 구걸식 수원(受援)의 자세였다. 빈부의 차이는 갈수록 늘어 가고, 경제생활의 병세는 날로 깊어 갔다. 자립 경제의 이상(理想)은 오직 하나의 구호(口號)로만 남게 되었다.

학문, 예술, 교육, 종교, 사회, 사상 등 문화 일반에 있어서도 주체적인 자세를 얻지 못했음은 매양 일반이다. 일본적인 것과 미국적인 것을 중심으로 삼는 남의 나라의 문물들이, 일정한 원리 아래 소화됨이 없이, 혼잡한 가운데 받아들여졌다. 문화에 국경이 없다는 주장에 근거가 있음을 부인하자는 것은 아니다. 외래 사조의 수립이 바람직하지 않다는 것은 더욱 아니다. 그러나 남의 것을 받아들임에는 일정한 취사선택의 원칙이 있어야 할 것이며, 받아들인 것을 우리 체질에 맞도록 개조하는 동화 작용이 있어야 할 것이다. 그런데 우리에게는 그 원칙과 동화 작용이 변변치 못했던 것이다. 이른바 선진국에 있어서 본질적이요 전통적인 것을 본받기에 앞서서, 지엽적(枝葉的)이요 유행적인 풍조가 천박한 호기심을 타고 밀려들었다. 비교적 중요한 제도나 사상이 수입됐을 경우에도 그것들이 우리의 전통과 실정에 맞도록 소화되지 못했으니, 그 알맹이보다는 껍질을 본받는 결과로 기울어지기 일쑤였다.

보기에 따라서는 그동안 이 나라에도 상당한 발전이 있었던 것 같기도 하다. 텔레비전이 있고 냉장고가 있으며 수세식 화장실이 달린 최신식 양옥이 여기저기 늘어 가고 있다. 대학교수와 박사들의 수효도 그리 적지 않으며, 가지가지 학자들 또는 예술인들의 모임이 조직되는가 하면, 자타가 인정하는 지성인들이 대학의 넓은 문을 통하여 배출되고 있다. 그러나 모두가 피상적인 번영에 지나지 않는 것이다. 안으로는 충실한 경제의 성장이 없으며, 한국의 것으로서 내놓을 만한 버젓한 줄거리가 없다. "너 자신을 알라." 고 한 소크라테스의 교훈에 온 겨레가 귀를 기울일 때가 온 것이 아닐까.

4. 새로운 마음의 자세

오늘날 한국의 식자(識者)들 사이에 자주 화제가 되는 표어가 있다. '한국의 근대화'와 '한국적 주체성의 확립'이 그것이다. 일부에서는 그저 한갓 유행어처럼 이 말들을 악용한다. 그러나 일시적인 유행어만으로 그칠 수 없는 심각한 요청이 그 배후에 있음을 본다.

근대화와 주체성의 확립이 때를 같이하여 입길을 오르내리게 된 것은 결코 우연한 일이 아닐 것이다. 이 두 슬로건 사이에는 밀접한 관계가 있는 것으로 보인다. 그 관계는 어떻게 보면 서로 배척하는 관계 같기도 하고, 또 같은 목표의 두 측면 같기도 하다.

전형적인 근대화의 과정은 일찍이 서구 사회에 나타난 역사적 현상이었다. 한국의 근대화라는 개념 가운데는 서구를 거울삼고서라는 관념이 암암리에 포함되어 있다. 따라서 거기에는 서구적 선진국의 문물과 제도를 받아들임이 당연한 방법으로서 전제되지 않을 수 없다. 그러나 한편 주체성의 확립이라는 개념 가운데는 스스로 외래의 것에 대한 배척의 계기가 숨어 있을 것이다. 주체성을 위협했으며 또 위협하고 있는 것은 언제나 외래의 세력이기 때문이다. 여기 근대화와 주체성이 서로 배척하는 듯한 인상의 근거가 있다.

그러나 주체성의 확립이라는 목표가 달성되기 위해서는 우선 실력의 배양이 앞서야 한다. 제 힘으로 제 자세를 지킬 만한 실력이 없다면 주체성이란 헛된 구호 또는 공염불에 지나지 않는다. 다시 말하면 후진성의 극복이 없이는 주체성의 자세를 회복할 도리가 없다. 그런데 지금 한국이 그 후진성을 극복하는 가장 가까운 길은 한 걸음 앞선 서구의 경험을 살리고 배우는 길이라 하겠다. 근대화의 표어가 다름 아닌 선진국의 교훈을 통한 실력의 향상을 약속하는 처방이라면, 한국의 근대화는 한국의 주체성을 위한 전제 조건이 아닐 수 없다. 여기 근대화와 주체성이 같은 목표의 두 측면으로 보일 이유가 있다.

후진성이 일방적으로 주체성을 위협하기만 하는 것은 아니다. 거꾸로 주체 의식의 상실이 후진성을 고질화하는 또 하나 반대 방향의 인과작용이 있다. 8 · 15 이후의 한국이 표면상 많은 발전을 이룩한 듯이 보이면서도, 깊은 속은 여전히 후진의 밑바닥을 맴돌고 있는 가장 큰 원인의 하나는, 남의 것을 받아들이는 우리의 자세에 확고한 주체 의식이 결여되었기 때문이다. 우리 자신을 알고 우리 자신을 지키며 우리 자신의 정신으로 살아가려는 날카로운 분별과 의연한 자세가 앞서지 않는 한, 아무리 미국에서 배우고 일본을 흉내 낸다 하더라도 우리의 후진성은 여전히 그 뿌리를 지킬 것이며, 오직 거짓된 이름과 껍데기만이 우리의 병든 정신과 물질을 더욱 병들게 할 따름이다.

여기서 우리는 맹랑한 수수께끼 앞에 당면한 것 같다. 침식된 자주(自主) 의식을 회복하고자 하면 후진 상태에서 헤어나지 못하는 현실의 핸디캡이 앞을 가로막고, 후진성의 극복이라는 민족의 염원이 실질적으로 풀리기에는 주체적 사상의 빈곤이 너무나 심각한 이 악순환 앞에서 우리는 어디로부터 현실 타개의 한 걸음을 내디딜 것인가? 자주 의식의 회복을 먼저 서두를 것인가, 또는 후진성의 극복이 앞서야 할 것인가? 동시에 두 가지의 노력이 병행해야 할 것 같다. 그러나 어떻게 그것이 가능할 것인가?

한국적 후진성의 더 깊은 뿌리는 이 나라의 정신보다도 물자(物資)의 결핍 쪽에 박힌 것 같다. 한국은 물질적으로는 옛날부터 조그마한 나라였다. 그러나 정신적인 방면에 있어서는 반드시 옛날부터 뒤떨어진 나라는 아니었을 것이다. 문화적으로는 일본보다 선진국이었던 시대가 있었다는 사실만으로도 이 점이 증명된다. 오늘날로 말하더라도 우리는 물질적으로 뒤떨어지고 있는 것과 같은 정도로 정신적으로도 뒤떨어져 있는 것은 아니다. 교육의 보급도 비교적 성공적인 편이며, 국민의 전체적인 지식수준도 그리 낮은 편은 아니다. 한마디로 말해서 우리는 일찍부터 문화민족이었고 지금도 문명국가임을 자부할 수 있는 나라의 백성이다. 한때는 떳떳한 자주 의식을 가지고 살아온 역사도 있었다. 우리의 과제는 전혀 터무니도 없는 바탕으로부터 높은 정신의 슬기를 찾아내는 일이 아니라, 본래 가지고 있다가 지금은 한때 흐려진 정신의 광명을 다시 회복하는 일이다. 침식된 자주 의식을 회복하고 새로운 마음의 자세를 가다듬으면 되는 것이다. 이와 같이 볼 때 근본적으로 여건이 나쁜 경제 상태를 일신하기보다는 우리의 정신 상태를 맑고 새로운 바람으로 수습하는 일이 좀 더 손에 가까운 일같이 생각된다.

의지가 자유냐 아니냐는 문제에는 철학적인 이론이 있을 것이나, 상식적인 견지에서 말할 때, 우리의 힘으로 좌우할 수 있는 것은 우리 밖에 있는 물질의 세계보다도 우리 안에 자리 잡은 마음의 세계라는 것을 부인하지 못할 것이다. 마음은 먹기에 달렸다고도 한다. 하나의 새로운 결심이 내려지는 순간 우리의 마음의 지도는 전혀 새로운 광경으로 물들 수가 있다. 내 마음도 내 마음대로 되지 않는 일면이 있는 가운데도, 역시 내 마음은 나의 힘이 지배하는 영역이다. 이와 같은 관점으로부터 보더라도, 우리는 마음의 자세를 바로잡는 일로부터 시작해야 할 것이다. 지금 우리에게는 단호하고도 비장한 결단이 요구되고 있는 것으로 보인다. 우리 스스로의 힘으로 운명을 개척하자는 결단이다. 그리고 이 결단은 혹심한 고통을 참고 견디자는 결심을 포함하며, 더 큰 목적을 위해서는 조그만 희생은 각오하는 대국적 시선을 포함한다.

(1963. 11. 10)

5장 우리 민족성의 반성

1. 민족성에 대한 자기 인식

흔히 다른 나라 사람들은 모두 풍부하고 편안한 생활을 즐기고 있는데 우리 한국 사람만은 유독 가난하고 어지러운 살림에 시달리고 있다고들 한다. 외국을 여행하고 돌아온 사람들의 기행문을 읽어 보아도 대개 그와 비슷한 이야기를 한다. 물론 다른 나라라고 모두 잘살지는 못할 것이다. 실은 알고 보면 그들에게도 걱정과 괴로움은 의외로 클지 모른다. 사람이 사는 곳이라면 어느 곳에나 비극의 막은 오른다. 그러나 여러 가지 점을 고려에 넣는다 하더라도 우리나라가 경제와 정치, 학문과 예술, 교육과 도덕 등 허다한 면에 있어서 비교적 뒤떨어져 있음을 정직한 마음으로 부인하기는 힘들 것이다. 그냥 이대로 좋다고 만족하기에는 우리의 현실은 좀 지나치게 어그러져 있다.

그런데 왜 우리는 이토록 불행한 것일까? 어떤 이들은 반세기에 걸친 일본 제국주의의 불법 침략을 지적한다. 또 어떤 이들은 미국과 소련이 공동으로 책임져야 할 38도의 마선을 가리킨다. 또 다른 어떤 사람들은 이승만을 비롯한 이 나라 집권층의 과오로 책임을 돌린다.

물론 그들의 주장에도 일리가 있다. 그러나 우리는 한 걸음 더 나아가서 생각해 봐야 할 것이다. 우리의 조상은 왜 일본의 제국주의에 굴복했는가? 남한과 북한의 대립은 왜 서독과 동독의 그것보다도 심각한 것일까? 우리는 왜 이승만과 같은 자격 없는 사람들을 지도자로 가져야 했는가? 좀 더 깊이 파고들어 반성해야 할 것이다.

한반도의 주민들이 불행에 시달리는 것은 결코 최근에 생긴 일시적 현상으로 생각되지 않는다. 애국심이 많은 일부의 역사가들은 찬란히 빛나는 반만 년의 전통을 구하기에 여념이 없지만, 실지에 있어서 이 나라 역사에 부끄러운 기록이 찍히기 시작한 것은 벌써 아득한 옛날부터인 것 같다. 만약 그렇다면 우리를 괴롭히는 민족적 불행의 원인은 좀 더 깊은 곳에서부터 찾아봐야 할 것이다.

우리를 괴롭히는 민족적 불행의 더 깊은 원인으로서 우리는 이 나라의 특수한 지리와 풍토, 그 밖의 여러 가지 조건들을 생각할 수 있을 것이다. 그러나 무엇보다도 진지하게 살펴야 할 문제는 우리의 불행과 우리의 민족성 사이에 어떤 상관관계가 있지 않을까 하는 그것이 아닐 수 없다. 이 문제가 특히 심각한 반성의 대상이 되는 이유는 첫째로 불행이란 단순히 밖으로부터 주어지는 경우보다도 사람들이 스스로 지어내는 경우가 많으며, 둘째로 지리나 풍토 같은 천연의 조건들은 인력으로 고치기 매우 힘드나 민족성이라는 것은 우리 스스로가 만들어 가는 생성의 과정에 있으며, 우리들의 반성과 노력 여하에 따라서 어느 정도 고칠 수도 있는 일면을 가졌기 때문이다. 우리 민족성의 좋은 점을 키우고 나쁜 점을 극복하는 일은 우리가 민족적인 불행으로부터 구출되기 위한 전제 조건이 아닐 수 없다. 그리고 이 전제 조건의 만족을 위하여 우선 요구되는 것은 우리 민족성에 대한 투철한 인식이 아닐 수 없다. "너 자신을 알라."는 소크라테스의 명언은 개인에 있어서뿐만 아니라 한 민족 전체로서도 명심해야 할 가르침이다.

2. 이지보다 우세한 감정

그러나 한 민족의 장점과 단점을 논평하는 일은 매우 어려운 문제들을 포함하고 있다. 첫째로, 어떤 민족성의 진상을 깊은 각도에서 파악하기는 매우 힘든 일이다. 한 개인의 경우에 있어서도 그 성격을 정확하게 파악하기란 자못 어려운 일이다. 하물며 천 가지 만 가지의 사람들을 성원으로 삼는 민족의 성격을 구명함에 있어서랴. 둘째로, 모든 평가의 문제를 난감하게 만드는 기본 문제, 즉 "이 점은 좋고 저 점은 나쁘다고 저울질할 때, 그 좋고 나쁨을 판정하는 표준이 무엇인가?"라는 물음이 앞을 가로막는다.

지금 필자는 이 어려운 문제들을 본격적으로 다루기를 꾀할 수 없는 처지에 놓여 있다. 필자는 극히 제한된 지면을 사용하여 우리 민족성에 관한 아주 상식적인 고찰을 시도하라는 요청을 받고 있기 때문이다. 우리는 단편적이요 우연적인 관찰에 입각한 우리 민족성의 파악으로써 만족하지 않으면 안 될 것이다. 그리고 좋은 점과 나쁜 점을 가리는 기준으로서는 나라의 후진성을 극복하여 평화롭고 풍부한 복지사회를 건설한다는 민족적인 과제를 신봉하는 극히 상식적인 견해에 의존하는 수밖에 없을 것이다.

우리 민족의 일반적 특색의 하나는 냉철한 이지(理智)보다도 예민한 감정이 우세하다는 사실일 것이다. 사람이란 본래 감정적인 동물이라 하겠지만, 특히 우리나라의 경우에 있어서 사람들의 감정이 유난히 예민함을 본다. 우리가 상당히 다정다감한 민족이라는 것은 비근한 일상생활에서도 흔히 간취할 수가 있다. 예컨대 어떤 의견의 대립, 또는 시시비비에 관한 논쟁이 일어났을 때, 사리를 따짐으로써 상대편을 후퇴시키기는 우리에게 있어서 대체로 힘이 든다. 냉철한 지성에 대한 호소는 완강한 감정의 저항 앞에 헛수고가 되기 일쑤다. 그러나 따뜻한 감정에 호소하면 오히려 간단히 수그러지는 경향이 있다. "내가 지금 매우 난처한 사정에 놓였기 때문에 그러는 것이니, 이번만은 좀 너그러운 마음으로 양보해 주시오." 하는 식으로 자세를 굽히고 간청하면 상대편도 갑자기 누그러지며 물러서곤 한다.

사람됨이 다정다감함은 그것이 언제 어떻게 발휘되느냐에 따라서 좋은 조건이 될 수도 있고, 나쁜 조건이 될 수도 있다. 사람과 사람을 연결시켜 우리를 무서운 고독으로부터 구제해 주는 것은 우리에게 따스한 감정이 — 너와 나를 맺어 하나의 우리로 지양(止揚)시키는 따스한 감정이 — 있기 때문이다. 인생에 있어서 감정이 얼마나 고맙고 소중한 것인가는 그것이 전혀 없는 사람을 상상한다면 스스로 명백할 것이다. 웃음도 울음도 모르고, 사랑도 미움도 모르는 개인, 그리고 그와 같이 무미건조한 사람들만이 모여 사는 사회를 상상해 보라. 얼마나 견딜 수 없이 지리한 세상일까? 풍부한 감정의 존재는 우리가 인생에서 행복과 보람을 느끼기에 절대로 요청되는 기본 조건이 아닐 수 없다.

고래로 우리나라가 인정(人情)의 나라로서 알려졌으며 이웃 사이에 서로 도움을 주고받는 기풍이 농후한 것도 우리 민족성의 다정다감한 바탕의 덕분일 것이다. 그리고 또 우리나라가 과학이나 철학에 있어서보다도 음악, 미술 등 예술의 분야에 있어서 비교적 우수함을 나타내는 것도 이지에 비하여 감정의 발달이 섬세함을 입증하는 것이라고 보아서 무방할 것이다. 우리는 가난한 살림 가운데서도 노래를 잃지 않는 민족이다. 내년 봄의 양식이야 어찌 되었든 가을이면 한 번은 떡과 술을 빚어 이웃들과 시름을 잊고 춤추며 즐기는 낭만을 가졌다. 우리는 친구를 만나면 진정으로 반기는 인정을 가졌으며, 의리를 위해서는 이해를 초월하는 감정을 간직했다.

그러나 감정이 지나쳐 이지와의 조화를 잃었을 때 그것은 왕왕 여러 가지 폐단의 근원이 되기도 한다. 같은 집안끼리, 이웃끼리, 혹은 동창끼리 서로 아끼고 뭉치는 감정은 그 자체는 좋은 것임에 틀림이 없으나, 이러한 감정이 더 큰 우리로서의 국가 자체를 생각하는 마음과 이지적인 조화를 이루지 못할 때 자칫하면 당파심이라는 악덕의 원천으로 화하기 쉽다.

먼 곳까지도 고려하는 이지적 분별을 동반함이 없이 오로지 가까운 곳만을 사랑하는 정서만이 왕성할 때 흔히 공정을 잃고 한쪽으로 쏠리는 허물을 저지른다. 우리나라 사람들에게 크게 하나로 뭉치는 힘이 적고 대체로 파벌을 지어 조금씩 뭉치는 경향이 있음에는 여러 가지 사유가 있을 것이나, 그 중요한 사유의 하나로서 이지보다도 감정이 우세한 우리 민족성을 생각하지 않을 수 없다.

감정이 풍부하다는 말은 보통 칭찬의 뜻으로 쓰인다. 그러나 감정에도 여러 가지 종류가 있다. 따라서 문제의 초점은 어떠한 종류의 감정이 풍부한가에 있을 것이다. 그러면 우리나라 사람들에게 있어서 일반적으로 많이 발달된 것은 어떠한 종류의 감정들인가?

사람의 환경이 그의 감정의 발달에 결정적인 영향을 미친다는 것은 상식에 가까운 사실이다. 우리나라가 오랜 세월을 통하여 약소민족의 자리에서 압박을 감수해 왔다는 사실은, 이 나라에 있어서의 감정의 발달을 그늘진 쪽으로 촉진하였다. 승리자에게서 흔히 발견되는 호기롭고 명랑한 계열의 정서보다는 패배자가 갖기 쉬운 어둠침침한 정서들이 더욱 많은 자극을 받고 성장하였다. 근심과 슬픔, 미움과 질투 따위의 그늘진 감정들이 선두를 달렸다. 시인들은 즐겨 인생의 비극을 읊었으며, 유행가도 슬픈 곡조거나 그렇지 않으면 스스로를 속이는 경박한 무드의 것일 때 인기를 끌었다.

국민경제가 오래 곤궁한 상태에서 헤어나지 못했다는 사정은 이웃 또는 집안 사이에서 서로 돕는 상호부조(相互扶助)의 미풍에도 변질을 초래했다. 돕는 사람 측으로 말하면, 도와야 하겠다는 관념만은 앞서나 실제로 도울 만한 여유는 없는 까닭에, 울며 겨자를 먹는 격의 미묘한 심리에 사로잡힌다.

그리고 도움을 받을 처지에 놓인 사람들은 도움을 베풀 사람들의 자발적인 의사를 앞질러 수원(受援)의 자세를 취하기에 바쁘니, 상호부조의 미풍이 도리어 의뢰심의 온상으로 화한 듯한 혐의가 있다.

압박과 빈곤 속에 뜻을 잃은 사람들에게 가장 흔히 발견되는 경향은 나보다 강한 자에게는 비굴하고 나보다 약한 자에게는 잔인한 성격이다. 우리나라에 사대주의 또는 식민지풍이 있으며 이 나라의 지배적인 계급에게 관료주의의 색채가 농후하다는 사실을 우리는 우연한 것으로서 보아 넘길 수는 없다. 또 우리나라 사람들에게 일반적으로 강한 반발과 복수의 감정, 그리고 감히 세계의 왕좌를 노리는 패기는 없으면서 만만한 동족 또는 동료를 이겨 내려는 치열한 경쟁심 등도 역시 식민지적 기질의 한 표현이 아닌가 생각한다.

3. 전체보다도 부분에 대한 애착

필자는 국가를 위해서 국민이 있다거나 전체를 위해서 부분은 희생되어도 좋다는 생각에는 찬동하지 않는다. 그러나 국가가 망하고는 국민이 흥할 수 없으며, 전체가 죽으면 부분도 살 수 없다는 주장에는 의심의 여지가 없는 것으로 믿는다. 나를 생각하는 이기적인 관점에서 본다 하더라도 우선 나라 전체를 살리고 봐야 한다는 것은 모든 식자들의 일치된 상식이다. 그러나 비록 이론상으로는 나라를 우선적으로 생각해야 한다고 믿으면서도, 체질상으로는 전체를 아끼는 마음이 희박한 것이 우리 민족의 한 폐단이 아닌가 생각된다.

우리의 조상들은 온전한 자주독립의 국가를 모르고 일생을 보냈다. 또 우리들 자신도 나라의 혜택을 제대로 입어 왔다기에는 너무나 현실이 가혹하였다. 온전한 나라를 모르고 나라의 당연한 혜택을 받지 못한 우리의 혈관 속에 나라 전체를 생각하는 기질이 부족하다 하여도 별로 이상할 것이 없다는 견해도 성립할 수 있음직한 일이다.

8 · 15를 계기로 독립국가로서 재생한 이래, 우리나라는 경제와 정치를 비롯한 여러 분야에서 혼란과 침체를 거듭하였다. 독일과 일본은 패전국이면서도 부흥과 질서를 회복했는데, 우리나라는 남의 나라의 원조를 받고도 아직 제 몸 하나 가누지 못하는 한심한 상태에 놓여 있다. 이와 같은 한심한 상태에 빠지게 된 가장 큰 원인으로서 식자들은 우리 민족의 이기적인 기질을 지적한다. 하나의 공통된 목표를 위하여 힘을 모으는 대신 각각 자기와 자기의 무리만을 생각한 까닭에 분열과 싸움이 연달았고, 건설의 속도가 파괴의 뒷자리를 메우기에도 바빴던 것이다. 정당을 비롯한 여러 가지 단체는 명분 없는 분열과 파쟁을 일삼았으며 신성함을 생명으로 삼는 종교계와 교육계에까지도 추악한 그림자가 뒤좇았다. 이와 같은 모든 혼란의 바닥을 들추어볼 때, 거기 조그만 나에 집착한 나머지 더 큰 나, 즉 우리를 망각한 어리석음을 발견한다.

민주주의라는 것이 개인주의의 한 형태임에는 틀림이 없다. 그러나 민주주의로서의 개인주의는 나와 남 및 나와 전체와의 관계를 공정히 파악할 만한 분별 있는 개인들을 전제로 삼는다. 그것은 때로는 작은 나를 버림으로써 큰 나를 살릴 줄도 아는 지각 있는 개인들을 성원으로 삼을 때에 비로소 실현을 바라볼 수 있는 이상이다. 지금 우리나라는 민주주의의 목표를 앞에 두고 가지가지의 시련과 진통을 겪고 있다. 민주주의가 한갓 거짓된 이론이 되지 않기 위해서는 우선 우리들의 조그마한 '나'가 자기의 부정을 통하여 단연 탈피되는 과정이 앞서야 할 것으로 믿는다.

4. 속보다도 겉을 앞세우는 주객전도

어느 여행가의 기행문을 읽은 일이 있다. 미국의 여성들은 한국의 여성들보다도 대체로 옷차림이 검소하다는 얘기가 쓰여 있었다. 물론 여기서 말한 한국 여성이란 도시의 중류 이상을 가리키는 것이겠지만, 그 중류 이상도 미국 사람에 비한다면 한갓 가난뱅이에 불과하다는 것을 생각할 때, 우리나라에 겉치레의 사치풍이 있다는 사실을 지적한 것으로 보인다. 겉치레는 중류 이상의 여자들에게만 국한된 경향이 아니다. 속옷보다도 겉옷을 더 깨끗이 입는 것은 우리나라 의복 생활의 일반적 특색이라 하여도 과언은 아닐 것이다. 의복뿐만이 아니다. 가옥 건축에 있어서도 실내 장치에 비하여 대문, 담장, 겉벽, 처마 등 밖으로 드러난 부분을 화려하게 꾸미는 경향이 있다. 음식에 있어서도 필요 이상의 여러 가지 종류를 차려 놓기 좋아하는 습성, 또는 큰일 때 울긋불긋 시각에 호소하는 큰 상의 굄질 등에서 같은 경향을 발견한다. 소위 일류 학교의 간판에 동경하는 심정이나 영감, 박사, 사모님 등의 칭호를 사랑하는 경향도 역시 같은 각도에서 이해할 수 있을 것이다.

외모를 단정히 하고자 하며 남 앞에 초라하게 보이기를 원치 않는 마음은 결코 나쁜 것이 아니다. 자기를 아끼고 높이려는 심정은 그 자체로 볼 때 좋은 마음가짐이다. 그러나 여기 근본과 지엽(枝葉)의 뒤바뀜이 있어서는 안 된다. 더욱 중요한 것은 겉보다도 속이요, 명칭보다도 실력이다. 먼저 마음과 그리고 몸을 닦고 다음에 속옷, 치마와 저고리 그리고 두루마기의 차례로 되어야 옳은 순서라 할 것이다. 남의 인정보다도 나 자신의 인정을 받는 일이 더 긴요하다.

안으로 충실감을 느껴 자신이 만만한 사람은 겉이나 이름에 대하여 비교적 무관심하다. 속이 비어 허전함을 느낄 때에는 겉을 장식할 필요가 절실하다. 남이 나를 알아주기를 원하는 것은 인간의 본성이다. 가만히 있어도 남이 알아줄 정도로 속이 충실한 사람은 구태여 겉을 꾸밀 필요가 없지만, 속이 신통치 못한 사람은 자연히 겉치레에 신경이 쓰이기 마련이다.

여기서 우리는 한국이 정치, 경제, 문화 일반에 걸쳐 후진성을 면하지 못하고 있다는 현실과 우리 민족의 사치와 허영으로 기울어지는 습성을 연결시켜 보게 된다. 우리의 민족적인 실력 부족이 우리로 하여금 겉과 이름에 애착하도록 채찍질한 것이 아닌가 의심하는 것이다. 가난한 까닭에 사치를 한다면 역설(逆說)로밖에 들리지 않을지 모른다. 그러나 사치란 본래 상대적인 개념이다. 제 분수에 넘는 모든 소비는 사치라고 불러서 마땅하다. 텔레비전을 장만했음이, 또는 택시를 탔음이 제법 얘깃거리가 되는 사람들에게 있어서, 텔레비전이나 택시는 분명히 사치 또는 허영에 속한다.

5. 맺는말

우리는 이상에서 주로 단점에 초점을 두고 우리 민족성의 특색을 고찰하였다. 그리고 그 가장 굵직한 특색으로서 우리는 세 가지 경향을 지적하였다. 첫째, 이지보다도 감정이 우세하고, 둘째, 전체보다도 부분에 애착하며, 셋째, 속보다도 겉에 치우치는 경향이 있음을 지적하였다. 그리고 이 세 가지 경향을 꿰뚫는 하나의 바탕이 있음을 암시하였다. 그 공통의 바탕이란 우리가 약소하고 뒤떨어진 민족으로서의 역사를 겪어 왔다는 사실이다. 약소하여 압박을 당해 온 민족인 까닭에 신경이 날카롭고, 나라와 공동의 목표를 상실한 지 오랜 까닭에 개인에게 애착하게 되었으며, 나라 전체로 보아 속으로 자랑할 만한 충실이 없는 까닭에 자연 겉이라도 바르게 다듬지 않을 수 없는 처지에 놓였다.

근본 문제는 남들이 부러워할 정도의 자랑스러운 나라를 세우는 과업으로 귀착하는 것 같다. 정치와 경제 그리고 문화 일반에 있어서 탁월한 나라의 주인이 되는 날, 우리의 민족성에도 새로운 지평(地平)이 활짝 열릴 것이다. 그러나 강대하고 풍부한 나라를 세우기 위해서는 먼저 우리 민족성의 단점을 극복해야 한다는 순환론적인 일면이 있다. 우리는 나라 꼴이 잘되기를 그저 팔짱 끼고 앉아 기다릴 수는 없다. 우리 스스로의 힘으로 나라를 일으켜 세워야 한다. 그리고 그것을 위해서는 먼저 우리 마음가짐에 새로움이 있어야 하는 것이다. 우리는 스스로의 반성과 노력으로 우리 자신을 개조해야 한다. 그러므로 우리는 여기 나라를 일으켜 세우는 일과 우리의 마음가짐을 바로잡는 일 사이에 먼저 하고 뒤에 할 일의 순서가 있을 수 없음을 본다. 두 가지 과업은 동시에 추진되어야 한다. 안으로 마음을 가다듬는 일이 곧 밖으로 나라를 세우는 기본이요, 밖으로 나라를 세우는 일이 곧 안으로 마음을 가다듬는 요결(要訣)이다. 지금 우리에게는 하나의 결단이 요청되고 있음을 본다. 하나의 탈피로 지향하는 결단이다. 이 결단이 한두 사람의 개인의 것으로서 그치지 않고 거족적인 분위기로서 조성될 때, 우리 운명 앞에 새로운 지평이 열리기 시작할 것이다.

이제까지 우리는 주로 우리 민족성의 단점에 조명을 비추고 고찰을 하였다. 그러나 물론 이것은 우리 민족성에 장점이 적다고 믿었기 때문은 아니다. 오직 우리 자신의 향상을 목적으로 삼는 고찰에 있어서는 스스로의 단점에 대한 반성이 더 중요하다고 믿었기 때문에 그러한 관점을 택했음에 지나지 않는다.

우리에게도 많은 장점이 있다. 우리가 섬세한 정서뿐만 아니라 높은 지능의 소질을 가진 민족임은 이미 통계적으로 밝혀진 사실이다. 그리고 우리 민족이 대체로 체격이 단단하고 체질이 강건하다는 것은 동양의 여러 나라를 여행한 사람들의 일반적인 의견이다.

우리는 조금도 낙심하거나 비관할 이유가 없다고 믿는다. 우리에게 주어진 소질 중에는 무한한 가능성이 있기 때문이다. 비록 현재는 짙은 안개 속에 싸여 있으나 장차 이 안개를 헤치고 밝음으로 나갈 수 있는 힘이 우리에게 주어져 있다. 우리의 현재가 문제에 가득 차 있다는 사실은 그것의 극복을 과제로 삼는 우리의 앞길이 그만큼 보람과 희망으로 가득 찼음을 의미하는 것이다. 우리는 안이한 길이 반드시 좋은 길이 아님을 안다.

(1963. 10)

4 부
젊은 세대에게

1장 대학의 이념과 사회적 기능

대학의 이념이라는 진부한 화제를 이제 새삼스럽게 화제로 삼고자 하는 대학신문 편집실의 의도를 깊이 묻지도 않고 필자가 이 청탁에 응한 것은, 최근 4-5년 동안 한 편의 글도 대학신문을 위하여 써준 일이 없다는 기자의 지적 때문만은 아니다. 대학의 이념이 무엇인지에 관해서 만인이 수긍하는 고전적 이념이 정립되어 있다 하더라도, 우리 대학의 현실이 그 이념과는 멀리 떨어진 방향으로 흐르고 있다고 판단될 때는, 저 문헌 속에 사장된 이론을 또다시 끌어내어 새로운 반성과 결심의 계기로 삼아야 할 것이다. 그뿐만 아니라, 대학의 이념에 관하여 유일무이(唯一無二)하고 만고불변(萬古不變)한 절대 이론이 있을 수 없으며, 그 나라 그 사회의 특수 사정에 맞도록 대학의 이념이 정립되어야 할 것이다. 이와 같은 두 가지 관점에서 볼 때, 바로 오늘의 우리 실정은 저 낡은 화제를 다시 생각하도록 요구하고 있는 것으로 보인다. 필자의 이러한 견해가 편집실의 의도와 일치하기를 희망하면서, 평소에 느껴 온 바를 정리해 보고자 한다.

현대사회에 있어서 대학이 글자 그대로 상아탑(象牙塔)일 수 있다거나 상아탑이어야 한다고 믿는 사람은 별로 없을 것이다. 대학은 일반 사회와 거의 유기적으로 연결되어 있으며, 대학의 학생과 교수는 동시에 시민이요 국민이다. 여기서 우리는 대학이 사회를 위해서 해야 할 일이 무엇이며, 대학을 위하여 사회가 할 일은 무엇인가를 묻게 되거니와, 이때 대학과 사회(또는 국가)를 대립된 개념으로 가정하는 데서 왕왕 독선적이요 일방적인 대답이 나오곤 하였다.

사회 또는 국가는 발전하는 것이 바람직하고, 사회의 발전을 위해서 대학이 크게 이바지해야 한다는 것은 논의의 여지 없는 상식이다. 문제는 그 발전의 개념을 어떻게 규정하느냐에 있으며, 그 규정 여하에 따라서 대학의 사명도 달라진다.

발전이라는 개념이 사회나 국가에 적용되었을 때, 그것은 단순한 기술(記述) 개념이 아니라 가치 개념이다. 가치 개념인 까닭에 공동 목표로서의 사회 발전의 내용을 어떻게 규정하느냐에 이견(異見)이 생길 수 있으며, 바람직한 사회 발전에 관하여 대학 사회가 믿는 바와 그 밖의 세력이 믿는 바 사이에 견해의 차이가 몹시 클 경우에, 대학은 불가불 큰 수난을 겪게 된다. 만약 바람직한 사회 발전의 이념에 관하여 대학 사회와 국가권력이 같은 생각을 하고 있음에도 불구하고 대학과 권력 사이에 부조화가 심하다면, 그것은 지식과 권력 사이의 대화의 부족을 의미하거나, 선입견과 감정이 작용한 어떤 불신 때문일 것이다.

이러한 관찰에서 필연적으로 생기는 결론은 사회 발전의 이념과 방법에 관하여 온 국민이 수긍할 수 있는 뚜렷한 청사진을 마련해야 하며 이 청사진을 마련하는 과정에서 대학을 포함한 지식사회와 국가권력이 함께 참여해야 한다는 것이다. 그리고 권력과 지식 사이에 선입견 또는 감정에 얽힌 불신이 없도록 충분하고도 성실한 대화가 있어야 한다는 것이다.

우리나라의 경우 바람직한 사회 발전에 관하여 정부가 내다보는 청사진이 무엇이며 이에 대하여 대학 사회가 어떠한 생각을 가지고 있는지, 그리고 대학 사회 자체 내부에 있어서 바람직한 사회 발전에 관한 일치된 가치관이 형성되어 있는지 소상히는 알지 못하고 있다. 짐작건대 정부와 지식사회는 바람직한 내일의 사회상에 관하여 어느 정도의 윤곽은 잡고 있으나 아직 세부에 이르는 명확한 청사진을 제시할 단계에는 도달하지 못한 것이 아닌가 생각된다. 상황의 변동이 심한 현대에 있어서 세부에까지 걸친 확고부동한 미래상을 세운다는 것은 매우 어려운 일이다. 그러나 그럴수록 정치, 경제, 사회, 문화 등 여러 분야를 망라한 내일의 공동 목표에 관하여 깊고 폭넓은 철학적 탐구가 항상 이루어져야 할 것이다.

특히 우리나라의 경우에 있어서 부족한 것은 국가의 장래에 관한 지식층과 권력층의 대화라고 생각된다. 우리나라의 내외 여건으로 보아서 지식과 권력의 협동이 매우 절실하게 요청되고 있는 오늘, 아직도 많은 불신이 남아 있는 것은 크게 불행한 일이다. 이 불신을 씻어 줄 수 있는 것은 언행을 일치시키는 꾸준한 실천과 선입견을 배제한 격의 없는 대화뿐이다.

비록 우리나라의 미래상에 관한 소상하고 확고한 청사진에는 이르지 못하고 있다 하더라도, 이 문제에 관하여 우리나라의 식자들의 대부분이 의견을 같이하는 몇 가지 통념이 있는 것으로 생각한다. 첫째로, 모든 국민의 생활을 안정시킬 수 있을 정도의 경제개발이 있어야 하며, 이 기본 목표의 달성을 위해서 공업화 내지 산업화가 불가피하다는 점에 있어서 우리는 의견을 같이한다. 둘째로, 물질문명에만 치우치는 것은 바람직한 일이 아니며 이에 못지않은 정신문화의 개발이 수반되어야 한다는 점에 있어서도 우리는 의견을 같이한다. 셋째로, 우리들의 민족문화는 우리 민족의 전통을 토대로 삼고 창조되어야 하며, 단순한 남의 모방은 진정한 의미의 우리 문화라고 보기 어렵다는 점에 있어서도 우리는 대체로 일치된 의견을 가졌다. 그리고 지속적인 경제개발과 참된 정신문화의 개발이 가능하기 위해서는 우선 전쟁의 위협으로부터 우리나라를 지켜야 한다는 점에 있어서도 반대 의견을 가진 사람은 별로 없을 것으로 믿는다.

바람직한 사회개발에 관련된 중요한 문제에 관하여 아직도 견해의 대립이 남은 것으로 보이는 사항 중 가장 큰 것은 소득분배 및 자유의 문제가 아닌가 한다. 그러나 우리의 궁극목표를 균형되고 정의로운 사회 건설에 두어야 한다는 점에 반대 의견을 가진 사람은 없을 것으로 믿으며, 국가의 안보와 사회의 질서에 지장을 초래하지 않는 한, 모든 국민은 언론과 사상 등 민주시민의 자유를 누려 마땅하다는 것을 공공연하게 부인할 사람은 없을 것으로 믿는다.

소득분배 문제에 관해서 의견의 대립이 있다면, 그것은 주로 시기와 절차 등 방법에 관한 것일 것이며 자유 문제에 관해서 견해의 대립이 있다면 그것은 주로 안보에 직결된 시국관 및 현 시점에서 허용될 수 있는 자유의 정도에 관한 것이라고 생각된다. 그리고 이와 같이 방법 및 정도에 관한 의견의 대립은 성의 있고 격의 없는 대화를 통하여 상당히 좁힐 수 있는 성질의 것이라고 믿는다.

사회 발전의 목표에 관한 이상의 고찰을 토대로 삼고, 우리는 우리나라 대학이 수행해야 할 사회적 임무 내지 기능의 윤곽을 어느 정도 밝힐 수 있을 것으로 보인다. 대학은 학문 또는 진리라는 그 자체의 목적을 추구하는 한편, 사회 발전의 바른 방향을 명확하게 밝혀 줄 지적 통찰과 사회 발전의 구체적 전략에 필요한 전문적 지식을 공급하고, 나아가서 교양과 인격을 갖춘 개인으로서의 행복을 추구할 뿐 아니라 사회 각 분야에 있어서 견인차(牽引車)의 구실을 할 수 있는 일꾼을 길러 낼 사명을 가졌다는 것이 우리들의 통념이기 때문이다.

첫째로, 대학은 각 분야의 전문적 지식 또는 기술을 연구하고 가르치는 데 그칠 것이 아니라, 국가와 세계 그리고 인생을 전체로서 바라보고, 학문, 예술, 윤리, 종교, 사회, 정치, 경제 등을 연관시켜서 생각할 수 있는 넓은 시야와 종합적 연구를 가져야 할 것이다.

사회 발전의 올바른 목표와 그 구체적 내용을 밝힐 수 있는 지적 통찰을 위해서 그것이 필요하다. 이것은 대학이 넓은 의미의 철학을 가져야 한다는 뜻도 되겠거니와, 사회과학과 자연과학 및 그 밖의 전문 분야와의 교섭을 떠난 관념적 철학보다는, 여러 분야의 지식의 종합으로서의 폭넓은 지식 내지 지혜의 생산을 대학에 기대한다는 뜻이다.

이 첫째 임무를 다하기 위해서, 대학은 철학, 역사, 과학 등에 관한 폭넓은 교양 교육을 실시해야 할 것이며, 시간의 제한을 받는 강의를 보충하기 위한 왕성한 독서의 기풍을 일으켜야 할 것이다. 그리고 여러 학과 사이의 공동 연구와 토론 등으로 종합적인 연구 분위기가 조성되어야 할 것이다.

둘째로, 각 학과별 전문 분야의 연구가 더욱 심화되어야 할 것이다. 고도의 공업화와 복잡한 사회문제 등 어려운 문제들을 해결할 수 있기 위해서 각 분야의 전문지식이 필요할 뿐 아니라, 심오한 학문의 연구는 그 자체가 문화적 가치의 중요한 실현이기 때문이다. 그리고 이 둘째의 임무를 다하기 위해서 특히 대학원 교육이 본격적인 궤도에 올라야 할 것이며, 대학에 부설된 각종 연구소의 활동이 활발하게 이루어져야 할 것이다.

셋째로, 오늘의 대학 교육은 오로지 지식 전달에만 국한할 것이 아니라, 전체로서의 인간 교육에 힘서야 할 것이다. 한때 대학은 지식의 탐구만을 목적으로 삼는다는 견해도 있었으나 인간의 비인간화를 걱정하게 된 현대 산업사회에 있어서, 단순한 전문가 또는 지식인에 불과한 사람들의 불행을 우리는 알고 있다. 이러한 점을 고려하여, 오늘의 대학은 지덕(知德)을 겸비한 건강한 민주 시민을 길러야 할 것이다.

이 셋째 목적을 달성하기 위하여 교수와 학생들 사이에 많은 대화가 이루어져야 할 것이며, 학생들의 서클 활동(체육 등에 관한 과외 활동)도 크게 권장되어야 할 것이다.

이상의 세 가지 목표를 달성하기 위하여 가장 기본이 되는 것은 대학의 중요한 지적 풍토일 것이다. 그리고 중요한 지적 풍토가 조성되기 위해서는 무엇보다도 평화롭고 자유로운 연구 분위기가 전제되어야 한다.

연구와 수업을 포함한 모든 지적 활동은 주위 환경과 그 분위기의 영향을 크게 받는다. 기계적으로 할 수 있는 육체노동과는 달라서 안정된 정서와 왕성한 의욕이 없이는 큰 성과를 거둘 수 없는 것이 대학의 연구요 수업이다. 특히 교수들은 타율에 대한 적응력이 약한 까닭에, 대학은 자율에 맡김으로써 도리어 좋은 성과를 거둘 수 있다.

앞에서 말한 '평화롭고 자유로운 분위기'란 안이하고 무사태평한 분위기를 말하는 것은 아니다. 모든 대학교수나 학생들이 탁월한 지성인이어서, 아무런 자극이 없이도 자발적으로 모든 일을 훌륭히 해낼 수 있다고 장담할 수는 없다.

대학인들에게도 자극과 채찍질이 필요하다. 평생직의 신분 보장을 받은 위에 아무런 자극이나 채찍질도 없이 제멋대로 내버려 둔다면 아마 상당한 수효의 교수들은 나태와 무위(無爲) 속에 후퇴하고 말 것이다. 대학생들의 경우도 마찬가지다. 일단 입학만 하면 졸업은 저절로 되고, 졸업만 하면 취직은 자동적으로 되기 마련이라면, 그들도 대부분 안이 속에 타락하고 말 것이다.

그러나 자극 또는 채찍질이 대학 밖으로부터 학문 외적인 성격을 띠고 가해지는 것은 바람직하지 못하다. 그것은 대학 또는 지식사회 내부로부터 학문적 성격을 띠고 밀려와야 한다. 내부로부터 오는 학문적 성격의 자극 또는 채찍질이란, 예컨대 교수들 상호간의 학문적 비판, 또는 학생들에게 가하는 적절한 시험제도 등을 말한다.

내부로부터의 부단한 자극이 주어지기 위해서 가장 필요한 것이 공정하고 엄격한 비판 정신과 활발한 대화의 풍토다. 그리고 엄격한 비판 정신과 활발한 대화의 풍토가 가능하기 위해서 필요한 것이 바로 대학의 평화로운 자유 분위기다.

이제까지 우리는 국가의 공동 목표로서의 사회 발전의 개념을 고찰하고, 이 공동 목표와 관련된 대학의 사회적 기능을 대략 살핀 다음에, 그 기능을 잘 발휘하기 위하여 무엇이 필요한가를 간단히 요약하였다. 여기서 오해를 막기 위하여 한 가지 더 말해 두고자 하는 것은, 대학을 단순히 사회 발전을 위한 수단으로 보는 것이 필자의 견해가 아니라는 사실이다.

지금까지 대학의 사회적 기능에 초점을 두고 이야기를 전개한 것은, 대학의 사명 가운데 그러한 측면이 있다는 것을 강조했을 뿐이며, 그것이 대학의 존재 이유의 전부라는 뜻은 아니다. 학문은 그 자체가 목적으로서의 일면을 가지고 있으며, 예술과 함께 문화의 가장 비중 큰 분야에 해당한다는 것은 주지의 상식이다.

대학이 그 기능을 유감없이 발휘하기 위해서는 무엇보다도 그 지적 풍토가 중요함을 보았다. 그렇다면 우리나라 대학들은 지금 어떠한 분위기와 어떤 지적 풍토 속에 있는가? 이제 우리 자신들을 돌이켜 봄으로써 이 글의 마무리를 짓고자 한다.

지금 우리나라 대학들은 과거 어느 때보다도 많은 강의를 하고 있으며, 대학생들의 출석률도 매우 좋은 편이다. 한때 '학원 사태'로 불리던 불상사가 생겼다는 보도도 요즈음은 거의 없으며, 체육대회 또는 강연회 등 활동을 알리는 포스터나 현수막이 항상 곳곳에 즐비하다.

최근에 대학들이 조용해졌고 면학 분위기도 많이 좋아진 것은 사실이다. 이것은 매우 다행한 현상이며 이러한 현상을 과소평가하고자 하는 의사는 없다. 그러나 진정한 의미에 있어서 현재 우리나라의 대학들이 그 본연의 모습을 되찾고 있는 것으로는 보이지 않는다. 꼭 집어서 무엇이라고 지적하기는 어려우나, 어디엔가 문제가 있다. 겉은 멀쩡해 보이나 속으로 골병이 들고 있는 듯한 그러한 인상이다. 지성(知性)의 전당다운 진지한 기상(氣像)이 부족하며, 젊은이의 집단에 어울리는 활달한 기백이 미약하다.

과거에는 교수들의 박봉이 그들의 사기를 떨어뜨리는 원인으로 지적되기도 하였다. 어려운 학생들의 학비 문제가 어두운 그림자를 던진다고 진단하기도 하였다. 그러나 비록 충분하지는 않을지 모르나, 교수들의 봉급은 최근에 많이 오른 셈이고, 연구비의 지급도 크게 증액된 것으로 보도되고 있다. 경제적으로 어려운 학생들이 아직도 많이 있음에는 틀림이 없으나, 일반적으로 국민소득은 향상되어 가는 경향이며, 장학금 사정도 과거보다 다소간 좋아진 것으로 안다. 이러한 사실에 비추어 볼 때, 경제 조건에 관한 한, 대학의 사기는 점차 올라가야 마땅하고 그 분위기도 점점 밝아져야 마땅할 것이다.

물론, 경제 사정의 호전(好轉)이 부분적이요 피상적인 측면에 있어서 학원의 분위기에 밝은 영향을 미치고 있는 것도 사실이다. 그러나 더 깊은 측면을 들여다볼 때 오늘의 대학은 크게 침체해 있음을 부인하기 어렵다.

오늘날 대학이 침체해 있다고 보는 가장 큰 이유로서 지금 우리 대학 사회에 말의 왕래가 적다는 사실과 교수들의 무관심한 태도를 들 수 있을 것이다. 해야 할 말은 하는 것이 지성인의 본분임에도 불구하고 교수들은 대체로 말을 하지 않는다. 모든 것을 남의 일 보듯이 무관심한 태도를 취한다. 말을 하기도 원치 않고 듣기도 원치 않는 까닭에 교수회의다운 교수회의는 거의 없다. 학생 지도에 관한 모임이 가끔 열리기는 하나 보직(補職)을 맡은 사람들의 이야기를 묵묵히 듣고서 헤어지는 경우가 대부분이다.

교수회의가 적고 교수들은 학사(學事)에 무관심한 가운데 모든 일은 군령하달식 공문으로 처리된다. 공문을 작성하는 것은 사무직인 까닭에 자연 대학 전체에 있어서 사무직의 비중이 커진다. 이러한 분위기 속에서 모르는 사이에 대학에도 관료주의의 경향이 나타난다. 대학에 있어서 관료주의는 아주 치명적이다. 관료주의는 대학의 자유 분위기를 파괴하기 때문이다.

지금 우리는 매우 긴장된 상태에 있다. 한가롭게 학원의 자유를 구가할 그런 상황이 아닌 줄 안다. 나라 전체가 크게 긴장하고 있는 가운데, 대학만이 유유히 자유 분위기를 즐기자는 것은 아니다. 그러나 자유의 문제는 언제나 정도의 문제이며, 필요 이상 긴장된 분위기를 조성하는 것은 바람직한 일이 아니다.

일정한 상황 아래서, 어떠한 자유를 어느 정도까지 제한하는 것이 정당한 선이냐 하는 것은 사실상 어려운 문제다. 그러나 한 가지 분명한 것은, 같은 사정 아래서도, 집단에 따라서 바람직한 자유의 한계는 각각 다르다는 사실이다. 그리고 한 국가 밑에 소속된 여러 가지 집단 가운데서 대학은 자유 분위기를 가장 많이 필요로 하는 집단이다.

대학에는 대학의 특유한 생리가 있다. 이 생리에 어긋나는 환경 속에 던져졌을 때 대학인은 갑자기 적응할 줄을 몰라서 위축되어 버린다. 위축된 상태가 오래 지속되었을 때 대학은 겉으로 보기에는 정상적인 듯하나 실제에 있어서 연구와 수업의 질이 크게 저하된다.

우리나라의 대학을 오늘과 같이 위축된 상태로 몰고 간 원인 또는 책임을 전부 외부로만 돌리는 것은 잘못이다. 사실은 대학 내부에도 원인과 책임이 있는 것으로 보인다. 솥뚜껑만 보고도 놀라는 심리인지, 필요 이상의 움츠린 자세로 '조심'만을 일삼는 사람에게도 책임이 있을 것이며, 대학 밖에서나 적합한 관료주의를 대학 안에서 모방하는 사람들에게도 책임이 있을 것이다.

현재 우리나라는 매우 중대한 시기에 처해 있다. 가까이는 전쟁의 위협으로부터 우리를 지켜야 하고, 물심양면에 있어서 풍요한 나라를 건설하여 자랑스러운 민족문화를 후세에 남겨야 한다. 이토록 막중한 공동 목표로 접근함에 있어서 지식층 특히 대학 사회가 수행해야 할 소임은 매우 크다. 그것은 결코 무사안일한 소극적 태도로써 다할 수 있는 임무가 아니다. 교수와 학생들이 더 활발하게 연구하고 배움으로써 해결할 문제들이다.

그리고 활발한 연구와 학습을 위해서 매우 중요한 조건의 하나가 대학의 명랑하고 자유로운 분위기 — 의욕을 고취하는 분위기 — 인 것이다. 그러한 분위기가 저절로 생기기를 기다리기보다는 우리 대학인 스스로 해야 할 일들이 있지 않을까 한다.

(1977. 6)

2장 파이어니어로서의 자세

— 대학생과 모럴의 개조

1.

현대 학생에 있어서의 '모럴'의 문제가 다루어지기를 요구하는 이 지면을 통하여, 필자는 우리나라 대학생들에게 어떤 도덕의 처방을 제시하려는 생각이 아니다. 낡아 빠진 잔소리로 남녀 대학생들의 잘하는 점과 못하는 점을 꼬치꼬치 들추어내기에도 별다른 흥미가 없다. 다만 새 시대가 요구하는 새 모럴의 창조에 있어서 이 나라의 대학생들이 짊어진 전위적(前衛的) 사명에 관하여 시험적인 생각을 적어 보려는 것이다.

설령 윤리 내지 모럴에 변함없는 일면이 있다 치더라도, 그것은 어디까지나 추상적이요 형식적인 원리에 관한 이야기다. 형태를 갖추고 나타난 구체상(具體像)에 관한 한 윤리는 지역과 시대의 특수성의 요구에 적합한 바 있어야 할 것이다. 만약 모럴이 지역과 시대의 특수성을 따라 형성되어야 할 것이라면, 그리고 이 나라의 현대를 특수한 상황에 처했다고 보아서 좋을 이유가 있다면, 오늘날 우리 사회가 새로운 모럴의 창조를 갈구하고 있음은 의심의 여지가 없다.

민주주의가 정의(正義)의 대명사처럼 숭상되는 오늘날, 정신의 재건을 의미하는 '새 모럴의 창조'가 만인의 참여를 요청하고 있음은 자명한 사실에 가깝다. 그러나 모든 공동의 사업이 그렇듯이, 이 새로운 모럴의 창조라는 과업을 수행함에 있어서도 당연히 전위 내지 선봉의 구실을 맡아야 할 사람들이 있어야 할 것이다. 그리고 이 중대한 사업에 있어서의 선봉으로서 필자는 우리나라 남녀 대학생들을 염두에 두지 않을 수 없다. 새 시대의 요구를 포착할 섬세한 감각과 주어진 문제들을 냉철히 분석할 수 있는 참신한 지성을 아울러 가진 사람들로서 그보다 더 적절한 사람들을 생각하기 힘들기 때문이다.

2.

도덕이라는 이름으로 불리는 것은 어떠한 경우에 있어서나 행위에 대한 제약 또는 구속을 정당한 것으로 보는 일면을 가졌다. 그 제약이 안으로부터 자율적으로 가해지기도 하고 혹은 밖으로부터 타율적으로 가해지기도 하는 차이는 있으나, 하여튼 우리가 아무렇게나 행동해서는 안 되며 반드시 일정한 규범을 따라 처신해야 한다는 생각이 모든 도덕 사상의 공통된 바탕을 이루고 있다. 그 제약이 나 자신의 깊은 바닥이 내리는 명령일 경우 — 즉, 양심의 소리를 통하여 규범이 주어질 경우 — 또는 그 제약이 어떤 신앙심과 연결되었을 경우에는 도덕의 권위는 적어도 그 개인의 주관에 관한 한 확립된다. 그러나 도덕적인 제약이 아무런 신앙심도 없는 자리에 타율적으로 가해질 때 그 도덕은 종종 회의와 반발의 대상이 된다. 사람은 본래 제멋대로 행동하기를 좋아하는 천성을 갖기 때문이다.

젊은 세대에 대하여 타율적인 도덕규범을 제시하는 것은 부모, 교사, 장학관, 목사 그리고 정부의 고관 따위가 대표하는 늙은 세대다. 그 늙은 세대가 젊은이들의 존경과 사랑을 넉넉히 받고 있을 경우에는 그들이 시사하는 규범에도 자연히 권위가 따른다. 그러나 늙은 세대가 주장하는 도덕이 그들의 이익을 옹호하는 도구로서의 성질을 가졌거나, 또는 늙은 세대가 언행이 부동(不同)한 위선자라는 인상을 줄 경우에는, 그들이 시사하는 도덕은 오직 회의와 반발 그리고 분노심을 자극할 뿐이다.

그러면 오늘날 우리나라 대학생들의 주변을 떠도는 도덕관념은 어떠한 부류에 속하는 것일까? 현대의 특색이라고 할 수 있는 기계문명은 대체로 유물론적 세계관을 배경으로 삼고 발달한 것이었다. 유물론적 사고방식이 과학이라는 이름을 통하여 마음의 구석구석으로 침투하는 오늘날, 중세기의 사람들을 지배했던 두터운 신앙이나 도덕률의 존엄성에 대한 칸트적인 감격은 오직 극소수에 있어서만 찾아볼 수 있다. 젊은이들 가운데는 도덕이니 윤리니 하는 말 자체가 이미 낡고 묵은 냄새를 풍긴다고 느끼는 사람조차 있다. 전통적인 도덕관념에 대한 현대의 젊은이들, 특히 대학생들의 즉각적인 반응은 우선 부정적이다.

특히 우리나라에 있어서는 전통적인 도덕이 젊은이들의 전폭적인 추앙을 받기 어려운 특수한 사정이 있다. 그 고유한 사정의 가장 으뜸가는 것으로서 우리는 ① 가족제도 중심의 봉건사회를 지반으로 삼는 유교 도덕이 우리나라의 도덕관념에 미친 영향과 ② 8 · 15 뒤에 일어난 가지가지 불행한 사태가 우리들의 도덕적 상황에 미친 영향을 생각하지 않을 수 없다.

유교 도덕의 근본원리를 세웠다고 볼 수 있는 공자(孔子)나 맹자(孟子)의 사상에는 오늘날에도 타당한 불멸의 진리가 어느 정도 깃들었다고 보는 것이 옳을 줄 안다. 그러나 공맹의 가르침과 봉건적 사회제도와의 결합으로 이루어진 도덕 사상의 하류(下流)에는 오늘날의 지성이 받아들이기 힘든 여러 가지 난점을 숨기고 있다. 그리고 우리나라에 있어서 현재 '묵은 도덕'이라고 부를 수 있는 도덕의 흐름은 그 여러 가지 난점의 유산을 그대로 계승한 전통으로서의 일면을 여실히 드러내고 있다.

유교 도덕의 하류의 영향 밑에 있다고 생각되는 우리나라 도덕 현상의 특색의 하나는 그것이 타율적이라는 사실에서 찾아볼 수 있다. "나라에 충성하라." "부모에게 효도하라." "웃사람을 공경하라." 따위의 도덕률이 안으로부터 울려 나오는 명령일 경우에 우리는 자율의 도덕을 갖는다. 그러나 나라의 대표로서의 위정자 또는 위정자를 대변하는 무리들에 의하여 충성이 강조될 때, 혹은 부모가 효도를 고취하고 노인이 장유유서(長幼有序)를 역설할 때, 우리는 타율의 도덕을 갖는다. 유가(儒家)의 도덕이 그 시초에 있어서 자율적이었는지 또는 타율적이었는지는 역사적 고증을 요하는 문제이나, 오늘날 우리나라의 도덕 질서가 대체로 타율적인 편으로 기울어졌음에는 의심의 여지가 없다. 아들들, 제자들 그리고 젊은이들은 비교적 냉담한데, 누가 부르짖는 것인지 '효도', '제자의 도리', '어른에 대한 예의'를 촉구하는 소리는 여전히 소란하다. 사도(師道)의 타락을 개탄하는 소리가 훈장(訓長) 아닌 사람들의 입을 통하여 시끄러운가 하면, 상업인의 도의심에 호소하는 소리는 우선 소비자들 사이의 여론으로서 등장한다. 바꾸어 말하면 오늘날 우리 주변을 떠도는 도덕은 스스로 하고자 하는 도덕이 아니라 남에게 요구하는 그것이요, 주는 도덕이 아니라 받으려는 도덕이다. 받고자 하는 도덕이 교육이라는 이름으로 젊은이들의 행동을 제약할 때 제약을 당하는 사람들은 본능적인 반발을 금치 못한다.

8·15 이후에 연달아 일어난 우리나라의 불행한 사태는 도덕 내지 윤리라는 것에 대한 젊은이들의 반발을 더욱더 조장하였다. 해방이라는 이름이 유발하는 기대와 희망을 짓밟고 이 땅의 정치와 경제는 실책과 혼란을 거듭하였다. 그것은 물론 사람의 힘을 초월하는 여러 가지 사정에 기인한 바도 컸겠으나, 이 나라의 기성세대 특히 지도층의 잘못이 빚어 낸 불행으로도 볼 수 있다. 이에 젊은이들은 그들이 받는 생의 고통에 대한 책임을 기성세대에

돌리는 한편 지도층에 대한 불신과 불만을 반추(反芻)하였다. 기성세대 내지 지도층이 받는 불신과 반항은 곧장 도덕에 대한 불신과 부정(否定)으로 변할 필연성을 가졌다. 우리나라의 도덕이 기성세대와 지도층의 욕구를 반영하는 바 현저했던 까닭에, 도덕과 기성세대 사이에 일종의 동일관계라도 성립하는 듯한 느낌이 자연 발생하기 때문이다. 기성세대가 권위와 신망을 잃었을 때 그들이 주장하는 도덕까지 위신을 잃는 것은 당연한 귀추라고 생각된다.

3.

묵은 도덕이 새 시대에 적합하지 않다는 사실은 새 시대가 아무런 도덕도 필요로 하지 않는다고 주장할 이유가 될 수는 물론 없다. 한 개인 안에 있어서도, 개인과 개인 사이에 있어서도 항상 욕망의 대립이 생기고 있다는 사실은 욕망의 조절을 위한 원리를 요청하는 동시에 우리로 하여금 행위의 선택을 불가피하게 만든다. 도덕이니 윤리니 하는 것은 그 본질에 있어서 욕망의 조절을 위한 처방이요, 행위의 선택을 위한 기준이다. 따라서 우리가 끊임없는 무질서를 원하지 않는 한, 우리는 여하간의 모럴을 가져야 한다. 묵은 도덕의 배척은 그 자체가 새로운 모럴을 희구하는 요청이기도 하다.

그러나 묵은 도덕의 배척이 바로 새 모럴의 건설을 의미할 수는 없다. 묵은 것을 배척하기는 쉬우나 그 자리에 새것을 채우기는 윤리 문제에 있어서 매우 어렵다. 묵은 것은 물리쳤으나 새것은 아직 세우지 못한 공백 상태는 저 묵은 것이나마 있을 때만도 못할 수가 있다. 현재 우리나라 대학생들의 심리 상황을 일종의 도덕적 공백 상태에 가깝다고 본다면 천박한 관찰일까. 물론 현대의 젊은이들 가운데도 두터운 신앙이 있고 늙은이가 무색할 도학자적(道學者的) 기질도 있다.

그러나 우리가 보기에는 많은 경우에 있어서 그들에게 심각한 반항이 있는 것으로 여겨진다. 그들은 묵은 것에 대한 생리적인 반항을 느낀다. 그러나 그들 자신의 것으로서 내세울 만한 새것은 아직 준비되지 않았다. 가정에 있어서, 학교에 있어서, 또는 남녀관계에 있어서, 젊은이들은 그들의 아버지나 어머니들이 20년 전 또는 30년 전에 한 것과는 다른 방식으로 행동해 본다. 그러나 이 새로운 방식은 무슨 깊은 반성적 원리에 입각한 것이 아니라 한갓 시행착오적인 모색에 불과한 까닭에, 그들의 자신에는 한줄기 불안이 감돈다.

과거의 것을 물리친 젊은 세대는 자기들 자신의 새것을 확고한 원리 위에 체계를 세워야 한다. 그러면 그들이 가져야 할 모럴의 체계는 어떠한 원리를 기초로 삼을 것인가? 어떠한 개인도 새 시대가 가져야 할 모럴의 조감도(鳥瞰圖)를 제시할 수는 없을 것이다. 모럴이란 본래 사회적인 것이며, 역사의 흐름을 따라 생기는 공동의 산물인 까닭에, 개인의 견해는 항상 그것을 형성하는 무수한 인자(因子)들 가운데의 하나 이상의 것이 될 수 없다. 더욱이 대학생 아닌 사람이 말하는 대학생의 모럴에 관한 의견은 본질상 한갓 참고를 위한 논의에 지나지 않는다. 참된 대학생의 모럴은 대학생 자신들의 정열과 지성을 통하여 자율적으로 세워져야 할 것이기 때문이다. 우리나라 남녀 대학생들이 그들 자신의 모럴을 세우고, 나아가서는 이 나라 전체를 위한 새로운 모럴을 창조함에 약간이라도 참고가 되기를 희망하여, 여기 몇 가지 사항을 생각해 보기로 한다.

4.

새로운 모럴을 모색함에 있어서 우선 주의할 것은 묵은 모럴에 대한 비판이 감정 섞인 편견으로 흐르지 않도록 하는 일일 것이다. 묵은 것, 오래된 것은 예외 없이 낡은 것이요, 버려야 할 것이라는 생각은 오래된 것, 전통적인 것은 모두 값진 것이라고 믿는 골동 취미가 그렇듯이 정당한 판단 위에 서지 못했다. 윤리 사조에 있어서도 묵은 것 가운데 여전히 옳은 것이 있고, 새것 가운데 천박한 것이 있을 수 있다. 이것은 하나의 이론으로서는 아무도 반대하지 않을 상식이다. 그러나 실제에 있어서 묵은 도덕을 대하는 젊은이들의 태도에도 간혹 지나친 배척이 있다. 묵은 것을 비판하는 마음에 감정이 섞였기 때문이다.

묵은 도덕에 대한 편견은 이른바 구세대에 대한 반감에 의해서 더욱 조장되어 왔다. 구세대에 대한 새 세대의 반감이 하나에서 열까지 모두 타당할는지는 약간 의심스럽다. 특히 나이 먹은 사람들은 하나도 예외 없이 썩었으며, 젊은 사람들은 모두 사자처럼 용감하다는 식의 일률적인 평가는 왕왕 빗나가기 쉽다. 유형론적(類型論的) 고찰이 대체로 그렇듯이 우리나라에 흔히 떠도는 세대론(世代論)에도 '조급한 개괄의 오류'의 흔적이 전혀 없지 않다. 젊은이 특히 대학생들이 구세대에 대한 나쁜 점과 좋은 점을 공정히 판단하여 편견에 빠지지 아니함은 묵은 도덕에 대한 편견을 제거하는 데 도움이 될 뿐 아니라, 새로운 모럴의 건설을 위하여도 불가결한 조건이 될 것이다. 남녀노소를 가리지 않는 인화(人和) 없이 참으로 도덕적인 사회를 건설하기는 어려울 것이기 때문이다.

젊은이들이 새로운 모럴과 새로운 사회를 건설함에 선봉의 구실을 하기 위하여는 그들이 자기의 위치와 역량 그리고 사명에 관하여 정확한 인식을 가져야 할 것이다. 새로운 모럴과 새로운 사회가 새 시대의 특수성을 따라 건설되어야 할 것이라면, 그들은 그 특수성에 깊은 이해를 가져야 할 것이다. 종(縱)으로는 우리나라의 현재를 구성하는 침전(沈澱)을 통하여 살아 있는 전통 내지 역사, 그리고 횡(橫)으로는 우리나라가 놓여 있는 국제 정세, 경제 사정, 문화 수준 등에 관한 투철한 파악이 있어야 한다. 우리가 놓여 있는 위치 내지 환경에 관한 지식은 우리가 당면한 문제의 성질을 밝혀 줄 것이다. 문제의 핵심을 파악함은 그 문제 해결을 위한 첫째 요건이다.

문제의 해결을 위한 둘째 요건은 문제를 풀고자 하는 굳센 동기와 뜨거운 정열이다. 다시 말하면 "이 문제를 풀어야 할 사람은 나요, 우리들이다."라는 사명감이다.

4 · 19를 계기로 우리나라의 대학생들은 한때 이 사명감에 불탔다. 그러나 그 후 또다시 소극적이요 수동적인 방향으로 자세를 바꾼 듯한 느낌이 있다. 이와 같은 자세의 변경을 학생들이 학문 연구라는 그들 본연의 자세로 돌아간 것이라고 해석한다면 그것은 우선 대견한 현상이라 하겠다. 그러나 그것이 만약 불평과 불만을 지하로 감추는 동시에 스스로 방관자의 위치를 택하는 것이라면 오히려 불행한 일이다. 민주당 정권 아래서 일부의 학생들이 보여준 바와 같은 배타적 영웅주의도 진실로 이 나라를 건지는 길이 못 되나, 5 · 16 이후에 일부 학생들이 취하는 바와 같은 소극적 방관주의도 젊은이들에게 요구되는 참된 태도가 아닐 것이다. 실정(失政)과 부패의 슬픈 기록을 세운 민주당 시절에 학생들이 그렇게 나온 심정은 능히 이해할 수 있는 일이다. 그리고 5 · 16의 계엄령 아래서는 학생들이 창의성 있는 활동을 하기에 많은 제약이 있음도 사실이다. 그러나 이 나라 학생들에게 주어진 사명은 지금이나 그때나 근본에 있어서 같다고 생각된다. 만약 5 · 16이 4 · 19의 계승이라면 그리고 우리가 아직도 혁명을 완수하는 도상에 있다면, 4월의 주인공 학생들의 사명에 본질적인 변동이 있을 리 없다. 나라를 구한 공명심이 누구의 이름으로 돌아가든 그것은 큰 문제가 아니다. 군인이 앞장을 서는 일일지라도 잘하는 일에는 적극 협력함이 마땅하다. 한편 비판 정신은 진리를 탐구하는 사람들의 생명이다. 총칼 앞에서도 잘못이라고 지적하는 용기에 젊은이다운 기개가 있다.

시대가 어떻게 돌아가든 다음 시대의 주인공이 나라의 젊은이들임에는 다름이 없다. 지금 대학생들은 약간 무대 뒤로 밀린 듯한 느낌을 가질지도 모른다. '내가 이 나라의 주인공'이라는 느낌이 저절로 솟아나도록 분위기가 따뜻하지는 않다. 그러나 이 나라의 희망이 그들에게 달려 있음에는 변함이 없다.

젊은이들이 자신들의 귀중한 사명을 뚜렷이 의식한다면, 그들이 취할 도덕적인 윤곽도 스스로 명백할 것이다. 재즈 음악을 듣는 것, 바둑을 두는 것, 이성 친구와 영화를 보는 것, 그리고 대폿집에서 조용히 술을 마시는 것까지도 그 자체만으로 본다면 별로 나쁠 것이 없다. 오히려 좋은 일이다. 문제는 그보다도 더욱 좋은 일에 시간을 쓸 방도는 없느냐는 데 있다. 큰 사명을 가진 사람은 그 사명의 완수에 지상명령이 달렸다. 그것의 완수를 위하여 작은 희생이 불가피할 경우도 있다. 때로는 영화를 보고 음악을 듣는 것이 나쁘지 않을 뿐 아니라, 마땅히 그렇게 해야 할 것이다. 다만 그러한 즐거움이 생활의 중심이 될 수 없다는 것을 사명감에 투철한 젊은이들은 잠시도 잊지 않는다.

문제의 해결을 위한 셋째 요건은 문제의 해결에 필요한 힘을 기르는 일이다. 우선 자기 자신이 현재 가지고 있는 힘을 헤아릴 필요가 있다. 자기의 힘에 대한 과대평가는 영웅주의와 독선(獨善)의 근원이요, 과소평가는 소극주의적 방관을 조장한다. 우리가 현재 당면한 문제는 누구에게나 벅차고 어렵다. 몇 갑절 강한 힘이 요구되고 있다. 대학이라는 곳은 모든 전문 분야에 있어서 힘을 기르기에 매우 효과적인 기관이다. 젊은 학생들이 그날그날의 과업에 충실함은 다급한 현실에 부딪친 초조한 마음으로 본다면 너무나 우원(迂遠)한 길 같기도 하나 실은 가장 착실한 현실 극복의 과정이다.

위기에 처한 현대의 모럴을 재건함에 있어서 일반적으로 요청되는 것은 휴머니티의 회복일 것이다. 앞서도 언급한 물질문명과 유물론적 세계관의 영향을 입고, 인간 본래의 그윽하고 우아한 특색이 배척을 받게 된 것은 20

세기적인 불행의 하나다. 생물학과 생물학적 심리학은 인간 본래의 모습을 동물적인 것에서 찾으라고 시사하는 듯한 경향이다. 이성 앞에 수줍어 하고, 절개를 목숨처럼 아끼고, 영원한 사랑을 꿈꾸며, 양심의 가책을 받고 괴로워하는 등등의 행동은 정신위생학의 견지에서 볼 때 모두 공연한 짓이며, 심하면 병적(病的)이라는 진단이 내려진다. 정신위생학이나 정신분석학에 참되고 유익한 점이 많음을 부인해서는 안 될 것이다. 그러나 정신위생학이나 정신분석학이 바로 윤리학을 대신할 수 있다고 속단해서는 안 된다. 정신위생학은 본래 개인을 단위로 인간을 고찰하는 것이며 개인의 생물학적 건강에 가치의 본원을 발견한다. 거기에는 사회 내 존재로서의 인간 및 인간관계에 대한 고찰이 부족하여, 품성(品性), 동기(動機) 등에 포함된 인간의 정신적 가치가 온전한 평가를 받지 못하고 있다. 한마디로 말하자면 정신위생학은 개체의 보존 또는 개체의 생물학적 건강에 목표를 두는 이기주의적 관점에서 출발하고 있다. 그런데 윤리학은 이기주의를 넘어서려는 인간적인 모색의 결정(結晶)이라는 일면을 가졌다.

'영리(怜悧)의 원리'에 입각한 카네기의 처세술이 언제나 옳은 교훈만은 아니었듯이, 정신위생학이 바로 윤리학의 바탕이 될 수는 없다. 예술이 실리(實利)를 떠나서 그 가치를 가졌듯이, 도덕적인 품성과 행위에도 그 자체의 본래적인 가치가 있다. 피히테를 따라 도덕을 위해서 인생이 있다고 믿는 것은 아니다. 그러나 모럴에는 단순히 무엇을 위한 수단으로서 볼 수 없는 그 자체의 목적성이 깃들었다. 그리고 본래적 가치로서의 모럴의 아름다움은 사람다운 인간성, 즉 휴머니티에 그 근원을 두었다. 결국 우리들 자신에게 충실하게 살아야 할 것이다. 그러나 우리의 '나'는 단순히 다섯 자(尺) 남짓한 육체에 국한되는 것이 아니며, 정신분석학에서 말하는 에고나 이드 또는 그것들을 합친 것에 국한되는 것도 아니다. 나는 더 깊은 곳에 핵심을 두고 나의 휴머니티를 통하여 멀리멀리 번져 간다.

구체적으로 어떠한 행동이 옳고 어떠한 행동이 그르냐는 물음에 대답해야 할 마당에 이르러서는 칸트의 교훈이 약간의 도움을 줄 것이다. "네 의지의 준칙이 항상 동시에 보편적 입법의 원리로서 타당하도록 행위하라."는 그의 형식주의적 원리만으로 우리의 길이 밝혀진 것은 아니다. 그러나 "내가 해서 좋은 일이라면 남도 해서 좋을 것이다."라는 평범한 상식이 우리에게 주는 도움은 의외로 크다.

부모 앞에서 반항하고 싶은 충동을 느낀다. 그러나 그 반항은 내가 어버이가 되는 날 자식들로부터 받아도 좋다고 믿을 수 있는 정도를 넘어서는 안 될 것이다. 손에 닿는 여자를 노리개로 삼고 싶은 욕망이 있다. 그러나 내 자신의 누이동생이나 딸을 남들이 노리개로 삼아도 좋다고 믿을 수 있는 범위와 방법의 한계 안에서 그 욕망은 채워져야 할 것이다. 친구를 배반하는 것이 유리한 듯이 보일 때가 많다. 배반해도 좋을지 모른다. 그러나 나 자신이 배반을 당하더라도 그것 또한 옳다고 인정할 수 있는 준비가 필요할 것이다. 논리의 일관성을 위하여 그것이 요청된다. 할아버지나 할머니를 폐물이라도 다루듯이 학대하는 것이 옳으냐 그르냐는 문제도 나 자신이 50년 후에 어떻게 다루어져야 옳으냐는 그것과 한데 묶어 생각할 문제다. 학교 선생을 대하는 예의로 말하더라도 논리의 일관성이 요구되기는 일반이다. 스승의 그림자도 밟아서는 안 된다던 옛날 서당(書堂) 시절의 도덕은 버려야 할 것이다. 그러나 장차 내가 만약 선생이 되었을 때 그러한 대우를 받아서는 곤란하겠다고 상상되는 따위의 행동은 보류해 두는 것이 좋음직하다.

그러나 논리의 일관성이 유지됨으로써만 반드시 좋은 모럴이 성립하지도 않을 것이다. 근본에 있어서는 그윽하고 다사로운 휴머니티의 발로가 행동의 방향을 결정할 때 아름다운 모럴의 실현을 볼 수 있을 뿐이다.

5.

S대학의 어떤 학생은 한국의 젊은 세대에게는 이름이 없다고 개탄하였다. "영국은 앵그리, 미국은 비트, 프랑스는 앙로망, 일본은 태양족이지만, 한국의 젊은 세대에게는 이름이 주어져 있지 않다."는 것이다. "그들은 모두 고독한 반항을 계속하고 있으며, 질식할 듯한 정적의 공포 속에서 호흡을 계속한다."고까지 쓰고 있다. 그 심정은 능히 이해할 수 있을 듯하며, 그들에게 이름을 주지 못한 책임을 나누어 미안한 느낌조차 작지 않다. "한국의 젊은이에겐 무거운 짐(生活苦)만이 눌려 있다."는 주장을 전적으로 거짓이라고 부인하기도 힘든 사정이다. 그러나 한국의 젊은이들은, 특히 대학생들은, 누가 그들에게 이름을 주기를 기다릴 것이 아니라 스스로 이름을 찾고 만들어야 할 것이다. 앵그리나 비트 또는 태양족보다도 훨씬 자랑스러운 이름을 스스로 지어야 한다. 물론 그것은 결코 쉬운 일이 아니다. 그러나 전혀 불가능하지도 않을 것이다. 아무리 어려운 일이라도 그것은 해야 할 일이다. 적어도 할 수 있는 데까지는 해야 한다. 이 나라의 다음 세대를 맡을 사람들이기에 그 과업을 회피할 수는 없다.

'무거운 짐'에 눌려 있는 것은 비단 젊은이들만이 아니다. 무거운 짐에 눌려 있는 젊은이들을 아들과 딸로 가지고 있는 늙은이들은 더욱 괴로울지도 모른다. 그리고 "사회가 개방되어 있지도 않다. 이들에게 허용된 것은 고작해야 영화를 보는 일과 뮤직 홀에 가서 음악을 듣는 일 정도다. 술이라야 대폿집에서 곱게 마실 뿐…." 운운의 불평도 알아들을 수 있다. 그러나 실은 그것이 매우 귀족주의적인 불평이라는 것을 반성할 필요가 있을 것이다. 영화나 뮤직 홀이 고작이라 하지만 그런 즐거움은 감히 바라지도 못하고 평생을 살다 눈을 감는 사람들도 무수하리라.

우리나라 젊은이들에게 괴로운 사정과 어려운 문제가 적다는 것이 아니다. 그러나 우리들의 가장 심각한 문제는 객관적으로 주어진 사정과 문제 그 자체보다도 그 사정과 문제를 어떻게 생각하며 어떻게 느끼느냐는 주관적 태도에 있다. 아무리 사정이 괴롭고 어렵더라도 이를 극복하고 해결하려는 의욕과 기개 — 이것이 젊은이의 생명이다. 건설적인 의욕과 기개 없이 젊은이다운 모럴이 가능할 수는 없다.

그러나 한편 이른바 기성세대에게는 기성세대의 할 일이 있다. 아무리 젊은이들일지라도 힘에는 스스로 한계가 있는 법이다. 젊은이들의 의욕과 기개도 적절한 환경 안에서만 제대로 발휘될 수 있다. 젊은이들이 정말 젊은이로서의 구실을 할 수 있는 조건을 마련할 책임은 기성세대의 어깨 위에 더욱 많이 지워져 있다. 오늘날 우리나라의 늙은 세대가 젊은 세대에 대하여 많은 부채를 지고 있음을 부인하지는 못할 것이다.

이 나라의 모럴의 문제가 이 나라의 전체적인 삶의 문제와 따로 떨어져 있다고 생각할 수는 없다. 삶의 문제는 곧 모럴의 문제요, 모럴의 문제는 곧 삶의 문제다. 우리나라가 당면한 여러 문제가 전 국민의 분발을 요청하고 있음은 새삼스럽게 말할 필요도 없다. 그러나 특히 대학생들에게 걸린 임무와 희망은 아무리 강조하여도 지나치지 않을 것이다.

(1962. 3)

3장 한국인의 결혼 윤리

1. 결혼과 인간관

오늘 우리나라에 있어서 결혼에 관한 통념(統念)은 조선시대의 전통 위에 현대 서구의 결혼관이 영향을 미침으로써 형성된 것이다. 따라서 현대 한국인에게 일반적으로 통용되고 있는 결혼 윤리가 무엇이며 또 우리에게 가장 바람직한 결혼 윤리는 무엇인가 하는 것이 문제될 때 우선 우리 조선시대의 결혼 윤리를 지배한 철학과 현대 서구의 그것을 지배하고 있는 철학의 차이를 분명히 살펴볼 필요가 있을 것이다. 문제에 대한 깊은 이해를 위해서는, 겉으로 나타난 형태보다도 그 바탕에 깔린 근본 사상을 파악하는 것이 중요하기 때문이다.

조선시대의 결혼은 요컨대 개인을 위한 제도가 아니라, 가족을 위한 제도라는 점에 그 기본 특색이 있었다. 조선시대에 있어서는 배우자를 결정하는 문제에서부터 모든 것이 부권(父權)에 달려 있었고 당사자의 의사는 거의 고려되지 않는 것이 보통이었다. 현대인의 안목으로 볼 때 도저히 이해할 수 없는 그러한 관례가 생긴 것은, 결혼은 가족 전체를 위한 것이요, 두 개인을 위한 것은 아니라는 결혼관 위에서 가능했던 것이며, 그러한 결혼관을 가졌던 우리 조상들의 안목으로 보았을 때는, 당사자의 의사를 따르는 자유결혼이라는 것이 도리어 납득할 수 없는 처사가 될 것이다.

"결혼은 가족 전체를 위한 것이다."라는 사고방식은 인생에 있어서 가장 근본적인 단위는 바로 가족이라는 철학을 바탕으로 삼고 있다. 만약 개인을 가장 구체적인 유기적(有機的) 단위로 본다면, 가족이라는 제도 자체도 개인을 위한 — 개인의 행복을 위한 — 방편으로 보아야 할 것이며, '가족을 위한 결혼'이란 관념이 성립할 수 없을 것이다. 가족을 가장 현실적인 자아의 단위로 보았던 까닭에, '모든 것은 가족을 위해서'라는 윤리관이 불가피했으며, 결혼도 가족을 위한 과정이라는 관념이 필연적으로 따르게 된 것이다.

조선시대의 가족에 있어서 중요한 것은 남자였고 여자는 종속적인 자리를 차지하는 데 지나지 않았다. 여필종부(女必從夫), 부창부수(夫唱婦隨), 삼종지덕(三從之德) 따위의 관념이 진리처럼 받아들여졌다는 사실이 이 점을 상징적으로 증언한다. 현대의 통념으로 볼 때 지극히 비인도적인 남녀의 차별이 생긴 것은 남자의 우세(優勢)와 그 이기심 때문이라는 해석으로 일단 설명할 수 있을 것이다. 이 상식적인 설명에 상당한 근거가 있음을 부인하지 못할 것이나, 이것만으로 충분한 설명이 될 수는 결코 없을 것으로 보인다.

완력에 있어서 남자가 여자보다 강한 것은 사실이며, 이 남자가 가진 완력의 이점이 남자의 사회적 지위에 유리한 조건이 될 수 있다는 것도 사실이다. 그러나 완력의 강약이 사람의 사회적 지위를 결정함에 있어서 가장 결정적인 조건이 아니라는 것은 사회적 조직체의 지배권을 잡는 것이 반드시 완력가나 무술사가 아니며 전혀 다른 조건에 의해서 패권의 향방이 결정되는 것이 보통이라는 사실에 의하여 명백하다.

만약 남자의 우세와 그 이기심이 남녀 불평등의 절대적 원인이라면, 동서고금의 모든 사회에 있어서 남녀의 불평등이 보편적 현상을 이루어야 옳다. 남자가 우세하고 이기적인 것이 사실이라면, 이것은 동서고금의 공통된 현상으로 보아야 할 것이며, 한국을 포함한 일부 인종에만 국한된 현상으로 볼 근거는 없다. 그럼에도 불구하고 옛날에 모계사회(母系社會)라는 것이 있었으며, 현대 서양에는 남녀의 차별이 별로 없는 나라들이 있다. 하여간 한국의 전통적 가족에 있어서 남자가 절대적인 지위를 독점하다시피 한 사실을 남성의 우세나 이기심만으로 설명하기 어렵다는 것은 의심의 여지가 없다.

조선시대의 가족에 있어서 남자가 주도적 위치를 차지한 가장 큰 이유는 가족의 혈통(血統)이 남자의 생명력을 통하여 계승된다고 믿었던 관념에 있었다고 보인다. 다시 말해서, 한 유기체(有機體)로서의 가족이 대(代)를 이어감에 있어서 주동적인 구실을 할 수 있는 것은 오직 남자뿐이요, 여자는 오직 보조의 구실을 할 뿐이라는 생각이 가족에 있어서의 주도권을 남자에게 인정한 가장 큰 원인으로 보인다. 혈통의 '씨'를 간직한 것은 어디까지나 남자요, 여자는 '밭'을 제공하는 데 지나지 않는다는 확신이 있는 이상, 대를 이어 가는 가계(家系)를 하나의 유기체요, 나 또는 우리의 실체(實體)로 보는 인간관에 입각할 때, 남자를 더 중요시하는 것은 당연한 결론이라 하겠다.

한편 현대 서구 사회에 있어서의 결혼은 일차적으로 당사자들 개인의 행복을 위한 것이요, 가족을 위한 것은 아니다. 현대 서구 사회에 있어서 자아(自我)의 기본단위는 어디까지나 개인이며, 가정은 개인들의 행복을 위한 방편으로서의 의미가 지배적이다. 따라서 배우자의 선정을 당사자의 자유의사로 결정해야 할 것은 당연한 일이요, 두 사람의 뜻만 일치한다면 자식을 갖지 않는 것도 자유요, 이혼을 하는 것도 자유일 수밖에 없다.

우리나라의 전통 사회에서는 부부는 동심일체(夫婦同心一體)라는 말이 당연한 것으로 받아들여졌다. 그러기에 집안 어른에 대해서 쓰는 '저'라는 말은 자기뿐 아니라, 자기의 배우자를 가리키는 뜻을 가질 수가 있었다. 부부뿐 아니라, 가족 전체가 한 덩어리의 주체로서 간주되었다. 그러기에 신세진 사람의 부모나 아이에게 보내는 선물은 호의를 베푼 사람 자신에 대한 답례로서 충분할 수가 있었다. 그러나 서양 부부나 가족의 경우는 사정이 다르다. 거기에서는 한 사람 한 사람이 엄연히 독립한 주체(主體)다. 한 가정의 식구들은 매우 가까운 관계로 맺어진 사이임에는 틀림이 없으나, 궁극에 가서는 각각 한 자아를 형성하고 산다. 따라서 서로의 프라이버시를 존중해야 하며, 때때로 '고마워요' 또는 '미안해요'와 같은 인사말로써 예절을 지킬 필요가 있다.

요컨대 우리 조상들의 머릿속에 있던 가족, 부부 또는 결혼의 개념과 오늘 서양 사람들이 말하는 'family', 'husband and wife' 또는 'marriage' 사이에는 상당한 차이가 있다. 하나는 가족 전체를 하나의 자아라고 보는 인간관에 입각해 있으며, 다른 하나는 어디까지나 개인 각자를 자아의 단위로 보는 인간관에 바탕을 두었다. 그 바탕을 이루는 인간관이 다르면, 결혼 또는 가족에 관한 윤리도 따라서 달라질 수밖에 없을 것이다. 사실 우리 조상들이 신봉했던 결혼 윤리 또는 가족 윤리와 현대 서구 사회의 그것들 사이에 근본적인 차이가 있는 것도 그 때문이라 하겠다.

2. 개인주의의 결혼 윤리

앞에서 말한 바와 같이 오늘날 우리나라의 결혼관 내지 가족관은 우리 조상들의 전통과 서양 사람들의 새로운 관념이 혼합되어 이루어진 것이다. 현재 우리가 결혼 윤리 또는 가족 윤리에 있어서 일종의 혼란과 방황을 겪고 있는 이유의 일부도 여기서 찾아야 할 것이다. 이제 현대를 살아가는 우리 한국인을 위해서 바람직한 결혼 윤리 내지 가족 윤리가 무엇인가를 물어야 하는 이 자리에서 우선 살펴야 할 것은, 결혼 또는 가족 제도의 바탕을 이루는 두 가지의 인간관 중에 어느 쪽을 택해야 하느냐 하는 물음이 아닐 수 없다.

여기서 "인간이란 무엇인가?"라는 물음을 거창하게 다룰 필요는 없을 것이다. 우리 문제의 초점은 인간 사회에 있어서 삶의 주체 또는 자아의 범위를 어떻게 보느냐는 그 점에 있다. 다시 말해서, 한 개인을 삶의 주체의 기본 단위로 보느냐 또는 가족 그 밖의 어떤 집단을 그것으로 보느냐 하는 것이 우리들의 문제의 초점이 되는 것이다. 그리고 이것은 인간의 자아가 무엇이냐는 물음과 밀접하게 관련지어져서 대답될 문제다.

자아의 범위는 사람들의 의식구조를 따라서 결정되는 것이요, 일정불변한 객관성을 가지고 미리 정해져 있는 것은 아니다. 조선시대를 산 우리 조상들의 의식구조를 기준으로 삼을 경우에는, 한 사람 한 사람의 개인보다도 우리의 관념으로 파악된 한 가문(家門) 전체가 더 근원적인 자아로서의 성격을 가졌다. 그러나 오늘날 서양인의 일반적 의식구조를 기준으로 삼을 경우에는 각 개인을 자아의 단위로 보는 편이 타당할 경우가 많을 것이다. 물론 이것은 전체적 경향에 대한 일반론에 불과한 것이며, 예외 없이 언제나 그렇다는 뜻은 아니다. 사람들의 의식구조에는 개인의 차가 많을 뿐 아니라, 같은 사람의 의식(意識)도 부단히 유동하는 흐름인 까닭에, 사실상의 자아의 구조와 그 범위는 훨씬 더 복잡하고 또 다양하다고 보아야 할 것이다. 다만 전반적인 경향으로 말한다면 위에서 말한 바와 같은 비교가 가능할 것이라는 뜻이다.

오늘날 우리 한국인의 자아는 늙은 세대와 젊은 세대 사이에 상당한 차이가 있는 것으로 보인다. 농촌 사람과 도시 사람 사이에도 차이가 있다. 대체로 말해서 늙은 세대에게는 가족주의(家族主義)의 경향이 강하며 우리 집을 나로 의식하는 경우가 많은 데 비하여, 젊은 세대에 있어서는 개인주의(個人主義)의 경향이 압도적이면서 자기 한 개인을 나로 의식하는 경우가 많다.

농촌과 도시를 비교할 때, 전자에 전통적 색채가 강한 것은 널리 알려진 사실이다.

역사가 흐르는 자연적 추세로 말하면, 젊은 세대와 도시에서 우세한 서구적 자아관이 앞으로 점점 강화되리라고 보아야 할 것이다. 우리가 특별한 반성이나 가치관을 따라서 이 자연적 추세에 항거할 생각이 없는 한, 우리는 개인주의에 입각한 자아의 의식을 따라서 세상을 살아가게 될 것이고, 결혼 윤리 내지 가족 윤리도 그러한 자아관에 적합하도록 조정되고 재정리되는 것이 마땅하다 하겠다. 여기서 우리는 두 개의 물음을 제기하고 이에 대답해야 할 것으로 보인다. 첫째는 "우리가 철저한 개인주의의 견지를 취할 때, 우리의 결혼 윤리 및 가족 윤리는 어떻게 정리되어야 할 것인가?" 하는 물음이며, 둘째는, "철저한 개인주의라는 현대 서구인의 자아관은 과연 최상의 자아관인가?" 하는 물음이다. 여기서 더 근본적인 것은 둘째의 물음이다. 따라서 이것을 먼저 검토하는 것이 더 논리적인 순서일지도 모른다. 그러나 이 자리가 철학적인 탐구의 자리이기보다는 현실적 해결을 모색하는 자리임을 고려하여 당면한 문제부터 고찰하는 순서를 택하기로 한다.

자애(自愛)는 인간의 가장 근본적이며 보편적인 본성이다. 우리가 우리의 본성을 따라서 자연스럽게 사는 것보다 더 값진 삶을 생각할 수 없다면 각자가 각자를 위해서 현명하게 사는 것이 옳은 삶의 길이라는 결론으로 이끌릴 것이다. 여기서 '각자를 위해서'라는 말에 있어서 그 각자 즉 자아가 무엇이냐 하는 것이 문제가 되거니와, 현대 서구인의 의식구조는 개인으로서의 자기를 자아로 보고 있으며, 우리나라의 젊은 세대도 그러한 자아관으로 기울고 있음을 보았다. 이러한 추세를 그대로 긍정하고 "각 개인은 자기 개인을 위해서 산다."는 명제를 근본 전제로 삼을 때 우리들의 결혼 윤리 내지 가족 윤리는 어떻게 될 것인가?

윤리라는 것은 본래 지성(知性)을 바탕으로 삼고 성립한 것이다. 우리가 윤리를 문제 삼을 때, 지성의 요청을 받아들인다는 전제가 묵인되었다고 보아야 할 것이다. 지성의 요청 가운데서도 특히 논리의 일관성의 요청을 거부한다면, 윤리에 관한 논의는 성립할 수 없을 것이다. 그러므로 "각 개인은 자기 개인을 위해서 산다."는 명제는 모든 사람들은 누구나 자기를 위해서 살 동등한 권리를 가지고 있으며, 우리는 남들의 그러한 권리를 나 자신의 그 권리와 동등하게 존중해야 한다는 뜻을 포함하는 것으로 보아야 할 것이다.

이상과 같은 전제에서 출발할 때, 결혼이라는 것도 '각 개인이 자기 개인을 위해서 사는 삶' 속에서의 한 과정일 수밖에 없다. 그리고 모든 사람이 자기를 위해서 살 동등한 권리가 존중되어야 하는 까닭에, 결혼하는 남자와 여자도 동등한 권리의 주체일 수밖에 없으며 아내는 남편을 위한 보조자라는 따위의 사고방식은 용납되기 어렵다. '내조(內助)의 공'을 현모양처의 조건으로 생각하는 따위는 낡은 관념으로서 물리침을 받아야 하며, 집사람, 바깥양반, 우리 주인 양반 따위의 용어도 점차로 폐기 처분을 당해야 한다. 부부는 서로의 의사와 자유를 십분 존중해야 하며, 아내가 남편을 위해서 희생한다거나 부모가 자식을 위해서 희생적으로 봉사한다는 것은 불합리한 처사로서 평가되어야 할 것이다. 부부는 일심동체라는 따위의 관념은 유지될 근거가 없으며, 가정은 식구 각자의 행복과 발전을 위한 방편 또는 수단으로서의 의미를 주로 갖게 된다. 남편이 아내에게 명령 또는 지시를 하는 것은 특수한 경우가 아니면 정당한 태도라고 보기 어려우며, 어디까지나 두 사람은 동등한 자리에서 협조를 구해야 할 것이다.

부부 사이에 지켜야 할 윤리와 가족 사이에서 일반적으로 지켜야 할 윤리는 근본정신에 있어서 다를 수가 없다. 모든 식구들은 각각 절대적인 권리를 가진 인격이며, 각자의 자유와 각자의 독립성이 최대한의 존중을 받아야 할 것이다. 각자의 비밀도 서로 존중해야 할 것이며, 신서(信書)의 비밀도 남남끼리의 경우에 준하여 지켜져야 할 것이다. 아무리 같은 집안 사람끼리라 하더라도 서로의 감정은 최고도의 아낌을 받아야 할 것이며, 현재 우리가 지키고 있는 것보다 몇 갑절 더 까다로운 예절을 지키는 것이 안전하고 지혜로운 생활 태도가 될 것이다.

이혼(離婚)이라는 것을 너무 어렵게 생각하는 것은 불합리하다고 보아야 할 것이다. 본래 두 사람 각자의 생활 목표를 달성하는 데 도움이 되라고 결합한 것에 지나지 않는다면, 그러한 목표를 위해서 별로 도움이 되지 않는다는 사실이 발견되었을 때 서로 상의하여 헤어지는 것은 오히려 당연한 처사일 것이다. 자녀들의 문제를 약간 고려해야 하겠지만, 자녀를 위해서 불행한 결혼을 무리하게 유지할 필요가 없다고 판단한 사람들을 크게 나무랄 이유는 없을 것이다. 자녀들의 앞길은 그들 자신이 개척하도록 맡기거나, 미성년의 복지를 위한 사회제도를 강구하는 일에 국민의 한 사람으로서 적극 협조한다는 조건으로, 아버지와 어머니는 자기의 행복을 위해서 이혼할 자유를 향유할 수 있을 것이다.

3. 개인주의를 넘어서서

이상은 철저한 개인주의에 입각할 경우 우리의 결혼 윤리가 갖게 될 모습의 윤곽이었다. 필자로서는 논리에 충실하게 이론을 전개하기를 꾀하였다. 만약 이상과 같은 결혼 윤리 내지 가족 윤리에 대하여 부분적으로라도 용납하기 어려운 점이 있다면, 그것은 철저한 개인주의 그 자체에 불만스러운 면이 있다는 증거로 보아도 좋을 것이다. 이제 우리는 우리들의 둘째 문제로 "철저한 개인주의라는 현대 서구인의 자아관은 과연 최상의 자아관인가?" 하는 문제 앞에 다시 서게 된다.

인류의 과거는 갖가지 집단주의 내지 전체주의를 경험하였고, 집단과 전체를 앞세우는 철학으로 말미암은 많은 불공정하고 비인간적인 비행(非行)을 역사에 기록하였다. 현대를 사는 우리에게 상식화되어 가고 있는 서구적 개인주의는 불합리하고 불공정한 집단주의 내지 전체주의에 대한 반발과 반성의 산물이며 당연히 많은 점에 있어서 정당성을 가졌다고 보아야 할 것이다.

그러나 개인의 독립성이 철저하게 강조되고, 개인의 권익(權益)을 절대적 가치로서 떠받드는 길을 자신 있게 추구한 끝에, 인간이 발견한 것은 행복이 아니라 고독이었다. 서구적 개인주의는 개념상 이기주의와 구별되는 것임에 틀림이 없으나, 경제 위주의 물질문명 속에서 개인주의가 신봉될 때, 이기주의적 인간상(人間像)의 출현은 자연스러운 귀추이며, 설령 상식적인 의미의 이기주의는 아니라 하더라도 자기중심의 인간상을 배출하는 결과를 피하기는 매우 어려울 것이다. 그리고 이기주의 내지 자기중심주의가 생활의 원리로 작용할 때, 인간은 고독을 면하지 못한다.

"사람은 누구나 자아를 사랑하며 자아의 소망이 이뤄지기를 도모한다."는 이 평범한 명제는 동서고금을 통하여 타당성을 가질 것이며, 앞으로도 아마 타당성을 잃지 않을 것이다. 그러나 무엇을 자아로서 의식하느냐 하는 것은 개인을 따라서도 시대에 따라서도 차이가 있다. 현대 서구 문명 속에 사는 사람들은 보통 개인으로 불리는 것을 각자의 자아로서 의식하는 경향이 지배적이나, 이것은 결코 유일한 가능성은 아니다. 개인의 테두리를 벗어나서 더 넓은 범위를 자아로서 의식한 인간상은 과거에도 있었고, 앞으로도 가능할 것이다. 인간의 의식은 사회의 여러 여건을 따라서 결정되는 것이며, 임의로 바람직한 인간상을 만들어 낼 수 있다고 장담할 수는 없을 것이나, 우리가 교육의 문제를 근본적인 각도에서 생각할 경우, 우리의 의식구조를 자연의 추세에만 맡길 수도 없을 것으로 안다.

개인의 자유와 개인의 인격을 무시한 집단주의의 폐단을 심각하게 체험한 인류가 전근대적 인간상으로 되돌아가기를 희망할 수는 없다. 그러나 우리는 지금 왜소하고 폐쇄적인 개인주의도 인류에게 내일을 약속하지 않는다는 사실을 깨닫고 고민에 빠져 있다. 여기서 우리 앞에 던져지는 문제는, "개인의 자유와 인격을 존중하면서도 개인 이상의 것을 자아로서 의식하는 인간을 생각할 수 있는가?" 하는 물음이다.

우리가 존경하는 역사상의 위대한 인격들은 대개 개인의 인격과 자유를 존중하면서도 작은 자아에 사로잡히지 않은 사람들이다. 가까운 우리 주변에서도 결코 집단주의자는 아니지만 자기의 개인보다도 더 큰 것을 위해서 살고 있는 사람들이 없지 않다. 비록 수는 많지 않더라도 이러한 사람들이 존재한다는 사실은 앞에 제시된 우리의 물음에 대하여 긍정적으로 대답할 수 있는 가능성의 근거로 볼 수 있을 것이다. 우리는 개인의 자유와 집단의 번영을 양립시킬 수 있는 인간, 그리고 전체주의에 빠지지 않고도 고독하지 않은 인간관계의 가능성을 성급하게 단념할 필요는 없을 것으로 믿는다.

가정은 인간이 개인을 넘어서서 더 큰 자아에 도달하기가 가장 용이한 집단이다. 그리고 현대의 서양 사람들이 그렇듯이 식구 각 개인이 모두 성주(城主)가 되어 서로의 권리와 의무를 의식하며 사는 것이 가장 바람직한 삶의 방식은 아니다. 식구 각 개인의 목표보다도 더 큰 가정의 목표를 세우고 함께 힘을 합한다 하여 그것이 반드시 불합리하거나 비인간적이 되지는 않을 것이다. 그러나 이것은 가정 전체를 자아로서 의식하는 인격의 형성을 전제로 할 때의 이야기며, 저 한 사람밖에 모르는 사람들을 무리하게 그 길로 끌고 가는 것이 바람직하다는 뜻은 아니다.

가족의 공동 목표를 개인의 성취보다도 우선적으로 추구하는 길을 택한다 하더라도 반드시 남편 또는 아버지의 권위 위주로 돌아가야 할 이유는 없을 것이다. 가정이라는 작은 집단의 경우에도 통솔 또는 지도는 필요할 것이다. 그러나 그 통솔 또는 지도의 권한이나 책임은 그 가정에 있어서 가장 지혜로운 사람이 맡을 것이며, 남녀의 성별이나 항렬(行列)의 고저를 가지고 미리 못 박을 필요는 없을 것이다. 또 어떤 일은 남편의 주도에 맡기고 다른 일은 아내의 주관에 맡기는 식의 분업도 생각할 수 있을 것이며, 대소사를 서로 상의해서 결정짓는 방안을 택할 수도 있을 것이다.

인간이란 개인적이면서도 사회적인 존재다. 개인의 자유를 열망하면서도 다른 사람들과 하나가 되기를 갈망한다. 이 두 가지 욕구 사이에는 분명한 갈등이 있으며, 이 갈등의 해결을 안이한 자세로 낙관할 수는 없다. 그러나 이 갈등의 해결에 성실하게 도전하는 것은 지성의 소유자로서의 인간이 끝내 포기할 수 없는 과제이며, 가정이라는 작고도 긴밀한 인간 집단에 있어서 이 과제를 풀어 나가는 실마리를 찾아보는 것도 과히 무리한 시도는 아닐 것이다.

(1976. 10. 7)

4장 에로스 소고(小考)*

— 청년기의 정열에 관하여

1.

인간의 자아의식은 청년기에 들어서며 갑자기 고조(高潮)에 달한다. 뚜렷이 자아를 발견한 청년이 그 자아의 의식을 끝까지 확장시킬 때, 그는 하나의 슬픈 사실에 직면한다. 자아는 고독하다는 사실에. 만인이 제각기 자기를 위하여 분주한 이 세상에서 나와 진실로 맺어진 사람은 하나도 없는 것

* 이 글은 벌써 23년 전에 쓴 것이나, 아직 아무 데도 발표한 적이 없다. 아마 내 스스로 읽어 보고 마음에 들지 않았기 때문일 것이다. 지금 읽어 보니, 더욱 치졸(稚拙)하게 느껴지며 쑥스럽기 그지없다. 쑥스러움을 무릅쓰고 여기에 이 글을 싣는 것은, 이 치졸한 글이 내 마음의 한 시기를 충실하게 반영한 기록이기 때문이다.
희미한 기억을 더듬어 보면, 이 글을 쓰던 시절에 나는 어떤 인연으로 마음에 상처를 입고 좌절감에 빠져 있었다. 그 좌절감을 극복하기 위하여 나는 자신에게 타이를 필요가 있었고 또 무관심을 다른 길로 돌릴 것을 스스로 다짐할 필요가 있었다. 이러한 필요에 밀려서 쓴 것이 바로 이 글이며, 따라서 이것은 본래 나 자신을 위해서 쓴 일기와도 같은 성질의 글이다.
세월이 흐르면 사람의 생각도 달라진다. 사반세기 전의 내 생각이 곧 오늘의 내 생각과 같을 수는 없다. 그러나 우리들의 젊었을 때의 생각과 성숙한 뒤의 사상 사이에는 항상 어떤 연결성이 있음을 부인하기 어렵다. 그러한 뜻에서 이 치졸한 글은, 오늘의 나에게 심한 저항감을 일으킴에도 불구하고, 역시 나의 것임을 자인하지 않을 수 없다.

같다. 주위에 사람들은 허다하나, 모두가 자기와는 인연이 먼 피안(彼岸)의 존재인 것만 같다. 나를 무던히 위해 주는 부모가 계시고, 동기도 있으나, 그들과 나 사이에는 넘을 수 없는 간격이 벌어져 있음이 보인다. 남을 위하여 진력한다는 거룩한 행위들이 기실은 가면과 허위에 싸여 있는 것 같다. 나를 진정으로 위해 주는 남이 없을 뿐만 아니라, 나를 정말 이해해 주는 남도 없다. 나의 표면을 이해해 주는 사람은 많다. 그러나 누가 나의 내심을 똑바로 알아주던가? 헤세의 시(詩)가 아름답게 표현했듯이 인생은 깊은 안개에 잠긴 듯, 아무도 이웃 사람을 알지 못한다. 사회는 여러 사람이 각각 떨어져 사는 곳이다. 나는 광야에 홀로 서 있는 나를 발견한다. 나는 무한히 외롭다.

Im Nebel

Seldsam, im Nebel zu wandern!
Einsam ist jeder Bugsch und Stein.
Kein Baum sieht den andern,
Jedere ist allein!
…
Seldsam, im Nebel zu wandern!
Leben ist einsan-sein,
Kein Mensh kennt den andern,
Jeder ist allein!

안개 속에서

안개 속 거닐으니, 기분 희한하여라!
모든 숲과 돌 외롭디 외롭고,
어떤 나무도 다른 나무를 보지 못하나니!

그 모두가 홀로이어라!

…

안개 속 거닐으니, 기분 희한하여라!
인생이란 외로운 것,
아무도 다른 사람을 알지 못하나니,
누구나 모두 홀로이어라!

고독을 느끼는 자아(自我)는 그 고독을 타파해 줄 타아(他我)의 존재를 희구한다. 자타의 구별을 초월할 수 있는 우정을 염원한다. 자기를 진실로 이해해 줄 또 하나의 인격이 갈망되는 것이다. 고독을 감지하는 마음과 우정을 염원하는 마음은 동일한 청년 심리의 표면과 이면(裏面)이다. 그러나 아무나 함부로 나의 우인(友人)이 될 수 없음은 이미 판명된 사실이다. 나를 참으로 이해해 줄 사람이 그리 흔치 않으리라는 것은 벌써 뼈저리게 체험한 바이다. 오직 특수한 인물만이 나의 우인이 되고 지기(知己)가 될 수 있으리라. 이리하여 인간 일반에게 실망한 고독한 자아는 그 고독을 극복할 새로운 희망을 특수한 인물 위에 둔다.

자기가 원하는 특수한 인물과 가장 수월하게 만날 수 있는 것은 공상의 세계다. 그러나 공상적 우정은 흐뭇한 만족을 주지는 못한다. 갈망되는 것은 실재(實在)하는 인물과의 현실적인 우정이다. 이에 일상 관계하는 허다한 인물 중에서 하나의 선택이 이루어진다. 전 생명을 피차 교류하여 자타의 구별을 초월할 수 있는 상대로서 선택되는 최초의 상대는 교사나 선배와 같은 손위의 사람일 수도 있고 자기와 똑같은 심정에서 우정을 갈망하는 동년배일 수도 있고 또는 아직 자아의 주장이 그리 심하지 않은 순진한 연소자일 수도 있다. 그러나 그것은 대체로 자기가 쉽게 접촉할 수 있는 인물 중에서 선택되는 것이 보통이다. 청년 남녀의 교제가 상당한 제약을 받고 있는 우리나라 같은 사회에 있어서는 따라서 동년배의 이성 중에서 이러한 상대가 먼저 발견되는 경우는 비교적 드물다. 그러므로 관습이 청년 남녀의 자유로운 접촉을 용납하지 않는 사회에서는, 소위 연애(戀愛)라고 불리는 관계 안에 정열을 쏟아 붓기 전에 우정 또는 동성애(同性愛)라고 불리는 관계에 정열을 바치는 경험이 앞서는 것이 보통이다.

온 영혼을 기울일 수 있다고 믿어지는 스승이나 벗이 발견되었을 때, 청년의 고독은 일시 구제되고 세계는 새로운 광명 아래 밝아 온다. 그러나 축복된 상태는 일반적으로 그리 오랫동안 지속되지 않는다. 그는 나 스스로를 특수한 인격으로 믿고 내가 선택한 사람이지만 그 즉시 너와 나의 사이에는 유합(癒合)될 수 없는 간극이 벌어져 있음이 조만간 발견되기 때문이다. — 모든 사람은 제각기 자기를 위하여 자기 안에서 살고 있다는 일반적 법칙이 그 법칙에서 예외적이라고 믿었던 그 선발된 인물에게까지 예외 없이 들어맞는다는 새로운 통찰이 머리를 들기 때문이다. 싹터 오르던 긍정과 신념의 철학은 도중에 시들어 버리고, 부정과 회의의 어두운 철학이 다시금 가슴을 덮는다.

2.

염세관(厭世觀)이란 그 근본에 있어서 인간에 대한 증오감(憎惡感)이다. 그리고 인간에 대한 증오는 인간에 대한 애착(愛着)의 반동이다. 청년 초기의 고독한 정신은 특수한 우정 안에 구원되기를 희망하였다. 우인(友人)이라는 특수한 인물에게 애착하였다. 그러나 그 우인 역시 자타의 구별을 초월할 수 없는 타인이라는 것을 깨달을 때, 그 실망은 우선 우인에 대한 실망이요, 또 우인에 대한 증오다. 사람은 대체로 실패의 책임을 남에게 떠넘기는 경향이 있다. 우정 결렬의 책임도 먼저 타인에게로 넘어가는 까닭에, 인간에 대한 증오는 우선 타인에 대한 증오에서부터 시작된다.

사람들이 흔히 인간을 비난할 때 — 인간의 이기성과 추악상을 비난할 때 — 그것은 자기 자신에 대한 비난이 아니라, 타인의 이기성과 타인의 추악상에 대한 비난이다. 그러나 타인과의 접촉에 견디지 못하여 깊이 자아 내부로 침잠(沈潛)하는 고독한 정신은 자기 자신도 필경은 다른 사람들과 마찬가지로 이기적이요 추악하다는 것을 스스로 반성하기에 이른다. 자기를 포함한 모든 인간은, 또는 자기를 선두로 한 모든 인간은, 그 현재를 극복하지 않으면 아니 될 낮은 존재라는 것을 자각할 날이 온다. 이제 그는 상대편에게로만 떠넘기던, 실패한 인간관계의 책임을 자기도 나누어 져야 할 것을 절실히 느낀다. 이 절실한 느낌은 바로 인간의 유한성에 대한 자각이기도 하다.

"인간은 필경 유한자였다. 그 육체에 있어서뿐만 아니라 그 정신에 있어서도 역시 유한자다. 유한을 자각하기에 인간은 도리어 무한을 동경한다. 인간의 유한성에는 일종의 무한성이 깃든 것도 같다. 인간은 현재 낮은 상태에 있다. 낮음을 자각하기에 인간은 도리어 높은 곳을 갈망한다. 인간의 희망은 그 현재에 있는 것이 아니라 오히려 그 장래에 달려 있는 것 같다. 인간이 만약 존귀하다면, 그것은 인간이 높은 현실성을 가지고 있기 때문이 아니라, 높은 가능성을 보유하고 있기 때문이 아닐까? 아마도 낮은 현실을 극복하여 더 높은 인간성으로 지향하는 것은 인류의 공통된 과업일 것이다." 이와 같이 반성한 고독한 정신은 그 실망 속에서 도리어 새로운 희망을 발견한다. 실망에 끝내 사로잡히지 않고 또다시 희망을 안아 보는 것은 자라나는 생명의 본질에 속한다.

새로운 희망은 인간의 가능성에 기대한다. 현재는 비록 낮다 하여도 장차 높아질 수 있으리라고 그의 잠재력을 믿는다. 그는 장차 실현될 인간의 목표를 머릿속에 상상한다. 이리하여 감수성 강한 청년들의 대부분은 적어도 한 번은 이상주의의 기치(旗幟) 아래로 모여 보는 것이다. 이상의 내용은 문화적 전통, 사회 풍조, 개인적 환경의 사정, 그리고 개성 여하에 따라서 개인마다 차이가 있을 것이다. 그러나 더 높은 곳을 지향하는 이상에 산다는 점에 있어서 청년의 정열은 널리 일치한다.

언뜻 보기엔, 평범한 사람들의 이상은 직업을 중심으로 구상되는 것 같다. 다시 말하면 직업전선에 있어서의 사회적 성공이 인생의 목표로서 세워짐을 본다. 그러나 더한층 깊이 살필 때 그것은 청년이 간직하는 이상의 궁극이 아님을 알 수가 있다. 일찍이 아리스토텔레스도 지적한 바와 같이, 모든 인간은 궁극에 가서 행복을 염원하고 있으며, 행복이 필경은 인격에 달렸다는 것은 대부분의 생각 있는 청년들의 공통된 통찰이다. 직업적 성공은 따라서 자기 인격의 배양을 위한 수단의 지위에 놓이게 된다. 직업적 성공만으로 만족하는 이상이라면, 그것은 매우 현실적인 타산에 불과한 것이며, 무한을 갈망하는 청년기적 이상의 본질에서는 벗어나는 것이라 하겠다. 청년의 이상은 그 궁극에 있어 높은 인격을 지향한다. 인격의 완성! 그것은 매우 막연한 관념임에도 불구하고, 푸른 뜻을 품은 청년들에게는 무한한 동경이 아닐 수 없다.

현재의 낮은 현실에 실망한 정신이 장래의 높은 가능성에 기대하고 이상의 세계를 모색할 때, 그 이상의 세계의 중추가 되는 것은 인격이다. 청년을 실망과 환멸 속으로 빠트린 것도 인간이었거니와 그에게 새로운 광명을 약속하는 것도 역시 인간이다. 청년의 이상 속에는 새로운 상(像)의 인간에 대한 꿈이 있다.

인간이란 원래 사회적 존재였다. 그리고 인격은 사회 안에 표현되는 인간성의 발현이다. 따라서 새로운 모습의 인간이란, 구체적으로는 새로운 유형의 인간관계를 의미하는 것이다. 이상적 인격이라 할 때, 그것이 사회와 유리된 한 개인을 의미한다면 그것은 현실성 없는 추상에 불과할 것이다. 인격은 사회 안에서 자타의 교섭을 통하여 형성된다. 선미(善美)한 인격을 염원한다 함은, 더 구체적으로 말하자면 선미한 인간관계를 염원함이다. 청년이 행복의 핵심으로서 인격의 향상을 희구할 때, 다른 누구의 인격보다도 자신의 인격 향상이 관심의 초점이 된다. 그러나 인격이란 타인과의 교섭을 통해서만 향상도 될 수 있고 저하도 될 수 있는 것이다. 그러므로 나 개인의 인격이 향상되기를 위하여서도 그것을 높여 줄 타아의 존재가 필요함을 또다시 느낀다.

나는 내 자신의 인격이 향상되기를 원한다. 그러나 나의 인격은 나 단독으로는 향상될 수 없는 사회적 존재다. 자아는 스스로 향상되기 위하여 타아를 요구한다. 자아는 다시금 타아가 그리움을 안다. 인간을 증오하여 산중으로 도피했던 고독한 정신은 다시 한 번 인간이 그리워 촌락으로 내려온다.

낮은 현재에 실망하고 높은 장래에 희망을 거는 젊은 마음이 — 새로운 인간 유형의 탄생을 갈망하며, 적개심이나 이해타산을 초월하는 인간관계의 출현을 염원하는 마음이 — 생리의 자연이 요구하는 성충동과 결합되었을 때, 우리는 이 심리를 용어의 전통적 의미에 있어서 연애(戀愛)라고 부른다. 연애라는 개념은 근래 매우 남용되어, 유희적인 남녀관계까지도 지칭함에 이르렀다. 그러나 연애라는 말이 좋은 의미로 쓰일 때, 그 핵심을 이루고 있는 것은, 생물학적 성충동이기보다도 고독한 정신이 인간을 그리워하는 마음, 즉 더 세련된 인간관계를 동경하는 윤리적 심정이다. 그것은 현재의 극복을 쟁취하고자 하는 철학적 정열이다. 그것은 구원을 피안(彼岸)에 기대하는 종교적 심정과도 가까운 거리에 있다.

더 세련된 인간관계를 동경하는 도덕적 심정이 단순한 생리적 욕구에 불과한 성충동과 결합하기 쉬운 몇 가지 이유가 있다.

첫째, 고독과 동경의 갈등이 가장 극심하여 이상주의적 정열이 왕성한 시기가 바로 생리적으로 성충동이 가장 강렬하게 나타나는 시기이기도 하다. 정신적 동경과 육체적 욕구가 때를 같이하여 강하게 일어난다는 사실은 이 두 가지 심리적 요소의 결합을 용이하게 한다.

둘째, 청년기의 남녀는 신체가 극도로 발달하는 한편 피차 이성의 용모나 거동을 아름답게 보도록 마련되어 있다. 이 사실은 그 용모나 거동뿐만 아니라, 그 내심까지도 아름다운 것으로 추측하게 하는 경향이 있으며, 따라서 남녀가 피차 상대방을 심신이 아울러 완전한 인격으로 보는 착각을 일으키기에 도움이 된다.

셋째, 이 시기의 남녀는 서로 접촉할 때에, 수치감과 조심성을 발휘하여 각각 자기의 장점만을 보이고 결점은 깊이 감추어 둔다.

넷째, 동세대의 청년 남녀는 이상이 서로 유사하고 생활감정이 공통되므로 피차 이해하기가 용이하다.

다섯째, 적극적이고 능동적인 남자의 성격과 소극적이고 수동적인 여자의 성격이 조화되기 쉬우며, 남녀는 피차의 경함을 상호 보완할 수 있다는 인상을 준다.

여섯째, 사회생활에 있어서 이성간의 경쟁 대립은 동성간의 그것처럼 심각하지 아니하므로, 질투와 적대시 등 쌍방의 접근을 방해하는 심리가, 이성간에 있어서는, 별로 작용하지 않는다.

이상과 같은, 그리고 그 밖의 여러 가지 유리한 조건 아래서 남녀는 수월히 심리적 접근에 도달한다. 남자는 이상 실현의 좋은 동지를 여자에게서 발견하고, 여자는 그것을 남자에게서 발견한다. 남녀는 피차 희망을 주고 광명을 받는 고마운 존재, 즉 하나의 우상이 된다.

순결한 청년의 연애는 이상(理想)에 대한 정열이요, 선미(善美)에 대한 사모다. 그것은 영원을 부르는 갈망이요, 절대를 찾는 염원이다. 거기에는 유한한 자가 무한한 것을 희구하는 동경이 있다. 이 심정에는 어리석을지는 모르나 진실로 아름다운 것이 섞여 있다.

그러면 연애는 끝까지 축복된 인간관계일까? 청년들은 이 관계를 통하여 정말 향상되고 마침내 이상에 접근하는 것일까? 인격은 이 관계에 있어서, 너와 나의 구별을 초월하는 숭고한 통일에 도달하며 절대 영원한 사랑을 실현하는 것일까?

우리는 여기서 절대와 영원 또는 완전 등의 관념이 따라다니는 이상(理想)이라는 것이 과연 실현 가능한 것일까 하는 인간 능력의 한계에 관한 난문제를 들추어 내고자 하지 않는다. 이상이란 항상 피안으로 달아나는 한갓 목표다. 이상은 그 발바닥을 대지에 붙임으로써 일면 현실과 연결되나, 그 머리 끝을 창공으로 솟구침으로써 타면 현실을 초월한다. 이상은 도달을 위한 종점이라기보다도 접근을 위한 방향이다. 따라서 연애가 이상적 인격을 실현하는 적절한 방도일까 하는 우리의 문제는 좀 더 엄밀하게 말하자면, 연애가 청년들이 이상으로 삼는 인격 내지 인간관계의 방향으로 청년들을 이끌어 접근시키는 첩경일까 하는 문제에 한정될 것이다.

3.

무릇 어떤 목적지에 도달하는 방도란 한두 가지로만 국한된 것이 아니다. 인격이나 인간관계를 개선함에도 무수한 길이 있다. 남녀의 교제도, 그것이 밝은 지성과 아름다운 덕성으로 이루어질 때, 인간이 낮은 현재를 극복하는 탈피의 계기가 될 것이요, 향상의 동력이 될 것이다. 그러나 모든 남녀간의 애정이 인간을 향상의 방향으로만 인도하는 것은 아니다. 타락이니 연약이니 하는 부덕의 낙인이 찍히는 남녀관계뿐만 아니라, 그 순정과 열성이 찬미를 받을 만한 애정관계에 있어서도, 그것이 도리어 인격의 향상을 저지한 예가 부지기수이며, 인간의 건설적인 과업을 방해한 예가 세상이 알고 있는 것보다도 그 숫자가 클 것이다.

순진한 청년들에게 사모라는 심리가 발생할 당시에 그들은 안으로 생명의 충실과 힘의 앙양을 느낀다. 인생의 지평선이 새로운 광명 아래 밝아 옴을 의식한다. 인격은 푸른 날개가 돋쳐 무한히 비상(飛翔)할 것만 같고, 생애는 부귀가 아니라도 풍족할 듯만 싶다. 두 사람 사이에는 오직 성실과 신뢰와 희생이 있을 뿐이요, 기만, 질투, 타산 등은 생각할 여지도 없다. 제행무상(諸行無常)한 인간 세계에서 영원불멸한 가치가 창조될 듯 기쁘다.

그러나 젊은이의 이 같은 꿈이 10년을 지속한 예가 적으며, 희망과 광명이 환멸과 암흑으로 전락하지 않은 예가 드물다. 물론 이 방면에도 예외는 있을 것이다. 그리고 이 소수의 예외는 예술에 의하여 과장되고 전설에 의하여 전형화되었다. 그러나 일반 젊은이들의 애정관계는 시인이 찬미하는 그것과는 별개의 길을 달리는 것이 현실이다. 대개의 종막은 허무의 회고이거나, 보통 결혼생활에서 보는 평범의 반복이다. 열중한 청년들은 자기의 경우만은 바로 이 소수의 예외에 속한다고 믿는다. 그러나 자기의 경우를 예외라고 생각하는 이 자부심이야말로 다름 아닌 평범한 청년들이 예외 없이 갖는 근거 없는 믿음인 것이다. 대개의 청년은 그 열광적 자신에도 불구하고 조만간 자기의 로맨스도 항간에 흔해 빠진 한갓 속사(俗事)였다는 것을 발견할 날이 온다. 성실과 신뢰와 희생으로 벅찼던 가슴속에서 기만과 질투와 타산이 용솟음치는 것을 목격할 시기가 온다.

희망과 광명을 약속하던 청년의 애정관계가 환멸과 암흑에 가득 찬 속사로 전락하는 일반적 현상은 그것이 일반적 현상인 만큼 당사자의 실수나 환경의 불우에서 오는 우연한 사실이 아니라, 연애라고 불리는 인간관계 자체의 바탕에서 유래하는 본래적 속성이라고 보아야 할 것이다. 연애라는 인간관계의 출발점과 발전 과정에 필연적으로 수반하는 어떤 조건들이 자연히 심령의 향기를 가시고 정열의 광채를 흐리게 하는 것이라고 생각하지 않을 수 없다. 그러면 이 향기와 광채를 마멸하는 조건들이란 대체 어떠한 것일까?

조건의 첫째는 연애의 출발점에 깃든 기만 내지 허위에 있다. 청년의 사모가 어떤 현존하는 이성(異性)에게 바쳐지기 전에 그는 그 관념의 세계 안에서 하나의 이상적 인물을 상상한다. 프로이트가 이성 부모를 우상화한 것이라고 단정한 이 이상적 이성의 인격 내용에는 그 밖에도 여러 가지 유소년기의 체험이 혼합되어 있을 것이다. 또 새로운 체험의 첨가에 따라서 이상적 인물의 성격이나 용모에 변동이 초래되는 경우도 있다. 여하간 선미의 화신인 이 공상의 인물은 공상하는 청소년이 숭상하는 모든 외모의 미(美)와 내심의 선(善)을 구비한 쾌남 미녀의 전형이다. 공상의 세계 안에서 이 가상의 인물과 안타깝게 교섭하는 청소년의 본래의 소망은 이 전형과 부합하는 현실의 인물과 실제로 결합하는 일이다. 심중에 그리는 이상적 인물을 자기가 접촉하는 좁은 범위의 사람들 중에서 발견하려 하는 그들의 심정에는 초조함마저 수반된다. 초조한 심정으로 이상의 인물을 물색하는 경험 적은 안목에 자기가 상상하는 인물과 오직 그 외모의 일부만이 흡사한 사람일지라도, 마치 인격 전체에 있어서 부합하는 듯이 착각되는 것은 괴이치 않은 평범사다. 부분의 부합 또는 유사를 전체의 부합으로 지각 내지 인식하는 심리를 행동주의 심리학자들은 조건반응의 일종으로서 능히 설명할 수 있다고 믿는다. 그리고 초조, 불안 등의 정서적 긴장이 조건반응의 형성을 촉진한다는 것은 파블로프 이래의 주지된 사실이다. 특히 상대방의 정신적 측면은 형태 없는 속성인지라 확실한 반증이 나타나지 않는 한 자기가 원하는 대로 추측하고 원하는 대로 미화할 수 있는 편의가 있다. 따라서 사람을 동경함에 초조한 심정은 스스로 상상해 온 인물과 그 외모가 어느 정도 유사한 사람만 만나면, 그의 정신적 내면은 자기의 이상을 투영함으로써 미화하고, 급기야 이제는 그가 항시 염원하던 바로 그 이상의 인물에게 해후했다고 속단함에 이르는 것이다. 이 점에 관해서는 베이컨의 명언이 있다. "아무리 자부심이 강한 사람일지라도 사랑하는 이가 연인을 과대평가하듯 자기 자신을 평가하지는 않는다."

사랑하는 이가 그 연인의 인격을 경애한다 할 때, 그가 경애하는 것은 연인이 진실로 체득한 인격이 아니라 그 연인의 형체 안에 투영한 자기의 이상에 불과하다. 자기의 주관적 상상을 상대방의 객관적 덕성인 양 오인하는 데 허위의 첫 갈래가 있다. 이 허위는 거의 모든 연인들에게 공통된 저 특색 있는 행동 경향에 의하여 더욱 조장된다. 무척이나 인색한 남자도 사랑하는 여인 앞에서만은 소비생활이 호걸이다. 다소 방탕성 있는 여자일지라도 그 남자 앞에서는 견줄 바 없이 정숙한 귀부인으로서 꾸민다. 이것이 모두 가면이라는 것은 아니다. 의식적 기만은 더욱 아니다. 남자는 가장 깊은 내심의 요구에 의하여 그 상황에서는 소비했을 것이며, 여자는 진실로 정숙할 것을 그 순간 스스로 염원했을 것이다. 그러나 아무리 진심에서 우러난 거동일지라도 특수한 상황, 특수한 순간이 유발한 긴장된 행동은 그 인격의 전모 또는 평균치를 표명하는 바로미터가 아니다. 특수한 경우와 연결된 특수한 표현을 인격 전체의 참된 반영인 양 속단하는 점에 맹랑한 허위가 있다.

상대편을 과대평가하는 허위를 조장하는 또 하나의 요인은 육체의 매력이다. 연인으로 선택된 사람은 자기 주관에 가장 아름답게 보인 사람이다. 그는 이 외관의 미에서 바로 그 내심의 덕을 추리한다. 외모에 현혹된 눈으로 볼 때, 그의 모든 거동은 아름다운 정신의 발로인 듯한 착각을 준다. 속담에도 '겉볼 속'이라 하여 외모에서 내심을 추측할 수 있다는 상식이 있다. 그러나 이것은 냉철한 시선으로 관찰할 때의 경우이고, 역시 뜨거운 눈으로는 겉만 보고 속을 알지 못한다. 본래 '겉볼 속'이란 "겉이 고우면 속도 곱다."는 단순한 소견이 아니다. "교언영색 선의인(巧言令色 鮮矣仁)"이라는 『논어(論語)』의 한 구절에는 결코 세속에 어두운 일개 도학자의 관념론에서는 찾아볼 수 없는 깊은 통찰이 깃들어 있다.

연정의 허위는 비단 상대방만을 과대평가하는 것이 아니다. 자신을 과대평가하는 일반적 경향도 실로 연애와 관련되어 더욱 조장된다. 자기에 대한 연인의 평가에 약간 과장이 있다고 판단할 정도의 통찰력을 갖기는 그리 어렵지 않으나, 그 평가가 전적으로 감정이 빚어낸 허구라는 것을 간파하도록 투철히 현명하기는 매우 어려운 일이다. 정열적인 청년은 자기의 정열을 과신한다. 자기의 정열의 진상을 통찰할 수 있는 사람은 이미 단순한 정열가가 아니다. 정열가는 자기의 정열이 영속할 것을 믿는다. 자기의 정열이 순수하다고 믿는다. 님께 바치는 모든 맹세가 자신의 에누리 없는 실천력에 의하여 뒷받침되었다고 믿는다. 자기의 순수한 정열 속에 동물의 생리가 숨었다는 것을, 자기의 불같은 맹세가 흥분의 소산이라는 것을, 쉬 더운 방이 쉬 식는다는 상식을, 그는 추호도 반성하려 들지 않는다. 상대방에 대하여 맹목적이던 정열은 자신에 대하여도 역시 맹목적이다.

너를 과대평가하고 나도 과대평가하고, 너를 속이고 나 자신도 속이고…. 비록 그것이 악의에 찬 허위가 아니고 고의에서 일어난 기만은 아닐지라도 객관성 없는 평가는 역시 허위요, 그 허위를 조장하는 것은 역시 일종의 기만이다. 이 허위, 이 기만이야말로 먼빛으로 얼핏 보고 피차 그토록 정열이 불탈 수 있었던 근본 요인이었는지도 모른다. 만약 감미에 가득 찬 허위가 그 진상을 드러냄이 없이 당사자들에게는 영원한 진실로서 지속한다면, 그들의 주관적인 행복은 영속할 것이며, 따라서 이 허위에도 그런대로의 뜻이 있을 것이다. 그러나 모든 허위와 함께 정열의 허위도 탄로될 날이 있으며 모든 우상과 같이 사랑의 우상도 붕괴될 운명을 스스로 지고 있다. 허위가 탄로되고 우상이 붕괴되는 날, 그 환멸의 슬픔은 그 허위와 우상이 과거에 제공했던 모든 기쁨을 상쇄하고도 오히려 남을 것이다.

4.

허위의 탄로와 우상의 붕괴를 촉구하는 여러 가지 요인 중에서 가장 큰 비중을 차지하는 것은 남녀의 접근에 수반하는 육체의 유혹이다. 남녀애의 본질적 일면을 형성하는 성충동의 자기 주장은 사랑의 향기와 광채를 마멸하는 조건의 두 번째 것이다.

바우허는 성충동을 남녀애의 출발점이라고 논하였다. 성충동을 출발점으로 삼는 남녀애가 단순히 생리적인 충동의 단계에 머물지 않고 한 걸음 올라가 전인격(全人格)의 결합에까지 승화되는 데 진정한 남녀애의 본질이 있다는 것이다. 그러나 현실에 충실한 관찰은 사태의 발전이 오히려 바우허의 주장과는 반대의 과정을 밟는다는 견해를 지지한다.

남녀가 서로 동경을 교환하는 시초에 있어서, 전면(前面)을 지배하는 것은 성충동이 아니라 오히려 순화된 정서다. 쌍방 교섭의 기일이 경과함에 따라서 생리적 욕구가 인격적 요구를 압도하고 점차 전면으로 진출하는 것이 더 일반적인 순서인 듯하다. 최초부터 생리의 욕구가 압도적인 것은 이미 인생의 신산(辛酸)을 맛본 중년의 체험이요, 청년기의 순수한 정열과는 상당한 거리에 있다. 물론 시초에는 전혀 없던 성충동이 추후에 첨가되는 것은 아니다. 낮은 욕구와 높은 요구 이 두 가지는 처음부터 병존해 있었으며 다만 그 비중이 시일의 경과를 따라서 변동한다는 뜻이다. 처음에 멀리서 우러러볼 때는 인격적인 향기만으로도 사람은 충분히 만족할 수가 있었다. 그러나 좀 더 접근함에 따라서 더 직접적이요 생리적인 자극이 만족을 위하여 요구된다. 그리고 이 더욱 강한 자극에 대한 갈망은 '쾌락주의의 역리'를 따라서 남녀의 접근의 도가 늘어 가면 늘어 갈수록 점차 제고(提高)되는 것이다.

성충동이라는 생리의 요구는 그 자체로 본다면 선(善)도 아니요, 악(惡)도 아니다. 그것은 선악 이전의 한갓 자연이다. 그러나 이 생리의 요구가 전면을 압도하고 진출함에 따라서 더욱 세련된 인격의 요구가 마비되고 인간이 그 낮은 현재를 극복하고자 하는 원대한 포부를 수포로 돌린다는 뜻에서 그것은 역시 '경계할 자연'이 아닐 수 없다.

육체의 유혹으로 인하여 파탄이 생긴다 함은 구체적으로는 어떠한 사실을 지칭하는 것일까?

첫째로, 원시적 정열의 고조에 따르는 승화된 정열의 저하가 있다. 원래 예술, 학문, 도덕 등 인격 가치를 희구하는 정열과 육체, 음식, 금전 등 물질적 가치를 탐구하는 정열은 동일한 정력에 근원을 둔 두 갈래의 흐름으로, 한편이 고조에 달하면 다른 한편은 자연히 저조를 면치 못하는, 이를테면 반비례적 상호 관계에 있다. 육체의 정열이 후면에 물러서 있던 초기에는 높은 인격을 지향하는 정열이 승세를 유지하고 두 사람은 순결한 인격의 기쁨을 나눌 수가 있었다. 그러나 접근의 도가 높아짐에 따라서, 육체의 정열이 점차 우위로 진출하면, 또 하나의 정열은 필연적으로 열세로 전락하고, 두 사람이 나누는 기쁨은 더 감성적인 성격을 갖게 된다. 감성적 쾌락 그 자체는 찬미할 가치임에 틀림이 없다. 그러나 더 높은 가치가 그로 말미암아 희생된다면, 감성적 쾌락은 인생 전체로 볼 때 어느 정도 절제함이 바람직하다 하겠다.

육체의 유혹에 따르는 파탄의 또 하나는 육체적 접근에 따르는 정신적 소원(疎遠)이다. 사모의 대상이 절대 선미한 우상으로 숭앙되는 동안, 그것은 육체적으로 접근할 수 없는 피안의 존재다. 그의 주위에는 불가침의 성벽이 둘려 있으며, 피차간에는 요원한 거리가 있다. 그러나 육체가 이같이 원격한 거리에 있는 반면, 정신적으로는 육친도 따를 수 없는 밀접한 결합이 있다. 거기에는 나의 온 영혼을 그의 인격 속에 합류시키고 싶은 동경이 있다. 그 사람을 위해서라면 생명도 즐겨 바칠 희생심이 있다. 그의 뜻이라면 농담도 의심치 않을 신뢰감이 있다. 오직, 성실과 신뢰와 희생이 있을 뿐이요, 인간과 인간을 분리시키는 불신, 질투, 타산 등은 추호도 관여할 여지가 없다. 몸은 비록 접근을 허용치 않는 피안의 존재이나, 마음으로 말하면 무한한 접근과 무한한 침투가 이루어지는, 이를테면 내 자아의 일부분이다. 설령 그 결합이 적나라한 나의 인격과 가식 없는 그의 인격의 현실적인 결합이 아니라, 승화된 나와 내 이상의 그림자인 그와의 관념적인 결합일지는 모른다 할지라도.

그러나 생리의 법칙을 따라서 육체가 차차 자기를 주장하게 되면, 사모의 특질인 저 승화된 정서의 향기는 부지불식중에 쇠퇴일로를 밟는다. 육체의 도량(跳梁) 안에서 피차의 내면 깊이 잠자던 동물이 머리를 든다. 체면과 순결이 후퇴하고 자연이 가치의 최고봉을 점령한다. 수치의 감정 속에 억압되던 생리가 이제는 청춘의 자랑으로서 과시된다. 가장 두렵고 가장 조심스럽던 사람 앞에서 그리고 부모와 형제 앞에서도 못할 난잡한 언행이 거침없이 교환된다. 육(肉)이 이같이 접근하는 그 순간에는 영(靈)도 무한히 접근하는 것만 같다. 그들은 영육의 합일을 인정하고 인간 안의 생물을 찬양한다. 순결과 정신을 강조하던 전일의 이상이 계몽 이전의 잡기(雜氣)였던 것도 같다. 그들은 진부한 도덕으로부터의 해방을 기뻐한다.

프로이트 식으로 말한다면, 이와 같은 생리의 득세는 분명히 축복할 발전이다. 프로이트로 말하면 예술, 학문, 도덕, 종교 등으로 지향하는 소위 고상한 정열은 원시적 정열의 승화요 변태다. 그것은 자연의 질식이요, 건강의 병균이다. 그것은 신경쇠약의 화근이요, 문약(文弱)의 장본이다. 건전한 생활을 위하여서는 생물학적 자아가 문화의 억압과 이상의 가면을 극복하고 적나라한 자연을 회복함이 시급히 요청된다.

인문(人文)을 숭상하는가, 자연(自然)을 숭상하는가는 전체로서의 세계관 내지 인생관에 따라서 결정될 문제이며, 어떠한 세계관, 어떠한 인생관을 갖는가는 각 개인이 개성과 지혜를 총동원하여 자유로 결정할 문제다. 정신의 고귀를 고취하여 공맹(孔孟)의 성도덕(性道德)을 계승하거나, 육체의 자연을 찬양하여 프로이트와 더불어 구도덕의 몽매를 폭로하는 것은 이 글의 본래의 의도가 아니다. 우리의 당면한 관심은 "영육 양면의 요구를 갈등 속에서 받아들이지 않을 수 없는 현대사회 안에서 영에서 육으로 전향한 남녀애가 끝내 그 유락을 지속할 수 있는가?" 하는 현실적인 문제에 있다.

만약 육체 중심의 남녀애에 있어서 그 육체의 행복이 아무런 갈등 없이 영구히 지속된다면, 이러한 남녀애를 부당하다고 지적할 어떤 논거를 발견하기는 매우 어려울 것이다. 이성(理性)에 최고의 가치를 인정하는 스토아 풍의 엄숙주의의 견지에서 본다면, 그것은 비난받을 인간관계라고 단정할 수 있을 것이다. 그러나 감각을 가치의 근원으로 보는 쾌락주의의 입장에서 본다면, 이러한 인간관계야말로 가장 현실적인 선(善)이라는 견해가 아무런 거리낌 없이 주장될 수 있다. 그리고 엄숙주의와 쾌락주의는 각각 별개의 인생관 위에 입각한 것으로서 그 사상 체계가 논리적 자기모순 없이 전개되는 한 각자의 정당성을 주장할 수 있는 것이요, 일방의 척도로써 타방의 시비를 말하기는 곤란하다. 그러나 육체 중심의 남녀애는 설령 쾌락주의의 윤리관으로 따진다 치더라도 가장 선미한 것으로서 인정받을 수 없다. 왜냐하면 육체 중심의 남녀애는 쾌락주의가 가치의 극치라고 주장하는 감성적 쾌락을 영구히 보전하거나 또는 그 보전을 약속하지 않기 때문이다.

영에서 육으로 전향한 남녀애는 생리의 만족이라는 거대한 보수를 받는다. 그러나 이 보수는 무상으로 급여되는 것이 아니라, 막대한 대가를 치르고 획득되는 것이다. 대가의 첫째는 상호간의 존경심의 상실이다. 육체의 도량 안에서 남녀는 이성의 이름 아래 소중히 아껴 오던 마음의 의상을 모조리 포기하고 적나라한 동물을 서로 폭로한다. 남녀는 이제 불가침의 우상이 아니라, 피차가 귀여운 노리갯감이다. 피차간에 벌써 체면이니 조심성이니 하는 무장은 해제되었다. 피차는 서로의 약점을 가장 잘 아는 사람이며, 따라서 서로 무한히 귀여워할 수는 있을지 모르나, 두려워하거나 공경할 수는 없는 평범한 존재다.

우상화 그 자체가 귀중한 것은 아니다. 인간의 적나라한 동물성을 사실대로 인식하는 것이 죄과가 아니다. 잡석(雜石)을 잡석으로 인식하는 지혜는 잡석을 보석으로 오인하는 몽매에 비하여 바람직하다. 그러나 경애하는 사람 앞에서 추태를 감추려는 조심성에는 단순한 허영 이상의 것이 있다. 경애하는 사람 면전에서 옷깃을 여미는 단정은 단순히 미워할 허위가 아니다. 그것은 부자연한 작위가 아니라, 그 중에는 문화와 교양의 세례를 받은바, 금수(禽獸) 이상으로서의 인간의 자연이 있다. 그 중에는 인간이 낮은 현재를 초극하고 높은 장래에 도달하려는 진지한 노력이 있다. 인간을 단순한 동물 이상의 것으로서 존경하는 심정에는 가탄할 몽매 이상의 것이 있다. 인간은 고봉(高峯)과 심연(深淵) 사이를 방황하는 모순의 통일이다. 그의 높은 순간만을 과장하고 그의 낮은 순간을 간과하는 것은, 사물의 일면만을 간취하는 편견이기는 할지라도 오로지 사실무근한 허위는 아니다. 인격에 대한 존경은 인간이 간직한 가능성에 대한 자극이요, 인간을 현재 이상으로 끌어올리는 견인력이기도 하다.

존경심의 상실은 오직 존경심의 상실로만 종결될 수 없는바 더 큰 불행의 조짐이다. 이미 그 인격이 특수한 존경을 받지 못하게 된 사람의 가치는 주로 그 육체에 달리게 된다. 육체의 가치는 다른 사람으로도 대치할 수 있는 상대적 가치다. 존경심의 상실과 더불어 타인과의 비교가 가능하게 된 연인은 왕자 또는 여왕 같은 절대적인 지위로부터 범속한 평민의 지위로의 전락을 면치 못한다. 연인은 이미 절대 유일한 존재가 아니라 다수 군중 중의 한 사람이다. 이리하여 육체가 극도로 접근되는 같은 순간에 이미 정신의 소원이 준비되는 것이다.

여기서 하나의 저주받을 심리가 사태를 더욱 치명적인 함정으로 인도한다. 육체의 매력은 숙친과 더불어 감소되고 생소한 신인의 출현이 항상 더 큰 자극으로써 유혹한다는 일반적 심리가 두 사람의 거리를 점차 멀게 한다.

연애가 우정과 구별되는 특징의 하나는 그 독점욕에 있다. 연애는 필연적으로 육체에 관련되며, 가치를 덜지 않고는 공유할 수 없는 육체에 대한 사랑은 필연적으로 독점을 갈망하게 된다. 여기서 육체의 찬미는 하나의 심각한 자기모순에 빠진다. 즉 육체성의 숭상은 사랑을 상대적인 범속사로 전락시킴으로써 연인과 제삼자와의 경중을 계량하는 배신의 길을 열었다. 한편 육체의 숭상은 사랑을 독점욕과 결합시키는 동시에 무서운 이기심의 통치하에 위임한다. 제삼자의 침입을 묵인하는 은밀한 배신과 독점을 완수하고자 하는 이기적인 정염 — 이 모순된 심리의 갈등은 불안, 의혹, 질투, 분노 등 연애에 일반적으로 수반하는 불행한 감정의 원천이요, 심지어는 사랑을 미움으로 바꾸는 결렬의 단초(端初)이기도 하다. 불행한 감정은 육체의 만족이 대가로 지불하는 희생 중에서도 가장 큰 것이다.

교섭의 초기나 연애에 관한 상상을 표준 삼고 논하는 사람은 연애를 오로지 감미와 희열에 가득 찬 것으로서 묘사한다. 그러나 교섭의 말기나 추억을 표준 삼고 이야기하는 사람은 대개 연애를 고통과 우수의 장본이라고 하소연한다. 초기와 말기, 예상과 추억을 이같이 상반되게 하는 근본 계기는 바로 육체의 도량에 있다. 육체가 후진(後陣)으로 사양하던 순결의 시기에는 오직 신뢰와 존경과 희생심이 있었다. 따라서 기쁨 이외의 정서가 개입할 여지가 없다. 육체가 정신을 누르고 앞으로 진출함에 이르러, 의혹과 경시와 이기심이 머리를 든다. 따라서 불안, 질투, 증오 등의 괴로운 감정이 희열, 유락 등의 행복한 정서를 압도하고 당사자들을 남 모르는 고민 속에 빠뜨린다.

남녀애가 시일의 경과를 따라서 기쁨으로부터 괴로움으로 옮겨 간다는 이 주장을 지지하는 다음과 같은 경험적 자료가 있다. 모대학 학생들에게 지난

일주일 동안에 체험한 정서의 종류와 그 사유를 기억에 따라 무기명으로 보고시킨 테스트가 있었다. 그 가운데서 사랑을 사유로 생긴 정서만을 따로 빼서 통계를 잡은 결과, 대략 다음과 같은 사실이 발견되었다.

(1) 신입생에 있어서 사랑에 관련된 희열과 고통의 정서는 숫자적으로 거의 반반이다.

(2) 2학년에 있어서는 고통의 정서가 현저히 증가되는 반면에 희열의 그것은 감소된다.

(3) 3학년생에 관하여서는 고통의 정서가 당연히 압도적이고, 희열의 그것은 아주 미미하다.

3백 명 미만의 학생들의 기억을 토대로 한 이상의 보고는, 동일한 사람들의 시간을 따른 변화의 기록이 아니다. 평균연령에 차이가 있는 세 집단의 단면적인 체험에 불과하다. 따라서 엄밀히 과학적인 결론을 내릴 만한 자료가 못 된다. 그러나 내면생활에 관한 더 개인적인 보고들과 아울러 볼 때, 확실히 어떤 경향을 암시하기에 충분하다.

5.

의혹과 질투 등은 인간관계에 있어서의 균열의 징표다. 이 균열을 조장하는 또 다른 조건들이 있다. 그 첫째는 연령 증가에 따르는 외모의 퇴색이다. 화무십일홍(花無十日紅)은 평범한 사실이다. 육체에 평가의 중점을 둔 남녀애는 조만간 시들 운명을 지고 있다. 그 밖에 또 사회의 비난, 친지의 반대, 정변 또는 시재(時災) 등에 따르는 신분의 변화 등이 가세한다. 나쁜 감정의 내면적 균열이 아니라면 이러한 외부적 조건은 인간의 아름다운 결합을 이간시킬 충분한 자극이 될 수 없다. 그러나 이미 내부에 균열이 있는 이상 사소한 부차적 조건도 결합을 와해시키는 충분한 계기가 될 수 있다. 오늘날 대부분의 남녀애가, 적당한 시일 내에 결혼이라는 제도의 외적 강제력을 빌려 화석화하지 않는 한, 조만간 악몽의 회상만을 남기고 와해하는 것은 결코 우연한 일이 아니다. 실로 그것은 영육의 갈등을 내포한 남녀애가 자기모순에 의하여 필연적으로 밟는 공통된 과정이다.

처음부터 생리의 만족을 위한 사랑이었다면, 그것도 무방하리라. 처음부터 일시의 쾌락을 위한 유흥이었다면, 후한이 없을 것이다. 그러나 고독에 고민한 청년이 인간의 낮은 현재를 개탄하고 더 높은 인격의 유형과 더 아름다운 인간관계를 희구한 나머지, 이상의 나라를 지향하는 동행인 또는 인도자로서 선택한 사람과의 희망에 찼던 관계가 일시적인 쾌락을 보수로 수포에 돌아갔다면, 이는 분명히 용두사미 이하의 전말이다. 그리고 이 실패는 개인의 우연한 실수에 기인하는 것이 아니라, 인간성의 뿌리 깊은 모순의 필연적인 귀결이다. 여기 우리 화제의 비극성이 있다.

'결혼'이라는 사회제도는 남녀 결합의 와해를 방지하는 고맙고 효과적인 방안이다. 그러나 이 제도도 사태 발전에 본질적 변화를 가져오지는 않는다. 결혼이 방지할 수 있는 것은 오직 인간관계의 외면적 분열이다. 내면적 분열에 이르러서는, 결혼이라는 강제력에 대한 반동으로 말미암아 그 간격이 도리어 확대되는 예도 적지 않다. 결혼은 연애에 종막을 내리는 것이기는 하나 연애 본래의 목표를 달성해 주는 것은 아니다. 결혼은 성공적인 경우에도 일종의 선후책에 불과하다.

6.

그러면 남녀애는 완전히 저주할 인간관계인가? 교육기관은 이의 방지를 위하여 분발해야 할 것인가? 물론 아니다.

첫째로, 정열이 도달하는 종국의 실패를 이유로 정열의 시초에 내포된 아름다운 심정의 가치까지 부인할 수는 없다. 남녀애의 출발점에는 단순한 성 충동뿐만 아니라 더 높은 인격을 염원하는 갸륵한 심정이 있었다. 이 순진한 심정에는 그저 청년기의 몽상이라고 배척하기에는 너무나 아까운 정신이 깃들어 있다.

둘째로, 남녀애는 설교나 압제로 방지할 수도 없고 또 그럴 성질의 것도 아닌 자연현상이다. 무수한 선지(先知)들의 간곡한 만류와 경고에도 불구하고 남녀애라는 자연현상은 쇠퇴할 날이 없었다. 온 세상 사람들이 남녀애를 경원할 인간관계라고 이론상 인정하는 날이 설령 온다 하더라도, 남녀애의 현상은 여전히 항간에 빈번할 것이다. 정열은 항상 이지보다도 강하다.

셋째로, 다수의 남녀애가 유종의 미에 도달하지 못하고 중도에 전락하는 것은 부족한 인간성 자체 안에 깊은 뿌리를 가진 것이기는 하나, 이 부족한 인간성이란 영원히 고칠 수 없는 선천적 고질은 아니다. 인간의 부단한 노력은 인간성 자체의 향상을 가져올 수 있을 것이며, 더 세련된 남녀애를 가능케 하는 지반을 구축할 수도 있을 것이다.

남녀애가 어려운 길임을 지적한 이 글은 이제 그 어려움을 극복할 어떤 방안에 대하여 논급할 책임을 느낀다. 그러나 충고란 대체로 무의미한 것인 중에도, 이 방면에 관한 충고는 특히 무의미한 객설이다. 사람들은 이 지극히 정서적인 인간관계에 있어서, 자신들이 신봉하는 이론과도 다른 길을 자기도 모르게 선택하기 때문이다. 각자는 자기만은 예외라는 근거 없는 자부심 아래서, 평범한 사람들이 통과한 전철을 여전히 밟고 나간다. 변변치 않은 글이나마 끝을 맺음에 있어 형식을 전혀 무시하기 어려워, 다음에 조그마한 의견을 첨부하고자 하나, 이 의견이 반드시 사람들의 실천에 영향을 끼치는 충고가 되기를 기대하는 것은 아니다.

인간은 사회 안에서 역사의 흐름을 타고서 산다. 사회는 인간이 조직하는 것이며, 역사도 주로 인간이 만들어 가는 것이기는 하나, 이미 조직된 사회,

이미 만들어진 역사에는 인간의 힘으로도 어찌할 수 없는 고집이 있다. 개인들이 아무리 발버둥친다 하더라도 사회와 역사는 운명이라고 외치면서 자기의 갈 길을 냉혹하게 달린다. 따라서 사회와 역사의 필연적인 제약을 받고 사는 개인이 어떤 예외를 실현하고자 꾀하는 것은 항상 위험성 있는 시도임을 면하지 못한다. 남녀의 사랑은 어떻게 생각하면 두 사람만이 관계하는 것 같고, 따라서 두 사람의 의지에 따라 얼마든지 아름답게 전개시킬 수 있을 것도 같다. 그러나 남녀의 사랑도 비록 개인적 성격이 농후하다 할지라도 엄밀하게 따지고 보면 역시 역사 안에서 생겨나는 사회현상이다. 두 사람의 마음 자체가 사회적 제약을 받고서 결정된다. 남녀의 사랑에 있어서도 하나의 예외를 실현한다는 것은 결코 기필할 수 있는 일이 아니다. 이상주의(理想主義)는 매양 아름다운 심정의 산물이다. 그러나 그 아름다운 이상이란 대개 꿈같이 허물어지는 것이며, 그것이 허물어지는 날 그 폐허를 능히 웃고 바라볼 수 있는 마음의 여유만이 이상주의자를 성격적 비극에서 구출할 수가 있다. 사랑에 있어서도 예외를 꿈꾸는 것은 무방하다. 그러나 꿈에서 깰 때, 마음이 불치의 상처를 입도록 심각해서는 안 된다.

인격도 역시 사회생활을 통해서 형성된다. 인격도 사회의 풍조에서 영양을 취하고 성장한다. 인심이 대체로 경박한 사회에 있어서 어떤 한 사람만을 특히 중후한 인격으로 평가하는 판단은 재삼 신중하지 않으면 안 된다. 자기 자신을 평가함에 있어서도 상대방을 평가할 때나 마찬가지로 허위가 없도록 조심할 일이다. 자타를 정확하게 파악할 필요가 있는 것은 유독 병사(兵事)에 있어서뿐이 아니다. 남녀간에 있어서도 토대에 허위 없는 관계만이 영속성을 갖는다. 사랑에 있어서 최상의 지혜는 속지 아니함이요, 최선의 미덕은 속이지 아니함이다.

인격이란 일정한 위상(位相)을 지키는 불변불이(不變不易)의 존재가 아니다. 그것은 자극에 대응하는 행동경성(行動傾性)의 총칭이다. 환경이 달라지고 경험이 늘어 가면 행동경성도 차차 변화하는 것이 보통이다. 인격은 환경과 심경의 변화를 따라서 고봉과 심연 사이를 방황한다. 정열이라는 것은 인격 가운데서도 가장 변동이 심한 측면이다. 젊은이들은 서슴지 않고 불변의 애정을 맹세한다. 이 맹세는 그 순간의 정열에 관한 한 믿어도 좋다. 그러나 이 맹세에 대하여 책임을 질 수 있는 것은 오직 맹세하는 그 순간의 정열뿐이다. 정열은 조만간 변화하기 마련이며, 후일의 변화한 정열은 전날에 다른 정열이 지은 맹세에 대하여 책임을 질 도리가 없다. 만물이 유전하는 와중에서 인격도 따라서 유전한다. 맹세를 하는 사람과 그 맹세를 지킬 사람과는 엄밀히 따진다면 별개의 인격들이다. 그러므로 맹세는 이행될 수도 있고 파기될 수도 있다. 대개는 얼마 동안 이행되다가 적당한 기회에 파기되는 것이 예사다. 순간에 있어서의 영원을 희구하는 것은 좋다. 그러나 사랑에 있어서 영속을 기필하는 것은 반드시 현명한 일이 아니다. 차마 놓지 않는 미련에도 가상할 인정이 섞여 있을지 모르나, 가겠다는 사람을 웃고 보내 주는 단념에는 더욱 아름다운 아량이 있다.

고독으로부터의 구원이 목적이라면, 남녀애는 결코 적절한 수단이 아니다. 남자는 여자를 이해하는 힘이 여자만 같지 못하며, 여자는 남자를 이해하는 힘이 남자만 같지 못하다. 동성간에도 얻기 힘든 우정을 이성에게 구하는 시도는 출발점에 오산이 맺혀 있다. 고독은 주로 그것을 느끼는 사람의 주관에 달려 있다. 남의 이해를 갈망하고 남의 오해를 두려워하는 그 성격이 바로 고독감을 낳는 근원이다. 간혹 남의 깊은 이해를 받는 것은 한없이 기쁜 일이다. 그러나 인생이란 남의 깊은 이해가 아니라도 살 수 있는 것이며, 남의 오해를 받아 가면서도 참고 살아가야 하는 것이다.

사랑은 분명히 인생에 있어서 소중한 것의 하나다. 그러나 그것은 결코 인생의 전부가 될 수는 없다. 인생에는 사랑보다도 더 큰 일거리가 있다. 우리는 사랑이라는 좁다란 골방 안으로 자기의 인생을 국한할 필요는 없다. 사랑으로 말미암아 예술 또는 학문 같은 더 큰 사업이 희생된다면 어리석은 노릇이다. 인생 전체로 본다면 사랑은 어디까지나 한갓 에피소드다. 특히 남자는 사랑에 가벼운 비중을 배정함으로써 현명한 남자가 된다.

(1955. 6. 19)

우리 현실 무엇이 문제인가

머리말

삶의 과정은 문제 상황의 연속이다. 하나의 문제가 미처 해결을 보기도 전에 새로운 문제가 다가온다. 문제 상황은 해결을 향한 변화를 요구한다. 문제 상황이 어떻게 풀리느냐에 따라서 삶의 성패가 좌우된다.

우리가 부딪치는 문제들은 개인적 차원의 것도 있고 사회적 차원의 것도 있다. 두 차원의 문제들은 내면적으로 깊이 연결되어 있어서, 우리가 함께 나누고 있는 공동의 문제를 그대로 두고 각자의 개인적 문제만을 떼어서 해결하기는 어렵다.

우리가 함께 나누고 있는 집단의 문제는 대체로 그 뿌리가 깊고 그 내용이 복잡하다. 무의식 속에 깊이 뿌리를 박은 마음의 병을 고치기 위해서는 우선 그 병의 깊은 뿌리를 찾아내야 하듯이, 복잡한 내용을 가진 집단적 공동 문제의 해결을 위해서도 문제의 핵심에 대한 심층적 이해가 앞서야 한다. 문제의 겉모습에 이끌려 대증요법(對症療法)만을 일삼으면, 사태는 점점 악화될 뿐이다.

여기 한 권의 책으로 묶은 소론(小論)들은 모두가 우리들이 함께 부딪치고 있는 공동의 문제들에 대한 사견(私見)을 정리한 것이다. 공동의 문제를 앞에 놓고 함께 이야기하는 모임이 여기저기서 자주 있었고, 그 일부에 참여할 수 있는 기회가 필자에게도 가끔 주어졌다. 여기 실린 글의 대부분은 그런 기회를 통해서 쓰이고 발표된 원고들이다.

세미나 또는 심포지엄에서 발표되는 논문의 주제는 대개 주최 측에서 발표자의 전공을 감안하여 정해 준다. 이 책에 실린 글들도 필자 자신이 논제(論題)를 자유롭게 정한 것이 아닌 까닭에, 여러 가지 문제 영역을 망라하지 못했으며, 더러는 논의를 전개하는 가운데 부분적인 중첩을 피하지 못한 대목도 없지 않다. 여러 가지 형태로 나타나는 문제들은 깊은 근원에서 같이 만나는 경우가 많은 까닭에 자연히 그러한 결과에 이르곤 하였다.

모두 18편의 논문을 네 묶음으로 나누었다. 편의상 그렇게 나누었을 뿐이며 엄밀한 기준에 따른 구분은 아니다.

끝으로 어려운 여건에도 불구하고 이 책을 알뜰하게 꾸미기 위하여 여러모로 배려를 아끼지 않은 철학과현실사의 후의(厚意)에 감사를 드린다.

1991년 5월

김 태 길

차례

1부
전통문화와 청년 문화

1장 전통문화와 청년 문화

1. 전통문화와 세대간의 갈등

문화의 발전은 육상경기의 이어달리기와 같은 것이어서 앞선 시대와 뒤따르는 세대 사이의 협동과 조화의 정도에 따라서 그 전체의 양상이 좌우된다. 문화의 양상은 국가의 흥망성쇠에 직결되는 것이므로, 전통문화와 청년 문화 사이의 조화 또는 갈등의 문제는 바로 국가의 역사를 좌우하는 중대한 문제의 하나다.

최근 반세기 동안 우리 한국은 사회가 급격히 변동하고 외래문화가 조수처럼 밀려드는 소용돌이 속에 살아왔다. 이와 같은 상황에서는 전통문화와 청년 문화 사이에 심각한 갈등이 생기기 마련이고, 이러한 갈등의 상황은 민족문화뿐 아니라 국가의 장래 전체를 불안하게 만드는 위기의 요소와, 민족문화의 창달과 전체적 국가 발전의 비약적 계기가 될 수 있는 긍정적 요소를 아울러 가지고 있다. 이 상황에 함축된 위기의 요소를 슬기롭게 극복하고 현재의 갈등을 장차의 발전을 위한 발판으로 삼는 것이 현재 우리가 당면한 민족적 과제이며, 이 과제의 수행을 위해서 우선 앞서야 하는 것이 신구 세대 사이의 상호 이해와 협동적 자세다.

'전통문화' 자체가 이미 과거 여러 세대의 이어달리기를 통하여 형성된 일종의 유산이다. 우리들의 행동 방식 또는 생활양식 및 사고방식 가운데 앞선 세대로부터 뒤의 세대에게 전달되어 오랫동안 존속해 내려왔으며, 현재의 생활양식이나 사고방식에도 적극적 영향력을 가지고 있는 것들을 묶어서 우리는 '전통문화'라고 부른다. 오늘의 전통문화는 과거 여러 세대의 청년 문화들 가운데서 살아남은 것이라는 해석도 가능할 것이다.

전통문화는 선조들의 경험과 통찰이 쌓이고 쌓여서 이루어진 지혜의 유산이다. 그것은 오랜 세월을 두고 되풀이한 경험을 통하여 얻은 지혜인 까닭에 오늘에 있어서도 우리 생활을 이끄는 지침의 구실을 할 수 있는 경우가 많다. 그것은 오늘의 생활을 이끄는 지침의 구실을 하는 한 그만한 가치와 의의를 갖는다. 우리가 전통을 존중하는 첫째 이유가 여기에 있다. 그러나 오늘의 생활을 이끄는 지혜로서의 실용성(實用性), 즉 수단적 가치는 전통이 지닌 가치의 전부는 아니다. 처음에는 단순한 수단으로서 소중히 여겨지던 것도 오랜 세월이 흐르는 가운데 점차 그 자체가 목적으로서 추구되기에 이르는 경우는 흔히 있는 일이며, 전통문화의 경우에도 그것이 이미 전통으로서의 자리를 굳히게 되면 단순한 수단으로서뿐만 아니라 그 자체가 목적으로서의 성격도 아울러 갖는다. 다시 말하면, 전통에는 수단으로서의 가치가 인정될 뿐 아니라, 그것이 전통인 까닭에 귀중하다고 인정되는 목적적 가치도 생기게 되는 것이 보통이다. 그 고유성과 전통성으로 말미암아 목적으로서의 가치를 인정받기에 이른다는 사회심리학적 사실이 우리가 전통을 존중하는 두 번째 이유인 것이다.

오랜 세월에 걸쳐서 전통성을 획득하고 값진 것으로서 평가를 받게 된 생활양식 또는 사고방식이 그 평가를 영구히 유지한다는 보장은 없다. 선조들의 시대에는 슬기로운 생활양식 또는 올바른 사고방식으로서 높이 평가되던 것이 자손들의 시대에 와서 그 권위를 의심받는 경우가 생긴다. 시대의 변화에 따라서 자연환경 및 사회 환경이 크게 달라짐으로 말미암아 그렇게 되기도 하고, 인간의 경험이 늘고 지능이 발달함에 따라서 더욱 효과적인 생활양식 또는 사고방식이 발견되기에 이르러 옛것의 가치가 상대적으로 떨어지는 경우도 있다. 어떤 연유에서든 전통의 가치에 대한 평가절하가 생기는 것은 주로 급격한 사회변동을 경험하는 시대에 있어서이다.

급격한 사회변동이 일어나는 과도기적 시대에 전통적인 것의 가치나 권위를 부정하는 회의의 태도가 고개를 드는 것은 일반적 현상이라고 볼 수 있겠으나, 전통적인 것을 보는 모든 사람들의 태도가 동일한 방향과 동일한 강도를 가지고 변화하는 것은 아니다. 전통적인 것의 가치를 여지없이 부정하는 혁신론자들이 있는 반면에, 도리어 그것을 무조건 추켜올리는 복고론자도 있고, 또 어떤 타협을 시도하는 절충론자도 나타난다. 이러한 태도의 차이는 이해관계의 대립에서 오기도 하고, 성장 과정 또는 생활환경의 차이에서 오기도 하여 그 원인이 다양하나, 그 가운데서 가장 일반적인 것은 세대(世代)의 차이라고 볼 수 있을 것이다. 대체로 말해서, 젊은 세대에 속하는 사람들은 새로운 것으로 달리는 추세를 보이는 반면에, 늙은 세대에 속하는 사람들은 옛것에 대하여 강하게 애착하는 경향을 보인다.

전통문화 또는 외래문화를 바라보는 모든 사람들의 시각이 일치할 필요는 없을 것이다. 여러 가지로 서로 대립하는 견해들이 활발하게 부딪치는 가운데서 도리어 문화의 건전한 발전을 기대할 수 있을 것이다. 그러나 서로 다른 태도의 대립과 갈등 그 자체가 바람직한 것은 아니며, 대립과 갈등이 극복되는 화해의 과정에서 새로운 단계로의 발전이 이루어진다고 보아야 한다. 다양한 문화 요소들의 대립과 갈등이 건전한 발전을 위한 자극으로서 작용하기 위해서는 문화 전체를 건전한 방향으로 이끌어 갈 주도적 문화 세력이 있어야 한다. 전통문화의 조류와 급변하는 시대에 영합하는 새 문화의 조류가 심각한 갈등의 양상을 보였을 때, 두 조류 가운데서 어느 편이 주도적 문화 세력의 구실을 하느냐 하는 매우 중대한 문제에 부딪치게 된다.

급격한 사회변동이 일어나는 시기에 즈음하여 전통적 생활양식과 사고방식의 권위 내지 타당성이 도전을 받을 때, 그 도전의 선봉 세력을 형성하는 것은 주로 젊은 세대다. 시대적 전환기에 처하여 젊은 세대가 아주 옛날로 되돌아갈 것을 주장하고 나설 경우도 없지 않으나, 부모의 세대나 조부모의 세대를 뛰어넘어서 그보다도 더 옛것을 찾자는 주장은 언뜻 보기에 전통문화를 사랑하는 보수의 자세 같기도 하지만, 현재에 살아 있는 전통문화를 물리치고 그 옛것을 들고 나오는 점에서, 그것도 역시 오늘의 젊은 세대가 오늘의 기성세대에 반항하는 한 현상이라고 볼 수 있을 것이다. 젊은 세대의 화살은 이미 과거의 것이 된 먼 옛날을 과녁으로 삼는 것이 아니라 그들과 함께 살고 있는 가까운 선배들을 상대로 발사되는 것이 보통이다.

젊은 세대의 비판의 화살을 받은 기성세대가 어떠한 태도로 대응하느냐 하는 것은 매우 중요한 문제다. 더러는 권위주의적 자세로 완강한 방어의 태도를 취하기도 하고, 더러는 젊은 기세에 영합하기도 하나 대개는 방어와 수용을 여러 가지 비율과 형태로 절충하는 반응을 보인다. 어떠한 태도가 가장 바람직한가 하는 물음에 일률적으로 대답하기는 어려울 것이나, 한 가지 명백한 것은 젊은 세대의 생각과 행동을 시대의 배경에 비추어서 깊이 이해하는 일이 매우 중요하다는 사실이다.

2. 급변하는 한국 사회와 한국의 학생운동

개항(開港) 이전의 우리나라는 국민의 대부분이 농업에 종사하는 '조용한 아침의 나라'였다. 해방 당시만 하더라도 한국의 농촌 인구는 전체 인구의 70퍼센트를 웃돌았으며, 도시 사람들도 대부분이 수공업에 종사하거나 소규모의 상업을 생계의 수단으로 삼는 전근대(前近代)의 주민이었다. 인구의 총수는 남북한을 합해서 3천만 명 정도였다. 사람들의 의식구조 역시 농경 사회의 대가족주의의 테두리를 벗어나지 못했으며, 정(情)에 바탕을 둔 권위주의적 유교 윤리가 사회의 질서를 지탱하는 규범의 전부에 가까웠다.

그러나 1945년의 종전을 계기로 우리 한반도는 감당하기 어려운 문화적 충격을 받게 되었다. 국토는 남북으로 양단되고, 체제와 이념을 달리하는 미국과 소련이 남과 북을 갈라서 그들 세력 아래 장악하였다. 남한에 진주한 미군은 군정(軍政)을 실시하면서 교육제도를 미국식으로 뜯어고치는 일부터 시작하여 한국을 미국 문화의 영향 아래로 끌어들이는 여러 가지 정책을 강행하였다. 미국은 3년 간의 군정을 실시한 뒤에 물러나면서 그 자리에 이승만 정권을 앉혔다. 외관상으로는 신생 독립국으로서 '대한민국'이 탄생한 것이나, 미국의 보호와 영향력을 벗어나지 못한 형식상의 독립국이었다.

대한민국은 '민주주의'의 나라라고 공언하였다. 서구식 헌법도 제정하고 서구식 총선거의 절차도 밟았다. 그러나 민주주의의 겉모습을 흉내 낸 것에 지나지 않았으며, 대통령에 취임한 이승만 자신도 카리스마적 지도자로서 군림하였다. 이승만은 폭력으로 정적을 제거하였고, 정권의 연장을 위해서 헌법을 자주 고쳤으며, 선거의 부정도 감행하였다. 그러한 와중에서도 민주주의에 대한 국민의 요구는 날로 늘어 갔다. 민주주의 국민으로서의 의무를 게을리한 사람들도 그 권리 의식만은 점차 성숙해 갔다.

4 · 19는 민주 시민의 권리 의식을 학생들이 대변한 의로운 쾌거였다. 이 역사적 쾌거를 계기로 이승만 정권이 물러나고 장면 정권이 뒤를 이었으나, 난국을 수습하지 못하고 5 · 16 군부 세력에게 정권을 넘겨 주었다. 박정희를 지도자로 한 5 · 16 군사정권도 '민주주의'를 표방하였다. 그러나 무력으로 정권을 잡은 군인들이 정치적 후진국에서 민주주의를 실천한다는 것은 공허한 말장난에 지나지 않았다. 그들은 자신들의 정치를 '한국적 민주주

의'라고 강변하면서 군대식 독재를 계속했거니와, 독재의 억압이 오래갈수록 민주 사회의 실현을 대망하는 시민들의 열기가 날로 높아 갔다.

박정희 정권은 민주정치의 실천을 외면했으나, 과감한 공업화 정책을 수행함으로써 경제성장에서는 상당한 성과를 거두었다. 그러난 박정희의 공업화 정책은 고도의 경제성장에만 일차적 목적을 두었으며, 생산된 가치의 공정한 분배, 균형 있는 사회 발전, 공업화에 따르는 환경의 오염 등의 문제는 깊이 고려하지 않았다. 어쨌든 한국은 농업 국가에서 공업국으로 변신하였고, 전체 인구의 80퍼센트가 도시에 사는 나라가 되었다. 불과 20여 년 동안에 생긴 급격한 사회변동이다. 경제생활의 규모가 갑자기 팽창했으며, 의식주와 생활양식도 옛 모습을 찾아보기 어렵게 되었다.

이와 같이 급격한 사회변동을 가져온 것은 기성세대였으나, 미리 짜인 청사진에 따라서 계획적으로 이룩한 변동이 아니라, 공업화 자체의 논리를 따라서 걷잡을 수 없이 밀어닥친 변화였다. 그러므로 이와 같은 변화를 일으킨 당사자에 해당하는 기성세대도 자기가 초래한 새로운 사회를 감당할 수 있는 삶의 지혜를 터득할 겨를이 없었다. 농경 사회와는 판이한 구조를 가진 새 시대의 산업사회에는 농경 사회의 가치관만으로는 해결하기 어려운 새로운 문제들이 생기기 마련인데, 한국의 기성세대 가운데는 그 문제들이 무엇인지조차 모르는 경우가 많았다. 정치적으로 또는 경제적으로 유리한 위치에 있는 사람들은 당장 눈앞에 보이는 호화와 풍요를 구가하기에 골몰하여 안으로 퍼져 가는 심각한 문제들에 대처할 실천철학을 준비하는 일에는 안이한 자세로 일관하였다. 전통 윤리에 반공 사상을 가미한 구태의연한 사고방식만으로도 오늘의 한국 사회를 지켜 갈 수 있다고 쉽게 생각하는 사람들이 많았다.

새 시대의 한국을 이끌어 갈 실천철학이 무엇인가에 대해서 설득력 있는 원리를 제시한 사람은 거의 없었으나, 우리나라의 현실에 잘못이 많다는 것을 느낀 사람은 적지 않았다. 그러나 그 느낌 또는 깨달음을 명백한 언어로 표현하고 현실이 안고 있는 문제점을 극복하는 길에 대하여 활발한 논의를 전개하는 언로(言路)가 막혀 있었다. 사회의 현실이 안고 있는 문제점을 논한다는 것은 현실을 비판하는 뜻을 함축하기 마련이며, 현실에 대한 비판은 정부에 대한 비판을 함축하기 쉽다. 그런데 한국의 역대 정권은 정부를 비판하는 언론을 철저하게 탄압했던 것이다. 언론의 탄압은 독재 정권의 일반적 폭행이거니와, 한국의 기성 지식인들은 이 폭력 앞에서 대개 몸조심을 하였다.

몸조심을 하지 않은 것은 일부의 대학생들이었다. 급변하는 시대에 있어서 기성세대에 대하여 불만을 갖는 것은 젊은이들의 일반적 심리이며, 특히 한국의 대학생들은 정부의 폭력과 이 폭력 앞에 굴복하는 기성세대 일반에 대해서 불만이 많았다. 그리고 일부 학생들은 그 불만을 터뜨리고 항거하였다. 대학생들의 항거는 자칫하면 과격한 행동으로 나타나기 쉬웠고, 정부는 이 과격한 항거를 물리적 힘으로 탄압하였다. 군대식의 탄압은 학생들의 항거를 더욱 과격하게 하였고, 과격한 항거는 더욱 혹독한 탄압을 초래하는 악순환을 가져왔다.

사회 현실에 대한 대학생들의 항거는 독재에 반대하는 자유를 위한 투쟁으로서 시작하였다. 1960년을 기점으로 삼고 시위와 항거를 처음 시작했을 당시의 대학생들은 6·25 전쟁을 10대에 경험한 사람들이었다. 그리고 6·25 전쟁은 공산주의에 대하여 막연한 기대를 걸었던 사람들까지도 그것이 환상이었음을 느끼게 한 처절한 사건이었던 까닭에 4·19 학생운동의 성격이 공산주의 내지 사회주의적 방향으로 기울어질 상황이 아니었다.

기성세대 가운데 공산주의에 대한 믿음이 확고했던 사람들은 모두 북한으로 넘어가고, 아직 젊은이들 사이에 공산주의 사상이 자생적으로 싹트기에는 이른 시기에 4·19가 일어났던 것이며, 이 시기의 학생운동은 정치적 성격보다는 윤리적 성격을 강하게 띠고 있었다. 이러한 초기 학생운동의 정치적 성향을 굳이 따진다면, 그것은 자유민주주의를 지향한 것이라고 보아야 한다. 이러한 견해를 뒷받침하는 증거로서 우리는 1960년 4월.18일에 발표된 고려대학생 선언문과 그 다음 날 발표된 서울대학생 선언문의 내용을 지적할 수 있을 것이다.

고려대학생 선언문 가운데는, "우리 고대(高大)는 … 해방 후에는 인간의 자유와 존경을 사수하기 위하여 멸공 전선의 전위적 대열에 섰으나, 오늘은 진정한 민주 이념의 쟁취를 위한 반항의 봉화를 높이 들어야 하겠다."는 말이 있다. 그리고 서울대학생의 선언문에는 "한국의 일천한 대학사(大學史)가 적색전제(赤色專制)에의 과감한 투쟁의 거획(巨劃)을 장(掌)하고 있는 데 크나큰 자부를 느끼는 것과 같은 논리의 연역에서 민주주의를 위장한 백색전제(百色專制)에의 항의를 가장 높은 영광으로 우리는 자부한다."는 말이 보인다.

적색전제도 백색전제도 모두 거부하고 진정한 민주주의를 위해서 싸우겠다는 선언이다. 그 민주 이념의 기본 개념은 의당 '자유'일 수밖에 없었다. 서울대학생 선언문의 짧은 글 속에 '자유'라는 단어가 열네 번이나 사용되고 있음은 그들이 갈망한 민주주의의 핵심이 무엇인가를 명백히 말해 준다. "민주주의 정치사는 자유의 투쟁사이다." "근대적 민주주의의 기간(基幹)은 자유다." 이렇게 거듭 강조하면서 그들은 "자유의 전장(戰場)에 기쁨이 넘쳐 자유의 횃불을 올린다."고 외쳤던 것이다.

4·19의 학생들은 '자유'와 '민주주의'를 소리 높여 외치기는 했으나, 정권을 이어받거나 누구에게 넘겨 주겠다는 뚜렷한 목적의식을 가지고 조직적 운동을 전개하지는 않았다. 그들은 오직 부정과 부패, 그리고 비인간적 만행에 대한 분노와 울분을 자연발생적으로 토로했을 뿐이다. 앞에서 말한 고려대학생과 서울대학생의 두 선언문 가운데 정권 타도에 관한 말이 한마

디도 없다는 사실에서 4 · 19 학생운동의 성격이 정치적이라기보다는 윤리적이었음을 단적으로 말해 준다.

4 · 19 학생운동이 민주주의를 지향한 것이었고 정치적이기보다는 윤리적이었던 까닭에 그것은 기성세대의 일반적 공감을 얻을 수 있었고, 특히 지식층 기성세대의 전폭적 지지를 받을 수 있었다. 같은 해 4월 25일에 서울의 대학교수단이 '시국선언'을 채택하고 시위를 하며 거리로 나왔다는 사실은, 그 당시의 대학생들과 대학교수들이 현실을 본 시각이 대체로 일치했다는 것을 여실히 말해 준다.

그러나 현실을 보는 시각에 있어서 기성세대와 젊은 세대가 방향과 뜻을 같이하는 순조로운 상태가 오래 지속되지는 않았다. 1960년대 말까지는 '자유민주주의'라는 이름의 공통된 우산 아래서 지식사회의 기성세대와 젊은 세대는 넓은 의미의 동지관계를 그런대로 유지할 수가 있었다. 대학생들의 시위 등을 교수들이 막는 척하기도 하고, 정도가 심한 것은 자제를 당부하기도 하여 표면상 입장이 다른 듯한 모습을 보이기도 하였으나, 내면적으로는 서로를 같은 편으로 믿는 경우가 많았다. 그러나 1970년대에 들어서면서부터 신구 두 세대 사이의 정신적 간격은 점차로 멀어지기 시작하였다. 이와 같은 변화에는 크게 두 가지 사유가 있었다고 생각된다. 첫째는 군사정권의 독재가 점점 심해져 갔음에도 불구하고 기성세대가 이에 항거하는 용기를 보이지 못하고 타협과 안일을 일삼았다는 사실이고, 둘째는 대학생들의 운동 이념이 '자유민주주의'의 한계를 넘어서서 더욱 급진적인 방향으로 선회했다는 사실이다. 그리고 이 두 가지 사실 사이에는 밀접한 내면적 관계가 있는 것으로 보인다.

군인들이 주축을 이룬 박정희의 공화당 정권은 본래 체질적으로 비민주주의적 색채를 수반했으나, 초기에는 민주주의의 방향으로 나아가겠다고 거듭 공언하였다. 그리고 "기아 선상의 민생고를 해결하겠다."는 목표를 앞세운 경제정책에 있어서 상당한 업적을 올린 측면도 있었다. 그러한 이유로 말미암아 1960년대 후반까지는 절대적 빈곤의 퇴치를 가장 시급한 과제로 생각했던 사람들 가운데 박정희 정권의 독재를 일시적 필요악으로 평가하는 관점을 취하는 계층도 있었다.

그러나 1970년대에 들어와서 이른바 '유신헌법'을 만들고 독재적 장기 집권의 의도를 명백하게 드러낸 뒤부터 박정희 정권의 정당성은 이미 그 근거를 잃게 되었고, 민심도 날로 멀어졌다. 그것은 적어도 '지성인'으로 불리는 계층으로서는 마땅히 반기를 들고 항거해야 할 그런 상황이었다. 이러한 상황에서 일부 대학생들은 반정부 시위를 간헐적으로 감행하였으나, 기성세대는 이에 동조하지 않았다. 특히 대학교수들이 자기들과 행동을 같이할 것을 요구하는 학생들도 많았으나 교수들은 그 요구에 응하지 않았다.

기성세대가 대학생들과 반정부의 행동을 같이하지 않은 것을 반드시 비겁함 때문이라고 보기는 어렵다. 대학생들의 만성적이요 산발적인 반정부 시위에 교수들이 가담함으로써 민주혁명이 이루어지리라는 전망이 보이지 않았을 뿐 아니라, 학생운동의 목표가 과연 기성세대가 생각하는 '민주 사회'의 건설에 있는지 의심이 가기 시작했다는 사실이 교수들을 선뜻 학생들의 대열에 뛰어들기 어렵게 한 이유의 하나라고 생각된다.

학생들과 행동을 같이하는 일에 마음이 내키지 않았다면 기성세대의 지식인들 자신의 방식으로 어떤 항거의 의사표시를 했어야 마땅하다. 그러나 그러한 대안(代案)의 실천조차 거의 없었다. 물샐 틈 없는 정보 정치, 북한의 도발을 핑계 삼은 위기의식의 조성, 약간의 물질적 혜택을 미끼로 삼은 유화정책 등이 주효하여 기성세대의 지식인들은 대부분이 무기력하기 이를 데 없는 태도로 길들여졌다. 기성세대의 이와 같은 무기력한 태도에 대하여 대학생들은 크게 실망을 느꼈고, 모든 기성세대는 군사정권과 한통속이라는 생각을 갖게 되었다. 또 이러한 생각을 뒷받침하기에 적합한 처신으로써 권력의 시녀를 자청한 기성 지식인도 없지 않았다.

공산주의 내지 사회주의에 대해서 호기심 또는 매력을 느끼는 젊은이들은 현대의 어느 나라에서나 볼 수 있는 일이다. 한국의 대학생들 가운데도 소수의 그런 사람들은 1950년대에도 있었고 1960년대에도 있었을 것이다. 그러나 그 시기의 그 수는 아주 적었고, 그들이 학생운동의 방향을 좌우할 수 있을 정도의 세력을 이루었다고는 생각되지 않는다.

그러나 정확하게 언제부터였는지는 알 수 없으나 한국 대학생의 운동에 사회주의적 색채가 차츰 나타나게 되었고, 줄잡아도 1980년경부터는 학생운동의 주도권을 장악한 것은 사회주의 계열의 젊은이들이었다고 보아도 무방할 것이다.

1980년경에 학생운동의 주도권을 사회주의 계열이 잡았다고 주장하는 근거는 1980년 봄에 무수하게 나붙은 대학들의 대자보와 대학 신문에 실린 학생 투고의 내용에 있다. 다음에 서울대학교 『대학신문』에 실렸던 학생의 발언을 일부 인용하기로 한다.

> 지식인은 … 민중의 관점에서 사물을 평가하는 사람이다. 민중은 역사적으로 직접 생산자였으면서도 노동 생산의 결과, 즉 사회적으로 생산된 경제 잉여의 참여로부터 소외된 사람들이다. …
>
> 민중의 목소리는 한곳으로 모아지지 않는 모습을 하고 있다. 그러기에 민중이 보상을 받도록 향도의 역할을 할 사람이 필요한바, 그 일을 할 사람이 다름 아닌 지식인이다. …(『대학신문』, 1980년 2월 25일자, 6면)

> 통일을 위한 국내적 조건의 마련은 분단에 의해 증폭된 한국 사회의 구조적 모순의 척결 작업을 의미한다. 여기에서 통일 논의는 변혁적인 민중운동과 궤(軌)를 같이하게 된다. …

통일은 민족사의 발전을 질곡하는 외세와 반민족적 매판 세력에 대한 투쟁을 통해 민족국가 수립의 기저적(基底的) 역량을 마련하는 저항 민족주의가 전진적으로 자신을 구현할 수 있는 이념과 체계를 구비할 때 비로소 가능할 것이다. (『대학신문』, 1980년 4월 28일자, 3면)

대학생들의 좌경 이데올로기가 10 · 26 사건 이후에 갑자기 싹튼 것은 아니라고 생각된다. 1970년대 후반에는 이미 그것이 일부 학생들 사이에 은밀히 번져 가고 있다가 1980년 봄에 언론이 자유롭게 되었을 때 비로소 표출되었다고 보아야 할 것이다.

학생운동에 가담한 모든 젊은이들이 좌경했다고는 생각하기 어렵다. 다만 부도덕하기 짝이 없는 제5공화국보다는 차라리 북한 정부가 나으리라고 상상한 젊은이들은 상당한 숫자에 이르렀다고 생각된다. 그러나 6 · 25를 체험한 기성세대는 제5공화국의 비정통성과 부도덕성을 인정하면서도 차라리 북한 정부가 낫다는 생각에는 찬동하지 않았다. 여기에서 운동권 학생들과 기성세대 사이에 이데올로기의 격차가 생겼고, 이데올로기의 격차는 두 세대의 간격을 크게 벌려 놓았다.

3. 한국의 청소년 문제

모든 대학생들이 급진적 이념에 공감을 느끼고 있다고 보기는 어려우며, 기성세대와 이념적 대립으로 맞선 것은 젊은 세대의 일부에 지나지 않는다. 그러나 정치 이념을 떠나서도 대부분의 한국 젊은이들은 기성세대에 대해서 불만이 적지 않다. 한국의 현실에 잘못이 있다고 생각하는 젊은이들이 많으며, 현실을 불만스러운 것으로 만든 책임은 기성세대 모두에게 있다고 그들은 보고 있다. 요컨대 급격한 사회변동 속에서 갈피를 잡지 못하고 정신적으로 방황하는 젊은이들이 그 방황의 책임을 기성세대에게 묻고 있는 것이다.

오늘의 한국 현실이 젊은이들에게 불만을 안겨 주는 가장 큰 원인은 사회적 불균형에 있을 것이다. 1960년대 이후에 한국 경제가 급속한 성장을 이룩한 것은 주로 대기업 중심의 수출을 통해서였으며, 수출의 국제 경쟁을 통한 국민소득의 총량에 역점을 두는 가운데 균형과 안정의 문제를 소홀하게 다루는 폐단이 수반하였다.

그 결과로서 빈부의 격차가 심화되었고, 상대적 빈곤감에 불평과 분노를 느끼는 계층이 늘어 갔다. 경제적 불평등에 대한 불평과 분노는 특히 감정이 예민한 청소년들 사이에 퍼져 갔고, 일부의 청소년들은 불평등의 원인이 사회의 구조적 모순에 있다고 단정하는 경향이 생겼다.

경제적 불평등과 표리의 관계를 가진 것으로서 정치적 비리가 있었다. 정치권력이라는 것은 본래 부정과 부패를 수반하기 쉬운 취약성을 안고 있거니와, 민주화와 거리가 먼 한국의 정권은 이를 견제하는 세력이 거의 없었던 까닭에 부정과 부패를 자행할 소지를 더욱 많이 가지고 있었고, 실제로도 권력을 배경으로 삼은 부정과 부패가 끊이지 않고 도처에 발호하였다.

이 부정과 부패에 대한 불만과 혐오도 청소년이 더욱 심하게 느꼈으며, 그들을 미워하면서도 스스로 부정과 부패를 배웠고, 그들에게 부정과 부패의 유산을 물려준 기성세대 전체에 대해서 연대 칙임을 물었다.

한국 청소년들의 불만과 좌절감을 조장한 또 하나의 중요한 원인은 현대 한국인의 잘못된 가치관 내지 생활 태도다. 관존민비의 전통적 관념에 유래하는 권력 지향의 생활 태도의 현대 산업사회의 물질문명에 의하여 촉진된 금력 지향의 생활 태도는 재물과 지위, 그리고 관능적 쾌락 등 외면적 가치를 현대 한국인의 가치 체계의 높은 자리로 밀어 올렸다. 대부분의 사람들이 돈을 많이 벌거나 권력의 자리에 올라서 호의호식하며 호화롭게 사는 것을 삶의 현실적 목표로 삼은 것이다. 이와 같은 외면적 가치 선호의 생활 태도는 필연적으로 많은 사람들에게 불만과 좌절을 안겨 주기 마련이다. 한국이 보유하거나 창출할 수 있는 외면적 가치의 총량이 한국인의 욕망의 총량에 비하여 너무나 부족하기 때문이다.

경제가 지속적으로 성장한다 하더라도 일정한 시기의 한국이 가질 수 있는 재화의 총량은 한정될 수밖에 없으며, 이 한정된 총량은 자본주의 사회의 상업 정신이 쏟아 내는 광고의 홍수 속에서 날로 커가는 한국인의 물욕을 채우기에는 너무나 부족하다. 권력의 자리를 비롯한 욕심나는 지위의 총량은 한국인의 총인구에 비하여 더욱 부족하다. 이토록 절대량이 크게 부족한 외면적 가치를 너도나도 잡으려고 애쓰는 가치 풍토는 치열한 사회 경쟁을 불가피하게 하며, 그 결과로서 국민 전체는 소수의 승리자와 다수의 패배자로 크게 나누어진다. 그리고 다수의 패배자들이 불만과 좌절의 계층을 형성한다. '입시 지옥'으로 불리는 입학 시험을 둘러싼 경쟁과, 이 경쟁에서 패배한 젊은이들의 불만과 좌절도 같은 맥락에서 이해할 수 있을 것이다. 장차 돈벌이나 지위 획득을 위하여 유리한 직업을 갖자면 명문 대학의 인기 학과에 입학할 필요가 있다. 이러한 필요성은 당사자의 소질이나 개성을 무시하고 '유리한 학과'를 선호하는 불합리한 대학 지망의 풍토를 조성했으며, 이러한 풍토는 학력이 부족하거나 가정이 빈곤하여 뜻대로 진학을 못하는 무수한 청소년들에게 실망과 좌절을 안겨 준다.

그러나 소망대로 원하는 대학에 진학한 젊은이들까지도 대학 생활에 만족을 느끼지 못하는 사례가 많다. 적성을 무시하고 학과를 선택한 것을 뒤늦게 깨닫고 방황하는 경우도 있고, 기성세대가 만들어 놓은 사회 현실에 대한 불만이 학생들의 관심을 정치문제 내지 사회문제로 쏠리게 함으로써 대학 생활의 중심을 잃게 하는 경우도 있다. 대학 생활의 중심을 잃은 일부의 학생들은 이른바 '운동권' 안으로 뛰어들고, 나머지 일부의 학생들은 오락과 유흥 등 비생산적인 길에서 아까운 시간을 낭비한다.

지망대로 대학에 진학하지 못한 젊은이들 또는 대학 진학의 전망이 비관적인 젊은이들의 좌절과 방황은 더욱 심각하다. 대학을 제대로 다니지 못한 사람은 여러 가지 면에서 불이익을 당하기 마련인 한국의 현실은 대학 진학에 실패한 젊은이들로 하여금 마음의 지주를 잃게 한다. 대학 진학이 여의치 않음으로 인하여 마음의 지주를 잃은 젊은이들이 방황하는 모습에는 여러 가지 유형이 있다. 불건전한 오락에 심취하기도 하고, 혹은 사랑의 유희로 소일하기도 하며, 혹은 사회에 대한 불만을 범법 행위로써 표출하기도 하는 등 여러 가지의 불건전한 생활 태도를 보임으로써 기성세대의 걱정거리가 된다. 이리하여 젊은 세대는 기성세대에 대하여 불만과 반항으로 맞서고, 기성세대는 젊은 세대에 대하여 실망과 우려를 느끼는 불행한 사태에 이르게 되었다.

세대간의 갈등이 심각한 오늘의 한국 현실에 대한 일차적 책임은 기성세대가 져야 할 것이다. 한국의 기성세대는 민주주의를 표방하고도 민주화를 제대로 못한 정치적 현실에 대한 책임을 져야 하고, 빈부의 격차를 지나치게 확대한 경제적 현실에 대한 책임을 져야 하며, 젊은 세대에게 질서와 안정을 제공하지 못한 사회적 현실에 대해서도 책임을 져야 한다. 잘못된 오늘의 현실에 대해서 기성세대가 책임을 지는 길은 현실 개혁의 의지를 실천을 통하여 보여주는 것 이외에 다른 방안이 있을 수 없다.

기성세대가 제일 먼저 해야 할 일은 우리의 현실이 안고 있는 중요한 문제들이 무엇인가를 정확하게 인식하는 일이다. 그리고 그 다음에 해야 할 일은 우리 현실이 안고 있는 중요한 문제들을 해결해 나가는 일에 성실한 노력을 기울이는 일이다. 정치의 민주화, 균등한 사회 발전, 가치 풍토의 쇄신 등 근본적인 문제들을 단시일 안에 해결하기는 어려울 것이다. 그러나 그러한 문제들이 점차 해결되어 가고 있다는 전망이 밝게 보이도록 하는 일은 가능한 일이다.

한국의 현실이 안고 있는 중대한 문제들을 성공적으로 해결해 나가기 위해서는 역사 발전의 방향에 대한 확고하고 타당성 있는 신념의 체계를 가져야 한다. 바람직한 한국의 미래상에 대한 신념의 체계를 갖지 못하고 주먹구구식 시행착오로 우왕좌왕한다면 그런 기성세대를 젊은 세대는 믿지 않을 것이다. 기성세대가 기성세대로서의 구실을 하기 위해서 우선 필요한 것은 역사 발전에 대한 올바른 방향감각을 갖는 일이다.

역사의 발전 방향이 하나의 기정사실로서 주어져 있다고는 생각되지 않는다. 그것은 역사의 주인공으로서 우리의 주관이 관여함으로써 정해질 선택의 대상이다. 그러나 그 선택은 아무렇게나 골라잡을 수 있는 그런 것은 물론 아니며, 과거의 전통과 오늘의 현실을 충분히 고려한 근거 위에서 합리적으로 결정할 문제다.

역사 발전의 방향에 대한 기성세대의 선택과 젊은 세대의 그것 사이에 큰 차이가 있을 경우에, 세대와 세대가 끌고 미는 이어달리기는 난관에 부딪친다. 우리 한국의 경우가 바로 그러한 난관에 부딪친 상황이다. 역사 발전의 방향을 내다보는 기성세대와 젊은 세대의 시각의 차이를 어떻게 좁히느냐 하는 문제는 우리가 당면하고 있는 중대한 문제들 가운데서도 시급한 것이다.

특히 역사를 내다보는 시각의 차이를 좁히기 위해서는 과거의 전통과 오늘의 상황을 포함한 우리 현실에 대한 정확한 분석에서부터 출발해야 할 것이다. 외래문화에 근원을 둔 빌려 온 이데올로기의 굴레를 벗어나서 우리 모두의 소망이 고루 달성될 수 있는 새로운 길을 찾아야 한다. 기성세대이거나 젊은 세대이거나 힘으로 밀어붙이는 태도는 금물이며, 지성의 대화로써 함께 만족할 수 있는 길을 찾아야 할 것이다.

우리는 실천이 가능한 범위 안에서 우리의 길을 찾아야 한다. 우리가 어떤 이상을 실현하기 위해서는 그 이상 실현에 적합한 인간상(人間像)이 선행해야 한다. 이상이 높을수록 높은 의식수준의 인간상이 실현되어야 하며, 현존하는 인간상의 의식수준에 비하여 지나치게 높은 목표에 도전하면 일은 실패로 돌아간다. 육상의 높이뛰기 선수가 하듯이 오늘의 자신이 가진 실력에 비추어서 다음 도전 목표를 설정해야 한다. 실력에 비하여 동떨어지게 높은 목표에 욕심을 내는 무리는 도리어 결과를 후퇴시킨다.

아주 먼 목표와 가까운 목표를 구별하는 것이 중요하다. 멀고 먼 미래에 달성할 목표를 높이 책정하고 그것으로 발전의 방향을 잡는 것은 바람직한 일이다. 그러나 그 먼 목표에 접근하기 위해서는 여러 단계의 중간 목표를 거쳐야 한다는 사실을 잊어서는 안 될 것이다. 역사는 연속성을 가지고 전개하기 마련이며, 한꺼번에 여러 단계를 뛰어넘으려는 욕심은 도리어 발전을 저해한다. 우리가 전통문화를 중요시해야 할 이유도 여기에 있다. 전통문화와의 연속성을 무시하고 갑자기 남의 것을 모방했을 때 결과는 실패로 돌아가기 마련이다.

젊은 세대는 이상주의로 달리는 특성을 가졌다. 젊은 세대의 이상주의는 먼 목표와 발전의 방향을 정하는 데 크게 도움이 된다. 그러나 그 이상을 당장의 가까운 목표로 삼는 것은 현명한 일이 아니다. 전통문화와 가까운 거리에 있는 기성세대의 경험을 살려서 현실에 맞는 가까운 목표를 단계별로 세우는 일이 중요하다. 기성세대는 젊은 세대의 급진적 이상주의에서 배울 것을 배워야 하고, 젊은 세대는 기성세대의 보수적 현실주의에서 배울 것을 배워야 한다. 앞선 세대와 뒤따르는 세대의 협동은 역사를 추진하는 가장 소중한 원동력이다. 그리고 서로에 대한 이해를 바탕으로 삼고 상대편의 옳은 주장을 받아들이는 것은 협동을 위한 요긴한 출발점이다.

(1988, 고대 민족문화연구소 세미나)

2장 한국 문화의 발전 방향

1. 바람직한 문화의 기본 조건

움직이는 세계 속에서 한국이라는 나라의 양상도 시간의 흐름에 따라 변동하고 있다. 이 변동이 바람직한 방향으로 이루어지는 것이, 즉 어제보다 오늘이 낫고 오늘보다 내일이 낫도록 변화하는 것이 우리들의 한결같은 소망이다.

한 국가가 경험하는 변동은 숙명론적으로 결정되어 있는 것은 아니며, 그 국민의 행동에 따라서 그 내용이 크게 좌우된다. 다시 말해서 바람직한 방향의 변화를 갖게 되느냐 아니냐 하는 문제가 어느 정도는 국민의 생활 태도에 달려 있다. 이러한 사실은 국민 모두가 소망스러운 변화를 일으키도록 노력해야 한다는 주장을 불가피하게 한다.

소망스러운 변화를 일으키도록 노력할 수 있기 위해서는 우선 어떠한 변화가 소망스러운 변화인가를 알아야 한다. 정치, 경제, 사회, 종교, 교육 등 여러 분야의 양상이 가장 바람직한 방향으로 발전하도록 노력할 수 있기 위해서는 어떻게 달라지는 것이 가장 바람직한 방향으로서의 발전에 해당하는지를 알아야 할 것이다.

정치, 경제, 사회, 종교, 교육, 과학, 예술 등 모든 영역을 편의상 '문화'라는 말로 묶어서 표현한다면 우리가 제일 먼저 부딪치는 문제는 "우리의 문화가 어떻게 달라지는 것이 바람직한 방향으로의 발전에 해당하는가?"라는 물음으로 표현될 수 있을 것이다. 그리고 우리가 이 물음에 대답할 수 있기 위해서는, "가장 바람직한 문화가 갖추어야 할 조건이 무엇인가?"라는 물음에 대한 해답이 선행해야 한다.

이 글에서 필자는 우선 바람직한 문화가 갖추어야 할 조건이 무엇인가를 살펴보고자 한다. 그 다음에는 해방 이후에 한국의 문화가 걸어온 길을 반성적 시각에서 개관할 것이다. 그리고 끝으로 내일의 한국을 위해서 무엇이 가장 절실한가에 대하여 예비적인 고찰을 하고자 한다.

우리 모두에게 가장 절실한 소망은 만족스럽고 보람된 삶을 갖는 일이다. 정치와 경제는 물론이요, 도덕과 종교, 그리고 예술을 포함한 문화의 모든 분야는 만족스럽고 보람된 삶을 위한 수단으로서의 일면을 가졌다. 만족스럽고 보람된 삶을 위한 수단으로서의 기능이 문화가 갖는 의미의 전부는 아니다. 그러나 매우 중요한 일면임에는 의심의 여지가 없다. 따라서 넓은 의미의 문화가 바람직한 것이 되기 위해서는 첫째로 만족스럽고 보람된 삶을 실현하기에 적합한 것이라야 한다.

문화 가운데서 중추의 구실을 하는 가치관의 경우를 예를 들어서 생각해 보기로 하자. 다양한 가치관들 가운데서 하나를 올바른 가치관이라고 부를 때, 그 올바른 가치관이 갖추어야 할 조건의 하나는 만족스럽고 보람된 삶의 실현이라는 목표에 대한 적합성을 갖는 일이다. 가치관은 행위 선택의 원리로서 작용하거니와, 만족스럽고 보람된 삶의 실현을 위해서 적합한 행위를 선택하도록 작용하기에 성공하지 못하는 가치관은 올바른 가치관으로서 인정되기 어렵다.

정치체제나 경제 제도의 경우를 예로서 생각할 때, 우리의 주장은 더욱 알기 쉽게 설명될 수 있을 것이다. 이상론적 관점에서 볼 때 아무리 매력적인 정치체제 또는 경제 제도라 하더라도 현실적으로 만족스럽고 보람된 삶을 실현하기에 부적합하다면, 우리가 그것을 바람직한 정치체제 또는 바람직한 경제 제도라고 보기 어렵다는 것을 의심하는 사람은 없을 것이다.

만족스럽고 보람된 삶에 대한 소망은 만인에게 공통된 것이며, 이 소망의 달성을 추구함에 있어서 모든 개인은 동등한 권리를 가졌다고 보아야 한다. 다시 말해서, 만족스럽고 보람된 삶에 대한 소망이 우선적으로 달성되어야 할 특권을 가진 사람이 따로 있다고 인정할 수 없으며, 모든 사람은 동등한 권리를 가지고 소망의 달성을 추구할 자격을 가졌다고 보아야 한다. 따라서 정치, 경제, 도덕, 교육 등을 포함한 넓은 의미의 문화가 바람직한 것으로서 평가되기 위해서는 그것이 모든 사람의 만족스럽고 보람된 삶을 위해서 적합성을 가져야 한다는 결론에 이르게 된다.

모든 사람들의 만족스럽고 보람된 삶을 위한 적합성이 구체적으로 무엇을 의미하는가는 각기 문화 영역에 따라서 별도로 대답되어야 할 문제다. 예컨대 정치의 영역에서는 모든 국민에 대해서 같은 자유를 같은 정도로 허용하는 일, 또는 기본적 가치를 획득할 수 있는 기회를 균등하게 부여하는 일 등이 그 적합성을 위한 원리들의 일부가 될 것이다.

바람직한 문화가 갖추어야 할 둘째 조건은 그 정체성(正體性)이다. 문화의 정체성이라 함은 "문화의 주체인 집단의 특수성과 전통을 얼마나 살리고 있는가?" 라는 물음과 관련시켜서 설명될 수 있는 개념이다. 알기 쉽게 말하자면, 문화 집단의 특수성이 충분하게 반영되고, 그 문화적 전통의 정화(精華)가 유감없이 계승된 문화일수록 정체성이 높은 문화라고 설명할 수 있을 것이다.

문화에 대해서 정체성을 중요시하는 이유는 문화라는 것이 인간 집단의 잠재적 역량의 발휘와 그 축적에 의해서 이루어진다는 사실에 근거를 두고 있다. 문화는 인간만이 갖는 인간적 산물이다. 개인이 갖고 있는 잠재력의 발휘가 개인적 자아의 실천이라면 집단을 구성하는 여러 개인들의 자아실현의 총합은 그 집단이 갖는 문화의 근간에 해당한다. 그리고 문화는 같은 시대 사람들의 힘만으로 되는 것이 아니라, 조상들의 업적을 토대로 삼고 그 위에 다시 한 켜를 쌓음으로써 이루어진다. 따라서 문화는 집단의 고유한 역량과 유구한 전통을 근거로 삼지 않고서는 높은 경지에 이를 수가 없다.

문화가 한층 높은 단계로 상승하는 현상을 우리는 흔히 문화의 발전이라고 부른다. '발전'이라는 말의 의미 가운데는 본래 가지고 있던 것을 펼쳐서 나타낸다는 뜻이 강하게 함축되어 있다. 이러한 말의 쓰임을 통해서 보더라도 문화의 발전이 문화 집단의 특수성과 전통, 즉 문화의 정체성을 떠나서 이루어질 수 없다는 것을 짐작할 수가 있다.

문화에 관해서 정체성의 중요성을 강조함은 외래문화의 배척이나 폐쇄적 복고주의에 동조함을 의미하지 않는다. 문화란 본래 국경을 넘어서 서로 영향을 주고받기 마련이며, 특히 국제적 교류가 빈번한 오늘의 세계에 있어서 외래문화의 수용을 거부한다는 것은 있을 수도 없고 바람직하지도 않다. 내 나라의 문화가 건전한 발전을 이룩하기 위해서는 남의 나라 문화의 충격을 영양으로서 섭취해야 하는 것이 현대의 실정이다.

다만 내 나라가 보유하고 있는 문화적 역량에 비하여 외래문화의 물결이 지나치게 높은 경우에는 앞에서 말한 정체성이 위협을 받게 된다. 전통문화와 외래문화의 만남은 새로운 발전을 위한 도약의 기회가 될 수도 있고, 문화적 혼란과 파괴의 위기가 될 수도 있다. 여기서 외래문화와의 만남을 발전의 기회로서 살리는 길은 슬기로운 선택과 주체적인 수용에 있다고 보는 것이 우리들의 상식이다.

외래문화의 강한 물결이 재래의 문화를 압도하거나, 이질적인 문화 요소들이 서로 맞서서 갈등을 일으키는 상태가 오래 지속될 때 그 나라의 문화는 위축의 위기를 맞게 된다. 이 위기를 막는 길은 외래의 문물 가운데서 우리에게 적합한 것을 선택적으로 받아들이는 동시에, 그것을 우리 문화 속에 조화롭게 동화시키는 길이라고 생각되는 것이다.

이질적 문화 요소들의 갈등이 전통문화와 외래문화 사이에서만 일어나는 것은 아니다. 한 국가를 형성하는 하부 집단들의 하위 문화들 사이에서도 그것이 일어날 수 있고, 서로 다른 문화 영역 사이에서도 일어날 수가 있다. 전자의 예로서는 농촌 문화와 도시 문화의 알력을 들 수 있고, 후자의 예로서는 정신문화와 물질문명의 부조화를 들 수 있을 것이다. 한 국가를 전체 문화의 주체로 볼 때 그 안에 획일적인 하나의 문화를 갖는 것보다는 다양한 하위 문화들을 갖는 편이 바람직하나, 그 다양성이 갈등과 부조화를 초래하는 것은 좋지않다. 다양한 가운데도 하나의 조화를 이루는 것이 바람직한 문화다. 이에 우리는 이 다양성의 조화를 소망스러운 문화가 갖추어야 할 세 번째 조건으로서 추가하는 것이 좋을 것 같다.

이제까지 바람직한 문화가 갖추어야 할 조건으로서 '적합성'과 '정체성' 그리고 '다양성의 조화'라는 세 가지 기준을 말했거니와, 이 세 가지 기준들 사이에 우선순위의 문제는 일어나지 않을 것으로 보인다. 필자는 설명의 편의를 위하여 세 가지로 나누었으나, 엄밀하게 말하자면, '정체성'과 '다양성의 조화'는 '적합성' 안에 포섭되는 하위 개념으로 보는 편이 더 논리에 맞을 것이다.

2. 한국 문화의 반성

8 · 15의 해방을 전환점으로 삼고 한국의 문화는 새로운 출발을 시작했다고 볼 수 있거니와, 그 출발 당시의 제반 상황은 여러 가지 불리한 조건을 안

고 있었다. 근대화의 기운이 싹트기 시작한 19세기 말엽부터 거의 반세기에 가까운 귀중한 시기를 제국주의 식민지 정책의 억압 밑에서 보냈다는 것은 아주 치명적인 상처였다. 거기에 국토의 양단이라는 또 하나의 크나큰 불행이 겹치게 되었으니 그 어려움은 이루 말할 수 없을 지경에 이르렀다.

우선 해방 당시의 우리나라의 경제력은 극히 미약한 것이었다. 국민의 대다수가 농사에 종사하는 전통적 농업국이었으나, 농산물조차도 국내의 수요를 충족하기에 부족할 정도였다. 정치적 여건도 매우 어려운 상황이었다. 38선을 경계로 삼고 정반대의 정치 이념을 가진 두 강대국의 군대가 주둔하여 각각 자기가 원하는 정부를 후원했거니와, 한국인으로서는 아무런 준비도 없는 상태에서 민주주의 또는 공산주의를 타율적으로 받아들여야 했다.

가장 곤란한 것은 엄청난 시련과 급격한 변화를 감당하기엔 국민의 의식수준이 너무나 낮은 단계에 있었다는 사실이다. 해방과 독립을 자축하고 구가하기에 바빠서 우리가 얼마나 어려운 처지에 놓여 있는지조차도 의식하지 못하는 사람들이 대부분이었다. 설마 어떻게 되겠지 하는 막연한 낙관 속에서 안일한 자세로 삶에 임하는 것이 일반적 추세였고, 이토록 해이한 정신풍토가 어떤 개선의 조짐도 보이기 전에 6 · 25라는 끔찍한 전란의 충격을 받았다.

출발 당시의 상황이 최악에 가까웠음에도 불구하고 그 뒤 30여 년 동안에 우리의 상태는 크게 호전된 측면이 많다고 인정된다. 온갖 악조건 아래서 우리가 이 정도의 경제 발전을 이룩할 수 있었던 것은 한국 국민의 끈질긴 저력의 덕택이라고 보아도 좋을 것이다. 우리는 우리 자신에 대해서 어떤 긍지를 느껴도 좋으리라고 생각된다.

그러나 우리의 현실은 우리 스스로 만족할 수 있을 정도로 높은 수준에는 이르지 못하고 있다. 앞에서 살펴본 바람직한 문화의 세 가지 조건에 비추어 볼 때 우리의 현실은 너무나 많은 결함을 가지고 있다. 이 결함을 시정하여 더 만족스러운 상태로 접근하도록 노력하는 것이 우리들 모두의 임무이거니와, 우선 한국이 그동안 걸어온 길에 있어서 어떤 점에 가장 근본적인 잘못이 있었는가를 대략 살펴보는 것도 의미가 있을 것으로 보인다.

바람직한 문화가 갖추어야 할 가장 기본적인 조건은 만족스럽고 보람된 삶의 실현에 대한 적합성이라고 하였다. 그렇다면 이 적합성을 갖춘 문화를 건설하기 위하여 우리는 최선을 다했다고 볼 수 있을까? 관점에 따라서는 이 물음에 긍정적인 대답을 할 수 있는 근거도 있을 것으로 보인다. 1960년대 이후의 우리들이 한결같이 외친 것은 '잘살아 보자!'였고, 잘살기 위한 노력에 있어서 우리는 상당히 극성을 부려 온 것이 사실이다. '잘살아 보자'와 '만족스럽고 보람된 삶' 사이에 밀접한 관계가 있다고 볼 수 있는 한에 있어서 우리는 우리 물음에 대해서 긍정적인 대답을 할 수 있는 근거를 가졌다고 생각되는 것이다.

'잘살아 보자!'라는 구호 아래 우리가 그동안 추구해 온 길과 필자가 말하는 '만족스럽고 보람된 삶'의 길은 얼마나 서로 가까운 것일까? 이 물음에 대한 사람들의 대답은 '만족스럽고 보람된 삶'을 어떻게 규정하느냐에 따라서 다양하게 나타날 것이다. 그러나 전통적 가치관의 견지에서 보나 현대 지성인의 식견으로 보나 저 두 길을 근본적으로 같은 길이라고 간주하기는 어려울 것 같다.

'잘살아 보자!'라는 구호 아래 우리가 이제까지 추구한 것은 주로 물질적 풍요였고 경제적 번영이었다. 언어의 세계에 있어서 정신문화를 강조한 바 없는 것은 아니나, 실천 생활에 있어서 우리가 역점을 둔 것은 물질이요 경제였다. 이제는 우리도 잘살게 되었다는 증거로서 정부는 국민소득과 수출액의 통계를 제시하였고, 냉장고와 승용차 따위의 보급률을 계산하였다. 국민들도 그러한 수치에 대해서 많은 긍지와 만족을 느꼈다. 정부가 발표하는 통계 숫자를 의심하는 사람들은 더러 있었으나, 그 수치가 '잘사는 삶'을 측정하는 완벽한 기준이라는 점에 의심을 품는 사람은 적었다.

잘살기 위해서 경주해 온 그동안의 노력의 또 하나의 특색은 각자 자기가 잘살기 위해서 억척스럽게 활동했을 뿐 모두 함께 잘살기 위한 노력에 있어서는 비교적 인색했다는 사실이다. 공정한 분배에 관한 논의가 있었고, 복지사회의 실현 문제가 거론되었으며, 또 그러한 문제들을 해결하기 위한 실천적 노력도 더러 있었다. 그러나 전체의 추세로 말하면, 우리는 그동안 각자 자기가 잘살기 위한 향념에 골몰한 나머지 다른 사람들의 잘살 권리에 대해서는 비교적 소홀했다 하여도 과히 편벽된 주장은 아닐 것이다. 표면상으로는 국가와 사회를 위한다는 명분을 앞세우고, 실제로는 사리와 사욕을 충족시키기에 급급했던 위선(僞善)의 사례도 종종 있었다.

'만족스럽고 보람된 삶'을 말했을 때, 필자는 물질적으로 고생스럽지 않은 생활을 그 필수 조건으로 생각했으나, 사치스러운 소비생활은 그 안에 포함시키지 않았다. 그 대신 자아의 실현과 직분을 다하는 사회참여와 원만한 인간관계 등을 포함한 정신생활에 큰 비중을 두었다. 그리고 일부 사람들만의 만족스럽고 보람된 삶이 아니라 모든 사람들이 고르게 사람다운 삶을 누리는 이상을 염두에 두었다.

각자가 물질적 풍요를 누리기 위한 경쟁적 노력을 주축으로 삼는 '잘살아 보자'와 정신생활을 중요시하고 모든 사람들의 사람다운 삶을 지향하는 '만족스럽고 보람된 삶' 사이에 상당한 거리가 있음은 분명하다. '잘살아 보자'는 강인한 의지가 '만족스럽고 보람된 삶'으로 가는 길에 있어서 효과적인 출발점이 될 수는 있을 것이다. 그러나 그것만으로 그 길이 밝게 전망된다고 보기는 어렵다. 이와 같은 관점에서 볼 때, 우리는 그동안 우리의 궁극 목적에 대한 적합성을 갖춘 문화를 건설하기 위하여 최선을 다했다고 자부하기 어렵다는 결론을 얻게 된다.

바람직한 문화가 갖추어야 할 둘째 조건인 문화의 정체성이라는 관점에서 볼 때에도 그동안 우리가 걸어온 길에는 많은 문제점이 있다고 생각된다. 8·15 당시의 우리 민족문화는 일제의 식민지 정책에 의하여 이미 큰 상처를 입은 상태에 있었다. 8·15 이후에 우리는 우리의 역사와 언어를 되찾는데 어느 정도 성공을 거두었다. 그러나 일제가 심어 준 식민지 사관을 완전히 극복하지는 못했다는 것이 식자들의 비판이며, 우리 국어의 순화에도 아직 많은 문제가 남아 있다는 것은 누구나 아는 사실이다. 그뿐만 아니라 미군의 주둔과 미국 군정의 실시를 계기로 서양의 문물이 홍수처럼 쏟아져 들어오는 과정에서 우리 스스로 민족문화의 정체성을 훼손하는 어리석음을 수없이 범하였다.

미국의 것이면 무엇이든 훌륭한 것으로서 숭상하는 풍조가 한때 성행하였다. 일본의 경우와는 달리 미국은 우리를 해방시킨 나라요, 우리를 도와주는 우방이라는 관념이 미국 문물에 대한 맹목적 숭상을 더욱 조장하였다. 미국 문물에 대한 지나친 숭상은 상대적으로 우리나라의 것을 경멸하는 풍조로 진행하였다. 우리나라의 것은 모두가 열등한 것이고 버려야 할 것이라는 생각이 일부 사람들 사이에 팽배한 때가 있었다.

미국 내지 서양에 대한 맹목적 숭상의 부당성을 지적하는 반성의 소리가 일기 시작하여 여론으로까지 발전하는 데 10여 년의 세월이 걸렸다. 그러나 이러한 반성의 소리는 맹목적 애국주의자들에 의하여 가로채임을 당하였고, 급기야 오늘의 세계를 무시한 복고주의의 높은 외침에 흡수되고 말았다.

우리의 가장 절실한 소망은 만족스럽고 보람된 삶을 갖는 일이며, 이 소망이 달성되기 위해서는 우리들의 사고방식과 생활양식이 현재의 상황에 적합해야 한다. 그런데 오늘의 세계를 무시한 복고주의는 현대의 상황에 부적합한 사고방식과 생활양식을 종종 권장 내지 요구한다. 외국 문물에 대한 맹목적 숭상이 우리의 전통적 현실을 망각한 경솔이라면, 전통문화에 대한 맹목적 애착은 오늘의 시대적 현실을 망각한 불찰이라 하겠다.

셋째로, '다양성의 조화'라는 관점에서 보더라도 그동안 우리 문화가 걸어온 길에는 많은 문제점이 산재해 있다. 다양성의 조화가 이루어지기 위해서는 첫째로 다양한 것을 허용하는 너그러움이 있어야 하고, 둘째로 다양한 것을 조화롭게 화합할 용광로의 구실을 할 수 있는 문화 주체의 중심 역량이 있어야 한다. 그러나 우리나라의 경우는 자기가 선호하는 것만을 올바른 것으로 고집하는 편협이 심했고, 문화의 정체성이 오래 흔들렸던 까닭에 다양한 것들을 하나의 교향곡으로 화합할 수 있는 주체적 중심 역량도 미흡한 편이었다. 따라서 다양성의 조화를 통하여 질과 양에 있어서 높은 문화를 형성하는 일도 앞으로의 과제로서 남게 되었다.

3. 앞으로의 과제

앞으로의 우리 문화 발전을 위한 공동 노력은 지금까지의 취약점을 보완하는 데 역점을 두고 이루어져야 할 것이다. 우선 '잘살아 보자'는 우리 생활 목표의 깊이와 넓이를 한층 높은 차원으로 끌어올리도록 힘을 모아 노력해야 할 것이다.

만족스럽고 보람된 삶을 어떻게 규정하느냐 하는 문제는 이론이 분분한 어려운 문제이며, 이 자리에서 다루기에는 너무 거창한 문제다. 다만 여기서 말할 수 있는 것은 물질적으로 풍요롭고 육체적으로 쾌적한 생활만으로는 우리가 인간으로서의 만족과 인간으로서의 보람을 느끼기에 미흡하다는 사실이다. 우리가 인간으로서의 만족과 인간으로서의 삶의 보람을 느끼는 것은 인간의 특색을 살린 어떤 성취를 이룩했을 경우이며, 인간의 특색을 살린 성취는 이성적 존재로서의 정신적 기능의 발휘를 떠나서 생각하기 어렵다. 따라서 우리가 만족스럽고 보람된 삶을 실현할 수 있기 위해서는 정신생활에 대해서 더욱 큰 비중을 두는 가치관의 토대 위에 우리의 문화를 건설해야 할 것으로 믿는다.

정신생활에 대해서 더욱 큰 비중을 두어야 한다 함은 경제적 가치를 가벼이 여겨도 좋다는 뜻이 아니며, 가벼이 여겨야 한다는 뜻은 더욱 아니다. 현대에 있어서 경제력의 뒷받침 없이 만족스럽고 보람된 삶을 갖는다는 것은 불가능한 일이다. '잘살아 보자!'는 구호 아래 우리가 경제적 번영부터 추구한 것은 그 자체로 볼 때 당연하고 현명한 선택이었다. 다만 경제적 번영을 잘사는 삶의 전부인 양 착각하고 그것에만 몰두한 점에 잘못이 있었을 뿐이다. 생활의 안정에 필요한 경제력의 확보는 자아를 실현해 가며 보람되게 살기 위해서 반드시 갖추어야 할 선행 조건이다. 따라서 경제적 번영 그 자체가 최고의 가치를 보유하고 있는 것이 아니라, 더욱 높은 내면적 가치의 실현을 위한 수단으로서 활용될 때 비로소 성공적인 것이 된다.

일부의 선택된 사람들만이 경제적 번영을 누리고 정신적 성취에 성공한다 하더라도 그것만으로는 우리의 목표가 달성되었다고 볼 수 없을 것이다. 우리의 목표는 공정한 사회의 기반 위에서 모든 사람들이 고루 잘살고 모든 사람들이 각자의 소질과 취향을 따라서 자아를 실현하는 데 있었다. 이 민주주의적 목표를 오직 말로만 앞세우는 데 그치지 않고, 착실한 실현을 위해서 성실하게 노력하는 일은 우리 모두의 공통된 책임이다.

이 땅에 사는 모든 국민이 경제생활의 안정을 누리고, 안정된 물질생활의 토대 위에서 각자의 소질을 개발하고 각자의 취향을 살림으로써 보람찬 삶을 영위하게 된다면, 우리는 자연히 우리 문화의 정체성을 되찾는 동시에, 다양성의 조화도 함께 얻는 결과에 이르게 될 것이다. 한국에 태어나서 한국의 자연과 문화 속에서 성장한 우리에게는 한국인으로서의 소양과 취향이 잠재해 있다. 우리의 체질에는 이 땅의 정기가 스며 있고, 우리의 생활감정 속에는 문화적 전통의 얼이 담겨 있다. 우리 모두의 몸과 마음 속에 잠재해 있는 이 역량을 유감없이 발휘할 때, 거기 오늘의 한국 문화가 꽃을 피우게 된다. 그것은 한국적 전통의 힘을 잉태한 우리 자신의 전개인 까닭에 특별히 힘주어 외치지 않아도 문화의 정체성이 스스로 서게 될 것이다.

같은 시대와 같은 땅에 살고 있지만 우리들의 소질과 취향에는 하부 집단을 따르는 차이가 있고, 개인을 따르는 차이도 있다. 그뿐만 아니라 국제 시대에 사는 우리는 성장 과정에서 각자의 취향과 경험을 따라 각양각색으로 외국의 문물도 받아들이게 된다. 따라서 국민 각자의 자기 개발은 다양한 모습을 띠게 될 것이다. 그러나 다양한 가운데서도 우리는 조화를 잃지 않을 것이다. 같은 땅과 같은 문화 전통 속에서 자라났다는 공통된 분모가 있기 때문이다.

(1983, 유네스코 한국본부 세미나)

3장 한국 문화의 오늘과 내일

1. 인간의 전체적 삶의 방식으로서의 문화

'문화'라는 말은 좁은 뜻으로 쓰이기도 하고 넓은 뜻으로 쓰이기도 하여 그 의미에 신축성이 있는데, '1990년대 한국의 과제'를 주제로 삼는 오늘의 심포지엄에서 문제 삼아야 할 '문화'는 마땅히 넓은 의미의 문화여야 한다고 생각한다.

넓은 의미의 문화는 '자연'과 맞서는 개념으로서, 인간이 자연에 작용해 가며 살아가는 활동의 방식과 그 성과의 총체를 가리킨다. 인간은 그의 활동을 통하여 인간 밖의 자연도 개발하고, 인간 내부의 자연도 개발한다. 인간 밖의 자연을 개발하여 얻은 성과를 '물질문명'이라 부르고, 인간 자신을 개발 내지 순화하여 얻은 성과를 '정신문화'라고 불러 문화의 두 측면을 구별하기도 하나, 이 두 측면은 깊은 내면적 상호 연관성을 가지고 있으므로 그 구별을 지나치게 강조하는 것은 바람직하지 않다고 생각된다.

인간은 유사 이래 사회적 존재로서 살아왔고, 현재도 그렇게 살고 있다. 사회적 존재인 인간이 서로 어울리는 관계, 즉 인간의 사회적 관계에는 여러 유형이 있으며, 이 인간의 사회적 관계의 양상이 다양해 감에 따라서 인간의 활동 내지 노동의 양상도 달라지기 마련이다. 사회적 존재인 인간은 함께 살고 함께 일하거니와, 함께 살고 함께 일하는 사람들의 관계 여하에 따라서 그들의 삶과 그들의 일의 모습이 크게 영향을 받는 것이다.

삶과 일의 여러 가지 유형은 곧 문화의 여러 가지 유형의 바탕이다. 다시 말하면, 사람들이 그들의 사회적 관계 속에서 어떻게 살고, 어떻게 일하느냐에 따라서 그 시대와 그 사회의 문화의 유형이 결정된다. 이것은 주어진 시대와 사회의 문화 유형을 결정하는 바탕이 되는 것은 그 시대와 사회의 인간관계의 유형임을 말해 준다.

구체적으로 말해서, 지배와 피지배의 인간관계를 바탕으로 삼고 그 지배와 종속의 관계에 어울리는 문화가 생기며, 평등한 인간관계를 바탕으로 삼고 평등한 관계에 어울리는 문화가 생긴다. 협동적 인간관계를 바탕으로 삼으면 협동적 관계에 어울리는 문화가 생기고, 대립적 인간관계를 바탕으로 삼으면 대립적 인간관계에 어울리는 문화가 창출된다. 타락한 인간관계는 타락의 문화를 낳고, 승화(昇華)된 인간관계는 승화의 문화를 낳는다.

한 시대, 한 사회에는 오직 한 가지 색깔의 인간관계만이 전체를 뒤덮는 것은 물론 아니며, 여러 가지 유형의 인간관계들이 섞여서 존재한다. 따라서 한 시대 또는 한 사회의 문화도 한 가지 색깔로만 통일될 수 없으며, 여러 가지 색깔이 존재하기 마련이다. 다만 한 시대, 한 사회에는 그 시대와 사회에서 가장 우세한 인간관계가 있는 것이 보통이며, 이 우세한 인간관계가 그 시대 또는 그 사회의 문화의 주조(主潮)를 결정할 경우가 많다.

인간관계의 유형이 문화의 유형 또는 색깔을 결정하는 요인의 전부는 아니다. 기후와 풍토, 자연 자원과 사람들의 기질, 국제 교류 내지 국제관계 등 문화의 유형과 양상을 결정하는 요인은 여러 가지다. 이 여러 가지 요인들 가운데서 다른 것들은 대개 주어진 여건으로서의 성격이 강하여 우리들의 노력으로써 그것들에 변경을 가하기가 극히 어려운 데 비하여, 인간관계는 우리들의 노력으로써 바람직한 방향으로 고치는 일이 원칙적으로 가능하다. 그뿐만 아니라 인간관계는 그 사회의 문화 유형을 결정함에 있어서 다른 요인들보다도 큰 비중을 차지한다. 이러한 관점에서 볼 때 바람직한 문화의 문제를 고찰함에 즈음하여 첫째로 생각해야 할 문제는 인간관계의 문제라 하여도 과언이 아닐 것이다.

바람직한 문화의 첫째 조건은 그것이 바람직한 인간관계의 토대 위에서 이루어져야 한다는 것이다. 옛날 사람들이 남긴 문화 유적으로 인류의 자랑거리로 평가되고 있는 것들 가운데는 현대의 가치 기준으로 본다면 바람직하지 못한 인간관계의 산물이 적지 않다. 예컨대 중국의 만리장성, 이집트의 피라미드, 로마의 원형 경기장, 여러 나라가 자랑하는 어마어마한 궁전과 호화로운 사원(寺院) 등은 무수한 사람들의 생명과 고역을 대가로 치르고 얻은 성과였다. 그것들은 소수의 지배자들이 다수의 피지배자들을 희생시킨 불합리한 인간관계의 산물이다. 그것들 자체만을 따로 떼어서 보면 훌륭하고 놀라운 작품들임에 틀림이 없으나, 그것들이 생기게 된 사회적 배경을 아울러 생각할 때는 현대적 가치의 척도로써는 높이 평가하기 어려운 측면을 가지고 있다.

옛날의 인간관계나 옛날의 문화를 현대의 척도로써 평가하는 것이 과연 옳으냐 하는 물음에 대해서는 찬성과 반대의 의견이 대립할 것이다. 그러나 앞으로 우리가 이룩하고자 하는 한국 문화는 현대를 사는 우리들의 척도에 비추어서 바람직한 인간관계를 토대로 삼아야 한다는 견해에는 이론의 여지가 없을 것이다. 여기서 바람직한 인간관계가 내일을 문화를 위한 토대 구실을 해야 한다 함은 인간관계가 문화 창조를 위한 단순한 수단이라는 뜻은 아니다. 인간관계는 문화를 위한 토대인 동시에, 그 자체가 문화의 중요한 일부다. 다시 말해서, 바람직한 인간관계를 실현한다는 것은 그 자체가 이미 바람직한 문화의 중요한 일부를 이룩했음을 의미한다.

우리들의 궁극적 공동 목표는 이 한반도 위에 바람직한 인간 사회를 건설함에 있으며, 바람직한 인간 사회의 중추를 이루는 것은 바람직한 인간관계다. 그리고 바람직한 인간관계를 토대로 삼고 우리나라의 고유한 문화를 발전시키는 것은 바람직한 인간 사회를 건설하는 일 그 자체다. 결국 내일의 한국 문화의 바람직한 방향의 문제는 내일의 한국 사회 전체의 바람직한 미래상(未來像) 문제의 총론적 부분에 해당한다고 보아도 무방할 것이다.

2. 바람직한 문화의 방향

개인을 독립적 주체로 보느냐, 사회를 유기적 전체로 보느냐에 따라서 바람직한 인간상의 그림은 크게 달라진다. 만약 인간 사회도 꿀벌의 무리와 같은 유기적 집단이라면, 전체의 목적을 떠나서 개인의 독립된 목적이라는 것은 있을 수 없을 것이다. 꿀벌은 여왕벌을 중심으로 삼는 무리 전체가 삶의 주체적 단위이며, 개체로서의 벌 한 마리만의 독립된 목적은 따로 없다. 여왕벌을 포함한 꿀벌의 개체들은 단독으로 독립해서 살아갈 수 있는 능력이 없으며, 현재 속해 있는 무리와 운명을 같이할 수밖에 선택의 여지가 없다.

인간도 집단을 떠나서 개인 단독의 힘만으로는 살아가기 어렵다는 뜻에서 역시 '사회적 동물'이다. 그러나 인간의 개인이 집단에 의존하는 관계는 꿀벌의 경우와 크게 다르다. 인간은 현재 속해 있는 집단을 떠나더라도 다른 집단으로 소속을 바꿈으로써 생존을 계속할 수가 있다. 꿀벌에게는 집단 생활 이외에 따로 사생활이라는 것이 없으나, 개인적 자아의식을 가진 인간에게는 집단의 공공 생활과 구별되는 사생활의 영역이 있다. 특히 현대인에게는 개인적 자아의식이 매우 강하며, 공공 생활의 목표보다는 사생활의 목표를 더욱 중요시하는 경향조차 있다. 집단에 대한 개인의 의존도가 높았던 옛날에는 인간의 세계에서도 가족이나 부족 같은 집단이 생활의 유기적 단위로서의 위치를 차지했을 경우도 있었을 것이다. 그러나 현대의 경우는 개인적 자아의식이 강한 개개인을 어느 정도 독립된 생활의 주체로서 인정하지 않을 수 없을 것이다.

'민주주의'라는 것은 개인을 생활의 독립된 주체로 인정하는 인간관에 입각한 사회사상이다. 우리 한국도 민주주의를 지향해 왔거니와, 우리가 민주주의를 전제로 삼고 있는 한에 있어서 우리의 문화도 개인을 독립된 주체로 보는 인간관을 바탕으로 삼는 방향을 따라야 할 것이다. 개인이 각각 자신의 생활 설계를 실천해 가는 과정을 통하여 자아의 실현으로 접근할 때, 그 생활 설계를 위해서 열심히 사는 모습과 자아실현의 성과들이 집대성함으로써 얻게 되는 문화, 이것이 우리가 지향하는 내일의 한국 문화의 핵심이 되어야 할 것이다.

민주주의는 개인을 생활의 독립된 주체로 보되, 모든 사람들은 각자의 보람된 삶을 추구함에 있어서 평등한 권리를 가졌다고 인정한다. 사람의 소질과 능력에 개인차가 있다는 사실을 부인하지는 않으나, 누구나 자기의 소질을 개발해 가며 사람답게 살 권리를 가졌다는 점에서는 동등한 대우를 받아야 마땅하다고 보는 것이 민주주의의 기본적 정신이다. 앞으로 우리가 세우고자 하는 문화에 있어서도 이 인권 평등의 정신을 충분히 살려야 할 것이다.

인권 평등의 정신이 살아 있는 문화를 발전시키기 위해서는 우선 평등한 인간관계가 수립되어야 할 것이다. 강한 자가 약한 자를 지배하거나, 많이 가진 자가 적게 가진 자를 유린하는 따위의 수직적 인간관계는 시정되어야 할 것이며, 소질을 개발하여 자아를 실현할 수 있는 기회가 모든 사람들에게 균등하게 주어질 수 있도록 하는 제도가 마련되어야 할 것이다.

문화는 사람들이 소질과 능력을 발휘해 가며 활동하는 가운데 생성한다.

바꾸어 말하면 사람들의 활동과 그 활동의 성과가 모여서 그 사회의 문화를 형성한다. 따라서 탁월한 소질과 능력을 가진 사람들이 그들의 소질을 연마하고 능력을 발휘할 수 있는 기회를 충분히 얻을수록 그 사회의 문화 수준이 향상할 공산이 크다. 그러나 비범한 사람들이 창출하는 엘리트 문화에 역점을 두기 위하여 평범한 사람들이 자기 개발의 기회를 제한받는 결과를 초래한다면, 그것은 민주주의 정신에 어긋나는 처사가 아닐 수 없다. 탁월한 사람들의 소질 개발 또는 활동을 위해서 평범한 사람들의 존재가 도구로서 이용되는 것이 부당함은 더 말할 나위도 없다.

예술이나 과학에 대해서 특출한 소질을 가지고 있으며, 그 길로 정진하고자 하는 강한 의지를 가진 사람들을 특별히 지원하는 제도나 행위가 사회 전체를 위해서 바람직한 경우가 있을 것이며, 그러한 경우에는 집중적 투자가 정당화될 수도 있을 것이다. 그러나 영재들에 대한 집중적 투자의 정도가 지나쳐서 평범한 사람들의 자아실현이 치명적인 악영향을 받는 일이 있어서는 안 될 것이다. 위대한 예술가 또는 위대한 과학자가 되는 것이 그들 자신을 위해서 매우 중요한 일이듯이, 평범한 사람들이 각자의 소질에 적합한 기술을 연마하여 그 길에 능통한 기술자가 되는 것도 그들 자신을 위해서 매우 중요한 일이다.

천재적 소질을 타고난 사람 하나를 길러 내기 위해서 투자하는 액수와 범상한 소질을 타고난 사람 하나를 길러 내기 위하여 투자하는 액수를 반드시 균등하게 해야 한다고는 생각하지 않는다. 예컨대 국가대표급 운동선수 한 사람을 길러 내기 위하여 지출하는 경비와 시골 동네 운동선수 한 사람을 길러 내기 위하여 지출하는 경비를 같은 액수로 책정하는 것은 불합리한 일이다. 그러나 소수의 전문적 운동선수들이 보여주는 탁월한 기량을 다수의 민중은 단순한 관람자로서 구경하는 데 그치는 체육 문화는 가장 좋은 의미로 민주주의적이라고 보기는 어렵다. 가장 중요한 것은 국민 전체가 체육을 통하여 건강한 생활을 즐기는 일이며, 소수의 탁월한 운동선수들의 존재가 국민 전체의 체육을 위한 좋은 시범과 자극의 구실을 하는 일이다.

국민 모두가 사람다운 삶을 누리는 것을 이상으로 삼는다 하더라도, '사람다운 삶'의 실현을 소비생활과 향락에서 구할 경우에는 바람직한 문화의 발전을 기대하기 어려울 것이다. 왜냐하면 과도의 소비생활과 향락을 삶의 큰 보람으로 여기는 인생관을 따를 경우에, 모든 사람들이 각자의 뜻을 이룰 수 있는 사회가 실현되기를 기대할 수 없기 때문이다. 풍요로운 소비생활과 향락을 즐길 수 있기 위해서는 거액의 재화가 필요하며, 소비생활과 향락에 대한 욕망은 끝없이 늘어 가는 경향을 가진 까닭에 소비생활과 향락에서 삶의 보람을 찾는 사람들은 아무리 많은 재화를 가져도 여전히 부족함을 느낀다. 그러므로 모든 사람들이 소비생활과 향락을 마음껏 즐기기 위해서는 모든 사람들이 어마어마하게 많은 돈을 가져야 한다. 그러나 이것은 현실적으로 불가능에 가까운 일이다.

모든 사람들이 과도의 소비생활과 향락을 삶의 최고 목표로 삼는 사회가 조만간 파국에 이르고 만다는 것은 역사적 선례가 밝혀 주는 사실이며, 사리를 따져서 생각해 보더라도 그럴 수밖에 없음을 알 수 있을 것이다. 과도의 소비생활과 향락에 열중하는 사회에서는 재물과 권력을 둘러싼 싸움이 그치지 않을 것이며, 타락과 퇴폐 속에서 사회의 기강이 문란해지기 마련이므로 조만간 파멸을 자초할 공산이 크다.

바람직한 사회를 건설하고 건전한 문화를 창출하기 위해서는 모든 사람들의 자아실현을 궁극의 목적으로 삼는 가치관이 정립되어야 할 것이다. 자아의 실현이란 각자가 지니고 있는 가능성 즉 잠재력을 충분히 연마하고 발휘함을 의미한다고 볼 수 있거니와, 인간이 지니고 있는 잠재력 가운데서 가장 보편적이며 가장 소중한 것은 이성(理性)의 기능이라고 보아야 할 것이다.

3. 한국 문화의 현황

오늘의 한국 문화는 앞 절에서 고찰한 문화의 방향을 크게 벗어나고 있는 실정이다. 첫째로 모든 사람들의 사람다운 삶에 대한 평등한 권리를 서로 존중하는 풍토가 수립되지 못하고 있으며, 둘째로 사람들은 각각 타고난 소질을 계발하여 자아를 실현함에서 삶의 보람을 찾기보다는 소비생활과 향락을 최고의 선(善)으로 여기는 그릇된 가치관에 사로잡혀 있다. 그뿐만 아니라 우리나라의 전통문화와는 성격이 다른 서양 문화를 무원칙하게 받아들이는 과정에서 오는 혼란까지 겹치고 있는 상황이다.

진정한 의미의 민주주의 문화가 실현되기 위해서는 민주주의적 인간관계가 수립되어야 한다. 그리고 '민주주의적 인간관계'라 함은 나와 남의 권익을 동등하게 존중하는 동시에, 공공의 질서를 유지하기에 필요한 규범을 서로 지키는 관계를 가리킨다. 그러나 오늘의 한국인에게는 타인의 권익을 무시하는 이기주의의 경향이 현저하며, 공공의 질서를 유지하기에 필요한 규칙을 지키는 준법정신이 부족하다.

혈통에 따라서 사람을 양반, 중인, 상민, 천민 등으로 구별하는 신분제도는 없어진 지 오래다. 그러나 모든 사람들이 실질적으로 평등한 삶을 누리고 있다고 보기는 어려운 것이 한국의 현실이다. 심한 빈부의 격차는 한국 사회에 경제적 계층의 구별을 낳게 하였고, 부유한 계층과 빈곤한 계층 사이에는 각자가 원하는 삶을 살 수 있는 실력의 차이가 생기게 되었다.

특히 우리나라의 사회 현실이 돈만 가지면 대개 원하는 일을 할 수 있으나, 돈이 없으면 아무 일도 하기 어려운 실정이므로 빈부의 격차는 바로 사회적 실력의 격차를 낳는 결과를 초래하였다.

사람의 능력에는 개인차가 현저하고, 비슷한 정도의 능력을 가진 사람들 사이에서도 근면과 나태의 차이가 일과 생산의 차이를 가져온다. 그러므로 어느 사회에서나 빈부의 차이가 생기는 것은 자연스러운 현상이며, 경제적 평등을 인위적으로 조작할 경우에는 도리어 무리를 범하기 쉽다. 그러나 빈부의 격차가 심하여 현저한 계층의 구별이 생기고, 위화감과 대립 의식이 생길 지경에 이르는 것은 바람직한 현상이 아니다. 한편에 불로소득으로 사치스러운 소비생활을 즐기는 사람들이 있는 반면에, 다른 한편에는 부지런히 일해도 기본 생활조차 어려운 사람들이 있다면 그 사회에 구조적 모순이 있다고 인정해야 하며, 사회의 구조적 모순은 민주주의적 인간관계를 크게 파괴시킨다.

우리 사회에서 민주주의적 인간관계를 저해하고 있는 것이 빈부의 격차만은 물론 아니다. 정치에 있어서의 비민주적 현실도 민주주의적 인간관계의 형성을 원칙적으로 어렵게 하는 요인이며, 권력을 배경으로 삼은 관료주의 또는 권위주의의 잔재도 민주주의적 인간관계의 형성을 방해한다. 그리고 남존여비의 관념도 꾸준히 남아 있어서 민주주의적 인간관계에 입각한 바람직한 문화의 형성을 방해하는 요인으로서 작용하고 있다.

민주주의적 인간관계에 입각한 바람직한 문화의 형성을 위해서 특히 긴요한 것의 하나는 나와 남을 한결같이 대접하는 인간 존중의 관념을 실천에 옮기는 일이다. 그러나 오늘의 한국 사회에는 인간을 존중히 여기는 정신이 크게 부족한 편이며, 특히 남의 인권, 남의 자유, 남의 감정을 소홀히 생각하는 폐단이 현저하다. 자기만을 생각하는 이기주의에 골몰한 나머지 타인과 공동체에 대한 배려를 게을리하는 사람들이 너무나 많은 것이다.

타인의 권익과 공동체에 질서에 대한 배려가 미약한 까닭에 원만한 사회생활을 위해서 요청되는 규칙을 어기는 사례도 허다하다. 법과 규칙을 지키지 않는 현상은 총선거와 같은 국가적 행사에서도 나타나고, 길거리와 운동장 같은 일상생활의 마당에서도 일어나다.

한국 문화의 원동력은 한국 사람 개개인의 활동에서 유래하며, 우리들의 활동은 우리가 추구하는 삶의 목표를 따라서 좌우된다. 그런데 대부분의 한국 사람들이 삶의 목표로서 추구하는 것은 높은 지위에 오르거나 많은 돈을 벌어서 풍요로운 물질생활을 구가하며 즐겁게 사는 일이다. 궁색하지 않을 정도의 물질생활을 토대로 삼고 자신의 소질이나 능력을 계발하고자 하기보다는 풍요로운 물질생활과 향락 그 자체를 삶의 궁극적 목표로서 추구하는 경향이 강하다.

물질생활과 향락 그 자체를 삶의 목표로 삼는 까닭에 이미 도달한 소비 수준에 만족하지 못하고 점점 높은 소비생활을 원하게 되며, 더 많은 재물 또는 높은 지위를 탐내게 된다. 많은 재물과 높은 지위는 배타적 경쟁에서 승리한 소수만이 얻을 수 있는 목표인 까닭에 이 경쟁성 강한 목표를 추구하는 사람들이 소수의 승리자 속에 끼기 위해서 남의 권익과 공동체의 질서를 침범해 가며 안간힘을 쓰게 된다.

민주주의의 이상은 모든 사람들이 각각 그 뜻을 이룰 수 있는 사회를 건설하는 일이다. 그런데 모든 사람들이 과도한 소비생활 속에서 고도의 향락을 즐긴다는 것은 우리나라의 실정으로서는 불가능한 일일 뿐 아니라, 장기적 안목으로 볼 때 자멸의 길이 될 염려가 크다는 뜻에서 바람직하지도 않다. 한 사회 또는 한 나라의 문화의 핵심이 되는 것은 그 사회 또는 그 나라에서 우세한 가치관이다. 건전한 가치관의 정립을 외면하고 건전한 문화를 이룩한다는 것은 있을 수 없는 일이다.

한국의 전통문화 가운데서도 의식주(衣食住)의 외형(外形)을 존중하고, 때로는 허례와 허식으로 흐르는 일면이 있기는 했으나, 지나친 소비생활과 절제 없는 향락을 삶의 최고의 목표로 삼을 정도로 심한 물질주의에 빠지게 된 것은 근래에 일어난 새로운 풍조라고 보아야 할 것이다. 그리고 이 새로운 풍조는 미국을 위시한 서구의 문명을 잘못 받아들인 결과라고 보는 것이 우리들의 상식이다. 우리는 극빈에 가까운 상태에서 미국의 문물과 만나게 되었고, 우리들에게 비판적 안목이 생기기 이전에는 미국을 여러 가지 점에서 모범적인 나라로 생각하는 사람들이 많았다. 미국은 전형적인 자본주의 국가로서 일찍이 금전과 소비의 문화를 발전시켰거니와, 우리 한국도 그들의 자본주의와 소비문화를 수용하게 되었다. 그리고 미국과 같은 부유한 나라도 못 되는 주제에 미국의 소비문화를 모방하는 과정에서 미국 사람들보다도 더 심한 사치와 과소비를 일삼는 풍조에까지 이르게 되었다.

이질적인 외래문화의 수용 과정에서 과소비의 문제 이외에도 여러 가지 문제가 일어나고 있다. 우리는 서구의 자유주의를 받아들이는 과정에서 자유에 따르는 책임을 망각함으로 인하여 방종으로 흘렀으며, 서구의 개인주의를 받아들이는 과정에서 나의 권익만을 생각함으로 인하여 이기주의로 흘렀다. 우리는 외국의 퇴폐적 풍습까지도 무분별하게 수용함으로써 고유한 전통문화의 값진 유산을 잃어 가고 있다.

4. 한국 문화의 기본 과제

문화의 핵심을 이루는 것은 가치관이다. 내일의 한국 문화를 바람직한 방향으로 발전시키기 위하여 우리가 첫째로 해야 할 일은 우리들의 가치관을 바르게 세우는 일이다. 문화의 양상(樣相)을 결정하는 것은 사람들의 행위이며, 사람들의 행위를 결정함에 있어서 가장 큰 영향력을 가진 것은 그들의 가치관인 까닭에 바람직한 문화의 발전을 위해서는 문화의 핵심으로서의 가치관이 우선 바르게 서야 하는 것이다. 그런데 현대 한국인의 가치관은 매우 심각한 몇 가지 문제점을 안고 있다.

우리들의 가치관이 안고 있는 문제점의 첫째는, 우리들의 실천 생활에 있어서 돈과 재물, 권력과 지위, 관능적 쾌락 등 외면적 가치가 인격, 사상, 학문, 예술, 자유, 평화 등 내면적 가치를 앞지르는 선호(選好)의 대상이 되고 있다는 사실이다. 일반적으로 말해서 외면적 가치는 내면적 가치에 비해서 수명이 짧고, 사람들에게 혜택을 줄 수 있는 범위, 즉 시혜(施惠)의 포괄성이 작을 뿐 아니라 그 자체가 목적이기보다는 다른 무엇을 얻기 위한 수단으로서의 성격이 강하다. 그러므로 내면적 가치보다도 외면적 가치를 선호하는 것은 가치 서열의 뒤바뀜, 즉 가치 체계의 전도(顚倒)를 의미한다.

외면적 가치의 선호 내지 숭상은 가치 서열의 전도라는 이론적 난점뿐 아니라 사회 현실에 혼란을 야기한다는 실천적 난점도 가지고 있다. 우리 한국이 현재 보유하고 있는 외면적 가치의 총량은 극히 제한되어 있는데, 외면적 가치 선호의 풍토는 이 제한된 수량의 가치를 서로 차지하려는 치열한 경쟁을 초래한다. 따라서 사람들은 이해(利害)가 상반되는 경쟁관계에 놓이게 되며, 이해가 상반되는 까닭에 사람들은 공동체를 위한 협동을 외면하게 된다. 해결을 기다리는 많은 공동의 과제를 안고 있는 오늘의 한국 실정에 비추어 볼 때, 사람들이 사회적 협동을 외면한다는 것은 매우 심각한 문제가 아닐 수 없다.

돈벌이와 풍요로운 소비생활 내지 향락을 삶의 궁극적 목표로 삼는 생활태도를 바꾸기 위해서는 이들 외면적 가치보다도 더욱 값진 어떤 내면적 가치를 삶의 궁극목표로서 대치해야 한다. 사람들이 일반적으로 내면적 가치를 선호하게 되기 위해서는, 첫째로 내면적 가치의 소중함에 대한 인식이 앞서야 하고, 둘째로 누구나 한 가지 이상의 내면적 가치를 실현할 수 있다는 예견(豫見)이 뒤따라야 한다. 이러한 인식을 위해서는 모방의 대상이 되는 저명인사들 또는 교육적 영향력을 가진 지도층이 내면적 가치 선호의 모범을 보여야 하며, 이 예견이 일반적으로 가능하기 위해서는 각자가 타고난 소질을 연마할 수 있는 교육의 기회가 만인에게 열려 있어야 한다. 가치관을 바르게 세우는 일은 넓은 의미의 교육의 과제다.

내일의 한국 문화를 바람직한 방향으로 발전시키기 위하여 둘째로 해야 할 일은 모든 사람들의 자유와 권익이 대등한 존중을 받는 평등한 인간관계를 수립하는 일이다. 법조문에 기록된 명목만의 평등이 아니라, 실질적인 평등의 실현이 이루어져야 한다. 바꾸어 말하면, 구호에 그치는 민주주의가 아니라 현실적으로 정치와 경제의 민주화가 이루어져야 하는 것이다.

정치와 경제에 있어서의 민주화의 실현이 우세한 계층의 선심(善心)에 의해서 주어지기만을 기대해서는 안 될 것이다. 가장 바람직한 것은 이미 유리한 고지에 오른 사람들이 지나치게 차지한 몫을 자진해서 양보함으로써 형평을 가져오는 길임에 틀림이 없다. 그러나 과거의 역사는 사람의 마음이 그토록 선량하지 못하다는 것을 밝혀 주고 있다. 그러므로 불리한 위치에 처해 있는 사람들이 단합된 목소리로 자신들의 정당한 몫을 찾는 노력도 필요하다. 다만 다수의 요구가 정도를 지나치거나 그들의 단합된 목소리에 폭력이 수반할 경우에는 일종의 악순환을 부를 염려가 있다. 따라서 갈등을 평화적 대화로써 해결하는 지성의 풍토가 절실하게 요청되며, 이 점과 관련해서 공정한 언론과 용기 있는 지식층의 책임이 막중함을 강조하게 된다.

이제까지도 한국의 지식층과 언론인이 우리나라의 민주화를 위하여 음양으로 기여한 바가 적지 않다는 평가도 가능할 것이다. 그러나 언론인을 포함한 지식층이 짊어지고 있는 막중한 사명에 비하면 실제로 한 일은 매우 미흡하다고 보는 것이 일반적 시각이며, 더러는 민주주의의 길을 배반 내지 역행한 사례도 적지 않다는 지적도 받고 있는 것이 우리들의 실정이다. 내일의 문화를 위해서 우리 스스로 반성해야 할 바가 적지 않음을 자인해야 할 것이다.

지금 우리가 고찰하고 있는 인간관계의 민주화의 문제와 앞에서 고찰한 올바른 가치관의 정립의 문제는 내면적으로 깊은 관련성을 가졌다. 대부분의 사람들이 돈과 권력 또는 향락 따위의 외면적 가치의 획득을 삶의 가장 값진 목표로서 추구하는 가치 풍토가 지속되는 한 정치와 경제에 있어서 참된 민주화가 실현되기는 매우 어려울 것이다. 왜냐하면 외면적 가치에 대한 욕망은 점점 더 많은 것을 갖고 싶어 하는 것이 그 특색이며, 외면적 가치를 최고의 목표로서 추구하는 가치 풍토에서는 지나치도록 치열한 사회 경쟁을 적절한 선에서 자제하기가 어렵다. 결과적으로 금력과 권력에 대한 집념이 지나침으로써 강자의 계층과 약자의 계층의 격차를 좁히기가 매우 어렵게 된다. 바꾸어 말하면, 평등한 인간관계의 수립이 항상 어려운 과제로서 남게 된다.

남을 물리치고 이겨야 얻을 수 있는 외면적 가치를 최고의 목표로 삼는 생활 태도는 사람들을 이기주의로 이끌기 쉽다. 그리고 이기주의도 평등한 인간관계의 수립을 저해하는 치명적 요인이다. 그러므로 평등하고 민주주의적인 인간관계를 수립하기 위해서는 이기주의를 극복해야 하고, 이기주의를 극복하기 위해서는 우선 외면적 가치 선호의 생활 태도부터 고쳐야 한다는 결론에 이르게 된다.

내일의 한국 문화를 바람직한 방향으로 발전시키기 위해서 세 번째로 해야 할 일은 전통문화와 외래문화의 갈등을 지양하여 우리 문화의 개성을 지키는 일이다. 한 개인을 위해서는 타인과의 조화가 잘 이루어지면서 개성이 뚜렷한 인품을 갖는 것이 바람직하듯이 한 나라의 경우에도 세계의 문화와 잘 조화되면서 개성이 뚜렷한 문화를 갖는 것이 바람직한 일이다. 그리고 한 개인의 경우에 성격을 구성하는 여러 가지 요인들이 조화를 이루고 인품 전체가 균형 잡힌 작품으로서 나무랄 곳이 없는 것이 바람직하듯이 한 나라의 경우에도 그 문화를 구성하는 여러 가지 요소들이 조화를 이루고 그 문화가 전체로서 균형과 통일을 얻는 것이 바람직하다. 이러한 관점에서 볼 때 오늘의 한국 문화는 많은 문제점을 안고 있으며, 이들 문제점을 극복하는 것은 우리 문화의 당면 과제가 아닐 수 없다.

우리나라는 단일민족으로서 오랜 역사를 이어 오는 동안에 개성이 뚜렷한 전통문화를 발전시켜 왔다. 우리는 우리의 고유한 언어와 문자를 가지고 있으며, 우리에게 고유한 예술과 민속(民俗)의 탑을 쌓아 올렸다. 그러나 금세기에 이르러 일본의 식민지 문화 정책에 의해서 우리 문화는 크게 손상을 입었고, 또 8 · 15 이후에 서구 문화의 무분별한 수용 과정에서 다시 혼란을 자초하였다. 이러한 파괴와 혼란의 양상을 여실히 나타내고 있는 것으로서 우리는 일본어와 영어가 섞여서 뒤죽박죽이 된 우리의 언어를 들 수 있고, 체격과 피부색을 무시한 의상 또는 화장의 유행을 지적할 수 있을 것이다.

전통문화와 외래문화의 만남에 대하여 사람들이 보여주는 태도에는 현저한 차이가 있다. 고루할 정도로 전통문화에만 집착하는 극단적 보수주의자가 있는 반면에, 말단적이며 퇴폐적인 것까지 외국의 문물을 선호하는 문화적 사대주의자도 있다. 이와 같은 태도의 차이는 한국 문화의 내부적 갈등 내지 자기 분열을 의미하는 것으로서 바람직한 현상이 아니다. 문화에 대한 모든 사람들의 태도가 획일적인 것보다는 다양한 편이 바람직하다 하더라도, 태도의 차이가 지나쳐서 조화를 잃는 것은 좋은 일이 아니다.

주로 농경 사회를 배경으로 삼고 형성된 전통문화를 언제까지나 그대로 묵수(墨守)하는 것은 가능한 일도 바람직한 일도 아니다. '지구촌'이라는 말이 실감을 동반할 정도로 국제 교류가 빈번한 현대에 있어서 여러 외국의 문물을 함부로 배척하는 것 또한 가능하지도 않고 바람직하지도 않다.

전통문화 가운데 어떤 것은 옛 모습 그대로 간직하는 것이 바람직한 경우도 있을 것이며, 다른 어떤 것은 새 시대에 맞도록 고쳐서 계승하는 것이 바람직한 경우도 있을 것이다. 그리고 더러는 아주 버리는 것이 바람직한 경우도 있음직하다. 외래문화 가운데서 그대로 모방해도 좋은 것은 그리 많지 않을 것이다. 그 가운데 어떤 것은 우리의 실정에 맞도록 고쳐서 수용해야 할 것이며, 다른 어떤 것은 아예 물리쳐야 할 것도 있을 것이다.

전통문화의 경우에 있어서나 외래문화의 경우에 있어서나, 취사선택의 기준이 되는 것은 우리가 장차 건설하고자 하는 한국의 미래상일 것이다. 모든 한국인이 각자의 설계를 실천에 옮기기에 적합한 민주사회를 건설하는 동시에, 모든 사람들의 자기 개발이 집대성하여 건전하고 찬란한 문화를 형성하도록 취사선택이 이루어져야 할 것이다. 전통문화의 단순한 계승 또는 외래문화의 단순한 모방을 넘어서서 새로운 것을 추가하는 창조의 노력이 없이는 바람직한 문화의 실현을 기대하기는 어려울 것이다.

(1989, 동아일보사 세미나)

4장 자연과 인간 그리고 문화

1. 머리말

우주라는 대자연은 신비롭기 그지없고 질서정연한 하나의 큰 체계다. 그 가운데 태양계가 있고 태양계에 속하는 유성의 하나로서 지구가 존재한다. 천체 과학자들의 주장에 따르면, 지구는 태양으로부터 분리되어서 떨어져 나온 파편들의 하나이고, 처음에는 뜨거운 불덩어리였다. 까마득한 옛날에 있었던 사실에 대한 추정이므로 이러한 학설에 대하여 의문을 제기할 여지가 전혀 없다고 말하기는 어려우나, 우리가 합리적 사고를 따르는 한 과학적 세계관이 적어도 그 큰 테두리만은 타당성을 가진 것으로 받아들여야 하지 않을까 한다.

유구한 세월에 걸쳐서 지구는 점차로 냉각해 가고, 그 표면은 산소와 수소를 포함한 공기층으로 둘러싸이는 단계에 이르게 되었다. 산소와 수소의 결합은 물(H_2O)을 생성하기에 이르렀고, 지구 표면의 낮은 곳에는 그것이 고이는 결과가 생겼다고 과학자들은 추측한다. 그리고 이 공기와 물의 형성이 생명체의 출현과 불가분의 관계를 가졌다고 보는 것이 우리들의 상식이다.

최초의 생명체가 어떠한 경위를 거쳐서 생겼는지에 대해서는 소상하게 알려진 바 없으나, 어떤 신비로운 조화의 힘으로 단순한 생명체가 아마 수중에서 생기기 시작하여 그것이 점차 진화한 결과 마침내 인간의 출현을 보기에까지 이르렀다고 하는 것이 생물학자들의 추측이 아닌가 한다. 여하튼 지구는 생물이 서식하는 고장이 되었고, 그 가운데서도 일종의 동물인 인간이 특수한 위치를 차지하고 있다는 것이 우리에게 중요한 사실로서 주어져 있다.

산과 나무가 그렇고 물과 물고기가 그렇듯이 인간도 자연의 일부다. 그러나 보기에 따라서는 나무나 물고기가 자연의 일부인 것과 인간이 자연의 일부인 것 사이에는 차이가 있다. '나무와 자연' 또는 '물고기와 자연'이라는 말은 이상하게 들리나, '인간과 자연' 또는 '자연과 인간'이라는 말은 이상하게 들리지 않는다는 사실이 그 둘 사이에 차이가 있다는 것을 단적으로 말해 준다. 인간도 자연의 일부임에는 틀림이 없으나, 풀과 나무가 자연의 일부이고 벌레와 물고기가 자연의 일부인 것과는 차이가 있다.

돌이나 초목 또는 벌레나 짐승은 자연 아닌 것을 만들어 내는 일이 없으나, 인간은 자연 아닌 것을 만들어 냄으로써 본래는 단순한 자연에 불과했던 지구를 단순한 자연 이상의 것으로 만들었다. 초목과 짐승 따위의 자연물도 자연에 변화를 가져온다. 초목은 산소를 뿜어내고 새나 짐승은 나무 위에 둥지를 틀거나 땅에 굴을 파는 등 자연에 변화를 가져온다. 그러나 초목이나 금수가 만들어 내는 것은 여전히 자연물이며, 그것들이 자연물 아닌 무엇을 자연 위에 추가하는 일은 없다. 까치집도 자연물이고 너구리 굴도 자연물이다. 한편 인간만은 자연물 아닌 것을 만들어 내는 능력을 가졌다. 인간이 짓는 건축물은 자연이 아니며, 인간이 파는 터널도 자연물이 아니다. 인간이 제조하는 기계나 약품은 더욱 자연으로부터 멀리 떨어진 물건이다.

인류의 먼 조상의 경우는 자연에 변경을 가했다 하더라도 자연의 모습을 바꾸는 데 그쳤고, 자연물 아닌 무엇을 새롭게 만들어 내지는 못했을 것이다. 선사시대의 인간이 거처로 사용했던 토굴은 너구리의 그것처럼 자연물의 범주를 벗어나지 못했을 것이며, 구석기시대의 돌도끼나 돌칼도 아직 자연물에 가까웠을 것이다. 그러나 인간의 지능과 기술은 오랜 역사를 통하여 점차 발달하였고, 인간이 만들어 낸 물건은 점점 자연으로부터 멀어져 가는 추세를 보였다. 그리하여 최근에 이룩한 과학 기술의 발달이 가져온 놀라운 기계문명 내지 물질문명은 자연과는 본질이 다른 새로운 세계를 창출하기에 이르렀다.

아득한 옛날부터 인간은 대자연의 크나큰 혜택 속에서 생존과 생활을 영위해 왔다. 태양 광선과 공기, 흙과 물을 비롯한 여러 가지 자연물은 인간을 포함한 생물의 세계를 가능케 한 끝없는 혜택의 근원이었다. 그러나 자연이 언제나 인간에게 우호적이기만 한 것은 아니었다. 때로는 그것이 무시무시한 공포로서 다가오기도 하였다. 태풍과 홍수, 지진과 해일, 한발과 폭서 등 천재지변은 말할 것도 없으며, 흑사병, 콜레라, 천연두 등 세균이 퍼뜨리는 전염병도 당시로서는 감당하기 어려운 공포의 대상이었다.

과학이 발달하기 이전의 옛날 사람들은 이들 자연이 주는 시련을 조물주 또는 귀신에 의한 재앙이라고 믿었다. 따라서 이들 재앙에 대처하는 방안은 주로 기도와 축제 또는 무술(巫術) 등 종교적 행위에 의존하는 길에서 찾게 되었다. 그러나 과학적 세계관이 신화적 세계관을 대신하게 되면서 사람들은 자연으로부터 오는 재앙을 인과율의 지배를 받고 생기는 자연현상으로서 이해하기 시작하였다. 따라서 자연에서 오는 재앙을 극복하는 방안도 과학과 기술에 의존하는 방향으로 탐구하게 되었다. 가뭄의 피해를 막기 위해서는 기우제를 지내기보다도 저수지를 건설하는 길을 택하게 되었고, 질병을 퇴치하기 위해서는 무당에게 의지하는 대신 의사 또는 약사에게 의존하는 길을 선호하게 되었다.

인간이 개발한 과학과 기술은 자연의 재앙을 극복한다는 소극적 목적만을 위해서 사용된 것은 물론 아니며, 생활필수품의 생산, 교통과 통신 등 모든 분야에서의 적극적 생활 목적을 위해서도 널리 활용되어 왔다. 특히 근대 이후의 과학과 기술의 발달은 단순히 자연의 재앙을 방지하는 데 그치지 않고 한 걸음 더 나아가 '자연의 정복'을 호언장담하기에까지 이르렀다. 자연을 두려워하며 우러러보던 태도를 버리고 그것을 인간의 이용물 또는 소유물로 대접하는 태도를 취하는 사람들이 다수를 차지하게 되었다.

2. 자연과 인간

비교적 허약한 체질을 가진 인간이 지구에서 가장 강한 동물로서 군림하게 된 것은 인간이 자연 아닌 것을 만들어 내어 자연의 시련을 극복하고, 나아가서 도구와 기계를 사용하여 자연을 이용할 수 있는 기술을 개발했기 때문이다. 인류가 '문화'라는 자랑스러운 업적을 쌓을 수 있었던 것도 인간이 자연 아닌 것을 만들어 내어 자연을 넘어설 수 있는 능력을 가졌기 때문이다. 우리말 '문화'에 해당하는 서양어 'cultra, culture'가 본래는 '경작'을 의미했다는 사실이 암시하듯이, 문화는 목적의식 아래 이루어진 인간의 노동이 낳은 인위적 산물이며, 문화를 가졌다는 사실에 의하여 인간은 동물의 세계에서 정상의 위치를 차지하게 되었다. 문화는 인간으로 하여금 만물 가운데서 가장 귀중한 존재로서 자처할 수 있게 한 근원이다.

비록 인간이 '문화의 창조'라는 업적을 통하여 단순한 자연 이상의 것이 되었다 하더라도 인간이 자연의 일부로서 자연 안에서 생활하는 존재라는 근본적 사실에는 변함이 없다. 대자연의 혜택을 떠나서는 생존할 수 없고, 자연의 법칙에 순응하지 않고서는 존재할 수 없다는 생물계의 기본 원칙은 과학과 기술의 발달에서 놀라운 높이에 도달한 뒤에도 인간의 생존과 생활을 제약하는 근본원리로서 여전히 남아 있기 마련이다. 인간은 좁은 의미에서는 자연 이상의 것이라고 볼 수 있으나, 더욱 근본적인 관점에서 본다면 영원히 자연의 일부일 수밖에 없는 존재다.

자연의 일부인 까닭에 인간은 자연에 순응해야 하고, 자연의 혜택을 떠나서는 살 수 없는 존재인 까닭에 인간은 자연을 아끼고 보존해야 한다. 일찍이 기계문명의 발달에서 크게 앞선 적이 없었던 동양 사람들은 전통적으로 자연을 정복의 대상으로 보는 지나침을 범하지 않았다. 그러나 과학과 기술의 발달에 있어서 놀라운 성공을 거둔 서양 사람들 가운데는 자연에 순응하기보다는 자연 위에 군림하는 참월된 태도로 기운 폐단이 있었다. 이러한 태도는 금전을 가치의 정상으로 삼는 상업주의와 결합하여 공업 만능의 풍조를 초래하여 자연을 파괴하는 결과를 가져왔다. 그리고 서구적 자연관에 근원을 둔 지나친 공업화와 기계문명은 근래 동양 여러 나라에 수용되어 그 폐단은 이제 우리들 자신의 문제로서 다가오게 되었다.

자연과 인간의 관계를 심각한 문제 상황으로 밀어넣게 된 요인에는 크게 세 가지가 있다고 생각된다. 첫째는 인구의 폭발적 증가요, 둘째는 과학과 기술의 놀라운 발달이며, 셋째는 자본주의에 입각한 자유시장경제 사회의 상업주의다. 이 세 가지 요인들의 결합으로 인하여 지나친 공업화를 초래하였고, 지나친 공업화는 자연 자원의 낭비와 자연환경의 오염이라는 두 가지 폐단을 통하여 하나밖에 없는 지구를 크게 파괴하는 결과를 가져왔다.

인구의 폭발적 증가와 과학 및 기술의 놀라운 발달 사이에는 밀접한 관계가 있을 것이다. 의학과 약학 등 응용과학의 발달이 인구의 증가를 가져왔고, 크게 증가한 인구가 궁색하지 않은 생활을 계속하기 위해서는 생활필수품의 생산성을 높일 수 있는 과학과 기술의 발달이 뒷받침돼야 한다. 요컨대 과학과 기술의 발달이 인구의 기하급수적 증가를 초래하였고, 폭발적으로 증가한 인구는 더욱더 발달한 과학과 기술을 요구하는 상호 조장의 순환관계가 성립한 것이다.

이미 지구 위에 태어난 인구가 궁색하지 않게 살아갈 수 있기 위해서는 어느 정도의 공업화는 불가피하며, 그 공업화를 위해서 필요한 과학과 기술의 발달을 이룩한 것은 바람직한 일이었다. 그러나 인간 생활의 편익을 위해서 인간이 연구하고 개발한 과학과 기술이 전 인구의 궁색하지 않은 생활을 돕기 위한 일에만 활용되지 않고, 그 밖의 다른 일을 위해서도 사용되기에 이른 데서부터 문제가 생기기 시작했다. 좋은 일을 위해서만 사용되었어야 할 과학과 기술이 좋지 못한 일에까지 악용되는 사태가 일어난 것이다.

과학과 기술을 나쁜 목적을 위해서 악용한 경우의 가장 대표적인 것은 무기의 생산과 사용이다. 현대의 과학 기술과 군사 무기 사이에 밀접한 관계가 있다는 것은 세상이 다 아는 상식이며, 만약 오늘의 과학과 기술을 오로지 평화적인 목적만을 위해서 사용한다면 인류의 복지는 크게 향상되리라는 것은 의심의 여지가 없다. 그리고 현대 과학을 응용하여 제조한 무기가 실제로 전쟁에 사용되었을 때 이루 헤아릴 수 없는 막대한 파괴가 자연에 가해졌다는 역사적 사실도 우리는 잘 알고 있다.

그러나 과학과 기술의 발달이 그릇된 목적을 위해서 사용되는 것은 비단 군사와 무기 제조에 관련해서만은 아니다. 놀라운 발달을 이룩한 과학과 기술이 자유 시장 경제의 상업주의와 결합함으로써 주로 돈벌이의 수단으로서 사용됨으로 인하여 지나친 공업화를 초래하였고, 지나친 공업화는 세계 도처에서 자연을 파괴하는 무서운 결과를 가져왔다.

지나친 공업화가 자연, 즉 지구를 파괴하는 현상은 크게 두 가지로 나누어진다. 하나는 지나친 공업화에 따르는 자연 자원의 낭비가 인간에게 삶을 보장하는 지구의 힘을 파괴하는 현상이요, 또 하나는 공업화 및 도시화가 수질과 공기를 위시한 삶의 조건을 오염으로 파괴하는 현상이다. 지구가 보유하는 자연 자원은 그 총량이 유한하며, 그 대부분은 한번 사용하면 재생이 불가능하다. 그러므로 인간 생활을 위하여 반드시 필요한 자연 자원을 낭비한다는 것은 인간이 살 수 있는 땅으로서의 지구의 수명을 단축함을 의미한다. 그리고 수질과 대기를 위시한 자연환경의 오염도 그것이 어느 수준을 넘게 되면 인간의 건강과 생존을 근본적으로 위협한다.

3. 문화의 특성

우리가 그 영향 속에 살고 있는 '자유세계'의 문화는 두 가지 두드러진 특색을 가지고 있다. 하나는 금전이 가치의 세계를 주도한다는 특성이요, 또 하나는 쾌락적 소비 풍조가 강하다는 특색이다. 이를테면 우리는 금전 문화 속에 살고 있고, 또 소비문화 속에 살고 있다. 그리고 두 가지 문화는 동전의 앞뒤와도 같은 것이니 결국 같은 문화의 두 측면이라고 보아야 할 것이다.

우리나라의 신분사회 시대가 그랬듯이 서양의 봉건시대에서는 귀족이라는 신분이 사회생활을 위한 가장 강력한 힘이었다. 가문에 기반을 둔 신분만 높으면 돈이나 재산의 문제는 크게 걱정하지 않아도 해결될 수 있도록 사회 구조가 짜여 있었다. 그러나 상업 계층이 우세한 근세 이후에는 돈의 힘이 점차로 강화되면서 가문에 따르는 신분의 힘은 상대적으로 약화되었다. 기계공업의 발달을 계기로 산업혁명이 일어나고, 자본주의 경제체제가 자리를 굳히면서 돈의 위력은 인간 사회를 압도하기에 이르렀다. 경제를 제패하는 자가 사회를 제패한다 하여도 과언이 아닐 정도로 돈의 위력은 막강한 지경에 이르렀다.

돈은 많을수록 더 큰 힘을 발휘하는 까닭에 사람들은 되도록 많은 돈을 벌기를 원한다. 상공인으로서 많은 돈을 버는 길은 많은 물건을 만들어 파는 데 있다. 상품을 많이 만들어 팔기 위해서는 그 수요가 많아야 하거니와, 자연스러운 수요만으로는 원하는 대로 거액의 돈을 벌기 어려운 까닭에 인위적으로 수요를 창출할 필요가 있다. 인위적으로 수요를 창출하는 가장 효과적 방법은 소비자들의 구매욕 내지 소비욕을 자극하는 방안이다.

쾌락적 소비성향이 팽배한 세상이다. 쾌락의 극대화를 삶의 목표로 삼는 사람들이 많으며, 남보다 고급스러운 소비생활을 하는 것이 남보다 잘사는 길이라고 믿는 사람들이 허다하다. 이러한 사회 풍조 속에서는 더욱 새롭고 더욱 화려하며 더욱 고급스러운 상품들이 환영을 받는다. 새롭고 고급스러운 상품을 개발하여 최신의 대중매체의 위력을 빌려서 과대하게 선전을 하면 소비자들은 이제까지 가지고 있던 멀쩡한 물품을 폐기처분하고 앞을 다투어 새로운 상품을 매입한다.

다수의 현대인은 일반적으로 그 정신생활이 빈약한 까닭에 삶의 중심을 물질생활에서 구한다. 오늘 가지고 있는 것보다도 더 새롭고 더 고급스러운 것을 갖는 것이 내일의 목표가 된다. 더욱 새롭고 더욱 값비싼 가구, 새로 유행하는 의상, 더욱 호화스러운 자동차 등 한 단계 높은 수준의 물건을 갖는 것이 삶의 희망이요 보람이다. 바로 이러한 심리를 이용하여 돈을 벌어야 하는 것이 상공인들의 처지이기도 하다. 그리고 그 결과로서 지나친 공업화가 우리 앞에 다가온다.

과학과 기술을 응용하기 시작한 본래의 목적은 인간 생활에 필요한 물건을 효율적으로 만들어 내기 위해서였다. 그러나 현대 자유 시장 경제 아래서 첨단 기술을 응용하는 제조업자들의 직접적 목적은 돈벌이에 있다. 인간 생활을 위해서는 없어도 무방한 사치품을 만들어서 쾌락과 허영을 추구하는 사람들의 소비욕을 충족시킬 경우가 많다. 인간 생활을 위해서 반드시 필요하지 않은 물품까지 앞을 다투어 만드는 가운데 현대의 선진국들은 지나친 공업화라는 어리석음을 범하게 된 것이다.

앞에서도 언급한 바와 같이 지나친 공업화는 자연 자원의 낭비를 초래한다. 자연 자원은 유한한 것이며, 유한하므로 더욱 귀중한 자원을 아끼고 절약하는 것은 인간의 도리다. 그러나 지나친 공업화는 이 도리를 위반하는 소행이며, 지각 없는 공업화로 인하여 이미 많은 자원이 상공인의 돈벌이와 소비자의 사치를 위해서 낭비되었다.

현대에 있어서 에너지원의 주종을 이루어 온 석유의 공급이 앞으로 언제까지 지속될 수 있을지는 아무도 단정적으로 말하기 어려울 것이다. 그러나 앞으로도 에너지에 대한 전체적 수요는 계속 늘어 가는 추세를 보이는 반면에, 석유의 공급은 20세기가 끝나기 전에 하향의 곡선을 나타내기 시작할 것이라는 견해가 압도적이다. 각국의 인구 증가와 경제성장을 고려할 때 에너지의 수요가 계속 늘어날 것으로 보는 것은 당연한 예측이며, 새 유전 발견에 기적이 생기지 않는 한 석유의 공급이 머지않아 줄어들기 시작하리라는 것도 거의 확실한 예상이다. 알렉산더 킹(Alexander King)에 따르면, 에너지에 대한 수요는 늦어도 2020년까지 1972년의 4배에 달할 것이며, 석유의 공급은 1995년을 정점으로 삼고 그 뒤부터는 점차 줄어들 것으로 예측된다.[1]

고갈의 위기에 처한 자연 자원은 석유나 석탄에만 국한되지 않는다. 알루미늄, 니켈, 구리 등 모든 광물은 매장량에 한도가 있으며, 특히 구리와 수은 등 몇 가지 광물은 앞으로 남은 것이 얼마 되지 않는 것으로 알려져 있다. 로마 클럽의 한 연구에 따르면, 종전대로의 낭비를 계속하고 폐품의 재생은 하지 않을 경우에 현대 공업의 중요한 원료의 하나인 구리는 2200년 이전에 바닥이 날 것으로 내다보인다.[2]

이러한 실정 아래서 자연 자원의 소비를 최소한도로 줄이는 것은 우리 모

---

1 Alexander King, "The Future of Humanity in a World of Finite Resource", *The Search for Absolute Values in a Changing World*, Vol. Ⅱ, 1977, pp.1176-1177 참조.

2 B. L. Cohen, "How Can Atomic Energy Help Man' s Future", *The Search for Absolute Values in a Changing World*, Vol. Ⅱ, 1977, pp.1213-1214 참조.

두의 의무이며, 자연 자원의 소비를 극소화하기 위해서는 필요 이상의 공업화를 자제해야 한다. 바꾸어 말하면 공업화는 인간 생활에 필요한 물품을 생산하는 데 요구되는 선에서 멈추어야 하며, 돈벌이와 사치를 위한 생산은 인류의 장래를 존중하는 장기적 안목으로 극소화해야 한다. 가장 근본적인 것은 금전이 가치의 세계를 주도하며 쾌락적 소비 풍조가 팽배한 오늘의 문화 풍토를 정신적 가치에서 삶의 중심을 찾는 새로운 풍토로 바꾸는 일이다.

지나친 공업화가 가져오는 또 하나의 폐단인 자연환경의 오염은 그 피해가 자연 자원의 고갈보다는 더욱 가까운 거리에서 우리 인간 생활을 위협한다. 수질의 오염, 대기의 오염, 그리고 토질의 오염 등이 인간의 생명과 건강을 위협하고 있다는 것은 우리 모두가 일상생활을 통하여 경험하고 있는 가까운 사실이다. 물론 자연환경의 오염이 오로지 공업화에서만 오는 것은 아니며, 생활하수와 폐기물, 각종 선박에서 나오는 폐유, 자동차의 매연가스, 화학비료와 농약의 사용 등 공장 이외의 인간 생활도 환경오염의 공범자가 되고 있다.

불과 수십 년 전만 하더라도 한강물이 얼어서 생긴 자연빙을 동빙고와 서빙고에 저장해 두었다가 여름에 식용으로 사용하였고, 서울의 강북 도심지를 제외한 모든 지역에서는 지하수를 식용수로 사용하여도 별로 문제가 없었다. 시골 사람이 서울에 와도 공기가 탁하다는 것을 못 견딜 정도로 느끼지는 않았고, 서울의 가로수는 산야의 수목처럼 싱싱하였다. 교외로 나가면 개구리와 맹꽁이 소리를 들을 수 있었고, 근교의 논에는 메뚜기가 떼를 지어 번식하였다.

그러나 이제는 모든 것이 옛날이야기가 되고 말았다. 서울뿐만 아니라 전국의 강산이 오염되어 가고 있다. 농토는 화학비료로 산성화하여 죽은 흙이 되고 있으며, 방방곡곡 모든 농촌에서 나오는 야채와 과일, 그리고 곡식이 농약으로 오염되어 있다. 이제는 농촌에 가도 반딧불이나 개구리를 보기가 어려우며, 지방의 작은 하천까지도 공장폐수와 축산 배설물로 오염된 곳이 허다하다. 일부의 해안지대에서는 해수의 오염도 현실적 문제로 등장하고 있다.

환경오염의 더욱 거시적인 문제로서는 지구의 온실화 현상에 따르는 기상 변화 가능성의 문제, 오존층이 파괴될 경우 생길 수 있는 자외선의 피해의 문제 등이 있다. 자원을 절약하는 문제가 그렇듯이 지구 환경을 오염으로부터 보호하는 문제도 국제 협력의 과제다.

4. 자연과 문화

인간은 문화를 가진 유일한 동물이며, 인류의 문화는 인간이 자랑할 수 있는 찬란한 업적이다. 인류의 문화는 길이 보존해야 할 값진 유산이며, 우리는 앞으로도 계속 문화를 만들어 내야 한다. 문화를 외면한 인간은 진정한 의미의 인간이 아니다.

그러나 모든 문화가 바람직한 것은 아니며, 세상에는 없느니만 못한 문화도 있다. 건전한 문화도 있고 불건전한 문화도 있다. 건전한 문화는 인간의 삶에 기여하나, 불건전한 문화는 인간의 삶에 역행한다.

모든 생물에 있어서 가장 소중한 것은 생명이다. 인간도 생물인 까닭에 인간을 위해서 가장 소중하고 가장 근원적인 것은 생명이다. 생명이 있은 후에야 비로소 문화가 존재할 수 있다는 뜻에서, 생명은 문화보다 소중하고 문화보다 근원적이다. 생명에 역행하는 문화는 자기모순에 걸린 문화이며, 따라서 건전하지 못한 문화다. 문화를 평가하는 첫째 기준은 건전성 여부에 있으며, 건전성 여부를 측정하는 기준은 생명을 얼마나 신장하느냐 또는 얼마나 위축하느냐에 달려 있다.

문화는 자연과의 조화를 유지하는 동안 생명의 신장에 기여하고, 자연과의 조화를 잃게 되면 생명을 위축시키거나 아주 파괴해 버린다. 인간도 자연의 한 부분이기 때문이다. 자신의 전체를 배반한 부분은 부분으로서 존재할 가치를 상실하며, 그것은 전체를 파괴하는 까닭에 전체로부터 버림을 받는다. 전체를 부정하는 부분은 자기 자신을 부정한다는 뜻에서 자기모순에 걸린 병든 부분이다.

가족은 가정을 위하여 기여하는 바 있어야 하고, 국민은 국가를 위해서 기여하는 바 있어야 하듯이, 대자연의 일부인 인간은 그의 모체인 대자연을 위해서 기여하는 바 있어야 한다. 제 가정이나 제 국가를 파괴하는 행위가 자해 행위이듯이 대자연을 파괴하는 행위도 일종의 자해 행위에 해당한다.

과학과 기술의 발달, 그리고 인구의 증대에 기인하는 공업화와 도시화가 있기 이전에는 인류의 문화는 대체로 자연과의 조화를 잃지 않았다. 문화라는 것은 본질상 자연과 대립하는 개념이며, 인간의 문화가 자연에 변경을 가하고 자연 아닌 것을 자연에 추가해 온 것은 문화의 역사와 더불어 시작된 오랜 일이다. 그러나 공업화와 도시화가 있기 이전의 인간 문화는 자연의 질서 전체를 어지럽힐 정도로 파괴적인 것은 아니었으며, 조림과 치수와 같이 오히려 자연을 보호하는 공로가 자연의 파괴를 보상하고도 남을 정도로 현저할 경우가 많았다.

그러나 공업화와 도시화 그리고 과소비를 특색으로 삼는 근래의 인류 문화는 '자연과의 조화'라는 대원칙을 어길 정도로 파괴의 측면이 지나쳤다. 공업화와 지나친 도시화에 입각한 불건전한 소비문화의 풍조는 서구의 경제적 선진국으로부터 일어나기 시작하여 지금은 우리나라에까지 깊이 침투하고 있다. 이제 우리나라도 전국의 하천과 산야와 항만이 인간 공해의 위협에 시달리고 있다 하여도 과언이 아니다.

인간이 자기의 모체에 해당하는 자연을 파괴하여 자신을 해치는 자기모순을 범하게 된 것은 오로지 인간의 어리석음 때문이다. 그것은 자연과 인간은 본래 하나의 체계에 속하는 것으로서 후자는 전자의 일부라는 사실을 망각한 어리석은 자연관 때문에 빚어진 잘못이며, 눈앞의 이익에 몰두한 나머지 삶을 거시적 안목으로 조감하지 못한 소아적 인생관의 어리석음 때문에 빚어진 잘못이다.

이미 파괴된 자연을 옛 모습으로 복구하고 앞으로의 파손을 극소화하여 지구를 쾌적한 삶의 터전으로 보존하는 일은 모든 사람들이 힘을 합함으로써 달성할 수 있는 공동의 과제다. 이 공동의 과제가 성공적으로 수행되기 위해서는 세계와 인생을 바라보는 우리들의 시각과 관점이 바르게 서야 한다. 우선 자연을 인간의 단순한 이용물로 보는 천박한 자연관을 버리고, 그것은 오히려 인간의 모체에 해당하는 엄숙한 체계라는 사실을 깊이 인식해야 할 것이다. 다음에 우리는 금전만능과 쾌락적 소비성향의 현대 문화가 깊이 병든 불건전한 문화라는 사실을 바르게 인식해야 할 것이다. 그리고 셋째로 우리는 작은 나의 일에만 집착하여 작은 나만의 이익 내지 쾌락밖에는 모르는 소아적 인생관을 탈피해야 할 것이다. 자연을 보는 문제는 모든 사람들의 인생관 내지 세계관의 문제와 불가분의 관계에 있으며, 그것은 넓은 의미의 교육의 문제와 직결되어 있다.

(1989, 자연보호협의회 세미나)

5장 과학 기술의 발달과 인류의 장래

1. 인류의 근본 문제

과학 기술의 발달이 인간 사회에 미치는 영향에 관하여 긍정과 부정의 양론이 대립하는 가운데 과학 기술 그 자체는 오늘도 꾸준히 전진을 계속하고 있다. 특히 우주과학, 전산과학, 인간공학, 또는 생명과학 등 비교적 새로운 분야에서의 놀라운 업적은 과학 기술이 미래의 인간 사회에 근본적 변화를 일으킬 수 있는 무서운 힘을 가지고 있음을 밝혀 주었다.

일부의 문명 비평가들은 오늘의 추세가 인류의 장래를 멸망으로 이끌지도 모른다고 자못 비관적이다. 어떤 사람은 고도의 기계문명과 소비문화가 머지않아 자연 자원의 고갈을 초래할 것이라고 예언하기도 하고, 다른 어떤 사람은 공업화 및 도시화에 따르는 환경의 오염이 지구를 인간이 살 수 없는 유성으로 만들지도 모른다고 경고한다. 또 어떤 사람들은 새로운 과학 기술에 바탕한 가공할 무기들이 인간 사회를 일거에 파괴할 수 있는 가능성에 대하여 깊은 우려를 표명한다. 그리고 더욱 근원적인 각도에서 문제를 고찰한 비평가들은 기계문명과 산업사회가 인간의 의식구조에 나쁜 영향을 미침으

로써 인간의 비인간화 또는 인간의 자기소외를 재촉하고 있다고 역설하였다.[1]

여러 가지의 폐단이 따르고 있는 현대 물질문명에 대한 회의와 혐오를 강하게 느낀 사람들 가운데는 오늘의 문명을 전적으로 부정하면서 옛날의 자연 상태로 되돌아갈 것을 주장하는 극단론자들도 있다. 무위자연(無爲自然)을 이상으로 삼았던 노장(老莊)의 가르침을 따라서, 또는 "자연으로 돌아가라!"고 외쳤던 루소(J.-J. Rousseau)의 사상을 따라서 현대의 문명을 뿌리째 뽑아 버려야 한다는 것이다.[2]

그러나 우리의 현실에 주어진 여러 가지 여건을 고려할 때 문명을 전적으로 부정하고 옛날의 원시생활로 돌아감으로써 현재 인류의 근본 문제를 해결한다는 것은 사실상 불가능한 일이라고 생각된다. 이미 막대한 숫자로 불어난 오늘의 인구가 모두 돌아갈 수 있는 산과 들이 지구 위에 남아 있다고 보기 어려우며, 설령 일시적으로 돌아갈 수 있다 하더라도 많은 사람들이 옮겨 감으로 말미암아 신선하던 산과 들은 곧 오염되기 시작할 것이다. 그리고 또 고도로 발달한 문명사회에 살던 사람들은 이미 체질이 나약하게 되었으므로 글자 그대로 원시생활에 적응한다는 것이 거의 불가능하다는 것을 발견하게 될 것이다.

현재 살고 있는 사람들의 다수를 희생하는 결과를 자초하는 길은 피해야 할 것이라면, 우리에게 허락되는 선택의 폭은 크게 제한될 수밖에 없다. 우리는 현존하는 세계의 여러 대도시와 교통망, 그리고 공장들을 그대로 유지

1 *One-Dimensional Man*, *Eros and Civilization* 등을 저술한 Herbert Marcuse 그리고 *La Technique*의 저자인 Jacques Ellul은 이러한 주장을 한 사람으로서 널리 알려져 있다.

2 이러한 극단론자의 한 사람으로서 *The Making of the Cunter Culture*의 저자 Theodore Roszak를 들 수 있을 것이다.

하고 살리는 방향으로 문제를 해결할 수밖에 없을 것이다. 그리고 대도시와 교통망과 공장들을 유지하고 또 세계 인구의 식량을 확보하기 위해서는, 고도의 과학 기술의 힘을 빌릴 수밖에 없다는 것도 자명한 사실이다. 결국 심각한 문제점을 안고 있는 현대 문명을 출현하게 한 원인의 일부가 과학과 기술에 있었다 하더라도, 현대의 인류가 부딪치고 있는 문제를 해결하는 길은 과학과 기술을 부정하는 방향에서가 아니라, 도리어 그것들을 활용하는 방향에서 찾아야 한다는 평범한 의견을 받아들일 수밖에 없다는 결론에 이른 것이다.

그렇다면 과학 기술의 힘을 활용한다는 방침에 따라서 우리들의 근본 문제를 해결한다는 것이 과연 실제로 가능한 것일까? 이 어려운 물음에 대한 해답은 과학 기술의 막강한 힘을 인간 사회의 건설적 목적을 위해서 주로 사용할 수 있는 도덕적 자유가 인간에게 있느냐 없느냐에 달려 있다. 과거에 흔히 그랬듯이 만약 앞으로도 과학 기술을 주로 이기적이며 파괴적인 목적을 위해서 사용하지 않을 수 없는 것이 인간성의 필연이라면, 인류의 장래는 극히 비관적일 수밖에 없을 것이다. 반대로 인간이 그의 이성을 발휘하여 어리석은 이기심을 자제할 수 있다면, 우리는 인류의 미래에 대하여 희망을 가져도 좋을 것이다.

이제까지 많은 어리석음을 범해 온 인간이 갑자기 지혜로운 존재가 되리라고 쉽게 낙관할 수는 없을 것이다. 그러나 또 인간은 인류의 멸망을 눈앞에 내다보면서도 여전히 어리석게만 행동하리라고 단정할 이유도 없을 것이다. 어려운 환경의 변화에 적응해 가며 인류의 유구한 세월을 통하여 살아남을 수 있었던 것도 우리 조상들이 발휘했던 지성 또는 이성의 덕분이었으며, 우리가 오늘날 산업사회와 기계문명을 반성하며 인류의 장래를 걱정하는 것도 우리에게 이성이 살아 있기 때문일 것이다. 아무리 이기적인 인간이라도 자기 자신과 자기의 자손을 포함한 모든 인류에게 멸망을 가져올 길을 알면서도 선택하지는 않을 것이다. 이러한 관점에서 볼 때 우리의 상황이 얼마나 어렵고 심각한가를 정확하게 알고 또 널리 알리는 것은 문제의 해결을 위해서 매우 귀중한 출발점이 된다는 확신을 얻게 된다.

2. 인구, 자연 자원, 환경오염

오늘날 인류가 공동으로 당면한 문제들 가운데서 가장 일반적이요 근본적인 것으로 인정되고 있는 것은 다음 세 가지로 나누어서 생각할 수 있을 것이다.

(1) 인구의 증가와 식량의 문제

(2) 에너지 및 기타 자연 자원의 문제

(3) 환경오염의 문제

이에 차례로 그 문제 상황의 대강을 살펴보기로 하자.

인구와 식량

세계 인구에 관한 정확한 통계는 알 수 없으나 매년 7천만 명 이상의 인구가 늘어 가고 있으며, 특별한 천재지변 또는 큰 전쟁과 같은 이변이 없는 한 약 35년 뒤에는 지구상의 인구가 지금의 배로 늘어날 전망이라고 한다. 이대로 가면 2000년에는 세계 인구가 약 70억에 달하리라는 계산이다(1940년의 인구는 약 25억이었고, 1976년에는 약 40억이었다).[3]

현재의 인구만으로도 지구상에는 굶주림으로 고생하는 사람들이 무수하게 많다. 굶주림으로 고생을 하거나 죽어 가는 것은 불행한 일이며, 이 불행을 보고서 모르는 척하는 일은 인간의 도리가 아니라는 것을 부인하지 못하는 한, 인구의 증가와 식량 부족의 문제는 인류 전체가 외면할 수 없는 중대한 문제가 아닐 수 없다. 이 중대한 문제를 해결하기 위해서는 산아의 제한과 식량의 증산 및 식량의 합리적 수급에 있어서 모두 성공을 거두어야 하며, 이 세 가지 길에서 모두 성공하기 위해서는 인류 전체가 현명한 판단에 따라서 협조해야 한다.

오늘날 인구 증가의 추세는 가난한 저개발 국가일수록 도리어 높은 증가율을 보이는 경향이 있다. 이러한 경향은 이미 식량 부족과 실업자의 문제가 심한 나라들에 있어서 더욱 많은 노동력과 식구가 늘어남을 의미하는 것이니 우리들의 문제를 더욱 어렵게 만드는 조건이다. 이 어려움을 극복하기 위해서는 저개발국 국민들 자신의 자각과 결의로써 인구의 증가가 억제되어야 하거니와, 그 자각과 결의를 촉진함에 있어서 선진국의 성의 있는 원조와 계몽이 요청된다.

식량 증산의 과제를 어느 정도까지 달성할 수 있느냐 하는 문제는 현대의 과학 기술을 얼마나 농업 분야에 투입하느냐에 따라서 좌우될 것이다. 식량의 증산을 위해서 우선 생각하게 되는 것은 새로운 농토의 개척이거니와, 전통적 방법으로는 개간하기에 적합한 땅이 많이 남아 있지 않은 오늘에 있어서 과학 기술의 막대한 힘을 빌리지 않고서는 획기적인 농지 확장을 기대할 수가 없다.

새 농토를 개척하는 일보다도 더욱 중요한 것은 기존 농지의 생산성을 높이는 일이며, 이 일의 성패를 좌우하는 것도 농업 분야에 도입될 과학 기술의 연구와 활용이라고 생각된다. 최신의 생명과학을 응용한 신종의 개발과

---

3 여기서 소개한 인구에 관한 숫자는 B. O. Watkins와 Roy Meador의 공저 *Technology and Human Values*, 1977, p.35 및 Alexander King의 논문 "The Future of Humanity in a World of Finite Resources", *The Search for Absolute Values in Changing World*, Vol. Ⅱ, 1977, pp.1169–1186에 나타난 것을 옮긴 것이다.

기계 및 화공 약품을 활용한 새로운 영농업의 발달이 어느 수준까지 올라가느냐에 따라서 단위면적에 대한 생산성 향상의 문제는 결정적인 영향을 받을 것이다.

셋째로, 식량의 합리적 수급의 문제와 관련해서 가장 중요한 것은 개인 및 국가의 두 차원에 있어서의 도덕적 결정이다. 오늘날 식량문제가 심각한 이유는 식량의 절대량이 부족한 데에 있는 것이 아니라, 인류가 가지고 있는 식량을 가장 효율적으로 활용하지 못하고 있다는 사실에도 있다. 세계의 부유한 나라들뿐만 아니라 가난한 나라에서도 많은 식량이 낭비 또는 사장되고 있다는 사실로 말미암아 지구상의 식량문제는 더욱 심각하게 되고 있는 것이다. 식도락과 호화로운 연회를 즐기는 부유한 개인들이 인도와 파키스탄을 포함한 세계 여러 나라에서 낭비하는 음식물의 분량이 얼마나 되는지 정확한 수치는 알 길이 없으나, 필자는 그것이 결코 무시할 수 없을 정도로 막대할 것이라고 추측한다.

그리고 또 국가적 차원의 이기심으로 말미암아 식량의 합리적 수급이 원활하게 되지 않는 사례도 적지 않다. 농산품의 가격이 떨어지는 것을 막기 위하여 아까운 생산품을 버리거나 태우는 경우가 지금도 있는지는 알 수 없다. 그러나 놀고 있는 옥토와 남아도는 식량을 보유한 국가들의 행정부와 국회가 인류 전체를 고려하는 거시적 논리의 견지를 취하지 않고, 전통적인 국가 단위의 이기주의적 태도를 고집함으로 말미암아 지구가 가지고 있는 기존의 식량 및 식량 생산의 가능성을 합리적으로 활용하는 데 지장을 초래하는 사례는 아직도 많다고 생각된다.[4]

여기서 우리는 이기주의를 어떻게 생각해야 할 것이냐는 물음에 부딪친다. 첫째로, 유리한 고지에 선 개인이나 국가가 이기주의를 자진해서 포기할 이성적 근거가 있느냐 하는 물음에 부딪치고, 다음에는 긴 안목으로 볼 때 과연 어느 길이 자신을 위해서 유리하냐 하는 물음에 부딪친다. 그러나 이 물음에 대한 고찰은 다음 절로 미루기로 한다.

에너지와 기타 자연 자원

각종 기계와 기구를 작동하는 데 필요한 에너지가 없이는 오늘의 산업사회와 기계문명은 하루도 지탱할 수가 없거니와, 농업과 농촌 생활까지도 현대는 전기와 석유 또는 공산품에 절대적으로 의존하고 있다. 따라서 산업과 교통 그리고 온냉방을 위해서 필요한 에너지를 충분히 확보하는 일은 인류와 문화의 사활이 달려 있는 가장 기본적인 과제의 하나가 아닐 수 없다. 그런데 이 에너지 문제에 관해서 일부에서는 매우 비관적인 전망을 하고 있는 것이 오늘의 현실이다.

20세기에 있어서 에너지원의 주종을 이루어 온 석유의 충분한 공급이 앞으로 언제까지 지속될 수 있을지는 장차 발견될 새로운 유전이 얼마나 되며, 석유에 대한 장래의 수요가 어떻게 변화할지 정확하게 예견할 수 없는 까닭에 아무도 단정적으로 말할 수는 없을 것이다. 다만 앞으로도 에너지에 대한 전체적 수요는 계속 늘어 가는 추세를 보이는 반면에, 석유의 공급은 20세기가 끝나기 전에 하향의 곡선을 나타내기 시작할 것이라는 견해가 압도적이다. 각국에 있어서의 인구의 증가와 경제의 성장을 고려할 때 에너지의 수요가 계속 늘어날 것으로 보는 것은 당연한 예측이며, 새 유전 발굴에 어떤 기적이 생기지 않는 한 석유의 공급은 머지않아 줄어들기 시작하리라는 것

---

4 이에 관련하여 Watkins와 Meador는 1974년 로마에서 개최된 세계식량회의에서 미국 대표들이 한 발언을 언급하고 있다. 미국 대표들은 세계의 식량문제의 해결을 위해서 미국의 납세자들이 부담을 져줄 것을 세계 각국이 기대하지 말라는 요지의 발언을 했다는 것이다(*Thechnology and Human Values*, p.37).

도 거의 확실한 예상이다.[5]

이러한 상황에서 우리에게 요구되는 것은 대체에너지의 개발과 에너지의 소비 절약일 수밖에 없거니와, 소비 절약에는 한계가 있으므로 적극적 해결책은 대체에너지의 개발에서 찾아야 한다는 결론이 된다. 여기서도 우리는 우리들의 어려운 문제의 해결을 위해서 또 한 번 과학 기술의 힘에 크게 의존하지 않을 수 없음을 본다.

대체에너지의 근원으로서는 태양열, 조력(潮力), 풍력, 석탄 등 여러 가지가 거론되고 있거니와, 경제성과 그 밖의 조건들을 고려할 때 가장 많은 기대를 걸 수 있는 것은 핵에너지를 석유 대신으로 사용하는 방안이라고 보는 전문가들이 많다. 코헨(B. L. Cohen) 같은 학자는 핵에너지만 적절하게 활용하면 오늘날 우리가 걱정하고 있는 에너지의 위기는 극복될 수 있을 것이라고 낙관한다.[6]

코헨은 핵에너지를 발전에 이용할 경우 값싼 에너지를 거의 무진장으로 얻을 수 있음을 다음과 같이 설명했다. "증식 원자로(breader reactor)를 사용하면 연료의 부족으로 인한 전력의 가격 인상폭을 1퍼센트 이내로 묶어두고도 우리에게 필요한 에너지를 10만 년 동안 공급받을 수가 있다." 향후 30년 동안 석유를 대신할 수 있는 에너지의 근원으로서 석탄도 중요한 위치를 차지하고 있으나, 코헨에 따르면 경제성으로 보나 환경오염의 위험성으로 보나 석탄보다는 원자로가 더 유리하다. 짧게 말해서, 원자로를 통하여 얻을 수 있는 핵에너지는 고도로 발달한 현대의 문명사회 유지에 필요한 뒷

---

5 Alexander King, "The Future of Humanity in a World of Finite Resources", *The Search for Absolute Values in a Changing World*, Vol. Ⅱ, pp.1176–1177 참조.

6 B. L. Cohen, "How Can Atomic Energy Help Man' s Futrure", *The Search for Absolute Values in a Changing World*, Vol. Ⅱ, pp.1211–1217 참조.

받침을 보장해 줄 수 있는 유일한 대안이라는 것이다.[7]

원자로에서 새어 나올 수 있는 방사선의 문제가 핵에너지 사용을 주저하게 하는 중요한 논쟁점으로서 거론되고 있으나, 이 방사선에 대한 공포는 객관적 근거에 입각한 것이 아니라고 코헨은 주장한다. 원자로로 말미암아 생길 방사선의 해독은 엑스레이의 그것보다도 훨씬 적으며, 아황산가스에 의한 공기 오염의 그것보다도 덜하다는 것이다. 센세이션을 일으켜야 장사가 되는 신문과 잡지 또는 방송이 핵에너지의 방사선에 대한 공포심을 선동하고 있으나, 물리학자의 견지에서 볼 때는 별로 문젯거리가 되지 않는다고 코헨은 단언하고 있다.[8]

코헨은 핵무기의 문제에 대해서도 언급하고 있다. 핵무기를 사용하는 전면적 전쟁이 일어날 경우 인류의 멸망은 시간문제라는 것을 그도 인정한다. 다만 원자로의 평화적 이용을 보류한다고 해서 핵전쟁의 위험성이 줄어드는 것은 아니라고 전제하면서 핵무기의 통제는 인류가 수행해야 할 가장 우선적인 과제라고 그는 강조한다.[9]

원자력의 평화적 사용과 관련하여 방사선의 문제를 신중히 다루어야 할 것은 물론이나, 그 문제가 현대 과학의 힘으로 해결할 수 없을 정도로 어려운 문제라고는 생각되지 않는다. 핵전쟁의 위협은 원자력의 평화적 사용이 아니더라도 이미 존재해 왔던 터이며, 핵전쟁을 방지하는 일은 원자력의 평화적 사용의 시비를 넘어서서 인류가 최선을 다하여 수행해야 할 의무다. 결국 인간이 핵전쟁을 일으키는 어리석음만 범하지 않는다면, 그리고 현대의 과학 기술을 개인 또는 국가의 이기적 목적을 위해서가 아니라 인류 전체의

7 같은 글, pp.1211-1212 참조.
8 같은 글, pp.1213-1215 참조.
9 같은 글, pp.1213-1214 참조.

보존을 위해서 활용한다면 석유의 고갈에서 오는 에너지의 문제도 해결의 길이 열릴 수 있다는 결론에 도달한다. 문제는 인간의 가치관 여하에 달려 있는 것으로 보인다.

고갈의 위기에 처한 자연 자원은 석유와 석탄만은 물론 아니다. 알루미늄, 동, 니켈 등 모든 광물의 매장량에는 한계가 있는 것이며, 특히 동과 수은 등 몇 가지 광물은 앞으로 남은 것이 얼마 되지 않는 것으로 알려져 있다. 로마 클럽의 한 연구에 따르면, 종전대로의 낭비를 계속하고 폐품의 재생은 하지 않을 경우 현대 공업의 중요한 원료의 하나인 구리는 2200년 이전에 바닥이 드러날 것으로 내다보인다.[10]

그러나 우리가 힘을 모아 슬기롭게 대처한다면 사정은 크게 달라질 것이다. 폐품 재생에 대한 국고의 원조, 희소 광물 채굴에 대한 과세, 새로운 공법의 개발 등 온갖 노력을 기울인다면 희소 광물의 내일은 훨씬 연장될 수 있을 것이다. 폐품의 수집을 위해서는 모든 소비자의 적극적 협력이 필요할 것이므로 일반적 지하 자원의 결핍 문제를 해결하기 위해서도 위정자와 과학자와 언론기관을 비롯하여 모든 사람들의 단결된 노력이 요구되고 있음을 본다.

환경오염

1960년대 이전에는 별로 큰 관심의 대상이 아니었던 환경오염의 문제가 이제는 세계적인 문제로서 부각되고 있다는 것은 널리 알려진 사실이다. 공장과 대도시의 폐기물 또는 석유와 석탄의 연소에서 나오는 유독가스 등에

---

10 B. O. Watkins, Roy Meador, *Technology and Human Values*, p.42에서 재인용.

대한 강물과 바다, 그리고 공기의 오염이 인류뿐만 아니라 지구 전체의 생명을 위협하고 있는 것이다.

환경오염이 지구의 생명을 위협하고 있다는 주장은 강물의 오염이 물고기와 철새의 생존을 위태롭게 한다거나, 아황산가스가 인체의 건강을 해친다거나 하는 따위의 상식보다는 더 높은 차원의 근거를 가지고 있다. 예컨대 공장 지대 또는 일반 대도시가 내뿜는 열기는 대기의 온도에 변화를 가져오기 마련이거니와, 그 열기가 지구 표면에 균등하게 퍼지는 것이 아니라 지역에 따라서 다르게 작용하는 까닭에, 기상에 심각한 변동을 초래할 가능성이 있다. 기상의 변동과 관련하여 우리가 염두에 두어야 할 것은 지구의 물의 많은 부분이 얼음의 상태로 있다는 사실이다. 만약 기상의 변화가 이상 기온을 초래하여 남극이나 북극의 얼음의 상당한 부분을 녹이거나 또는 그 반대의 현상을 일으킬 경우에는 해양의 표준 수면에 상당한 변화를 일으킬 가능성이 있다.

오염된 대기 중의 물질이 지구 표면으로부터 15-40킬로미터 떨어진 곳에 형성된 오존층에 미칠 영향에 대하여 걱정하는 사람들도 있다. 효소의 동소변형체(allotropic modification)인 오존은 대기 중의 산소에 태양으로부터의 자외 방사선(ultraviolet radiation)이 작용함으로써 생기거니와, 이 오존층은 태양의 자외 방사선이 지구에 침투하는 것을 막아 주는 방패의 구실을 함으로써 동물과 식물을 보호한다. 그런데 오염된 대기 중의 어떤 화학물질과의 — 예컨대 수소기 이온(hydroxyle ion) 또는 질소 산화물(nitrous oxide)과 같은 화학물질과의 — 접촉 반응을 일으킴으로써 오존층이 파괴될 수 있다는 것이다. 만약 오존층이 파괴되거나 희박해지면 지구에 도달하는 자외 방사선이 강해지는 동시에 지상의 생물에 대해서 피부암 등 좋지 못한 결과를 가져온다.[11]

환경의 오염을 되도록 줄이기 위해서는 자동차 배기의 규제, 각종 공장과

목장 또는 하수도로부터 나오는 폐기물 내지 오물의 적절한 처리, 발전소와 기타 동력 공장의 연통에서 배출되는 유독가스의 제거 등의 방도를 강구해야 한다. 이러한 방도를 실천하기 위해서는 국고와 기업체, 그리고 시민들이 막대한 경제적 부담을 감수해야 하며, 과학자 또는 공학 전문가들이 공해 방지의 효율적 방법에 관한 많은 연구를 거듭해야 한다. 공장의 문을 닫고 자동차 대신 자전거나 마차를 타는 방법을 생각할 수도 있으나 비현실적이다.

환경오염의 공해를 방지하기 위하여 최선을 다할 수 있기 위해서는 몇 가지 선행조건이 충족되어야 한다. 첫째로, 국가 또는 개인이 필요한 부담을 감당할 수 있을 정도의 경제력을 가져야 한다. 둘째로, 모든 사람들이 근시안적 이기심을 버리고 사회 전체와 후손들을 위해서 협력하고자 하는 강한 도덕적 의지를 가져야 한다. 셋째로, 과학자 또는 공학 전문가들은 환경오염의 공해가 얼마나 무서운가를 널리 알리는 동시에, 그 방지를 위한 연구에 우선적 노력을 기울여야 한다. 국가와 개인들이 경제적 여유를 갖기 위해서는 산업이 발달해야 한다는 사실까지도 고려할 때 산업사회가 당면한 환경오염의 문제를 해결하는 길도 역시 과학 기술의 힘을 크게 빌리는 방향으로 추구할 수밖에 없다는 결론에 이른다.

3. 문제 해결을 위한 인간적 노력

인구와 식량, 자연 자원의 고갈, 그리고 환경의 오염 등 현대의 인간 사회가 당면한 공동의 문제들을 원만하게 해결하기 위해서는 우리 인간이 그 해

---

11 오존층의 파괴에 대한 이론은 Alexander King의 논문에 소개된 것을 요약해서 옮긴 것이다. "The Future of Humanity in a World of Finite Resources", *The Search for Absolute Values in a Changing World*, Vol. Ⅱ, p.1182 참조.

결에 적합한 대책을 강구해야 한다. 지금까지 고찰한 바에 따라서 우리는 그 적합한 대책을 다음과 같이 요약할 수 있을 것이다.

(1) 세계의 모든 나라들은 국가적 이기주의의 태도를 탈피하고 인간 세계와 인류 문화 전체를 살리기 위하여 서로 협력한다. 특히 전쟁의 방지, 인구의 억제, 식량의 합리적 수급, 자원의 절약, 오염의 방지 등을 위한 정책을 각국 정부는 우선적으로 수행한다.

(2) 기업체와 개인들도 근시안적 이기주의를 버리고, 모든 인간 가족과 인류의 후손이 함께 살 수 있는 길을 추구하는 방향으로 협동, 노력한다. 특히 모든 낭비를 없애고 에너지와 물자를 절약하는 일, 산아를 제한하는 일, 그리고 환경의 오염을 방지하는 일에 적극적으로 협력한다.

(3) 과학자 또는 공학 전문가들은 언론기관 및 교육기관과 협동하여 현대 문명이 안고 있는 인류의 문제가 얼마나 다급하고 심각한가에 대해서 위정자와 일반 국민이 충분한 지식을 갖도록 선전하고 계몽한다.

(4) 과학자 또는 공학 전문가들은 과학 기술에 바탕한 현대 문명이 빚어낸 어려운 문제들을 해결할 수 있는 방법 탐구에 가장 높은 우선순위를 두고 연구를 수행한다. 특히 최신의 과학과 기술이 인류의 평화와 공영을 위하여 오로지 활용되도록 힘쓰는 동시에, 그것들이 정치가나 탐욕스러운 기업가에 의하여 악용되지 않도록 최선을 다한다.

(5) 유엔을 비롯한 모든 국제기구 또는 앞으로 생길 수 있는 새로운 국제기구를 통하여 세계의 공통된 과제를 세계적 관점에서 실효 있게 해결하기 위한 노력에 모든 관계 기관은 최선을 다하여 협동한다.

이상에 다섯 가지를 열거했거니와, 모두가 세상 물정을 모르는 도학자 또는 말만 앞세우는 종교가에게나 어울릴 뿐 오늘의 인간성 또는 가치관에 근본적 변화가 생기지 않는 한 모두 실현성이 거의 없는 잠꼬대 같은 제언들이다. 그러나 우리의 엄연한 현실은 위에 열거한 노력이 이루어지기를 우리에게 요구하고 있는 것이다. 필자는 그것들이 실천 가능한 요구인가 아닌가는 일단 접어 두고, 인류의 공존을 위하여 요구되는 이상적인 마음가짐이 무엇인가를 우선 고찰해 본 것이다.

본래 이상이라는 것은 노력의 목표와 방향을 밝히기 위해서 제시하는 것이며, 반드시 완전한 실천을 기대하고 제시하는 것은 아니다. 그리고 이상을 위한 노력은 그 이상을 완전하게 실현했을 경우에만 비로소 의의가 있는 것이 아니라, 다소라도 목표로 접근하는 데 성공하게 되면 접근한 만큼 뜻이 생긴다. 식량과 에너지 그리고 공해의 문제들을 해결하고 인류의 장래를 수호하기 위하여 우리가 취해야 할 이상적 태도에 있어서도 모든 사람들이 성현 또는 완전한 이성자가 되어서 그 이상이 지시하는 대로 행동했을 경우에만 의의가 있는 것이 아니라, 부분적으로라도 그렇게 실천을 하게 되면 실천한 것만큼 효과를 거두게 될 것이다. 다시 말해서 우리가 불완전하게나마 이기적 태도를 극복하고 인류 전체를 위하는 공동의 노력에 협조한다면 그 노력의 정도에 상응하는 성과를 거두게 될 것이다.

그러나 전혀 실천의 가능성이 없는 행위의 규범은 어떤 목표나 방향을 제시하는 지침으로서의 구실조차도 할 수 없다. 그러므로 우리가 여기서 고찰해야 할 문제는 앞에서 열거한 다섯 가지의 원칙이 불완전하게나마 실천될 수 있는 가능성을 가진 원칙이냐 아니냐 하는 문제다. 이 문제에 대한 해답이 긍정적인 것으로 나타나기 위해서는 다음의 두 가지 물음이 모두 긍정적인 대답을 얻어야 할 것이다.

(1) "우리는 개인의 입장에 있어서나 국가의 입장에 있어서나 인류 또는 세계 전체를 위해서 노력해야 한다."는 주장에 이성적 근거가 있는가?

(2) 개인적 차원에 있어서나 국가적 차원에 있어서나 인간이 인류 또는 세계 전체를 위해서 노력한다는 것이 일반적인 현상으로서 있을 수 있는 일인가?

첫째 물음은 이기주의의 시비를 묻는 윤리학의 전통적 물음과는 좀 다르다. 여기서 우리가 묻고 있는 것은 동서고금에 보편적으로 타당한 윤리 원칙의 문제가 아니라, 인구와 자원 고갈 또는 환경오염 등의 세계적인 어려움을 안고 있는 현대의 기계문명 사회에 있어서 우리가 일반적으로 취해야 할 합리적인 태도가 무엇이냐 하는 문제다. 다시 말하면, 현대 과학 기술 시대의 인간 사회가 위기에 처해 있다는 특수 사정을 전제로 삼고, 지금 우리는 어떠한 태도로 개인의 생활 설계와 국가의 정책 결정을 해야 옳으냐 하는 문제를 다루고 있는 것이다. 이 현실적인 문제를 다룸에 있어서 우리는 개인적 차원에서 보는 입장과 국가적 차원에서 보는 입장을 일단 구분하여 차례로 접근하기로 한다.

개인적 차원에서 볼 때, 우리가 자기 한 사람 또는 자기의 한 기업체의 이익만을 생각할 것이 아니라, 국가 전체의 보존도 염두에 두어야 한다는 주장에는 원칙적인 설득력이 있는 것으로 보인다. 에너지와 기타 자연 자원의 결핍으로 국민경제가 파탄을 일으키거나 환경의 오염으로 국토가 황폐한 공간으로 변한다면, 나 자신도 건강한 삶을 누릴 수 없게 될 것이니 이기적인 견지에서 보더라도 국가 전체를 우선 살리고 보아야 한다는 계산이 나오게 된다.

다만 여기서 한 가지 문제가 되는 것은 지금 우리가 물자를 낭비하고 환경의 오염을 방치한다 하더라도 내 생애가 끝나기 전에 치명적 사태가 올 정도로 다급하지는 않을 경우다. 바꾸어 말하면 나 자신을 위해서가 아니라 우리의 후손들을 위해서 우리가 눈앞의 이익을 스스로 포기해 가며 불편하게 살아야 할 이유가 있느냐 하는 문제에 대해서 '그렇다'는 해답을 빈틈없는 증명으로 뒷받침하기는 그리 쉬운 일이 아니다. 만약에 철저한 이기주의자가 있어서 "우리가 후세 사람들까지 걱정할 필요가 무엇인가?"라고 반문했을 경우에 그가 논리적으로 승복할 수 있는 이론을 제시하기는 보기보다 어려울 것이다. 그러나 실제로 그토록 철저한 이기주의자는 별로 없을 것이며, 소수의 그런 사람이 나타났을 경우에는 민주주의의 원칙을 따라서 그들의 방종을 합법적으로 규제할 수 있는 길이 없지 않을 것이다.

우리가 국가의 경제와 국토의 환경을 살리기 위해서 요구되는 자제를 하지 않을 경우가 많은 것은 우리가 우리의 자녀까지도 안중에 없을 정도로 철저하게 이기주의적이기 때문이 아니라 다른 이유들 때문이다. 그 다른 이유의 첫째는 인구와 자원 그리고 공해 등에 관한 우리의 문제가 얼마나 심각한가에 대해서 충분한 지식이 없다는 사실에 있다. 그 둘째는 나 한 사람쯤 잘못한다 하더라도 큰 문제는 생기지 않겠지 하는 무책임한 사고방식에 있다. 그리고 셋째 이유는 내가 공익을 위하는 입장을 실천에 옮긴다 하더라도 다른 사람들이 이기적 행위의 습성을 버리지 않는다면 나만 공연한 손해를 보리라는 불신의 심리에 있다. 그러나 이와 같은 사유들은 우리들을 이기적으로 행동하게 하는 심리적 사유에 불과하며, "우리는 근시안적 이기주의를 극복해야 한다."는 윤리적인 주장의 타당성을 거부하는 논리적 이유의 근거가 될 수는 없다.

다음에 국가적 차원에서 볼 때, 우리들의 문제는 개인적 차원의 경우보다 어려워진다. 한 국가 또는 한 민족이 공동 운명체라고 말할 수 있는 것과 똑같은 정도로 지구 전체 또는 인류 전체도 하나의 공동 운명체라고 말할 수 있을지 의문이기 때문이다. 만약 지구 전체가 하나의 공동 운명체라면 지구 전체를 살리는 길은 곧 내가 살기 위한 길이 되기도 할 것이다. 그러나 같은 운명을 나누고 있는 것은 국경선을 같이하는 사람들에 국한되는 것이라면 "남의 나라도 잘되어야 내 나라도 잘될 수 있다."는 논리로써 국가적 이기주의를 막기는 어려울 것이다.

인구에 비하여 영토가 넓고 농산물이 풍부한 나라가 인구는 많고 영토는 작으며 식량이 부족한 나라에 대해서 어떠한 정책을 써야 할 것인가? 많은 석유를 가지고 있는 나라가 그렇지 못한 나라에 대해서 어떤 정책을 써야 할 것인가? 앞에서 열거한 다섯 가지 원칙 가운데 첫째 것에 따른다면 영토가 넓고 인구밀도가 낮은 나라에서는 그 반대의 나라로부터 이민을 받아들여야 할 것이며, 식량이 남는 나라는 부족한 나라에게 그것을 싼 값으로 양도해야 할 것이다. 그리고 원유의 매장량이 많은 나라는 그것이 적은 나라를 도와야 할 것이다. 그것도 어떤 이해타산에 의해서가 아니라 세계와 인류 전체를 위해서 가장 바람직하다고 판단되는 방식에 따라서 그렇게 해야 할 것이다. 과연 이토록 도덕적인 태도를 유리한 조건에 놓인 국가들에 대하여 요구할 수 있는 이론적 근거가 있는 것일까? 나와 내 민족이 오래 살아남기 위해서는 국가적 이기주의의 길을 택하는 것이 더 낫지 않을까?

나와 내 민족을 우선적으로 생각하는 자기중심적 견지에서 볼 때 국가적 이기주의와 국제적 세계주의 중 어느 편이 유리할지 일률적으로 말하기는 어려울 것이다. 다만 국가주의자들이 일반적으로 믿고 있듯이 전자가 단연 유리하다는 생각은 반드시 옳지 않다. 물론 짧은 기간을 두고 볼 때는 국가적 이기주의를 따르는 편이 유리할 경우가 많을 것이다. 그리고 다른 나라들이 모두 이기주의의 정책을 따르고 있는 가운데서 한 나라만 그 반대의 길을 택할 수도 없을 것이다. 그러나 긴 안목으로 볼 때는 모든 나라들이 유무상통하고 상호 협조하는 길이 유리할 공산이 클 것으로 보인다.

세계가 점점 좁아져 가고 있는 오늘날, 한 나라의 불행은 다른 나라들에 대해서도 조만간 영향을 미친다. 인구와 자연 자원 그리고 환경오염 등의 문제들은 국경선 안에만 가두어 둘 수 없는 문제들이다. 인구의 이동을 국경선으로 막는 일은 점점 어려울 것이며, 오염된 바닷물과 공기를 국경선으로 봉쇄하는 일은 더욱 불가능한 일이다. 옛날에는 가족 단위 또는 부락 단위로 자급자족하는 경제생활이 가능한 시대도 있었으나, 이제는 국가 단위의 자급자족도 어려운 실정이다. 아직은 지구가 하나의 공동 운명체라는 것을 피부로 느낄 수 있는 단계는 아니라 하겠으나, 옛날 봉건 군주들의 영토의 경계선이 그랬듯이 오늘의 국경선도 영구 불변할 수는 없을 것이다. 이러한 관점에서 긴 안목으로 내다볼 때, 국가적 이기주의가 그 나라에 대해서 가장 큰 이익을 보장해 준다고 단정하기는 어려울 것이다.

또 한 가지 생각해야 할 것은 국가 내부의 지나친 경제적 불균형이 바람직한 것이 아니듯이 국제간의 지나친 불균형도 바람직한 것이 아니라는 사실이다. 개인이 사유재산을 처분하거나 사용함에 있어서 국법의 규제를 받는 것이 합리적이라면, 우리는 국가 소유의 재산에 대해서도 같은 논리를 적용해야 옳을 것이다. 개인이 소유하는 토지나 기업체에 국내적 공동성의 측면이 있다면, 국가가 소유하는 영토와 재산에는 국제적 공동성의 측면이 있다고 보아야 할 것이다. 소유권이란 국내 사회에 있어서나 국제사회에 있어서나 인위적 제도의 산물이다.

우리들의 다음 문제는 개인 또는 국가가 인류 내지 세계 전체를 위해서 노력한다는 것이 일반적 현상으로서 있을 수 있느냐 하는 것이었다. 이것은 인간성에 관한 심리학적인 물음이거니와, 이 물음도 현대의 과학 문명 속에서 인류가 심각한 위기에 처에 있다는 구체적 상황을 전제로 삼고 제기한 문제다. 인간의 행위는 그가 처해 있는 환경의 영향을 크게 받는 까닭에 이러한 상황의 전제에 중요한 의미가 있다.

인간은 대개가 자기중심적 내지 이기적이다. 개인의 경우도 그렇거니와 국가의 경우는 더욱 그렇다. 다시 말해서, 국가가 도덕적이기는 개인이 도덕적이기보다도 더욱 어렵다. 인류 내지 세계 전체를 위해서 헌신하고 협력하는 것이 옳다는 것을 이론적으로 인정한다 하더라도 그 원칙을 행동으로 실천하기는 매우 어렵다. 개인의 경우에는 그래도 더러는 이기심을 초월한 사람들을 볼 수 있으나, 국가의 경우에는 그런 사례가 거의 없다. 따라서 인구와 식량, 에너지와 핵무기, 환경오염과 자연보호 등 어려운 문제를 안고 있는 현대의 위기를 극복하기 위하여 사람들과 국가들이 대국적 견지에서 협력할 수 있으리라는 것을 쉽게 낙관할 수는 없다.

그러나 그것이 불가능하다고 단정할 이유도 없을 것이다. 우리 인류와 인류의 문화를 살리는 길이 그 길밖에 없다면 우리는 불가불 그 길을 택해야 할 것이며, 반드시 그 길을 택해야 한다는 확신만 있으면 그렇게 할 수 있는 가능성의 문도 열릴 것이다. 평소에는 내분과 갈등이 있던 가정이나 국가도 외세의 침공을 당하고 위기에 처하면 단결하는 경향이 있듯이 인류도 존망의 위기에 처하고 있음을 분명히 알게 되면 태도의 변화를 일으킬 가능성이 있을 것이다. 여기서 중요한 것은 인류와 지구가 존망의 기로에 서 있다는 사실을 모두가 아는 일이며, 그것을 아는 시기가 너무 늦기 전에 와야 한다는 사실이다.

물론 인류가 존망의 위기를 맞이하고 있다는 사실이 일반적으로 널리 알려지는 것만으로 인간의 이기적 태도에 획기적 변화가 오리라고 쉽게 낙관하는 것은 아니다. 돈과 권력이 대표하는 외면적 가치의 획득을 삶의 최고 목표로 삼는 오늘의 일반적 생활 태도를 그대로 두는 한 세계적인 협동이라는 것은 기대하기 어려울 것이다. 여기서 우리는 우리의 문제가 가치관 교육 내지 인간 교육의 문제와 직결되고 있음을 본다. 우리의 문제는 과학적 탐구, 국제정치적 대책, 가치관 교육 등 여러 가지 각도에서 해결을 꾀해야 할 종합적인 문제다.

(1982, 학술원 국제학술회의)

6장 출판문화의 교육적 기능과 윤리적 책임

1. 한국 출판문화의 단면

한국의 출판문화와 독서 풍토의 현황을 전반에 걸쳐서 정확하게 파악할 수 있는 충분한 자료를 필자는 가지고 있지 않다. 그러나 일상적 관찰과 단편적 자료만으로도 출판과 독서에 관한 우리들의 현실에 많은 문제점이 있다는 것을 감히 말할 수는 있을 것으로 보인다. 대체로 말해서, 출판계에서나 독서계에서 양서가 악서에 밀려나고 있는 것이 우리들의 현실이라 하여도 과언이 아닐 것이다.

들리는 바에 따르면, 국민학생과 중학생들에게 가장 인기가 높은 읽을거리는 만화책이며, 만화책의 대부분은 내용이 조잡하고 비교육적이다. 고등학교 학생들은 대학 입학시험 준비에 쫓기는 가운데 교양서적다운 서적은 거의 읽지 못하고 졸업을 맞는다. 대학에 진학한 다음에 젊은이들이 가장 많이 읽는 책은 정치 이념에 관한 서적들이다. 계통이 다른 여러 가지 이념 서적을 비교해 가며 비판적 안목으로 읽는 것이 아니라, 한 가지 계열의 이념 서적만 편파적으로 탐독한다. 기성세대 사이에서 가장 많이 읽히는 책들은 주로 흥미를 위한 읽을거리들이다.

우리나라의 출판사들은 이러한 독서 풍토에 영합하고 이를 더욱 조장한다. 군소 출판사들만 그런 것이 아니라, 정부 또는 재벌이 운영하는 신문사들까지도 저속하기 짝이 없는 주간 잡지 또는 월간 잡지를 발행하여 독서인들의 야비한 호기심과 흥미를 자극하기에 앞장을 서고 있는 실정이다.

'한국 도서 잡지 주간신문 윤리위원회'는 우리나라에서 발행되는 출판물을 매월 분석 검토하고, 공익에 어긋난다고 판단되는 글에 대해서 '주의', '경고', '게재 중지', '제재 건의' 등의 결정을 내리고 있다. 이러한 '결정'의 이유가 되는 것은 ① 미풍양속 저해, ② 품위 상실, ③ 과장 표현, ④ 명예훼손, ⑤ 경악 행위 사실적 묘사, ⑥ 광고 불건전, ⑦ 광고의 불표시 등이다.

위에 말한 윤리위원회에 의하여 문제시된 읽을거리의 내용을 살펴보면 그 주종을 이루는 것은 극히 저급한 외설물 또는 사생활의 폭로 내지 왜곡 보도 따위의 것들이다. 같은 위원회가 부당하다는 결정을 내린 것은 정도가 몹시 심한 경우만을 추린 것에 불과하며, 그 위원회가 문제로 삼지 않은 출판물 가운데도 지저분하고 저속한 글 또는 그림으로 지면을 가득 채운 주간지와 월간지 그리고 만화책이 비일비재하다.

같은 위원회의 회보(會報)에 해당하는 『도서 잡지 주간신문 윤리』의 보고 자료에 따르면, 1984년과 1985년에 우리나라에서 발행된 출판물(일간신문은 제외) 가운데서 그 위원회에 의해서 나쁘다는 판정을 받은 읽을거리의 건수는 다음과 같다.

	1984년	1985년
주간신문	95	109
주간잡지	274	291
월간잡지	168	307
도　　서	94	50

위의 수치에서 우리의 주목을 끄는 것은 좋지 못한 글 또는 그림이 1984년보다도 1985년에 더 많이 늘었다는 사실이다. 이러한 사실은 '한국 도서 잡지 주간신문 윤리위원회'와 이를 후원하는 문공부 당국의 규제 노력에도 불구하고 사회의 공익을 위해서 바람직하지 못한 출판물은 증가하는 추세에 있음을 의미한다.

여기서 또 한 가지 지적해 두어야 할 것은 위에서 말한 수치 증가의 원인을 어떤 정치적 이유에서 찾아볼 수 있는 여지가 전혀 없다는 사실이다. 다시 말해서, 정부가 언론 규제를 점점 강화하는 까닭에 규제의 대상이 늘어나게 되었다는 해석이나 추측은 여기서는 타당성을 가질 수가 없다. 왜냐하면 우리가 거론하고 있는 윤리위원회가 출판물을 평가하는 윤리 기준은 미풍양속 저해, 품위 상실, 경악 행위 사실적 묘사, 명예훼손, 과장 표현, 광고 불건전, 광고 불표시, 사회 악영향 등 좁은 의미로 '윤리적'인 것에 국한되어 있으며, '안보'니 '불온사상'이니 하는 따위의 정치적 색채를 띤 것은 하나도 없기 때문이다. 그리고 같은 윤리위원회에 의해서 '주의'나 '경고'의 처분을 실제로 받은 것은 저속한 주간 잡지와 알록달록한 여성 잡지 또는 어린이 상대의 만화책들이 주종이며, 정치적 함축성이 강한 도서나 잡지는 찾아보기 어렵다.

위에서 언급한 '윤리위원회'에서 문제 삼고 있는 글 또는 그림은 그것이 사회에 미치는 악영향이 직접적이며 눈에 잘 뜨이는 부류의 것에 국한되고 있다. 따라서 출판문화의 심층적 문제점, 즉 출판물이 사회에 미칠 수 있는 눈에 뜨이지 않는 영향이 가진 문제점은 위원회의 회보에는 나타나 있지 않다.

일간신문의 경우를 제외한다면, 현재 우리나라에서 출판을 위하여 가장 종이를 많이 소비하는 곳은 각종 잡지사 또는 신문사 잡지 출판부일 것이다. 이것은 잡지가 비교적 많이 읽힌다는 것을 의미하거니와, 우리나라 출판물의 대종을 이루는 이 잡지의 편집 내지 제작 방침에 문제가 있다고 필자는 생각한다.

우리나라 잡지들 가운데서 가장 널리 읽히는 주간지의 저속성에 대해서는 더 이상 말하지 않기로 하겠다. 주간지를 제외하고 볼 때, 우리나라의 잡지들 가운데서 양적으로 가장 큰 비중을 차지하는 것은 각종 여성 잡지일 것이다. 그런데 그 여성 잡지들이 대체로 한심한 수준을 밑돌고 있다. 여성 잡지사 기자들이 즐겨 쓰는 말 가운데 "읽는 잡지에서 보는 잡지로"라는 것이 있다(이것은 여성 잡지 기자들만의 의견이기보다도 잡지 기자 전반에 걸친 공통된 의견일지도 모른다). 그 '보는 잡지'의 핵심은 읽기 위한 글보다도 훑어보고 넘어가는 원색 사진 또는 그림이 많이 실리는 점에 있거니와, 우선 여기에 문제점이 있다.

미술이나 건축에 관한 특수한 출판물의 경우는 다르겠지만 책이란 본래 읽기 위해서 만드는 것으로 알려져 있다. 뜻을 음미해 가며 읽는 가운데 독자는 지식과 지혜를 얻고 논리적 사고력과 세상을 보는 통찰력을 기른다. 여기에 바로 독서의 의의가 있다고 보는 것이 우리들의 전통적 통념이었다. 그런데 '보는 잡지'라는 발상은 장사를 하겠다는 뜻이다. 이와 같이 책을 지식과 지혜 또는 예술을 담는 그릇으로 보지 않고, 한갓 오락과 돈벌이의 방편으로 생각하는 사고방식이 갖는 문제점을 우리는 가볍게 보아 넘길 수가 없다.

한국의 여성 잡지사들이 만드는 잡지들의 그 '볼거리'의 주종을 이루는 것은 고급 의상, 고급 가구, 고급 실내장식, 고급 장신구, 고급 화장품, 새로운 패션 모드 등 사치심과 소비 풍조를 자극하기에 알맞은 것들이다. 그리고 그러한 호화스러운 것들을 찬란한 원색 사진을 통하여 보여주자면 많은 잡지 제작비가 소요될 것이며, 그 비싼 제작비는 필경 소비자들의 부담으로 돌아간다. 우리나라가 지금 사치와 낭비를 일삼을 때가 도저히 아니라는 사실을 감안할 때, '보는 잡지'가 소비생활에 미치는 악영향은 '한국 도서 잡지 주간신문 윤리위원회'가 걱정하는 저질 잡지의 '미풍양속 저해'나 '품위 상실'의 폐단보다도 더 심각하고 근본적인 문제를 안고 있다.

2. 출판의 사회적 기능과 영리주의

저술과 출판에는 본래 그것들이 수행해야 할 적극적 기능이 있다. 그 적극적 기능을 우리는 크게 세 가지로 나누어서 말할 수가 있을 것이다. 첫째는 지식과 사상 또는 예술 등의 정신적 가치를 창출하여 보존하는 기능이고, 둘째는 그 정신적 가치를 널리 보급하고 전파하는 교육적 기능이며, 셋째는 독자에게 즐거운 시간을 제공하는 오락의 기능이다. 그런데 오늘의 우리나라 출판계는 첫째와 두 번째 기능은 등한히 여기고, 주로 세 번째 기능에만 치중하는 경향이 강하다. 세 번째 기능에만 치중하는 이유는 오락성이 강한 출판물이 잘 팔려서 상업적으로 유리하다는 사실에 있을 것이다.

현대사회의 영리주의가 저술과 출판을 돈벌이의 수단으로 삼게 되었음을 계기로 이른바 '출판문화'의 양상이 크게 바뀌고 말았다. 저술과 출판의 목적이 지식과 사상 또는 시정(詩情) 등의 정신적 가치의 기록과 전달에서 돈벌이로 바뀜에 따라서 저술과 출판의 질적 내용도 근본적으로 달라진 것이다. 학문적으로 또는 예술적으로 탁월한 저술이 많이 팔리고 돈벌이에도 유리하다면, 저술과 출판의 목적을 돈벌이에 둔다 하더라도 별로 큰 문제는 생기지 않았을 것이다. 그러나 향락주의의 경향이 강한 현대인은 독서를 통해서도 교양이나 지식보다 오락을 선호하는 경우가 많은 까닭에 악서가 양서를 몰아내는 결과를 가져오게 되었다.

출판의 목적이 돈벌이로 바뀐 뒤에도 그 교육적 영향력은 줄지 않았다. 서적이 독자에게 미치는 좋지 못한 영향을 '부정적 교육 기능'이라고 부른다면 오늘날 홍수처럼 쏟아져 나오는 출판물이 긍정과 부정, 두 측면에서 발휘하는 교육적 영향력은 막대하다고 보아야 할 것이다. 어떠한 출판물이 어떻게 읽히느냐에 따라서 국민 특히 청소년들의 의식구조가 현저한 영향을 받게 된다는 것은 의심의 여지가 없는 상식이다.

우량한 출판물이 독자들에게 품성의 함양과 논리적 사고력을 위해서 큰 도움을 주고, 유익한 정보와 슬기로운 지혜를 제공하며, 과학 기술과 예술을 비롯한 문화 발전의 원동력의 구실을 한다는 것은 주지의 상식이다. 한편 저속하고 조잡한 출판물이 국민, 특히 청소년층의 정서와 사고방식, 그리고 생활 태도에 심각한 악영향을 끼친다는 것도 널리 알려진 사실이다.

우리가 자본주의의 경제 제도를 기정사실로서 전제할 때, 상업 정신을 전적으로 배척할 수는 없을 것이다. 상업 정신은 자본주의 사회를 떠받들고 있는 기본적 심성이다. 그러나 상업 정신을 전적을 배척하지 못한다 함은 모든 종류의 영리 행위를 제한 없이 시인한다는 뜻은 아니다. 영리 행위에도 여러 가지가 있으며, 우리가 받아들일 수 있는 것은 사회의 공익 또는 타인의 권익을 침해하지 않도록 자제하는 영리 행위에 국한된다.

저술 및 출판과 같이 사회에 미치는 영향이 지대한 일을 직업으로 선택한 사람은 그 직업에 따르는 사회적 책임에 대해서 각별한 고려가 있어야 할 것이다. 직업이란 본래 돈벌이만을 위한 것이 아니며, 사회에 대한 참여와 봉사도 그 목적의 큰 비중을 차지한다. 비록 상업의 범주에 속하는 직업이라 하더라도 사회에 대한 공헌의 책임을 면할 수는 없으며, 사회를 위해서 이바지하는 바 있는 상업만이 정당한 직업으로서 떳떳할 수가 있다. 특히 저술이나 출판이 정당성을 갖기 위해서는 많은 자제와 봉사 정신의 발휘가 뒷받침되어야 할 것이다.

비록 영리를 위해서 출판업에 종사하는 사람이라 하더라도 자신의 상행위가 사회에 해독을 끼치기를 원하지는 않을 것이다. 그들은 자신들의 하는 일이 가능한 한 사회를 위해서 이바지하는 바 크기를 염원한다. 그러나 영리를 위해서 출판을 하는 사람들의 첫째 목적은 사회에 대한 공헌이 아니라 돈벌이이며, 이 첫째 목적을 추구하다 보면 본의 아니게 악서를 출판하는 결과에 이르는 것이 대부분의 경우일 것이다. 여기서 출판업에 종사하는 사람들이 부딪치는 문제는 사회를 위해서 유익한 책을 내는 일과 출판으로 돈을 버는 일을 양립시키는 것이 과연 현실적으로 가능한가 하는 물음이다.

잡지사 또는 신문사 잡지부의 편집실에 근무하는 기자들로부터 흔히 이런 말을 듣는다. 기자로서는 잡지다운 잡지를 만들고 싶은 소망이 간절하지만 경영자 측에서 잘 팔리는 잡지를 만들라고 강하게 요구하는 까닭에 본의 아니게 저속한 편집으로 낙착하게 된다는 것이다. 한편 출판업에 종사하는 경영자들의 말을 들어 보면 그분들도 좋은 책을 내고 싶은 생각이 많지만 상업적 채산을 무시할 수 없어서 부득이 흥미 위주의 책을 만들게 된다고 변명을 한다. 요컨대 양서를 출판하고자 하는 뜻은 있지만 현실적으로 그것이 어렵다는 주장이다.

여기서 우리는 저속한 출판이 아니고서는 기업으로서 성립하기가 어렵다는 고정관념에 대해서 깊이 반성해야 할 것이다. 외국에서도 좋은 책을 간행하여 번창을 누린 출판사가 흔히 있으며, 우리 한국에서도 양서를 출판하여 상업적으로도 성공한 사례가 있다는 사실은 그러한 고정관념이 반드시 옳지 않다는 것을 의미한다. 편집과 경영을 슬기롭게 함으로써 좋은 책으로도 출판업을 성공적으로 지속할 수 있는 길이 있으리라고 필자는 믿는다.

흥미가 있어서 즐겁게 읽을 수 있는 책 가운데도 내용이 좋은 것이 많이 있다. 역으로 말하면, 마음의 양식이 되는 좋은 책 가운데도 흥미롭고 읽기에 즐거운 것이 많이 있다. 다만 그런 책을 만들기가 힘이 들고, 또 그런 책은 단시일 안에 많이 팔기가 어렵다는 애로가 있을 뿐이다. 결국 성실한 노력 없이 출판문화에 종사하겠다는 안이한 자세와 단시일 안에 돈을 벌겠다는 조급한 태도에 근본 문제가 있는 것으로 보인다.

우리나라의 출판업계가 단행본보다도 잡지에 투자하기를 선호하는 경향에도 문제가 있다. 잡지라는 것은 대체로 짧은 기간 안에 만들어 내야 하고 또 그 판매 기간도 짧기 마련이다. 그리고 독자들도 잡지에 대해서는 깊고 무거운 글보다는 흥미롭고 가벼운 읽을거리 또는 볼거리를 기대한다. 따라서 주간 또는 월간 잡지의 지면을 무게가 있고 생명이 긴 글들로 가득 채우기는 매우 어렵다. 그러므로 오래 남을 만한 양서를 많이 출판하는 것이 우리들의 과제라면 단행본에 대한 투자의 비율을 높이는 것이 바람직할 것이다.

출판업계 단독의 노력만으로 소망스러운 출판문화의 실현을 가져오기는 어려울 것이다. 좋은 글을 쓰는 필자가 많아야 하고, 좋은 책을 읽어 주는 많은 독자가 있어야 한다. 출판문화에 있어서도 공급과 수요는 서로가 서로에 영향을 끼치기 마련이므로 많은 양서를 희망하는 독자들의 요구가 없이는 좋은 책이 많이 출판되기를 기대하기가 어렵다.

3. 개선을 위한 노력

좋은 책이 많이 출판될 수 있기 위해서는 바람직한 독서 풍토가 조성되어야 하고, 바람직한 독서 풍토의 조성을 위해서는 좋은 책이 많이 출판되어야 한다는 순화론적 상황에 우리는 놓여 있다. 이 순화론적 상황이 저절로 해결되기를 기대하기는 어려우며, 상황의 호전을 위한 적극적 노력이 있어야 할 것이다. 그 적극적 노력으로서 어떠한 것을 생각할 수가 있을까?

출판문화와 독서 풍토 사이에는 밀접한 상관관계가 있으므로 그 가운데서 어느 한쪽만을 먼저 향상시키고 다음에 다른 한쪽까지도 개선하는 방침보다는 두 가지 측면을 동시에 끌어올리도록 노력하는 편이 더 나을 것이다.

모든 습관이 그렇듯이 독서의 습관도 어려서부터 길러야 한다. 어려서부터 좋은 책을 읽는 습관을 들이도록 유도하는 일은 우선 부모들의 임무다. 구체적인 방법으로는 부모가 어린 자녀와 함께 동화를 읽는 것도 효과적일 것이며, 생일 선물 또는 연말 선물로 좋은 책을 사주는 것도 바람직할 것이다. 가장 중요한 것은 부모들 자신이 좋은 책을 가까이 함으로써 본받을 만한 모범을 보이는 일이다.

학교 선생님들도 학생들이 좋은 책을 읽도록 권유하고 지도해야 할 것이다. 수업 시간에 가끔 좋은 책을 소개해 주고, 한 학기에 한두 번 독후감을 써내도록 하는 방법은 도움이 될 것이다. 그렇게 하기 위해서는 선생님들 자신이 앞장서서 좋은 책을 읽어야 할 것이며, 학교 도서관 또는 도서실에 읽을 만한 책이 많도록 장서 수를 늘리는 방안도 강구해야 할 것이다.

좋은 책이 많이 읽히는 독서 풍토의 조성을 위해서 가장 큰 영향력을 발휘할 수 있는 것은 언론기관이다. 지금까지도 '독서의 계절' 등 특수한 계기에 언론기관이 독서 운동을 연례행사로서 전개해 왔으나, 그것만으로는 부족하다고 생각한다. 지금 우리나라의 신문과 잡지들은 운동경기나 연예계의 행사를 소개하는 데 비하여, 좋은 책을 소개하는 데는 지면을 몹시 아끼는 편이다. 대부분의 단행본 신간들을 일률적으로 간단하게 소개하는 난은 있으나, 좋은 책을 선정해서 내용을 소개하거나 평가하는 난을 가진 신문과 잡지는 적은 편이다. 더러 서평란을 마련했을 경우에도 정직하고 객관적인 소개나 논평보다는 주례사 식의 칭찬만 늘어놓은 무책임한 글로 채우는 사례가 많아서 그 본래의 소임을 다하지 못하는 것이 보통이다. 출판문화의 중요성에 비추어 언론기관들은 평상시에도 출판과 독서에 관한 보도에 더 큰 비중을 두는 동시에, 독자들을 위해서 좋은 책을 선택하는 데 실질적인 도움이 되도록 더욱 세심한 노력을 기울여야 할 것이다.

크고 작은 '독서회' 운동도 더욱 활발하게 전개되어야 할 것이다. 같은 책을 읽고서 토론하는 모임, 독자와 저자가 만나서 의견을 나누는 모임 등이 더러 열리고 있거니와, 이러한 모임을 마련하는 단체가 각지에 많이 생겨야 할 것이다.

정부 당국에서도 출판문화와 독서 풍토의 개선을 위해서 더욱 적극적인 정책을 써야 할 것이다. 국민의 육체적 건강을 위해서 체육 진흥에 막대한 예산을 투입하는 것에 못지않게 국민의 정신적 건강을 위해서 출판문화와 독서 풍토의 개선에도 과감한 투자를 해야 할 것이다. 그리고 그 투자가 실질적 성과를 거두도록 치밀한 정책을 강구해야 할 것이다. 우리나라의 정부와 기업체, 그리고 각급 학교가 체육에 투자하는 예산의 10분의 1만 출판문화의 육성을 위해서 할애한다면, 우리나라의 정신 풍토는 좀 달라질 것이다. 그리고 국민이 좋은 책을 많이 읽는 것은 그들이 운동장에서 몸을 단련하는 것 못지않게 중요한 일이다.

우리나라에는 도서관 또는 도서실의 절대수가 부족할 뿐 아니라 기존의 도서관 또는 도서실도 형식적인 건물 공간만 겨우 마련해 놓고 알맹이에 해당하는 장서는 몹시 빈약한 경우가 많다. 도서 구입을 위한 예산은 명목상 조금만 책정하는 것으로 형식만 갖추는 사례가 허다하다. 앞으로는 국고금으로 운영하는 도서관과 도서실의 경우나 민간단체가 운영하는 도서관과 도서실의 경우나 도서 구입을 위한 예산을 대폭 늘려야 할 것이다.

우량도서를 선정하여 추천하는 동시에 그 일부를 사주는 일을 위해서도 정부 당국은 제도를 더욱 확충하고 예산도 따라서 늘리도록 해야 한다. 지금까지는 주로 단행본에 대해서만 우량도서의 추천과 지원을 해왔으나, 앞으로는 잡지에 대해서도 같은 일을 할 필요가 있다. 우량도서의 출판을 지원하는 문예진흥원의 사업에도 더욱 많은 예산을 돌리도록 하는 것이 바람직하다.

정부 또는 사회단체가 아무리 우량 도서의 출판을 권장한다 하더라도 출판업에 종사하는 사람들이 돈벌이에만 치중하는 동안은 큰 성과를 기대하기가 어렵다. 출판문화 사업의 특수성과 중요성을 명심하고, 출판업계 자체가 좋은 책의 출판을 위한 적극적 노력을 경주해야 할 것이다. 특히 정부의 대행 기관이 운영하는 신문사나 재벌급이 경영하는 큰 신문사가 저속한 잡지의 출판을 통한 돈벌이에 열중하는 치졸은 더 이상 계속하지 말아야 한다. 한편으로 양서를 읽으라고 권장하는 공공 기관 또는 언론기관이 다른 한편으로는 지저분한 책을 만들어서 장사하기에 바쁠 때, 국민은 그들의 진의를 의심하게 된다.

오늘의 출판 기업은 대체로 단시일 안에 많이 팔리는 책을 만들어 내기에 주력하는 경향이 있다. 따라서 유행가를 만드는 사람들처럼 시류에 민감할 수밖에 없고, 두고두고 생명을 유지할 수 있는 책보다도 일시적인 호기심과 흥미를 만족시키는 책을 만드는 일에 치중한다. 결국 출판에 대한 투자를 단시일 안에 회수하는 상술을 선호하는 셈인데, 이러한 경향은 양서의 출판과 보급을 크게 저해하는 요인이 된다. 바람직한 출판문화의 실현을 위해서는 장기적 안목으로 수지를 계산하는 기업 정신을 본받아야 할 것이다.

장기적 안목으로 출판 사업에 종사할 수 있기 위해서는 같은 책을 오랫동안 전시할 수 있는 서점의 공간이 있어야 할 것이고, 일시적 흥미나 오락보다도 영속적 가치를 선호하는 독서인의 협조도 있어야 할 것이다. 필경 출판업계의 실태만을 따로 떼어서 향상시킬 수는 없는 일이며, 유통 구조와 소비 성향을 포함한 문화의 양상 전체를 개선하는 노력의 일환으로서 출판문화의 문제도 생각해야 한다는 결론이 된다.

(1986, 출판문화 세미나)

2부
한국인의 가치관, 무엇이 문제인가

1장 한국인의 가치관, 무엇이 문제인가

우리가 가치관을 문제 삼는 것은 행동과 가치관 사이에 밀접한 관계가 있다고 믿기 때문이다. 우리의 삶이 만족스럽기 위해서는 삶의 과정에서 부딪치는 문제들이 원만하게 해결되어야 하고, 문제들이 원만하게 풀리기 위해서는 우리들의 가치관이 바르고 건전해야 하는 것이다.

모든 가치 의식이 그대로 행동으로서 나타나는 것은 아니다. 다시 말하면, 가치 의식이 단순한 관념의 단계에 머물고 행동적 실천을 수반하지 않을 경우가 있다. 예컨대 대부분의 자녀들은 늙은 부모를 잘 모셔야 한다고 관념적으로는 생각하지만, 실제 행동으로는 그렇게 하지 않을 경우가 많다. 부모를 잘 모시고 싶은 소망보다도 더 강한 욕구가 있어서 저 소망이 이 욕구에 의하여 압도당할 경우에 그러한 현상이 생기기 마련이다.

늙은 부모를 정성껏 모셔야 한다는 생각도 가치 의식이고, 핵가족을 꾸며서 오붓하게 살고 싶다는 생각도 일종의 가치 의식이다. 국가나 사회를 위해서 큰일을 하고자 하는 포부도 가치 의식이고, 학문 또는 예술에 있어서 큰 업적을 남기고 싶은 소망도 일종의 가치 의식이다. 우리들은 실로 많은 종류의 가치 의식을 가지고 있으며, 그들 가치 의식은 제각기 어떤 행동을 요구한다. 그런데 여러 가지 가치 의식이 요구하는 행동들을 모두 실천할 수는 없는 까닭에, 요구되는 몇 가지 행동들 가운데서 하나만을 선택해야 할 경우가 흔히 생긴다.

예컨대 돈에 대한 욕망, 건강에 대한 소망, 예술적 창작에 대한 포부 등의 배후에는 돈과 건강, 또는 예술에 대한 가치 의식이 뒷받침하고 있으며, 이들 가치 의식은 제각기 어떤 행동을 요구한다. 그런데 돈벌이와 건강과 예술적 창작이 요구하는 행위들 사이에 갈등이 생겨서 그것들을 모두 실천에 옮길 수 없는 경우가 있으며, 그럴 경우에는 대립하는 가치 의식의 강도(强度)를 따라서 행위의 우선순위가 결정된다. 돈에 대한 의식이 가장 강한 사람은 돈벌이가 요구하는 행위를 우선적으로 실천할 것이며, 창작에 대한 의욕이 가장 강한 사람은 예술이 요구하는 행위를 우선적으로 수행할 것이다.

한 개인이 느끼는 욕구는 여러 가지의 것과 표리의 관계를 이루고 그가 가진 가치 의식도 여러 가지다. 한 개인의 여러 가지 욕구들 사이에 강도의 서열(序列)이 있고, 그것들이 모여서 하나의 체계를 이루는 것과 표리의 관계를 가지고, 그의 가치 의식들 사이에도 강도의 서열이 있고, 그것들이 모여서 하나의 체계를 형성한다. 그 체계가 모든 사람들의 경우에 있어서 확고부동하거나 질서정연한 것은 아니지만, 대부분의 정상적인 성인들은 각자의 욕구의 체계와 가치 의식의 체계를 가지고 있다고 볼 수 있을 것이다.

가치 의식의 일종으로서 당위 의식이 있다. 망설임의 상황에 있어서 어떻게 행위하는 것이 옳으냐 하는 물음에 부딪쳤을 때 작동하는 가치 의식이다. 예컨대 돈벌이가 요구하는 행위와 명예가 요구하는 행위 사이의 갈등에 부딪친 사람이 "어느 길이 옳을까?" 하는 물음을 스스로 제기하고, "명예의 길이 옳다."는 결정을 내렸다면, 그는 돈보다도 명예가 중요하다는 당위 의식을 가졌다고 말할 수 있을 것이다.

당위 의식은 어떤 행위를 '마땅히 해야 할 행위'로서 평가하는 의식이다.

그러나 모든 당위 의식이 언제나 실천적 행위의 열매를 맺는 것은 아니다. 마땅히 그렇게 하는 것이 옳다고 생각은 하면서도 실제로는 그렇게 행동하지 않을 경우가 많은 것이다. 인격의 명예를 위해서 돈의 유혹을 물리쳐야 한다고 생각은 하면서도 유혹에 넘어가는 경우가 그렇듯이, 우리들의 당위 의식이 한갓 '관념'의 세계에 머물고 실제 행동에까지 이르지 못하는 것은 흔히 경험하는 일이다.

여기서 우리는 관념(觀念)의 체계로서의 가치 체계와 행동의 세계의 원동력으로서의 가치 체계를 구별할 수 있을 것이다. 옳다고 생각하면 언제나 그대로 실천에 옮기는 사람이 있다면, 그의 관념적 가치 체계와 행동적 가치 체계는 외연(外延)에 있어서 일치할 것이다. 그러나 보통 사람들의 경우는 대체로 행동이 관념을 따르지 못하는 경향이 있다. 관념과 행위의 괴리가 심할 경우에 우리는 흔히 내적 갈등을 경험한다.

'가치관'이라는 말은 조금씩 다른 여러 가지 뜻으로 사용되는 말 가운데 하나다. 어떤 경우에는 가치 의식의 체계를 가리켜서 '가치관'이라고 부르기도 하고, 어떤 경우에는 개별적 가치 의식을 그렇게 부르기도 한다. 어떤 경우에는 관념에 그치는 당위 의식을 그렇게 부르기도 하고, 다른 경우에는 행동의 원동력으로서 작동한 당위 의식을 그렇게 부르기도 한다. 독자들은 문맥에 따라서 '가치관'이라는 말의 정확한 뜻을 헤아려야 할 것이다.

필자 자신은 '가치관'이라는 말을 여러 가지 경우가 포함될 수 있도록 넓은 의미로 사용하는 경향이 있다. '가치관'이라는 말을 가장 넓은 의미로 사용할 때 그것은 생활 태도의 바탕을 이루는 심성(心性)을 가리키는 말이라고 생각하면 좋을 것이다.

'한국인의 가치관'이라는 말을 우리는 흔히 사용한다. 그러나 우리 남한만 하더라도 4천만이 넘는 한국인이 살고 있으며, 그들의 가치관 내지 생활 태도에는 다양한 개인차가 있다. 그러므로 '한국인의 가치관'을 한 묶음으로 간단하게 말하기는 매우 어렵다. 그럼에도 불구하고 우리가 '한국인의 가치관'을 말하게 되는 것은 여러 한국인들의 가치관 내지 생활 태도에 다양한 개인차가 있는 가운데도 어떤 일반적 경향이 발견되기 때문이다. 우리들이 거대한 집단으로서의 '한국인'의 가치관을 말할 때 그것은 모든 한국인들이 가진 어떤 공통성을 말하는 것이 아니라, 많은 한국인들에게서 발견되는 어떤 경향성을 말하는 것이라고 보아야 한다.

어떤 개인 또는 집단의 가치관 내지 생활 태도를 파악하고자 할 때 제일 중요한 것은 그 개인 또는 집단이 무엇을 삶의 보람으로서 가장 소중히 여기고 무엇을 삶의 목표로서 가장 열심히 추구하고 있는가를 살펴보는 일이다. 따라서 우리가 '한국인의 가치관'을 반성함에 있어서 제일 먼저 해야 할 일은 지금까지 한국인들이 무엇을 삶의 보람으로서 가장 소중히 여기고 무엇을 삶의 목표로서 가장 열심히 추구해 왔는가를 돌이켜 보는 일이 아닐 수 없다.

해방 이후의 한국인들이 대부분의 경우에 있어서 가장 열심히 추구한 목표에 세 가지 부류가 있다. 그 첫째는 돈 또는 재물이요, 둘째는 권력과 지위이며, 셋째는 관능적 쾌락이다. 돈 또는 재물을 탐내는 것은 오늘의 한국인에게만 특유한 현상이라고 보기는 어려우나, 자본주의의 도입과 산업의 발달을 계기로 그 경향이 더욱 심하게 되었다. 권력과 지위를 숭상하는 것은 관존민비의 관념이 강한 우리나라 양반 사회에 있어서 옛날부터 있었던 전통적 현상이나, 권력과 지위에 대한 접근의 가능성이 모든 사람들에게 개방된 현대에 있어서 그 경향이 더욱 치열하게 되었다. 관능적 쾌락을 좋아하는 경향도 동서와 고금에 공통된 현상이나, 여러 가지의 고급 향락이 상품으로서 개발된 오늘의 금전 문화 속에서 그 경향이 더욱 가속화하였다.

오늘의 한국인이 많은 경우에 재물과 권력 또는 지위를 가장 소중한 것으로 여기고 또 그것들을 가장 열심히 추구하는 경향을 가졌다는 사실을 우리는 여러 가지 일상적 경험을 통하여 확인할 수 있다. 오늘날 우리 한국에서는 돈이나 권력 또는 높은 지위를 얻는 일에 성공한 사람들이 가장 큰 선망의 대상이 되고 있다. 직업을 선택함에 있어서나 결혼의 대상을 물색함에 있어서 가장 큰 고려의 대상이 되는 것은 돈 또는 권력이다. 돈이나 권력을 잡기에 유리한 직업이 좋은 직업으로서 평가되며, 돈이나 권력이 많은 사람 또는 그런 사람을 아버지나 어머니로 가진 젊은이가 좋은 신랑감 또는 좋은 신붓감으로서 선호의 대상이 된다.

돈이나 권력을 얻어서 국가와 사회를 위하여 뜻있는 일을 하고자 하는 사람도 더러는 있을 것이나, 많은 경우에 있어서 돈 또는 권력 그 자체를 목적으로서 추구하는 듯한 인상이 강하다. 돈이나 권력이 궁극의 목적이 아니라 다른 무엇을 얻기 위한 수단일 경우에 그 '다른 무엇'의 가장 큰 비중을 차지하는 것은 관능적 쾌락이다. 관능적 쾌락에 대한 선호(選好)는 생물학적 현상이기도 하거니와, 특히 현대의 자본주의 산업사회에 있어서는 관능적 쾌락을 고급 상품으로서 공급하는 상업이 발달하여 돈 많은 사람들을 상대로 성업을 이루고 있다. 우리나라의 대도시에서 고급 유흥업소가 날로 늘어나고 있으며, 그곳을 찾는 사람들의 발길이 그치지 않는다는 것은 널리 알려진 사실이다.

사람들의 가치관 또는 생활 태도를 파악함에 있어서 또 한 가지 중요한 문제는 개인들의 자아의식(自我意識)의 폭이 얼마나 넓으냐 하는 그것이다. 다시 말하면, 사람들이 '나' 또는 '우리'로서 아끼고 사랑하는 대상의 폭이 얼마나 넓으냐 하는 문제가 가치관의 건전성을 측정함에 있어서 매우 중요한 기준이 된다. '자아' 또는 '나'라는 것은 본래 고정불변한 외연(外延)을 가지고 있는 것이 아니라 '자아의식'이라는 이름의 의식의 체계다. '의식'이란 고정불변한 실체(實體)가 아니라 움직이는 심리 현상인 까닭에, '자아'도 의식의 수준을 따라서 그 범위에 신축성이 있다. 쉽게 말해서, 자아의 범위가 넓은 인품도 있을 수 있고 좁은 인품도 있을 수 있다. 더 정확하게 말하자면, 같은 사람도 그때그때의 심리 상태에 따라서 큰 자아를 가질 경우도 있고 작은 자아를 가질 경우도 있다. 우리가 흔히 사용하는 '소아(小我)'니 '대아(大我)'니 하는 말의 뜻도 같은 맥락에서 이해할 수 있을 것이다.

오늘의 한국인들의 경우는 대체로 자아의식의 폭이 매우 좁은 편이다. 쉽게 말해서, 오늘의 한국인은 강한 이기주의의 경향을 가졌다. 자아로서 의식하는 대상의 범위가 대체로 협소한 것이다. 가령 돈이나 권력 또는 지위를 추구하는 사람들이 국가나 사회를 위해서 큰일을 하고자 하는 목적 때문에 그렇게 하기보다는 자기 한 몸 또는 가족의 풍요로운 생활을 위해서 그렇게 할 경우가 많다. 이웃 또는 공동체를 자아의 일부로서 편입시키는 의식이 약한 것이다.

이웃 또는 공동체에 대한 적극적 배려가 약할 뿐 아니라, 작은 나의 이익을 위해서는 이웃 또는 공동체를 해치는 행위까지도 서슴지 않는 사례조차 흔히 있을 정도다. 더욱 심한 경우에는 작은 나의 행복을 위해서 부모나 동기의 불행을 개의치 않는 사례도 없지 않다.

우리는 이제까지 우리들이 살아온 생활 태도에 무엇인가 잘못된 점이 있다는 것을 직관적으로 느낀다. 이러한 느낌은 하나의 착각에 불과할 가능성도 있고 객관적 근거를 가졌을 가능성도 있다. 다시 말하면, 우리들의 가치관 내지 생활 태도에 잘못된 점이 있다는 느낌은 과거의 인습에 젖은 낡은 인생관에서 오는 공연한 걱정일 수도 있고, 진실로 객관적인 잘못에 대한 직관적 인식으로서의 뜻을 가진 것일 수도 있다. 그것이 하나의 착각에 불과하다면 우리는 그 착각에서 벗어나기만 하면 될 것이다.

필자가 보기에는 오늘날 한국인의 가치관 내지 생활 태도에 문제가 있다는 직관적 느낌은 낡은 인생관을 반영한 착각이거나 공연한 걱정은 아니다. 우리들의 가치관 내지 생활 태도에는 실제로 잘못된 점이 있다고 필자는 생각한다. 우리들의 가치관 내지 생활 태도의 첫째 문제점은 이지(理智)와의 대비에 있어서 감정(感情)이 지나치게 우세하다는 사실에 있다.

기본 생활을 유지하기에 꼭 필요한 정도의 돈이나 재물을 확보하고자 하는 태도는 이지적 관점에서 보더라도 당연한 것이다. 인간으로서의 긍지를 지키기에 필요한 수준의 사회적 지위나 건강을 유지하고, 뜻있는 일을 하기 위한 활력을 되찾기에 필요한 정도의 쾌락을 갖고자 하는 태도도 이지적 관점에서 볼 때 당연한 것으로 인정된다. 그러나 물질과 지위 또는 쾌락에 대한 우리들의 욕심은 이지의 관점이 용납할 수 있는 수준을 까마득하게 넘어서고 있다. 건전한 삶을 위해서 반드시 필요하지 않을 뿐 아니라 질서정연한 사회의 건설에 역행하는 결과를 가져올 정도로 지나치게 욕심을 부리고 있는 것이다. 그리고 이러한 지나친 욕심은 이지에 대한 감정의 우세에 뿌리를 두고 있는 것으로 보인다. 일찍이 아리스토텔레스도 지적한 바와 같이, 인간의 감정과 욕망은 과부족(過不足)의 양극으로 달리는 경향이 있다.

감정이 풍부하고 뜨겁다는 사실 그 자체는 오히려 바람직한 일이다. 우리 한국 사회가 인정이 많은 것도 한국인의 감정이 뜨겁기 때문이며, 우리 한국인이 멋과 흥이 있는 생활을 할 줄 아는 것도 풍부한 감정의 덕분이요, 우리 한국 문화가 예술의 분야에서 자랑스러운 업적을 보유하게 된 것도 풍부한 감정의 바탕 때문이라고 볼 수 있다.

문제는 감정이 풍부하고 뜨겁다는 그 사실 자체에 있는 것이 아니라, 감정의 측면에 비해서 이지의 측면이 너무 약하다는 사실에 있다. 감정과 이지가 균형을 얻지 못하고 후자가 전자에게 일방적으로 압도당할 때, 여러 가지 좋지 못한 현상이 일어나기 쉽다. 우리 한국인의 경우도 뜨겁고 풍부한 감정과 균형을 이룰 수 있을 정도의 투철한 이지 또는 높은 지성이 부족하다는 사실에서 여러 가지 바람직하지 않은 행위 또는 현상이 일어나고 있다.

감성만 우세하고 이와 균형을 이룰 수 있을 정도의 강한 이지가 결여됨으로 말미암아 일어나는 현상의 하나로서 지적할 수 있는 것은 우리나라의 도처에서 발견되는 외화내빈(外華內貧)의 폐단이다. 한국 사람들이 하는 일은 겉모습은 크고 화려한 반면에 속 알맹이는 보잘것없는 경우가 흔히 있거니와, 이는 지성의 뒷받침이 없는 강한 감성의 소행이라고 볼 수 있을 것이다. 감정은 외형에 애착하는 경향이 있는 반면에, 이지는 내실을 중요시하는 경향을 가졌기 때문이다.

감정만이 일방적으로 우세한 의식구조로부터 일어날 수 있는 폐단으로서 또 한 가지 지적할 수 있는 것은, 작은 규모의 협동과 단결은 용이하나, 큰 규모의 협동과 단결은 어렵다는 사실이다. 우리네 보통 사람들의 경우는 따뜻한 정이 미칠 수 있는 범위가 그리 넓지 못한 까닭에 감정에 의존하여 사람들이 뭉칠 수 있는 규모는 대체로 왜소하다. 지성을 통한 승화(昇華)의 단계를 거치지 않은 감정은 대개 편협한 성질을 가지고 있으며, 따라서 그것은 파벌을 조성하거나 공사(公私)의 혼동을 조장하는 폐단을 부르기 쉽다.

삶이 부딪치는 가장 일반적이며 중요한 문제는 인간적 갈등을 어떻게 해결하느냐 하는 그것이다. 우리들의 뜨거운 감정은 인간적 갈등을 야기하는 근원이 되기도 하고 또 그것을 해결하는 힘이 되기도 한다. 사람들의 접촉과 교섭의 범위가 좁았던 옛날 농경 사회에서는 혈연과 지연에 의하여 가꾸어진 따뜻한 정이 인간적 갈등을 해결함에 있어서 큰 힘이 될 수가 있었다. 그러나 사람들의 접촉 범위와 이해관계의 얽힘이 크고 복잡한 현대의 산업사회에서는 감정의 힘만으로는 해결하기 어려운 인간적 갈등이 도처에서 일어난다. 이러한 어려움은 현대인의 개인주의 내지 이기주의적 성향으로 말미암아 더욱 심각하게 되었다. 현대사회의 갈등을 해결함에 있어서도 인정 또는 인간애가 도움이 될 수 있을 경우가 적지 않을 것이다. 그러나 그것만으로는 해결을 기대하기 어려운 문제들이 너무 많은 까닭에 지성과 합리적 사고의 힘을 크게 빌려야 할 실정이다.

인간적 갈등 이외에도 현대의 산업사회는 여러 가지 현실 문제에 부딪치고 있다. 경제 발전과 소비생활의 문제, 인구의 증가와 식량 생산의 문제, 공업화와 도시화에 따르는 환경오염의 문제 등은 그 대표적인 것이다. 이러한 대규모의 문제들은 주먹구구나 즉흥적 발상만으로는 해결하기 어려운 복잡한 문제들이다. 이 크고 어려운 문제들을 풀어 나감에 있어서 풍부한 감정 못지않은 강력한 합리적 정신이 요청되고 있음은 의심의 여지가 없다.

우리 한국인의 가치관 내지 생활 태도의 둘째 문제점은 외면적 가치의 지나친 상승과 내면적 가치의 상대적 격하에 있다. 오늘날 우리 사회에서 가장 치열한 추구의 대상이 되고 있는 재물과 권력, 그리고 관능적 쾌락 따위는 그 욕구 충족의 목표 달성이 주로 나 밖에 있는 조건들에 의해서 좌우되므로, 우리는 그것들이 가진 가치를 '외면적 가치'라고 부를 수 있을 것이다. 한편 인격, 건강, 학문, 예술, 사랑 같은 삶의 목표는 그 달성 여부가 주로 우리 자신의 마음의 세계에 달려 있으므로 우리는 이것들이 가진 가치를 '내면적 가치'라고 부를 수 있을 것이다. 편의상 이러한 용어를 용납한다면, 지금 우리 사회의 가치 풍토는 외면적 가치들이 높은 숭상의 대상이 되고 있는 반면에, 내면적 가치는 상대적으로 푸대접을 받고 있는 양상을 보이고 있다고 말할 수 있을 것이다.

오늘날 우리 가치 풍토에 있어서 외면적 가치에 대한 숭상이 현저하고 내면적 가치가 상대적으로 위축을 당하는 경우가 많다는 사실을 부인하는 사람은 적을 것이다. 그러나 외면적 가치의 우세와 내면적 가치의 침체를 사실 그대로 용납하지 않고 거기에 문제점이 있다고 보는 견해에 대해서 의문을 느끼는 사람들은 적지 않을 것이다. 왜 외면적 가치가 내면적 가치를 압도해서는 안 되는 것일까? 이 물음에 대해서 나는 두 가지 이유를 제시할 수 있다고 생각한다.

첫째로, 가치론적 관점에서 볼 때 내면적 가치의 세계가 외면적 가치의 세계보다 높은 자리에 와야 마땅하며, 높은 자리에 와야 할 것이 낮은 자리로 밀려나는 것은 가치 서열의 뒤바뀜을 의미한다. 가치 서열이 뒤바뀔 때 가치 체계 전체에 혼란이 야기되며, 이 혼란은 사회 현실의 혼란을 초래하므로 외면적 가치가 내면적 가치를 압도하는 가치 풍토는 시정되는 것이 바람직하다. 그러나 내면적 가치의 세계가 외면적 가치의 세계보다 높은 자리에 와야 한다는 것은 무엇에 근거를 둔 주장인가? 이 물음에 대해서 빈틈없는 증명으로 응답하기는 어려울 것이다. 그러나 어느 정도 설득력을 가진 설명을 제공하는 일은 가능하리라고 생각된다.

우리가 가치를 비교하기 위하여 사용할 수 있는 몇 가지 척도가 있다. 그 가운데 하나로서 우선 가치의 지속성을 생각할 수 있을 것이다. 가치를 짊어진 대상들 가운데는 생명이 오래인 것도 있고 짧은 것도 있거니와, 더 강력한 다른 사유가 없는 이상 오랜 생명을 유지하는 편이 그렇지 못한 편보다 높은 가치를 가졌다고 보는 것이 사리에 맞을 것이다. 그런데 예술과 학문 또는 사상 등 내면적 가치를 가진 것들은 대체로 생명이 오래 지속되는 데 비하여 재물과 권력, 그리고 관능적 쾌락 따위의 외면적 가치의 담지자(擔持者)들은 그 생명이 오래가기 어렵다.

가치 비교를 위한 척도로서 다음으로 생각할 수 있는 것은 가치의 담지자가 사람들에게 줄 수 있는 혜택의 범위와 크기다. 가치라는 것은 사람의 욕구를 충족시킬 수 있는 힘을 가지고 있으며, 따라서 사람들에게 혜택을 줄 수 있는 능력을 가졌다. 그런데 가치를 지닌 어떤 것은 무수하게 많은 사람들에게 큰 혜택을 나누어 줄 수 있는 데 비하여, 다른 어떤 것은 오직 소수에게만 혜택을 입힐 수 있음에 그친다. 여기 두 가지의 사물이 있어서 하나는 많은 사람들에게 혜택을 줄 수 있으나, 다른 하나는 오직 소수에게만 혜택을 입힐 수 있다면 더 강력한 다른 사유가 없는 이상 전자의 가치가 후자의 그것보다 크다고 보는 것이 사리에 맞을 것이다. 그런데 예술과 학문 또는 사상이 대표하는 내면적 가치의 담지자들은 무수히 많은 사람들이 그 혜택을 나누어도 각자에게 돌아가는 몫이 별로 줄지 않으나, 재물과 권력 또는 지위가 대표하는 외면적 가치의 담지자들은 여러 사람이 나누어 갖기가 어렵거나, 나눌 수 있다 하더라도 수혜자(受惠者)의 수가 많아질수록 각자에게 돌아가는 몫이 반비례적으로 줄어든다. 결국 가치가 미칠 수 있는 혜택의 범위와 크기라는 척도로 재더라도 내면적 가치를 더 높은 것으로 보아야 한다는 같은 결론을 얻게 된다.

외면적 가치가 내면적 가치를 압도하는 가치 풍토에 문제가 있다고 보는 둘째 이유는 외면적 가치를 가진 것들은 경쟁성이 매우 강한 목표라는 사실에 있다. 재물이나 권력 또는 지위와 같은 외면적 가치의 담지자들은 그 수량에 한도가 있는 까닭에, 그것을 얻고자 하는 사람들이 많을 경우에는 배타적 경쟁이 불가피하다. 그러나 높은 인격이나 깊은 사상 또는 건강과 같은 내면적 가치의 담지자들은 그 수량에 한정이 없는 까닭에, 그것들을 얻기 위해서 반드시 남을 물리칠 필요는 없다. 그런 의미에서 우리는 내면적 가치에 비하여 외면적 가치에는 배타적 경쟁성이 강하다고 말할 수 있다.

외면적 가치가 내면적 가치를 압도한다는 말은, 사람들의 외면적 가치에 대한 선호도(選好度)가 내면적 가치에 대한 그것을 압도한다는 뜻이다. 다시 말하면, 외면적 가치를 가진 것들이 사람들의 가장 열렬한 추구의 대상이 되고 있다는 것을 의미한다. 그런데 그 가장 열렬한 추구의 대상이 되고 있는 외면적 가치의 담지자들은 그 수량에 한도가 있는 까닭에, 이것들에 대한 무절제한 추구는 치열한 사회 경쟁을 유발한다. 적절한 경쟁은 피차의 발전을 위한 좋은 자극으로서 작용할 수가 있다. 그러나 그 정도가 지나치게 치열한 경우에는 도리어 사회를 파괴하는 요인이 된다. 수량이 제한된 대상을 자기의 것으로 만들고자 하는 배타적 경쟁은 사람들의 이해관계를 엇갈리게 하는 까닭에 그들이 공동 목표를 위해서 협동하기에 큰 어려움을 겪는다.

지나친 경쟁 심리는 사람들의 이기심을 조장하며, 이기심이 강한 개인들은 공동 목표의 달성보다는 각자의 목표의 달성을 우선적으로 추구하기 쉬운 것이다.

오늘날 우리들은 크고 어려운 공동의 과제들과 마주하고 있으며, 이 공동의 과제들을 원만하게 해결하는 것은 그 자체로서 값진 일일 뿐 아니라 개인들 각자의 목표 달성을 위해서도 선행해야 할 조건이다. 그리고 공동의 과제들이 원만하게 해결되기 위하여 첫째로 요구되는 것이 협동이라는 사실을 의심하는 사람은 없을 것이다. 공동의 과제를 향한 협동을 어렵게 만드는 가치관에 잘못이 있다는 것도 따라서 명백하다.

가치관을 바람직하게 정립하는 일은 각 개인을 위해서나 사회 전체를 위해서나 중요한 일이다. 개인의 행복과 사회의 안녕질서를 위하여 그것은 매우 긴요한 조건의 하나다. 그러나 나무랄 데 없는 가치관을 정립하는 일은 하나의 이상이며, 현실적인 개인들과 현실적인 사회가 가지고 있는 가치관에는 항상 어떤 문제점이 발견되기 마련이다. 우리 한국인의 가치관에 문제가 있다는 것도 그와 같은 일반적 현상의 하나로 볼 수 있을 것이다. 그러나 우리들의 경우는 역사적 전환기에 처해서 그 문제가 심상한 정도를 넘어섰다고 생각되는 까닭에, 이 가치관의 문제에 대해서 각별한 관심을 기울일 필요가 있다고 보는 것이다.

가치관을 바로잡는다는 것은 결코 용이한 일이 아니다. 그것은 사회 전체와 국민 각자의 조직적이며 사려 깊은 노력을 요구하는 일이며, 또 오랜 세월에 걸쳐서 실현해야 할 장기적 과업이다. 이 종합적이요 장기적인 과업의 수행을 위해서 가장 먼저 해야 할 일은 현존하는 가치관의 잘못된 점을 바르게 인식하는 일이라고 믿는 까닭에, 여기 이 문제에 대한 윤곽적인 고찰을 우선 시도하였다.

(1988, 이화여자대학동창 교양강좌)

2장 한국의 윤리 문제와 한국인의 윤리 의식

사람과 사람이 관계하는 곳에 윤리의 문제가 발생하고, 윤리 문제의 해결을 위한 올바른 행위가 무엇이냐에 대한 지배적 통념을 따라서 윤리 의식이 형성된다. 한 사회가 어떠한 윤리 문제를 갖느냐 하는 것은 그 사회의 구조와 상황에 따라서 결정되며, 사회의 구조와 상황은 역사적 변천을 겪기 마련이므로 모든 국가의 윤리 문제는 사회의 변천과 더불어 그 내용이 변화한다. 그러나 사람들의 윤리 의식은 윤리 문제의 내용이 달라진 뒤에도 예전 그대로 남는 경우가 많다. 일단 형성된 윤리 의식은 고정관념으로서의 성격을 강하게 띠는 까닭에 사회의 현실이 변화하듯이 그렇게 쉽게는 변화하지 않는다.

사회 현실과 그 현실에 수반하는 윤리 문제는 비교적 빠른 속도로 변화하는 반면에, 윤리 문제를 해결하는 원동력으로서의 윤리 의식은 같은 보조로 변화하지 않고 제자리를 지킴으로 인하여 윤리 문제와 윤리 의식 사이에 부조화가 생긴다. 윤리 문제는 옛날의 그것과 같지 않은데 윤리 의식은 옛날의 문제에 적합했던 그것과 같을 경우에, 그 윤리 의식이 새로운 윤리 문제 해결을 위한 행위의 지침 구실을 하기가 어렵게 되는 것이다. 다시 말하면 사회적 변천이 윤리 의식의 타당성의 문제를 부각시킨다. 재래의 윤리 의식의 타당성이 문제 되는 동시에 새로운 윤리 의식을 정립하는 일이 공동의 과제로서 요구된다.

사회의 구조와 양상이 변천함에 따라서 윤리 문제의 내용도 달라진다고 하였다. 그러나 한 시대에서 다음 시대로 넘어갔을 때 이전 시대가 안고 있던 윤리 문제들은 전부 사라지고 완전히 새로운 문제들이 그 자리를 채운다는 뜻은 아니다. 옛날에 있었던 문제들 가운데서도 여전히 남아 있는 것들이 있고, '새로운 문제'라고 하는 것도 오직 부분적으로만 새로울 경우가 많다. 사회가 변천한다 하더라도 옛날의 것이 모두 사라지는 것은 아니며, 인간성과 인간관계에는 거의 변하지 않는 측면도 있으므로 이 변하지 않는 측면을 반영하여 윤리 문제에도 변하지 않고 남아 있는 것들이 있다.

'새 시대가 요구하는 새로운 윤리 의식'이라는 것도 완전히 새로운 것을 뜻하는 것은 아니다. 아무리 시대가 바뀌고 사회가 달라진다 하더라도 전 시대의 윤리 의식을 필요로 하는 인간관계는 무수히 남는다. 결국 새 시대가 요구하는 것은 전통적 윤리 의식 가운데서 보존할 것과 포기할 것을 구별하는 일이며, 전통적 윤리 의식만으로는 해결하기 어려운 새로운 문제들을 해결하기에 필요한 새로운 윤리 의식을 보충하는 일이다.

우리 한국은 19세기 말엽부터 서양의 문물과 빈번한 접촉을 시작하여 가족주의와 농업경제를 주축으로 삼고 형성되었던 전통 사회가 일찍이 경험한 바 없었던 새로운 자극에 직면하게 되었다. 1945년의 해방을 계기로 서양 문화와의 만남은 더욱 본격화하였고, 한국의 전통 사회는 근대화의 급격한 물결에 밀려 산업사회를 지향하는 변신이 불가피하게 되었다. 이 급격한 사회변동은 한국인의 생활양식과 사고방식 전반에 걸쳐서 결정적 영향을 주었거니와, 조상들을 위해서 안정과 질서의 규범 노릇을 했던 전통 윤리도 심각한 도전을 면할 수 없었다.

급격한 사회변동에 일반적으로 수반하는 심한 혼란을 경험했을 때 우리 전통 윤리에 대한 한국인 자신의 태도와 평가는 여러 갈래로 나누어졌다. 전통 윤리는 구시대의 낡은 유물이라고 성급하게 단정하고 이를 전적으로 물리치는 사람들이 있는가 하면, 우리가 겪고 있는 사회적 혼란의 근본 원인이 전통 윤리의 붕괴에 있다고 전제하며 전통 윤리의 권위 회복이 위기를 극복하는 첫째 조건이라고 역설하는 사람도 있었다. 그리고 그 밖의 많은 사람들은 전통 윤리를 현대에 맞도록 수정함으로써 질서를 회복해야 한다고 절충설을 제시하였다.

주로 직관에 근거를 둔 여러 가지 의견들 가운데서 어느 것이 옳은가를 단정하기에 앞서서 우리는 한국 전통 윤리의 기본 특색을 우선 살피고, 나아가서 우리가 당면한 윤리 문제의 중요한 사항들이 무엇인가를 검토해야 할 것이다. 우리가 전통적 윤리 의식과 오늘의 한국인이 당면한 윤리 문제를 견주어 보면, 전통 윤리 의식으로써 해결이 가능한 문제와 그렇지 않은 문제의 윤곽이 드러날 것이다.

1. 한국인의 전통적 윤리 의식

한국의 전통적 윤리 의식의 근원은 무속(巫俗)이 지배했던 고조선에까지 거슬러 올라간다. 우리 민족의 원시종교로서 무교 사상이 본래부터 있었던 바탕 위에 유교와 불교, 그리고 도교의 외래 사상이 전래해 와서 갈등과 융화의 과정을 거쳐서 토착화했다는 것은 널리 알려진 사실이다. 그리고 고대 사회에서는 종교와 윤리가 확연히 분리되지 않았던 까닭에 저 원시종교와 외래 종교들이 한국의 윤리 사상에 큰 영향을 주었다는 것도 주지의 상식이다. 그러나 무교와 불교 그리고 도교의 영향이 현저했던 고려 이전의 전통적 윤리 의식은 현대 한국인의 의식구조 안에서 특별히 큰 자리를 차지하지 않는다. 현대 한국인의 의식구조 안에서 큰 자리를 차지하고 있는 것은 국교로서의 유교 사상의 결정적 영향 아래서 형성되었던 조선시대의 윤리 의식이라고 보아도 크게 틀리지 않을 것이다. 그러므로 현대사회의 실천적 문제들과의 관련성에 주안점을 두고 한국인의 전통적 윤리 의식을 살펴보고자 하는 이 글에 있어서는 조선시대 이후의 전통적 윤리 의식에 고찰의 범위를 국한하기로 한다.

조선시대의 윤리 의식을 형성함에 있어서 결정적 요인으로서 작용한 것은 주로 두 가지였다고 생각된다. 그 하나는 그 시대의 사회가 농업을 위주로 하는 가족주의적 집단으로 구성되었다는 사실이요, 또 하나는 오상(五常)과 오륜(五倫)을 근간으로 삼는 유교의 윤리 사상이다. 유교의 윤리 사상도 중국의 가족주의적 농경 사회를 배경으로 삼은 것이었다는 사실을 고려한다면 조선시대의 윤리 의식의 바탕이 된 것은 결국 농업을 위주로 한 가족주의적 사회의 윤리 의식이라고 요약할 수 있을 것이다.

농경 사회의 일반적인 특색의 하나는 인구의 이동이 적다는 사실이다. 농업은 토지에 의존하며 농토는 단순한 경제적 가치만을 갖는 것이 아니라 농부에게는 생명체와도 같은 애착의 대상이다. 조상이 물려준 땅을 지키는 것은 자손의 도리이며, 조상의 뼈를 묻은 선산이 있는 고향은 함부로 떠날 수 없는 영주의 땅이다. 이러한 사정은 사람들로 하여금 조손 대대 같은 고장에 살게 하였고, 이사를 하는 경우에도 멀리는 떠나지 않는 것이 상례였다.

같은 고장에 사는 사람들은 혈연 또는 인척의 유대를 통하여 이어지는 경우가 많았고, 설령 가족적 유대가 없는 경우에도 대개는 정의(情誼)의 왕래가 있는 가문에 속하는 사람들이었다. 요컨대 조선시대에 있어서 서로 만나는 사람들은 이미 아는 사이이거나, 통성명을 하고 인사만 나누면 곧 상대가 누구라는 것을 알 수 있는 그런 사이였다. 따라서 전혀 모르는 사람과 만나거나 교섭을 갖는 일은 비교적 드물었다.

윤리라는 것은 본래 사람과 사람 사이에서 생기는 실천적 문제들을 원만하게 해결하기 위한 행위의 지침으로서 타당성을 인정받은 규범의 체계라고 볼 수 있다. 따라서 특정한 사회에 어떠한 윤리 의식이 형성되느냐 하는 것은 그 사회의 인간관계에 기인하는 실천적 문제의 양상과 밀접한 관계가 있다. 조선시대 또는 그 이전의 전근대적 사회에 있어서 서로 만나고 교섭을 갖는 사람들의 범위가 주로 이미 알고 있거나 알 만한 사람들이었다는 사실은 그 시대의 윤리 의식 가운데서 특정한 대인관계를 위한 규범들이 차지하는 비중이 매우 크다는 결과를 가져왔다. 다시 말하면 부모와 자녀, 남편과 아내, 형과 아우, 스승과 제자, 또는 친구 등 개인적 인연이 중요시되었고, 그러한 개인적 인연으로 묶인 사람들 사이에서 지켜져야 할 규범들이 윤리 체계 전체의 근간을 이루었다.

어느 나라에 있어서나 전근대의 윤리가 일반적으로 그랬듯이 우리나라의 전통 윤리의 경우에도 개인적 인간관계의 특수성이 중요시되는 동시에, 사람이 취해야 할 올바른 태도는 행위자와 행위 상대자와의 개인적 관계에 따라서 상당한 차이를 가졌다. 예컨대 어려운 처지에 놓인 사람들을 도와주는 것은 일반적으로 권장할 만한 선행(善行)으로 인정되었지만, 도움이 필요한 사람이 나와 가까운 혈연 또는 그 밖의 어떤 개인적 관계가 있을 때 그를 도와주어야 할 의무는 별다른 관계가 없는 타관 사람을 도와줄 의무보다 훨씬 크다고 알려졌다. 또 남을 속이는 것은 일반적으로 비난을 당해야 마땅한 비행(非行)이지만, 친구를 속이는 잘못은 생면부지의 먼 사람을 속이는 경우보다 더 큰 잘못이며, 부모를 속이는 잘못은 친구를 속이는 그것보다도 더욱 큰 잘못으로 인정되었다.

우리나라 전통 윤리의 또 하나의 특색은 윤리 의식에 있어서 정서적 요소가 차지하는 비중이 압도적으로 크다는 사실이다. 즉 도덕적으로 높이 평가되는 행위들을 떠받들고 있는 심성으로서 가장 중요한 것은 사리에 대한 지성적 판단이기보다도 '인간적'이라고 부를 수 있는 정서 내지 감정이다. 예컨대 효성스럽다고 칭송되는 행위의 심리적 기초를 이루는 것은 부모에 대한 사랑의 정이며, 충성의 이름으로 찬양을 받는 행위의 심리적 토대가 되는 것은 군주 또는 그 밖의 어떤 상전에 대한 깊은 정이다.

전통 윤리에 있어서 개인적 관계의 특수성이 중요시된다는 사실과 그 윤리 의식에 있어서 정서적 요소가 차지하는 비중이 크다는 사실은 내면적으로 밀접히 연결되고 있다. 전통 윤리에 있어서 개인적 인간관계의 특수성을 중요시하는 정신의 바탕에는 나에게 가까운 사람일수록 더 위해야 한다는 생각이 깔려 있으며, 혈연 또는 지연 등으로 가까운 사람들이란 대체로 정분(情分)이 두터운 사람들이다. 그러므로 전통 윤리가 개인적 인간관계를 중요시하는 경향은 정분이 차지하는 비중을 높이는 결과를 가져왔다고 생각된다.

윤리 의식에 있어서 정서적 요소를 중요시하는 우리나라에서는 인정이 두텁고 정서가 강한 사람들이 높은 평가를 받는 경향이 있다. 특히 자기와의 개인적 거리가 가까운 사람들에 대하여 두터운 애정을 가진 사람들 또는 변함없이 개인적 의리를 지키는 사람들이 훌륭한 인물로서 칭송을 받는다. 우리나라에서 '미풍양속'의 이름으로 숭상되어 온 풍속 내지 관습도 그 바탕을 이루는 것은 순후한 인정이며, 바로 그 인정으로 말미암아 높은 평가를 받는다.

인정이 두텁고 마음이 뜨거운 사람들이 칭송을 받은 우리나라 전통 사회에 있어서 이지적이고 냉정한 사람들은 별로 환영을 받지 못하는 경향이 있었다. 네 것과 내 것을 분명히 가리고 남에게 간섭을 하거나 간섭 받기를 싫어하는 사람들은 대체로 환영을 받기 어려웠다. 일일이 사리를 따지거나 시비를 가리는 태도는 미덕이 아니라 악덕에 가까운 대접을 받았으며, 법에 호소하여 흑백을 판가름하고자 하는 행실은 일반적으로 환영을 받지 못하는 가운데, 특히 가까운 사이에 생긴 문제를 법적 소송으로 해결하고자 하는 태도는 비난의 대상이 되기 쉬웠다. 짧게 말해서, 개인주의적이요 합리주의적인 심성이 강한 사람을 우리나라의 전통 사회는 별로 좋게 보지 않았다.

우리나라 전통 윤리의 또 한 가지 특색은 인간관계에 있어서 수직적 질서가 중요시되었다는 사실에서 찾아볼 수 있을 것이다. 조선시대에는 유교의 가르침이 실천윤리의 근간을 이루었거니와, 유교적 전통 윤리의 기본으로서 강조되어 온 오륜만 보더라도 그 가운데 네 가지는 인간관계의 수직적 질서를 존중하는 데 역점을 두었다. 오직 '붕우유신(朋友有信)'만이 동등한 인간관계에 관한 덕목을 밝히고 있을 뿐이며, 그것도 마지막 순서에 머무르고 있다. 이와 같은 사실은 우리나라의 전통 윤리 가운데서 인간관계의 수직적 질서가 차지하는 비중을 암시하기에 충분할 것으로 보인다.

인간관계의 수직적 질서를 중요시하는 우리나라 전통 윤리에 있어서는 개인이 차지하는 사회적 지위 또는 개인들 상호간의 상대적 관계가 중요한 의미를 갖게 된다. 인본주의 사상의 바탕 위에서 모든 인간을 귀중히 여기는 관념이 한편에 있기는 하나, 모든 개인들이 각각 동등한 가치와 평등한 권리를 가졌다는 근대적 인권의 관념과는 차이가 있었다. 사람들의 특수한 신분과 대인관계에 있어서의 상대적 위치에 따라서 각 개인이 받아야 할 대우에도 차별이 있어야 마땅하다는 생각이 우세했던 것이다. 이러한 사고방식은 우리나라의 전통 윤리가 신분사회를 배경으로 삼고 형성되었다는 사실과 불가분의 관계가 있음은 물론이다.

개인적 인간관계의 특수성이 중요시되고, 윤리 의식에 있어서 정서가 차지하는 비중이 압도적이며, 인간관계에 있어서의 수직적 질서를 존중하는 등의 특색을 가진 우리나라의 전통 윤리에 대해서 불합리하다는 것을 직관적으로 느끼는 현대인이 많을 것이다. 전통 윤리가 현대인에게 불합리하다고 생각되는 가장 큰 이유는 전통 윤리가 형성되던 시대의 사람들이 가졌던 자아의식과 현대인의 자아의식 크게 다르다는 사실에 있을 것이다. 조선시대의 우리 조상들은 각 개인이 '나'를 위해서 살기보다는 가문 전체가 '우리'를 위해서 살았다. 개인들은 큰 가족의 분신으로서 자신을 의식하였고, 가문의 영예를 떠나서 따로 개인의 영예가 있을 수 없었으며, 가문의 흥망과는 별도로 한 개인만의 흥망이 있을 수도 없었다. 자기를 가문과 동일시하는 '우리 의식' 속에 살았던 조선시대의 견지에서 볼 때 가까운 사람들을 위하는 것은 큰 '나'로서의 '우리'를 위하는 길이었고, 가족 내지 친족에 대한 사랑은 결국 자기 자신을 포함한 대아(大我)에 대한 사랑이었다. 이와 같이 자기와 가문을 동일시한 우리 조상들의 자아의식을 전제로 한다면 그들이 세운 전통 윤리는 매우 자연스럽게 이해될 수 있을 것이다.

그러나 개인을 독립된 자유의 주체로 보고, 부자의 관계 또는 부부의 관계와 같은 아주 가까운 관계까지도 결국은 남남끼리의 관계라고 보는 서구적 현대인의 관점에서 본다면 한국의 전통 윤리에는 이해하기 어려운 불합리한 점이 허다하다. 사람은 누구나 동등한 대우를 받아야 마땅한데 자기와의 개인적 거리에 따라서 대우를 달리하는 것도 불합리한 일이고, 이성적 존재로서의 인간은 이성의 명령에 따라서 행동해야 할 것인데 정서가 윤리 의식의 큰 비중을 차지하는 것도 불합리한 일이며, 모든 개인은 평등하고 대등한 위치에서 일대일의 인격으로서 대해야 할 터인데 사람을 상하로 구별하는 수직적 질서를 존중하는 것도 불합리한 것이다.

여기서 자연히 제기되는 문제는 가문 또는 그 밖의 어떤 집단을 하나의 '우리'로서 의식한 옛 조상들의 자아관(自我觀)과 나 한 개인만을 자아의 전부로서 의식하는 현대의 서구적 자아관 중 어느 편이 올바른 자아관이냐 하는 물음이다. 그러나 이 문제는 수학이나 과학의 문제와 같이 선명한 대답을 기대하기 어려운 궁극적 철학 문제의 하나다.

2. 현대 한국의 윤리 문제

오늘의 한국 사회는 조선시대의 한국 사회와는 크게 다르다. 가족 또는 친지와 같이 서로 잘 아는 사람들과의 접촉 내지 관계뿐 아니라 서로 모르는 사람들과도 다각적인 관계를 맺고 사는 것이 오늘의 사회생활이다. 옛날 조선시대에는 한 개인과 이해관계가 얽힌 사람들의 수는 그리 많지 않았다. 의식주의 기본 생활을 가족 단위의 자급자족에 의존하던 옛날 사회에서는 가족과 친척 및 인척 그리고 같은 마을 사람들과의 협동만 잘되면 오순도순 살아갈 수가 있었다. 마을 밖의 사람들과 이해관계가 얽힐 경우도 있었지만 그 사람들도 대개는 알 만한 사람들로 범위가 국한되었고, 생면부지 전혀 모르는 사람들과 도움을 주고받거나 이해가 대립하는 경우는 흔하지 않았다. 그러나 현대사회에서는 실로 무수한 사람들과 — 같은 나라 사람들은 물론이요, 외국 사람들까지 포함한 무수한 사람들과 — 원만한 협동이 이루어지지 않으면 살아가기가 어렵다. 이름도 얼굴도 모르는 사람들이 만든 공산품을 쓰지 않고는 하루도 살기가 어려우며, 우리가 매일 사용하는 공산품을 제조하는 공장들도 대부분 먼 나라 사람들이 생산한 원유의 힘으로 돌아간다.

농업으로 자급자족하던 옛날에는 함경도 사람들의 행동이 전라도 사람들에게 별로 영향을 주지 않았으며, 전라도 사람들의 행동은 강원도 사람들에게 별로 영향을 주지 않았다. 먼 고장 사람들과는 직접 만나는 일이 거의 없었으며, 간접적으로도 이해관계가 얽히는 경우도 많지 않았다. 따라서 옛날 우리 조상들의 생활 반경 안에서는 먼 고장 사람들과의 사이에서 윤리 문제가 생기는 경우는 거의 없었으며, 가까운 사람들 사이의 행위를 구체적으로 규제하는 윤리만으로도 원만한 사회생활이 가능하였다. 윤리 문제가 현실적으로 일어나는 것은 직접적인 접촉이 있거나 간접적으로 이해관계가 얽히는 사람들 사이에서이며, 윤리 의식의 형성은 현실적으로 일어나는 윤리 문제의 범위를 벗어나기 어렵다.

교통수단의 놀라운 발달로 지구를 하나의 '마을'이라고 부를 수 있을 정도로 세상이 좁아진 현대에 와서는 서로 모르는 사람들 사이에서도 만남과 이해관계가 광범위하게 경험됨에 따라서 옛날에는 없었던 새로운 윤리 문제들이 생기게 되었다. 예컨대 옛날에는 없었던 기업윤리 또는 의료윤리의 문제들이 일어나게 되었고, 옛날에는 없었던 교통질서, 유통 질서, 또는 환경오염 등에 관한 윤리 문제가 새로이 등장하게 되었다. 여기서 우리가 부딪치는 문제는 조선시대 이래의 전통 윤리 또는 전통적 윤리 의식을 가지고 이들 새로운 윤리 문제를 해결할 수 있느냐, 또는 새로운 윤리 내지 윤리 의식의 개발이 요청되느냐 하는 물음이다.

이 물음에 대한 한국 지식층의 견해는 크게 세 갈래로 나누어지는 것으로 보인다. 첫째 견해에 따르면, 전통 윤리만으로도 새 시대의 윤리 문제들을 충분히 해결할 수가 있다. 옛날의 도덕률 가운데는 그 세칙에 있어서 현대의 실정에 맞지 않는 것도 없지 않으나, 전통 윤리 문제를 능히 해결할 수 있는 올바른 가르침이 그 속에 담겨 있다는 것이다. 전통 윤리의 근본정신을 현대의 실정에 맞도록 다소간 조정하여 실천에 옮긴다면 그것으로써 현대의 모든 윤리 문제를 해결할 수 있다고 낙관한다. 이 견해를 신봉하는 사람들은 한 걸음 더 나아가서 현대에 이르러 과거에 없었던 어려운 윤리 문제들이 많이 발생하게 된 근본 원인 자체가 전통 윤리의 붕괴에 있다고 주장한다. 전통 윤리만 그대로 지켜졌더라면 현대사회를 괴롭히는 말세의 현상이 일어났을 리 없다는 것이다.

전통 윤리의 슬기로움을 찬양하는 보수주의자들과는 정반대로 새 시대의 윤리 문제는 새로운 윤리로써 대처해야 한다고 믿는 사람들이 있다. 이 둘째 견해에 따르면, 전통 윤리는 전근대사회의 유물이며 봉건적 신분 사회를 위한 규범이다. 따라서 자유와 평등의 실현을 지향하는 오늘의 한국을 위해서는 전통 윤리는 타당성을 갖지 못할 뿐 아니라 적극적인 장애물이다. 우리는 이 장애물을 말끔히 제거하고 새로운 원리에 입각한 새로운 윤리 체계를 정립해야 한다고 그들은 생각한다.

새로운 사회질서를 위한 새로운 원리가 무엇이냐는 물음에 이르러서 논자들의 견해는 다시 몇 갈래로 나누어진다. 어떤 사람들은 자유와 인권에 역점을 두는 개인주의 사상이 바로 그 원리라고 생각하는가 하면, 다른 어떤 사람들은 경제적 평등에 역점을 두는 사회주의 사상을 그 원리로서 염두에 두기도 한다. 그러나 더욱 많은 사람들은 전통 윤리를 거부해야 한다는 데까지는 직관적인 믿음을 가졌으나, 그것을 물리친 빈자리를 대신 채울 대안적 원리에 대해서는 미처 확신이 서지 않은 것으로 보인다.

전통 윤리와 현대사회에 관한 세 번째 견해는 일종의 절충설이다. 그것은 전통 윤리만으로 현대의 윤리 문제를 해결할 수 있다고는 믿지 않으나, 전통 윤리의 타당성을 완전히 부정하지도 않는 제3의 입장이다. 이 절충설도 다시 여러 갈래로 나누어 볼 수 있을 것이나, 이 견지를 취하는 대부분의 사람들에게 공통된 생각은 우리 전통 윤리의 좋은 점과 서구적 시민 윤리의 좋은 점을 모두 살려서 하나의 종합을 이루면 현대 한국에 적합한 새로운 윤리 체계가 탄생하리라는 발상인 것으로 보인다. 다만 한국의 전통 윤리와 서양의 시민 윤리를 종합하는 것이 바람직하다는 것을 막연한 직관으로서 주장하는 사람은 많으나, 전통 윤리의 좋은 점은 무엇이고, 시민 윤리의 좋은 점은 무엇이며, 그것들을 어떻게 종합할 것이냐 하는 다음의 문제들을 구체적으로 접근해서 논의를 전개한 사람들은 별로 없다는 사실에 아쉬움이 남는다. 확고한 이론의 정립이 없는 까닭에 입으로 두 윤리의 종합을 주장하는 사람들도 실천적 행위의 마당에서는 전통 윤리 또는 시민 윤리 가운데서 한쪽으로 쏠리는 결과가 되곤 한다.

현대 한국이 요구하는 윤리에 대한 이론적 정립이 되었다 하더라도 현대 한국인에게 요구되는 윤리 의식이 일반적으로 형성되지는 않을 것이다. 하물며 목표에 관한 이론조차 정립되지 않은 현 단계에 있어서 현대에 적합한 윤리 의식의 일반적 형성이란 있을 수 없는 일이다. 실제에 있어서 오늘의 한국인들이 가지고 있는 윤리 의식은 많은 갈등과 혼란을 수반하고 있는 것으로 보인다.

조선시대의 조상들은 대체로 비슷한 윤리 의식을 가지고 있었던 것으로 보이나, 현대 한국인의 윤리 의식은 연령층과 교육 정도 또는 가정환경 등에 따라서 차이가 많다. 대체로 말해서 노년층과 농촌 출신 사람들에게는 전통적 윤리 의식이 강하게 남아 있는 반면에, 청소년층과 도시 출신 사람들에게는 전통 윤리에 대해서 거부반응을 나타내는 경향이 강하다. 교육 정도가 낮은 사람들에게 가족주의적 윤리 의식이 강한 반면에, 교육 정도가 높을수록 개인주의적 윤리 의식이 강한 경향이 있다. 그리고 보수적 가정에서 자란 사람들에게 전통적 윤리 의식이 강한 데 비하여, 진보적 가정에서 자란 사람들에게는 전통 윤리를 거부하는 경향이 강하다.

청소년층과 도시에서 자란 사람들, 그리고 교육 정도가 높은 사람들에게 개인주의적 윤리 의식이 강하다고 말한 것은 그들에게 서구적 시민 윤리 의식이 강하다는 뜻은 아니다. 현대 한국인 가운데는 자기의 권익에 관해서는 강한 개인주의의 성향을 보이면서도 남의 권익과 공공질서에 대해서는 무관심하거나 무성의한 사람들이 많이 있다. 동양적 전통 윤리에 대해서 부정적 태도를 취한다는 것이 반드시 서구적 시민 윤리를 실천적으로 수용한다는 것을 함축하지 않는다. 현대의 한국인 가운데 가족주의의 전통 윤리를 못마땅하게 여기는 사람들이 대개 개인의 인권과 자유를 강조하는 경향이 강한 것은 사실이다. 그러나 그들이 실제로 소중히 여기는 것은 자기 자신의 권익과 자유에 국한되는 경우가 많으며, 남의 권익과 남의 자유도 함께 소중히 여기는 논리의 일관성이 부족할 경우가 허다하다. 말로는 개인주의를 표방하지만 실천 생활에 있어서는 이기주의자에 가까운 사람들이 많은 것이다.

개인주의와 이기주의가 다르다는 것을 관념적 이론의 차원에서 알고 있는 사람들은 많이 있다. 나의 권익과 자유가 소중하듯이 남의 권익과 자유도 소중하다는 것을 관념상으로 모르는 사람은 적으며, 교통질서와 흡연 등 공중도덕의 문제에 관해서 어떠한 행위가 옳은 행위인지 관념상으로 모르는 사람도 많지 않을 것이다. 그러나 실제 행동에 있어서는 남의 권익 내지 자유를 무시하는 사람들이 많으며, 교통질서를 파괴하거나 금연석에서 담배를 피우고 꽁초를 아무 데나 버리는 사례가 허다하다. 짧게 말해서 시민 윤리 의식이 일반적으로 허약한 것이다.

논리의 일관성이 부족하고 관념과 행동이 일치하지 않는 경향은 전통 윤리를 역설하는 사람들의 경우에도 찾아볼 수 있다. 효도를 강조하고 국가에 대한 충성을 역설하는 사람들이 반드시 솔선수범으로 자기의 주장을 뒷받침하는 것은 아니다. '장유유서(長幼有序)'를 말하는 사람들이 반드시 어른을 공경하는 것은 아니며, '붕우유신'을 말하는 사람들이 반드시 친구에 대하여 신의를 지키는 것도 아니다. 성현 군자가 아닌 바에는 말과 행동 사이에 약간의 차이가 있는 것은 일반적인 현상이라 하겠으나, 현대 한국인의 경우는 그 차이의 정도가 일반적인 경우보다 더욱 심한 것으로 보인다.

연령층과 교육 정도, 가정환경 등에 따라서 사람들의 윤리 의식이 다르다는 것은 윤리 문제에 당면했을 때 어떤 행위가 옳은 행위냐에 대해서 일치된 기준이 없다는 것을 의미한다. 그리고 행위의 시비를 판정하는 일치된 기준이 없다는 사실은 사회적 갈등과 불안의 요인이 된다. 젊은 사람들이 옳다고 믿고 하는 행위가 늙은 사람들에게 옳지 않게 보이고, 늙은이들이 옳다고 믿고 하는 행위가 젊은이들에게 옳지 않다고 보이는 한 신구 두 세대 사이의 갈등과 불안은 불가피할 것이다.

사람들의 말과 행동이 차이가 심하다는 사실은 윤리 의식이 허약함을 의미하는 동시에 불신 풍조의 결정적 원인으로서 작용한다. 말은 바르게 하고 행동은 바르지 않게 하는 사람들이 많을 경우에 사람들은 서로 믿지 않게 되며, 서로 믿지 않는 사람들은 공동의 목표를 앞에 두고 협동하지 않는다. 윤리 의식이 계층을 따라서 다양할 뿐 아니라, 국민 일반의 윤리 의식이 허약하여 당위 의식과 실천 행동 사이에 간격이 지나치게 크다는 이중의 사실은 우리 사회의 건전한 발전을 저해하는 무서운 장애물이다. 이 장애물을 제거하는 일은 우리가 최선을 다해서 이룩해야 할 가장 중대한 공동 과제 중의 하나다.

3. 현대 한국인을 위한 윤리 의식

우리 조상들이 남긴 전통 윤리의 근본정신을 되살리고 그 정신을 오늘의 실정에 맞도록 슬기롭게 적용한다면 현대사회가 당면하고 있는 어려운 윤리 문제들의 해결이 가능하게 될 것이라는 주장이 있다. 이 주장에 일면의 진리가 담겨 있다는 것을 필자도 의심하지 않는다. 조선시대 전통 윤리의 이론적 배경을 이루었던 유학 사상이 제시한 오상(五常)의 원리들, 즉 인의예지신(仁義禮智信)의 가르침에 담긴 근본정신을 현대사회의 실정에 맞도록 되살려서 실천에 옮긴다면 오늘날 우리가 당면하고 있는 크고 작은 문제들이 해결될 것임에 틀림이 없다. 아마 다섯 가지 원리 모두의 힘을 빌릴 것까지도 없을지 모른다. 그 가운데서 인(仁)과 의(義) 두 가지 원리만 현대에 맞도록 실천에 옮긴다면 우리는 아주 살기 좋은 사회를 건설할 수 있을 것이다. 지(智)나 신(信) 가운데서 한 가지 원리만 충분히 살리더라도 현재의 우리 사회보다는 월등하게 평화롭고 질서정연한 세상에서 살 수 있게 될 것이다. 인의예지신은 모두 매우 추상적인 개념이며, 무수한 실천 규범을 그 안에 담을 수 있는 신축 가능한 큰 그릇이기 때문이다.

우리는 같은 주장을 "항상 하느님의 뜻에 따라서 행위하라."는 기독교의 가르침에 대해서도 적용할 수 있고, "극단으로 달리기 쉬운 감정과 욕구를 이성으로 통제함으로써 중용을 얻도록 행위하라."는 아리스토텔레스의 원칙에 대해서도 적용할 수 있으며, "네 의지의 준칙(Maxime)이 항상 동시에 보편적 입법의 원리로서 타당성을 가질 수 있도록 행위하라."고 원칙을 제시한 칸트의 학설에 대해서도 적용할 수 있을 것이다. 하느님은 언제나 옳은 행위만이 실천되기를 원하신다는 전제를 받아들일 때 하느님의 뜻대로 모든 사람들이 행동하기만 한다면 세상은 축복으로 가득 찰 것임에 틀림이 없다. '이성'이니 '중용'이니 하는 개념도 매우 융통성이 풍부한 큰 그릇이어서 저 아리스토텔레스의 원칙을 모두 실천에 옮기기만 한다면 만인에게 행복이 보장된다고 단언할 수 있을 것이다. 그리고 칸트의 저 보편성의 원리의 경우에 있어서도 거기에 "너의 인격과 다른 사람들의 인격 안의 인간성을 언제나 한결같이 목적으로서 대우할 것이요, 결코 단순한 수단으로서 대우하지 않도록 행위하라."는 그의 부수적 원칙까지 곁들여서 만인이 실천에 옮긴다면, 이상에 가까운 세상이 실현될 것을 기대할 수 있을 것이다.

그러나 융통성이 있어서 여러 가지 해석이 가능한 추상적 근본원리만으로는 문제가 해결되지 않는다. 우리에게 더욱 절실하게 요구되는 것은 근본원리로부터 더욱 구체적인 행위의 규범을 도출하는 일이다. 더욱 구체적인 행위의 규범이 타당성을 갖기 위해서는 두 가지 조건을 만족시켜야 한다. 첫째로, 행위의 규범은 우리가 당면하고 있는 현실적 문제들을 원만하게 해결하기에 적합해야 한다. 다시 말해서, 현실 문제를 해결하기에 적합한 행위의 지침이 될 수 없는 규범은 타당성을 인정받을 수 없다. 둘째로, 행위의 규범이 타당성을 갖기 위해서는 인간성의 현 수준을 가지고 일반적 실천이 가능해야 한다. 다시 말하면, 성현이나 군자 또는 그 밖의 예외적으로 선량한 사람들은 실천할 수 있을지 모르나 보통 사람들로서는 일반적으로 실천하기가 어려운 이상론적 규범은 현실적 타당성을 가졌다고 보기 어렵다.

타당성 있는 구체적 규범을 어떻게 발견할 것인가 하는 어려운 문제를 앞에 놓고 우리는 우선 세 가지 물음에 대답해야 할 것으로 보인다.

(1) 우리는 현재 어떠한 윤리 문제에 봉착하고 있으며, 또 앞으로 어떠한 윤리 문제에 봉착할 것이 예상되는가?

(2) 우리들이 현재 당면하고 있으며 앞으로 당면하게 될 것으로 예상되는 윤리 문제들을 원만하게 해결할 수 있는 행위로서 어떠한 것들을 생각할 수 있는가?

(3) 우리의 윤리 문제를 원만하게 해결할 수 있는 행위로서 생각할 수 있는 행위들 가운데서 현재의 인간성의 수준을 가지고 일반적 실천이 가능한 것은 어떠한 것인가?

이상 세 가지 문제에 대해서 우리가 어느 정도의 해답을 줄 수 있느냐에 따라서 타당성 있는 구체적 윤리 규범을 발견하는 문제가 어느 정도 풀리느냐 하는 것도 결정될 것이다. 이 글에서는 이 세 물음에 대한 예비적 고찰만으로 만족하고자 한다.

첫째로, 윤리 문제는 예나 지금이나 인간과 인간의 관계에서 생기기는 일반이나, 오늘의 인간관계는 옛날의 인간관계보다 월등하게 복잡하고 광범위하다는 사실로 말미암아 오늘의 윤리 문제는 옛날의 그것보다 훨씬 더 어려운 양상을 띠고 있다. 앞에서도 이미 언급한 바 있듯이, 현대사회에서 사람과 사람이 관계하는 범위는 옛날의 그것보다 비교가 안 될 정도로 광범위하다. 옛날 농경 사회에서는 서로 아는 사람 또는 알 만한 사람들끼리의 관계가 인간관계의 대부분을 차지했으나, 현재 산업사회에서는 외국 사람들까지 포함해서 전혀 모르는 사람들과도 직접 또는 간접의 이해관계로 얽히게 되는 경우가 허다하다. 그뿐만 아니라 현대인은 대체로 개인주의적 경향이 강하여 각각 자기의 권익에 집착하는 버릇이 있으므로 인간관계는 주로 경쟁의 관계 또는 대립의 관계로 의식되기가 쉽다. 그리고 현대인의 욕구의 체계는 옛날 사람들의 그것보다 훨씬 더 거창하고 복잡한 까닭에 개인과 개인 또는 집단과 집단 사이의 알력과 충돌이 과거 어느 때보다도 더욱 예리한 추세를 보인다. 이상과 같은 인간의 현실은 오늘의 윤리 문제를 어렵게 만드는 요인으로 작용한다.

현대인의 대인관계를 우리가 아는 사람들끼리의 관계와 모르는 사람들과의 관계로 크게 나눌 수 있을 것이다. 현대인에게도 가족이 있고 친척이 있으며 친구들이 있어서 서로 아는 많은 사람들끼리 관계를 맺어 가며 살고 있다. 그리고 현대인은 서로 모르는 사람들과도 직접 또는 간접으로 관계를 갖게 된다. 생활 반경이 넓고 자급자족만으로는 일상생활조차도 지속하기 어려운 까닭에 무수히 많은 사람들과 관계를 맺지 않을 수가 없는 것이다.

서로 잘 아는 사람들 사이에서 생기는 윤리 문제는 옛날 전통 사회에서 경험했던 윤리 문제와 많은 공통점을 가지고 있다. 예컨대 고부간에 생기는 문제 또는 부모의 유산을 둘러싸고 형제들 사이에 생기는 문제는 옛날의 그것들과 큰 테두리에 있어서 공통점을 가졌다. 그러나 서로 가까운 사람들 사이에서 생기는 문제들도 옛날 전통 사회의 그것과는 다른 일면을 가지는 경우가 많다고 보아야 할 것이다. 옛날 우리 조상들은 개인적 자아의식이 약했고 개인적 권익에 대한 의식도 약했던 까닭에, 그리고 남녀와 노소가 대체로 비슷한 윤리 의식을 가지고 있었던 까닭에 가족 또는 친지들이 정면충돌을 함으로써 생기는 심각한 윤리 문제는 그리 흔하지 않았다. 대개는 윗사람 또는 우세한 위치에 있는 사람의 기대를 아랫사람 또는 열세에 놓인 사람이 충족시키지 못함으로 인해서 생기는 문제가 많았고, 이러한 문제들의 대부분은 윗사람의 관용과 아랫사람의 순종을 통해서 해결을 볼 수 있었다. 그러나 오늘의 한국인은 개인적 자아의식과 개인적 권위 의식이 강할 뿐 아니라 계층에 따라서 윤리 의식의 차이가 큰 까닭에 가족 또는 그 밖의 가까운 사이에 있어서도 심각한 알력과 대립으로 인한 문제들이 야기되는 경우가 많다.

옛날에도 서로 잘 모르는 사람들이 만나는 경우가 전혀 없지는 않았고, 그러한 만남이 윤리적 문제를 일으키는 경우도 더러 있었을 것이나 그러한 경우가 누구에게나 흔히 있는 일상적 현상은 아니었을 것으로 보인다. 그러나 현대인의 경우는 거의 모든 사람이 매일같이 생면부지의 사람들과 관계를 맺어 가며 살기 마련이며, 따라서 모르는 사람들과의 관계에서 생기는 윤리 문제도 도처에 널려 있다. 특히 도시 생활에 있어서는 모르는 사람들 사이에서 생기는 문제들이 차지하는 비중이 더 클 것으로 짐작된다.

끝으로 한 가지 더 언급해 두어야 할 것은 정치적 이데올로기의 대립에서 오는 윤리 문제다. 이데올로기의 대립에 기인하는 윤리 문제로 볼 수 있는 것이 옛날에도 전혀 없지는 않았다. 신앙의 대립에 연유한 문제가 일어난 적은 우리나라의 역사에도 가끔 있었고, 그것들은 대개 정치 문제와 불가분의 관계를 가지고 있었다. 그러나 현재 우리는 과거 어느 때보다도 이데올로기의 대립이 심각한 시대에 살고 있으며, 정치에 대한 관심이 일반화되고 있다는 점에 있어서도 과거의 모든 시대를 능가한다. 따라서 현재 우리는 우리 조상들보다도 훨씬 복잡하고 심각한 윤리 문제를 정치적 이데올로기와 관련해서 경험하고 있는 실정이다.

이상에서 우리는 현대의 광범위하고 복잡한 인간관계에서 오는 여러 가지 윤리 문제를 세 유형으로 나누어 보았다. 그러면 이 여러 가지 윤리 문제들은 어떠한 행위에 의해서 해결될 수 있을까? 우선 가족이 대표하는 가까운 사람들 사이에 일어나는 문제들의 경우에는 전통 윤리가 지시하는 행위를 가지고 해결할 수 있는 사례가 많을 것이다. 전통 윤리가 지시하듯이 개인적 자아를 넘어서서 효성스러운 마음으로 부모의 뜻을 따르고 지극한 사랑으로 자녀를 아낀다면, 부모와 자녀 사이의 어려운 문제는 해소될 것이다(고부간의 문제도 같은 정신으로 해결될 수 있을 것이다). 내 부모를 섬기듯이 이웃 사람의 부모를 섬기고, 내 자식을 사랑하듯이 이웃 젊은이들을 사랑한다면 젊은 세대와 늙은 세대 사이의 심각한 알력은 스스로 해소될 것이다. 한 알의 콩을 반씩 나누어 먹는 형제간의 우애를 동기간뿐 아니라 이웃 사촌에까지 실천한다면, 그리고 모든 친구에 대해서 신의를 배반하는 일이 없다면 같은 세대 사이의 문제도 저절로 해결될 것이다. 지어미는 지아비를 하늘처럼 위하고, 지아비는 지어미를 내 몸처럼 아낀다면, 부부 사이의 문제는 일어나지도 않을 것이다.

만약 가족 사이의 사랑과 질서 의식을 이웃뿐만 아니라 먼 곳의 모르는 사람들에게까지도 확대해서 실천할 수만 있다면 현대인이 경험하고 있는 모르는 사람들 사이의 문제들도 원만한 해결을 볼 수 있을 것이다. 그러나 개인적 자아의식이 강한 오늘의 인간성을 가지고 그러한 실천이 과연 가능한가 하는 것이 현실적인 문제다. 예외적으로 착한 사람이 있어서 그러한 실천이 가능한 경우도 전혀 배제할 수는 없을 것이나, 그 일반적 실천을 현대인에게 기대하기는 어렵다. 작은 '나'를 초탈하여 남들과 융화하라고 가르치는 전통 윤리의 정신을 현대인으로서 실천하기가 어려운 것은 비단 알지 못하는 먼 사람들에 대해서뿐만이 아니다. 부자간에도 서로를 타인으로 의식하고 부부간에도 칸막이를 의식하는 경향이 강한 현대인으로서는 가까운 사이에 있어서도 작은 나를 초탈하여 큰 나로서 산다는 것은 매우 어려운 일이다.

소아(小我)를 초탈하여 타인과 융합함으로써 대아(大我)로 승화하기를 꾀하는 동양적인 이상이 인간성의 현 단계로서는 실현성이 희박한 꿈에 불과하다면 그 다음에는 어떤 길이 열려 있을까? 차선의 길로 생각할 수 있는 것은 보편성과 합리성을 기본 원리로 삼는 이성주의의 윤리설이다. 칸트에 의하여 완성에 가까운 공식으로 표현된 이 윤리설에 따르면, 모든 사람들은 목적으로서의 대우를 받아야 할 자유의 주체이며, 같은 사정 아래 있는 모든 사람들은 같은 행위를 할 수 있는 동등한 권한을 가졌다. 그러므로 우리는 나와 남을 동일한 원칙에 따라서 대우해야 하며, 내가 해도 좋다고 생각하는 행위는 나와 같은 사정에 놓인 모든 사람들에게도 허용해야 한다. 칸트를 대변자로 볼 수 있는 이 윤리설은 개인주의에 바탕을 두고 있으나, 나 자신을 남보다 더 앞세우거나 더 위해서는 안 된다는 것을 강조함으로써 이기주의로 흐르는 길을 막고 있다. 현대사회가 경험하는 모든 윤리 문제의 대부분이 나만을 앞세우고자 하는 이기심에 연유한다는 사실을 상기할 때, 우리는 칸트의 가르침이 현대사회에서 갖는 실천적 의의를 일단 인정할 수 있을 것이다.

항상 이성의 지시를 따라서 행위하기를 요구하는 칸트의 가르침을 실천에 옮기는 일도 결코 쉬운 일은 아니다. 인간을 이성적 동물이라고 규정한 것은 아리스토텔레스 이래의 서양철학의 전통이지만, 일상생활에 있어서 인간을 움직이는 것은 이성이기보다는 오히려 감정과 욕망이다. 이성의 지시를 따라서 행위한다는 것도 노력의 목표일 따름이며, 누구나 힘 안 들이고 그렇게 할 수 있다고 낙관할 근거는 없다. 다만 개인주의적 자아의식이 강한 현대인의 심성을 전제로 하고, 또 "온 인류를 내 몸같이 사랑하라."는 종교적 가르침보다는 "너 자신을 포함한 모든 사람들을 동일한 원칙을 따라서 대우하라."는 논리적인 주장이 현대인에 대한 호소력이 강하리라는 사실을 감안할 때 칸트의 가르침 쪽이 개인적 소아의 초탈을 요구하는 동양의 전통 윤리보다는 실천적 측면에서 상대적인 이점을 가졌다고 볼 수 있을 따름이다. 그리고 우리가 언제나 완전하게 이성적으로 행위할 수 없다 하더라도 이성의 지시에 가깝도록 어느 정도 행위하는 것만으로도 현대사회가 안고 있는 윤리적인 문제들은 다소간 완화될 수 있다는 사실도 칸트의 가르침의 실천적 의의를 평가함에 있어서 고려해야 할 사항이다.

보편성의 원리 또는 이성주의 윤리설에 대하여 실천의 원리로서의 기대를 걸 수 있는 것은 같은 이데올로기를 지지하는 사람들의 범위 안에서만 가능하다. 현대의 정치적 현실은 자기와 대립하는 이데올로기를 가진 타 집단을 냉철한 이성으로 대우하기를 매우 어렵게 하는 상황이다. 그러므로 이데올로기가 다른 집단의 사람들을 내 동기처럼 사랑하라는 것은 말할 것도 없거니와, 그들을 내 동지와 같이 대우하라는 것도 사실상 실천하기 어려운 공허한 가르침이다.

이성주의 윤리설조차도 현재의 인간성으로서는 실천하기가 어려울 경우에 있어서 우리가 다음으로 생각할 수 있는 것은 신중한 이기주의(prudential egoism)의 처방이다. 나 자신을 위해서 산다는 기본적인 입장을 떠나지 않는다 하더라도 사회의 질서를 유지해 가며 서로 협동하는 편이 올바른 삶의 태도라는 것이 '신중한 이기주의자들'이 신중한 계산 끝에 얻은 결론이다. 대도시의 거리에서 많은 차량들이 빠르고 안전하게 목적지에 도달할 수 있는 가장 확실한 처방은 모든 차량이 서로 양보해 가며 교통질서를 지켜야 하듯이, 현대적 상황에서 각 개인이 자기의 목적을 달성하기에 가장 적합한 길은 여러 사람들이 성급한 이기심을 억제하고 합리성의 원칙에 따라 서로 협동하는 태도에서 찾아야 한다고 그들은 주장한다. 남을 해치는 나쁜 짓을 함으로써 일시적인 이득을 얻는 경우도 더러는 있을 것이나, 긴 안목으로 볼 때는 신중한 이기주의자의 주장이 대체로 적중한다고 볼 수 있을 것이다. 그리고 이 신중한 이기주의의 처방은 어느 정도 분별이 있는 사람들에게는 누구에게나 실천적 설득력이 있는 처방이다. 정치적 이데올로기로 대립된 두 나라가 실리를 위해서 서로 타협하는 국제적 현상도 신중한 이기주의의 실천이라고 볼 수 있을 것이다.

위에서 간단히 언급한 세 가지 길 가운데서 어느 하나만을 선택해야 한다고는 생각하지 않는다. 아마 세 가지 처방을 적절하게 배합해서 사용하는 것이 더욱 바람직할 것이다. 예컨대 부모와 자식 또는 아내와 남편과 같이 아주 가까운 사이에서는 동양적 전통의 지혜를 따르도록 노력하고, 그보다 좀 먼 사람들 사이에서는 칸트적 이성주의의 가르침을 따르도록 힘쓰며, 외국 사람들 또는 이데올로기가 다른 집단의 사람들을 대할 때는 신중한 이기주의자들의 처방을 따르도록 꾀하는 것을 현 단계의 실천 목표로 삼을 수도 있을 것이다.

이제까지 우리는 "개인주의의 성향이 강한 현대인의 자아의식을 하나의 기정사실로 받아들일 때, 대인관계의 문제들을 해결하기 위해서 실천이 가능한 행위의 처방이 무엇인가?"라는 물음을 제기하고, 이에 대한 해답의 예비적 고찰을 시도하였다. 그러나 여기서 우리는 "개인주의의 성향이 강한 현대인의 의식구조를 기정사실로 받아들이는 것이 과연 옳은 일인가?" 하는 더 근본적인 문제를 제기할 수가 있다. 개인주의적 자아의식이 강한 현대인의 의식구조 그 자체를 뜯어고쳐야 된다는 믿음을 가진 사람들이 제기함직한 문제다. 이러한 문제의 제기도 철학은 신중히 검토해야 마땅할 것이다. 다만 이러한 문제의 제기는 우리를 새로운 차원의 철학적 영역으로 안내한다.

(1985, 고대 민족문화연구소 세미나)

3 장 한국인의 전통적 가치 의식과 서구 민주주의

1. 민주주의의 기본 특성

'민주주의'라는 말은 단순한 서술적 언어가 아니며, 정의적(情意的) 의미(emotive meaning)를 내포한 가치 언어(value term)인 까닭에, 이념을 달리하는 사람들에 의하여 여러 가지 다른 뜻으로 사용되고 있다. 따라서 '민주주의'의 개념을 정의하기는 쉬운 일이 아니며, 그 기본 특성을 규정하기에도 어려움이 따른다.

박정희 정권은 '한국적 민주주의'라는 말을 날조하였고, 전문적 학자로 자처하는 대학교수들 가운데도 우리나라의 전통 사상 속에 고유한 민주주의의 뿌리가 있다고 강변한 사람들이 있었다. 그들이 말한 '한국적 민주주의'가 학문적으로 논의할 가치가 전혀 없다 하더라도, 그러한 말의 사용이 있었다는 사실은 '민주주의'라는 말의 의미가 불분명하다는 것을 뒷받침하는 사례로서 생각할 수 있으며, 그러한 언어의 날조와 이에 영합한 사이비 학설이 바로 우리 한국에서 있었다는 사실은 한국의 민주화에 깊은 관심을 표명하는 우리에게 다소간 의미가 있는 현상이었다고 여겨진다.

마르크스의 사상을 전폭적으로 또는 부분적으로 받아들이는 공산주의자 내지 사회주의자들도 자신들의 노선을 '민주주의'라는 이름으로 부르고자 하는 경향이 있다. 우리 한국의 역대 정권은 '민주주의'를 표방하면서 공산주의 내지 사회주의는 '국시'에 어긋나는 것으로 물리쳐 왔고, 정부와 여당에 대하여 비판적인 사람들 가운데도 이 점에 있어서는 대체로 태도를 같이 하는 사례가 적지 않았다. 한국을 위하여 가장 바람직한 '민주주의'의 길을 탐구하는 학자들은 사회주의 계열이 주장하는 '민주주의'에 대해서도 장차 더욱 객관적인 시각에서 연구해야 할 날이 올 것으로 예견되나, 오늘 이 자리에서는 우리의 고찰을 '서구적 민주주의'의 테두리 안에 국한하기로 한다.

'서구적 민주주의'라는 말도 반드시 그 의미가 하나로 통일된다고 보기는 어렵다. 우리는 서구적 민주주의의 뿌리를 멀리 아테네의 정치사상에까지 거슬러 올라가서 찾을 수 있을 것이며, 서구 사회의 민주주의의 전통을 형성함에 기여한 여러 사상가들은 각각 서로 다른 이념을 '민주주의'의 개념 속에 집어넣었던 것이다. 예컨대 로크(J. Locke)가 주장한 민주주의와 루소(J.-J. Rousseau)의 민주주의가 같은 것이 아니며, 노직(R. Nozick)의 민주주의와 롤즈(J. Rawls)의 민주주의 사이에도 현격한 거리가 있다.

그러나 서구 사회에서 말하는 민주주의에는 적어도 하나의 기본적인 공통점이 있다. 그것은 'démokratia'라는 그리스어의 어원을 가진 'democracy', 'démocratie' 또는 'Demokratie' 등의 단어의 의미의 풀이에서 명백하듯이 '민중(demos)에 의한 통치'를 의미한다는 공통점이며, 통치의 주권이 민중에게 있다는 공통된 신념이다. 다만 '민중에 의한 통치'가 취할 수 있는 가장 바람직한 정치체제의 구체적 형태에 대해서 여러 가지 견해의 대립이 생길 여지가 있고, '주권을 가진 민중'이 그 주권을 행사하는 방법에 대해서도 여러 가지 견해의 대립이 생길 수 있는 까닭에 '민주주의'라는 말에 대해서 세부적 내용에 이르기까지 하나의 통일된 의미를 부여하는 데 일반적 합의를 보기에는 어려움이 따른다.

도대체 '민중(people)'이 누구를 가리키는 말인가에서부터 의견의 대립이 생길 수 있다. 그리스어의 'demos'라는 말은 본래 어려운 계층의 사람들을 가리키는 말이었다고 하나, 사실에 있어서 많은 노예들은 정치 참여에서 제외되었다. 서구 사회에서도 여자들에게는 참정권이 거부된 시기가 길었으며, 현대에 와서도 투표권을 얻게 되는 성년(成年)의 기준은 나라에 따라서 차이가 있다. 그러나 "일정한 연령을 넘어선 모든 성인은 — 범죄자나 정신병자와 같은 특수한 경우를 제외하고 — 다 같이 정치에 참여할 권리를 가졌으며, 남녀노소를 가리지 않고 모든 국민은 안정된 삶을 위하여 정부 또는 국가의 보호를 받을 권리가 있다."고 보는 것이 서구 민주주의의 통념이라고 말할 수 있을 것이다.

민주주의적 결정 과정의 가장 바람직한 형태는 성원 모두가 공동 관심사에 직접 참여하여 영향력을 행사하는 그것이다. 고대 그리스의 도시국가에서는 그러한 직접적 참여를 통하여 공동의 관심사를 의논했다고 전해지고 있으며, 현대에도 가정 또는 직장과 같은 소규모 집단의 경우에는 직접적 참여 방식의 민주주의 절차를 밟을 수가 있을 것이다. 그러나 현대의 국가와 같이 규모가 방대한 집단에 있어서 모든 국민이 나랏일에 직접 참여한다는 것은 사실상 불가능한 일이며, 또 현대 국가의 입법이나 행정은 전문적 지식을 필요로 하는 경우가 많은 까닭에 대규모의 집단에 있어서의 민주적 참여는 각자의 권한을 대표에게 위임하는 대의제도(代議制度)의 형태를 취할 수밖에 없는 실정이다.

그러나 모든 사람들이 각각 자기와 의견을 같이하는 사람을 대의원으로 내보낸다는 것은 불가능한 일이며, 때로는 자기가 원치 않는 사람을 자신의 이익의 대변자로서 앞세워야 할 경우도 생긴다. 여기에 대의제도에 의존하지 않을 수 없는 현대 민주주의의 어려움이 있거니와, 이 어려움을 극복하기 위하여 여러 가지의 제도적 보완책을 강구할 수 있다 하더라도 제도적 장치만으로는 해결하기 어려운 많은 문제들이 남게 된다.

제도적 장치만으로는 해결을 기대하기 어려운 문제가 남는다는 것은 모든 제도에 공통된 일반적 난점이다. 이 난점을 극복함에 있어서 결정적인 힘이 되는 것은 제도의 기본 방침에 충실하고자 하는 도덕적 의지다. 다시 말하면, 제도와 관련을 가진 모든 사람들이 그 제도의 기본 정신을 따라서 행동할 때 그 제도를 통하여 달성하고자 하는 목표에 도달할 수가 있다. 제도를 운영하는 것은 사람들이며, 사람들의 도덕적 판단력과 도덕적 의지의 수준에 따라서 같은 제도가 가져오는 결과에는 현격한 차이가 생기는 것이다. 그렇다면 서구적 민주주의의 여러 가지 제도가 그 제도들이 본래 목표로 삼는 결과를 얻기 위해서는 어떠한 윤리적 심성이 전제되어야 할 것인가? 이 물음은 바람직한 민주주의가 요구하는 가치관의 문제이며, 나아가서는 바람직한 민주주의의 이념의 문제로 연결되는 물음이다.

2. 민주주의에 적합한 심성

서구의 민주주의는 모든 개인들에게 침범을 허용하지 않는 인권(human rights)이 있다고 믿는 신념에서 출발한다. 이 천부의 인권 가운데서 가장 기본이 되는 것은 각자의 몸과 마음에 대한 주인으로서의 권리다. 각자의 몸과 마음은 각자의 것이며, 본인 이외의 아무도 그것을 소유하거나 지배할 수 없다고 보는 것이다. 나의 몸과 마음을 타인의 지배 아래 둘 수 없다는 이 기본권의 의식은 민주주의가 기본 전제로 삼는 점에 있어서 서구의 민주주의는 철저한 개인주의에 입각하고 있음이 명백하다.

남의 침범을 허용하지 않는 천부의 인권은 어떤 특수한 계층의 사람들에게만 있는 것이 아니라, 모든 사람들에게 평등하게 있다고 보는 것이 민주주의자들의 신념이다. 천부의 인권의 명세(明細)가 무엇이냐는 물음에 대한 민주주의자들의 의견은 다양하나, 기본적 인권에 관한 한 모든 사람들은 평등하다고 보는 점에 있어서는 의견이 일치한다. "사람 위에 사람 없고 사람 밑에 사람 없다."는 명제가 말하듯이 모든 인간을 기본권에 있어서 평등하다고 보는 것은 민주주의의 기본 이념의 하나다.

모든 사람에게 천부의 권리가 있고, 그 천부의 권리는 누구의 경우에나 평등하게 옹호되어야 한다면, 그리고 인간 집단의 공동의 관심사에 대한 제반 결정이 성원들의 이해(利害)와 직결되는 것이라면, 그 결정 과정에 참여할 기회가 모든 성원들에게 고루 주어져야 할 것이다. 간접적으로나마 나랏일에 참여할 수 있는 기회를 모든 국민에게 주는 것을 원칙으로 삼는 것도 민주주의가 전제로 삼는 인권 개념에 근거를 두고 있음을 알 수가 있다.

일반투표에 의한 선거, 다수결의 원칙을 따르는 의사(議事)의 결정, 지방자치제 등을 제도적으로 실시하고 모든 성원이 이 제도에 참여하는 일 그 자체에도 다소의 의의는 있을 것이다. 그러나 가장 중요한 것은 여러 가지 민주주의 제도의 외형적 수립이 아니라, 그 제도를 통하여 모든 성원들의 권익이 실질적으로 옹호되는 일이며, 그리하여 모든 사람들의 자아실현 내지 행복의 기틀이 마련되는 일이다. 그리고 어떤 제도의 수립만으로 모든 성원들의 권익이 실질적으로 보장되기를 기대할 수는 없으며, 그 제도가 표방하는 민주주의 이상에 부합하는 제도의 운영과 민주주의의 기본 정신에 충실한 성원들의 실천이 뒤따라야 한다.

민주주의의 이상에 부합하도록 제도가 운영되고 민주주의의 기본 정신에 충실한 성원들의 실천이 있기 위해서는 민주제도를 운영하는 사람들 또는 사회 성원 일반의 실천적 가치관이 민주주의에 적합한 심성을 바탕으로 삼는 것이라야 한다. 일반적으로 말해서, 하나의 이데올로기가 어떤 국가에 있어서 적합성을 갖기 위해서는 그 나라의 국민이 그 이데올로기를 실천의 원리로 삼기에 적합한 가치관 내지 심성을 가져야 하며, '민주주의'의 이름으로 불리는 이데올로기가 실천적 적합성을 갖기 위해서는 민주주의에 어울리는 가치관 내지 심성을 가진 사람들과 만나야 한다.

민주주의를 바람직한 실천의 원리로 삼기 위해서 요구되는 심성(心性)의 첫째는 나와 남의 인격과 권익을 같은 비중으로 존중하는 공정심(公正心)이다. 민주주의는 본래 만인의 인권을 불가침의 것으로서 인정하는 개인적 권리 의식에서 출발한 것이었다. 이 개인적 권리 의식은 우선 '나' 자신의 권리를 확보하고자 하는 개인적 자아의 욕구를 긍정하는 것이며, 내가 나 자신을 위해서 사는 것을 당연한 태도로서 받아들인다. 그러나 개인들이 각각 자기의 권익에만 애착할 경우에 일어날 사회적 혼란과 이기주의의 역설적 결과를 모면하기 위해서는 나의 이익만을 추구하는 이기적 태도의 자제(自制)가 요청되며, 이 자제의 한계는 모든 사람들의 인격과 권익을 같은 비중으로 존중하는 공정심의 명령을 기준으로 삼아야 한다는 것이 민주주의자들의 일반적 신념이다.

민주주의가 바람직한 실천의 원리가 되기 위해서 요구되는 심성의 둘째는 명시적으로 또는 묵시적으로 이루어진 약속을 이행하는 신의심(信義心)이다. 특히 직접 간접으로 받아들인 제반 규정을 지키는 넓은 의미의 준법정신은 민주주의가 성공적인 실천의 원리가 되기 위해서 필요한 기본적 심성의 하나다. 민주주의의 여러 가지 제도는 사회 전체의 질서를 유지하고 모든 시민들의 권익을 평등하게 수호하기 위한 규정 내지 약속의 체계라고 볼 수 있거니와, 이 규정 내지 약속을 지키고자 하는 관계자들의 자율적 협조 없이는 그들 제도를 마련한 근본 의도가 실질적 성과를 거두기 어렵다.

민주주의가 바람직한 실천의 원리가 되기 위하여 요구되는 세 번째 심성은 상황을 전체적으로 파악하는 거시적 안목과 삶의 공동 광장으로서의 사회를 소중히 여기는 공동체 의식이다. 개인적 자아의식에서 출발한 서구의 민주주의가 빠지기 쉬운 가장 위험한 함정은 개인주의가 정도를 지나쳐서 이기주의로 흐르기 쉽다는 가능성이다. 어떠한 개인주의자들도 사회를 떠나서 단독으로 살 수는 없는 일이며, 삶의 터전으로서의 사회가 질서와 안정을 잃을 경우에는 아무도 개인적 삶의 설계를 성공으로 이끌기 어렵다. 따라서 개인주의자들의 집합일수록 도리어 사회 전체의 질서와 안정은 더욱 절실하게 요청되는 것이며, 이 요청이 충족되기 위해서는 타인들에 대한 개별적 배려를 넘어서서 집단을 집단으로서 사랑하는 공동체 의식의 도움이 필요하다. 개인들이 원자적 개별자로서 서로의 권익을 존중하기는 사실상 어려운 일이며, 하나의 공동체를 구심점으로 삼고 '우리'의 의식이 강하게 발동할 때 비로소 개인주의가 이기주의로 흐르는 것을 막을 수 있는 것이다.

나와 남의 인격과 권익을 같은 비중으로 존중하는 공정한 태도와 규범 내지 약속을 지키고자 하는 신의심의 바탕을 이루는 것은 논리의 일관성과 사리(事理)에 따라서 생각하고 행동하는 합리적 정신이다. 나 개인의 이익이나 눈앞의 결과에만 구애되지 않고 먼 곳과 먼 장래까지를 아울러 생각하는 거시적 안목도 넓은 의미의 합리적 정신, 즉 지성의 바탕 없이는 체득하기 어렵다. 가족 또는 촌락과 같은 소규모의 집단에 대한 공동체 의식은 혈연 또는 지연에서 생기는 정서의 유대를 통해서 생길 수도 있으나, 현대의 국가 또는 국제사회와 같은 방대한 규모의 집단에 대한 공동체 의식이 형성되기 위해서는 먼 곳까지도 시야(視野) 안으로 포함시키는 합리적 정신의 밑받침이 있어야 한다. 결국 사유와 행동에 있어서 사리를 제일의 원리로 삼는 합리적 태도는 민주주의가 실천적 적합성을 갖기 위하여 요구하는 기본적 심성이라고 볼 수 있을 것이다.

그러나 '합리적'이라는 말의 의미가 이론(異論)의 여지 없이 명백한 것은 아니다. 만약 '합리적 정신'이 정확한 수학적 계산에서 발휘되는 바와 같은 논리적 사고의 능력만을 의미하고 인간적 정의(情意)의 요소는 전혀 포함하지 않는 것이라면, 합리적 정신만으로 바람직한 민주주의 사회가 실현될 수 있다고 보기는 어려울 것이다. 남의 권익이나 자유를 침범하지 않고자 하는 쌀쌀한 논리의 소극적 태도만으로 사람다운 삶의 터전으로서의 인간 사회가 실현되기는 어려울 것이다. 민주주의 사회가 요구하는 공동체 의식도 원자적 개인들의 수리 논리적 사고만으로는 형성되기 어려우며, 따뜻한 정(情)에 바탕한 인간애의 심성은 개인의 독립과 무간섭이 강조되는 민주주의 사회를 위해서도 귀중한 인간 심리다.

3. 한국인의 전통적 가치 의식

한국인의 전통적 가치 의식은 주로 가족주의적 농경 사회를 기반으로 삼고 형성되었다. 따라서 그것은 가족 중심의 농경 사회가 요구하는 윤리 의식 내지 사고방식을 주축으로 삼는다.

전통적 농경 사회에 있어서 만나는 사람들은 혈연(血緣) 또는 지연(地緣)으로 연결된 사람들이며, 서로 잘 아는 사이 또는 알 만한 사이의 사람들이었다. 따라서 우리나라 전통 사회의 윤리는 서로 잘 아는 사람들 또는 알 만한 사람들 사이의 원만한 관계와 질서유지를 위해서 요구되는 규범들을 주축으로 삼고 형성되기 마련이었다. 그러므로 비교적 가까운 사람들 사이의 원만한 대인관계를 위한 행동 규범으로서의 한국의 전통 윤리는 가족 윤리 중심의 규범 체계로서의 성격이 강하다. 가족 윤리란 혈연으로 이어진 가까운 사람들 사이의 행동 규범이거니와, 만나는 사람들의 범위가 가족의 연장으로 볼 수 있을 정도로 좁았던 우리 전통 사회에 있어서 가족 윤리 중심의 윤리 사상이 형성된 것은 당연한 추세였다고 할 것이다.

가족주의적 윤리의 기본적 특색의 하나는 정과 사랑이 인간관계를 다스리는 가장 근본적인 원리로서의 구실을 한다는 사실에서 찾아볼 수 있을 것이다. 가족과 같은 가까운 사람들 사이에 갈등의 문제가 생겼을 때, 그것을 해결하는 가장 적절한 방법은 그들 사이에 형성되어 있거나 형성되어야 마땅한 혈육의 정 또는 가족애의 심리를 동원하는 그것이다. 권리와 의무를 내세우거나 경위를 밝혀 가며 잘잘못을 따지는 것은 바람직한 방법이 아니다. 전통 사회에서 으뜸으로 숭상된 덕은 효(孝)와 충(忠)이었거니와, 효와 충의 바탕을 이루는 것은 이해타산을 초월한 정리(情理)와 사랑의 심리라고 볼 수 있을 것이다.

윤리 의식에 있어서 정서적 요소가 큰 비중을 차지했던 한국의 전통 사회에서는 인정이 두텁고 정서가 강한 사람들이 높이 평가되는 경향이 있었고, 이러한 경향은 오늘의 한국에도 남아 있다. 특히 자기와 개인적 관계가 깊은 사람들에 대하여 두터운 애정을 가진 사람들이 훌륭한 인물로서 칭송되었으며, '미풍양속'의 이름으로 숭상되는 풍속 내지 관습도 그 바탕에 깔린 것은 순후한 인정이며, 바로 그 인정으로 말미암아 높은 평가를 받아 왔다.

인정이 두텁고 마음이 뜨거운 사람들이 칭송을 받은 한국의 전통 사회에서는 냉정하고 이지적인 사람은 별로 환영을 받기 어려웠으며, 법에 호소하여 시비를 따지는 사람들은 비난의 대상이 되기도 하였다. 일반적으로 말해서 개인주의적이요 합리주의적인 심성이 강한 사람을 한국의 전통 사회는 별로 좋게 보지 않았다.

농경 사회를 배경으로 삼고 유교의 영향을 받아 가며 형성된 우리나라 전통 윤리의 둘째 특색은 도덕 체계 전체에 있어서 특정한 대인관계를 위한 규범들이 차지하는 비중이 매우 크다는 사실이다. 예컨대 군신, 부자, 부부, 형제, 사제, 친구 등 특정한 인간관계를 중요시하며, 그러한 개인적 관계가 있는 사람들 사이에서 지켜져야 할 규범들이 도덕 체계 전체의 근간을 이룬다. 윤리란 본래 대인관계에 있어서 사람이 취해야 할 올바른 태도의 처방이라

할 수 있거니와, 한국의 전통 윤리에 있어서는 개인적 인간관계가 크게 중요시되는 동시에, 사람이 취해야 할 올바른 태도는 행위자와 상대편의 특수한 관계에 따라서 상당한 차이를 갖는다. 예컨대 어려운 처지에 놓인 사람을 도와주는 것은 일반적으로 권장할 만한 일이지만, 도움을 필요로 하는 사람이 특히 나와 가까운 혈연이나 지연의 관계가 있을 때는 그를 도와야 할 나의 임무는 모르는 사람들의 경우보다 훨씬 크다. 또 친구를 속이는 잘못은 생면부지의 사람을 속이는 잘못보다 크며, 부모를 속이는 잘못은 친구를 속이는 것보다도 더욱 크다.

우리나라 전통 윤리의 또 한 가지 특색은 인간관계에 있어서의 수직적 질서가 중요시된다는 사실에서 찾아볼 수 있을 것이다. 인간관계의 수직적 질서를 중요시하는 우리나라 전통 윤리에 있어서는 개인이 차지하는 사회적 지위와 개인들 상호간의 상대적 관계가 중요한 의미를 갖게 된다. 다시 말해서, 인간인 까닭에 모든 개인들은 인간으로서의 평등한 권리와 동등한 가치를 가졌다는 생각보다는, 개개인이 차지하는 특수한 신분과 대인관계에 있어서의 상대적 위치에 따라서 각자가 받아야 할 대우에도 차별이 있어야 마땅하다는 생각이 전통 사회에 있어서 우세하였다. 이러한 사고방식은 한국의 전통 윤리가 신분 사회를 배경으로 삼고 형성되었다는 사실에 비추어서 쉽게 이해할 수 있을 것이다.

전통 사회에서의 한국인의 자아의식은 개인주의적이기보다는 가족주의적이었다. 일반적으로 말해서, 전통 사회에 있어서의 한국인의 지배적 관심사는 '나'라는 개인의 이익 또는 성공이기보다는 강한 '우리 의식'으로 뭉쳐진 가족의 영광 내지 안녕이었다. 가족에 대한 공동체 의식이 매우 강했던 것이며, 자기가 속해 있는 가족 내지 가문을 위해서 헌신하는 사람들이 도덕적으로 높은 평가를 받았다. 한편 나의 가문을 아끼듯이 남의 가문도 한가지로 아끼는 공정한 정신은 비교적 약했으며, 국가와 같은 더 큰 집단에 대한 공동체 의식도 가족에 대한 그것을 따르지 못했다.

가족 또는 가문의 영광을 실현하는 가장 유력한 방법은 과거에 급제하여 관직에 오르는 길에서 찾을 수 있었다. 과거에 응시할 수 있는 자격이 양반 계급에만 주어짐으로써 기회균등의 원칙이 거부된 가운데, 양반의 자제들은 국가를 위해서라기보다는 입신양명하여 가문을 빛내고자 하는 동기에서 관직을 탐내는 경향이 있었다. 일단 관직에 오르면 온갖 특권을 누릴 수 있었으므로, 자연히 관존민비의 관념이 일반화되었다.

과거를 보거나 관직에 오를 수 있는 자격은 양반계급 가운데서도 남자들에게만 인정되었다. 여성에 대한 남성의 우위는 과거와 관직에만 국한된 것이 아니라, 가정생활을 포함한 생활의 모든 분야에 걸친 일반적 현상이었다. 가계(家系)의 계승을 매우 중요시했던 가족주의 사회에 있어서 아들에게만 가계 계승의 자격을 인정했으며, 학문 또는 예술의 세계에 있어서 타고난 소질을 연마할 수 있는 기회도 주로 남자들에게만 주어졌다. 그뿐만 아니라 삼종지덕(三從之德)의 이름으로 여자는 남자의 뜻을 따라야 한다는 것이 공공연하게 요구되었고, 여자들 측에서도 이 남존여비의 윤리를 당연한 도리로서 받아들였다.

조선시대의 전통적 윤리와 사회제도가 8 · 15 당시까지 그대로 존속한 것은 물론 아니다. 19세기 말엽부터 이미 서양의 문물은 현저한 영향을 미치기 시작했고, 일제의 식민지 치하에서도 근대화를 향한 발걸음은 조금씩 앞으로 움직였다. 19세기 중엽부터 일제의 식민지 시대에 걸쳐서 일어났던 변화 가운데서 민주주의의 수용을 위하여 가장 의의가 컸던 것은 양반과 상민 또는 천민 등으로 나누어졌던 신분제도가 타파되었다는 사실과, 일본 식민지 정책의 탄압 속에서 강한 민족의식이 보편화했다는 심리적 사실일 것이다.

제도의 벽을 쌓아 사람을 귀인과 천인으로 구분짓는 신분제도가 무너졌다는 것은 민주주의의 이념의 하나인 '평등한 사회'의 실현을 위하여 큰 장애의 일부가 제거되었음을 의미한다. 누구든지 학교에 들어가서 글을 배울 수 있었고, 옛날에는 양반과 중인들만이 독점했던 관직에 종사할 수 있는 기회가 일반에게 원칙적으로 공개되었다. 그러나 인간을 귀천으로 나누어 차별대우하는 불평등이 완전히 없어진 것은 아니었다. 돈 있는 지주에게 행랑살이를 하면서 천대를 감수한 계층이 남아 있었고, 혼사에 있어서는 넘을 수 없는 신분의 벽이 여전히 높았으며, 남존여비의 제도와 의식도 상당한 부분이 남아 있었다.

일제가 가한 민족 전체에 대한 탄압이 강한 민족의식을 불러일으켰다는 사실도 민주국가의 형성을 위해서 크게 도움을 줄 수 있는 중요한 변화였다. 민주국가의 실현을 위해서는 가족이라는 작은 공동체에 대한 폐쇄적 애착을 넘어서서 국가라는 더 큰 공동체에 대한 관심이 선행되어야 하거니와, 우리 한국의 경우에 있어서는 민족의식이 국가의식으로 발전할 밑바탕이 될 수 있다는 뜻에서 일제시대가 초래한 민족의식의 앙양은 한국이 민주국가로 발전하는 데 도움을 줄 수 있는 요인의 하나라고 볼 수 있을 것이다. 그러나 민족이 바로 국가는 아닌 까닭에, 그리고 아직까지는 한국인의 민족의식을 민주주의가 요구하는 국가적 공동체 의식으로 유도하는 정치 지도자가 나타나지 않은 까닭에 우리들의 민족의식은 앞으로의 가능성을 위한 소지로서 남아 있을 뿐이다.

4. 가치 의식의 변화와 한국 민주주의의 가능성

제2차 세계대전이 끝난 뒤에 미군이 진주한 38선 이남에서는 '민주주의'를 표방하는 사람들이 세력을 얻게 되고, 소련군이 진주한 이북에는 '공산주의'를 주장하는 사람들이 정치권력을 장악하게 되었다. 이러한 역사적 사실은 일제의 식민지를 벗어난 한반도에서 새 나라의 정치 노선이 한국인들 자신의 주체적 선택에 의하여 결정되지 못하고, 두 외국 세력의 타율적 영향력 아래서 결정되었음을 의미한다. 우리 남한의 경우로 말한다면, 민주주의를 수용할 문화적 배경의 준비가 있어서 민주주의를 선택했다기보다는, 미군이 진주했다는 역사적 사건에 의해서, 이를테면 우연하게 민주주의의 길로 들어선 결과가 되었다.

민주주의의 수용 과정에 타율적 작용이 있었다 함은 외세의 강요에 못 이겨 마지못해 민주주의를 받아들였다는 뜻은 아니다. 일제의 억압 속에 살았던 당시의 한국인으로서는 '자유'가 강조되는 '민주주의'에 대해서 매력을 느낄 이유가 있었으며, 사회주의 쪽으로 기울었던 일부를 제외하고 대부분의 국민은 '민주주의'라는 것에 대하여 막연한 기대와 환영의 감정을 느끼고 있었다. 다만 '민주주의' 이념에 대한 기본적인 이해가 없는 상태에서, 그리고 민주 사회의 건설을 위해서 요구되는 시민 의식의 수준에 크게 못 미치는 정신적 상황에서, 갑자기 '민주주의'를 표방하게 되었다는 뜻에서 이 선택 과정에 자생적(自生的) 요소가 부족했다고 말하지 않을 수 없는 것이다.

개인의 자유와 권익을 존중하는 것으로 알려진 '민주주의'는 해방 당시의 한국인들에게 대체로 환영을 받았다. 각자의 자유와 권익의 보장을 희망하는 소박한 심리가 아마 그 환영의 근거였을 것이며, 나 자신의 자유와 권익이 귀중하듯이 다른 모든 사람들의 자유와 권익도 한결같이 귀중하다는 신념에서 민주주의를 환영했다고는 생각되지 않는다. 자유와 방종의 구별조차 제대로 하지 못하고, 무책임한 방종이 초래할 사회적 혼란에 대한 고려도 없이 막연하게 민주주의가 좋다고 생각하는 사람들도 있었다. 민주 시민에게 필요한 권리 의식을 품는 데는 별로 어려움이 없었으나, 권리에는 반드시 의무가 따른다는 사실을 받아들이는 것은 쉬운 일이 아니었다.

앞에서도 언급한 바와 같이, 민주주의의 성공을 위해서는 시민 일반의 합리적 정신이 앞서야 하거니와, 사고와 행동에 있어서 감정의 영향이 우세한 한국인은 합리적 정신이 부족한 상태에서 '민주주의'와 만났다고 생각된다. 합리적 정신의 바탕이 부실했던 까닭에 상대편의 시각에서도 문제를 바라보는 공정한 태도를 취하는 데 어려움이 있었고 권리에 따르는 의무의 무게를 인식하는 데도 어려움이 있었다.

공(公)과 사(私)를 구별하는 태도도 민주주의의 성공을 위해서 불가결한 심성이거니와, 오랜 가족주의의 전통 속에서 정에 치우치는 반면에 합리적 정신이 부족했던 우리 한국인은 공과 사를 구별함에 어려움을 겪었다. 나라의 일꾼을 뽑는 선거에 있어서 입후보자의 인품이나 능력보다도 혈연 또는 동창 등의 사사로운 관계를 고려하여 투표하는 경향이나, 취직과 승진 등의 인사 문제에 있어서 '연줄'이 작용하는 경향은 공사 혼동의 대표적 사례로서 손꼽을 수 있을 것이다.

근래에 이르러 가족주의적 공동체 의식은 크게 약화되었고 앞으로도 더욱 약화될 것으로 보인다. 그러나 가족이라는 작은 집단에 대한 공동체 의식의 약화가 곧바로 국가라는 큰 집단에 대한 공동체 의식의 강화를 초래했다고는 보기 어렵다. 가족주의의 붕괴와 불가분의 관계를 가지고 일어난 것은 개인주의이며, 민주주의를 위해서 요구되는 시민적 공동체 의식은 아니었다.

우리 한국인에게 '한국'에 대한 조국 의식 내지 민족의식이 강한 것은 의심의 여지가 없다. 전통으로부터 물려받은 민족의식의 바탕이 있었고, '애국'과 '애족'을 강조한 교육정책의 영향도 있어서 한국인의 조국 의식 내지 민족의식은 매우 높은 편이다. 이 조국 의식 내지 민족의식도 일종의 공동체 의식임에는 틀림이 없으나, 그것은 민주 사회의 실현을 위해서 요구되는 시민적 공동체 의식과는 성질이 다르다. 민주주의가 요구하는 시민적 공동체 의식은 개인주의에 바탕을 두되, 개인주의가 나와 남의 권익을 같은 값으로 존중하는 공정성 내지 합리적 정신과 결합함으로써 형성된다. 그러나 한국인의 조국 의식 내지 민족의식은 그 바탕이 개인주의적이기보다는 집단주의적이며, 합리적 정신보다는 원초적 정서의 비중이 크다는 점에서 저 민주 시민의 공동체 의식과는 다소 거리가 있다.

민주주의의 또 하나의 기본 전제는 주권(主權)이 국민에게 있다는 믿음이거니와, 관존민비의 관념의 뿌리가 깊은 한국의 경우는 이 믿음이 투철하지 못한 아쉬움이 있었다. 조선시대에는 국토와 국민이 모두 왕의 것이라는 관념이 지배하였고, 일제의 식민지 교육도 왕권(王權)의 절대성을 강조하였다. 해방 이후에는 주권이 국민에게 있다는 것이 헌법에 명기되고 교과서에도 쓰였으나, 국민 일반이 주권 의식을 갖기에 이르기까지에는 오랜 세월이 필요하였다. 가장 중요한 것은 위정자와 공무원들이 국민을 주인으로서 존중히 여기는 태도를 갖는 일인데, 해방 이후에 역대 정권은 지배자로서 국민 위에 군림하였고, 각급 공무원들도 국민에 대한 봉사가 자기의 본분이라는 것을 제대로 아는 경우는 많지 않았다. 위정자와 공무원이 나라의 주인이라는 무의식적 착각은 그들 자신에게도 있었고, 국민 일반에게도 있었다.

힘의 정치에 눌려서 주인 의식이 약하고 타인의 권익을 존중하는 시민 의식도 약한 까닭에 우리 한국인에게는 자율적으로 규칙을 지키는 습성이 약하다. 처벌의 위협을 느낄 경우에나 법을 지킬 정도의 준법정신으로는 민주사회의 실현을 기대하기 어렵거니와, 우리 자신을 위해서 우리가 만든 규칙을 우리가 자진하여 지킨다는 자율적 자기 제어력이 약하다는 점에 있어서도 한국인의 생활 태도에 민주 시민으로서의 문제점이 있다고 보아야 할 것이다.

수직적 질서를 중요시하는 한국의 전통 윤리도 민주주의 수용을 위해서 유리한 조건이라고 보기는 어려울 것이다. 모든 개인들을 동등한 권리의 소유자로 보고 누구나 한 인간이라는 점에서 평등하다는 것이 민주주의의 기본 신조이거니와, 한국의 대인관계에 있어서는 '윗사람'과 '아랫사람'의 관념이 남아 있는 경우가 적지 않아서 평등한 인간관계를 형성하는 데 지장이 되곤 한다. 예컨대 '윗사람' 앞에서는 말을 삼가야 한다는 관념이 대화자들의 일부에게 남아 있을 경우에는, 자유로운 언로(言路)에 지장이 생기게 되어 민주주의적 합의에 이르기에 어려움이 생긴다. 또 남성에 비하여 여성을 낮추어 보는 남존여비의 관념의 잔재도 가정 내지 직장의 민주화에 저해 요인으로서 작용한다.

이상에 열거한 바와 같은 전통 속의 비민주적 요소들은 모두가 한국인의 의식(意識)에서 비롯되는 문제들이며, 의식이라는 것은 객관적 생활 여건의 변화를 따라서도 변하고, 우리들 자신의 반성적 노력을 통해서도 변하는 것이므로, 그것들이 한국의 민주 사회 건설을 방해하는 절대적 조건이라고는 생각되지 않는다. 해방 이후 40여 년 동안에 우리들의 의식구조는 상당한 변화를 일으키고 있으며, 앞으로 민주 사회를 건설하고자 하는 우리들의 결의만 확고하고 제도와 의식의 개혁에 모두가 동참한다면, 서구의 선진국들보다 더욱 바람직한 나라를 건설하는 일도 가능하리라고 생각된다.

합리적 정신의 부족 또는 공사(公私) 혼동의 폐단도 조금씩 시정되는 방향으로 움직여 왔다고 볼 수 있으며, 국민 일반의 주권 의식이나 남녀를 동등하게 보는 관념도 점점 강화되는 추세에 있다고 생각된다. 강자의 위치를 차지한 사람들의 평등에 대한 관념은 아직도 부족한 편이나, 약자의 위치에 선 사람들의 경우에는 옛날의 자기 비하의 태도는 이제 찾아보기 어렵다. 법을 비롯한 여러 가지 규정을 지키는 습관이 몸에 배기까지에는 앞으로도 많은 시일이 걸릴 것으로 보이나, 해방 직후와 6 · 25 전후에 겪었던 방종과 무질서에 비하면 그래도 많이 좋아졌다고 자위할 수 있을 것이다.

정서적 집단 심리의 비중이 큰 한국인의 민족의식 내지 조국 의식은 지성적 반성의 매개를 거친 민주적 시민 의식과는 구별되는 것이나, 그것도 일종의 공동체 의식임에는 다를 바가 없으며, 저 정서적 집단의식을 현대의 민주국가가 요구하는 시민적 공동체 의식으로 발전시킨다는 것은 가능한 일이라고 생각된다. '같은 핏줄이기 때문에 우리는 하나'라는 의식이 '같은 인간들의 집단인 까닭에 우리는 하나'라는 의식으로 발전하는 것은 불가능하지 않을 것이다.

우리가 사회라는 집단을 아끼고 지켜야 할 이유로서 크게 두 가지를 생각할 수가 있다. 하나는 사회 전체의 질서와 번영이 나의 행복을 위해서 필요한 조건이라는 계산상의 이유요, 또 하나는 사회의 모든 성원은 '인간'이라는 점에서 다를 바 없는 동질의 존재라는 인식이 불러일으키는 동족애 내지 인간애의 감정이다. 혈연 또는 지연에 얽힌 가까운 사람들에 대한 사랑이 풍부한 한국인의 온후한 인정을 보편적인 인간애의 감정으로 승화시키는 동시에, 나와 남의 권익을 공정하게 옹호하고자 하는 합리적 정신과의 결합을 통하여 인정과 지성이 조화를 이룬 공동체 의식을 갖는 일이 우리 한국인에게 불가능하리라고는 생각되지 않는다.

사람들의 의식구조는 변할 수 있는 유연성을 가졌다. 역사와 전통이 오랜 한국인의 의식 세계는 그 내용이 풍부하며 무한한 가능성을 품고 있다는 장점을 가졌다. 다만 우리들의 전통 문화와 전통 의식이 옛 모습 그대로는 민주주의 실현에 적합하지 않은 요소를 적지 않게 가졌다는 아쉬움이 있다. 따라서 우리에게 가장 긴요한 것은 우리들의 전통적 의식구조를 현대에 적합하도록 새로운 방향으로 발전시키는 일이다. 한국이 처해 있는 여러 가지 여건을 고려할 때, 우리들의 당면한 과제가 민주 사회를 건설하는 일이라고 전제할 수 있다면, 우리들의 의식구조 내지 사고방식을 이 목표에 맞도록 고쳐야 할 것이다. 의식구조나 사고방식을 고치는 문제는 모든 국민의 협력을 요구하는 자기교육의 문제라 하겠으나, 이 자기교육이 제대로 이루어지기 위해서 매우 중요한 것의 하나는 정권을 장악한 사람들이 민주국가의 건설에 대한 확고한 신념과 결의를 갖는 일이다.

(1987, 서강대 동아연구소 한 · 중 · 일 국제학술회의)

4장 정치 이념과 의식 수준

1. 우리들의 문제 상황

인간의 삶이 언제 어디서나 늘 그렇듯이 지금 우리 한국 사회도 여러 가지 문제에 부딪치고 있다. 그 여러 가지 문제들 가운데서 가장 큰 비중을 차지하는 것은 다각적으로 헝클어진 사회적 갈등의 문제요, 사회적 갈등의 문제들 가운데서도 가장 심각하고 까다로운 것은 정치적 이념의 갈등이 아닐까 한다. 이데올로기 대립의 시대는 이미 종말을 고했다고 낙관하는 견해도 없지 않으나, 현대와 같이 정치적 관심이 일반화되고 이상적 사회의 건설이 하나의 꿈으로 남아 있는 한 정치적 이념의 갈등은 좀처럼 자취를 감추지 않을 것으로 보인다.

1948년에 이승만 정권이 수립되면서 '대한민국은 자유민주주의 국가'라고 선포했을 때, 국민의 대다수는 고사하고 정권을 담당한 정치인들조차도 '자유민주주의 이념'에 대한 확고한 신념이나 정확한 이해가 있었던 것은 아니다. 38선 이남에 미군이 주둔하여 군정을 실시했고, 미 군정이 남한 정부 수립의 산파역을 맡았다는 국제 정치적 역학관계에 따라서 대한민국이 '자유민주주의'의 체제를 모방하게 되었던 것이며, 국민 대다수의 정치적 이념을 토대로 우리나라의 체제가 결정된 것은 아니었다.

'자유민주주의'를 표방한 우리나라에서 자유민주주의의 이념이 모양을 갖추기도 전에 '반공 이념'이라는 것을 '국시'의 이름으로 정부가 앞세웠으며, 반공 이념의 주입이 각급 학교의 첫째 교육 목표로서 제시되었다. 비록 소수이기는 하였으나 공산주의 이념으로 무장된 사람들이 해방 직후부터 남한을 장악하고자 꾀했으며, 소련군이 진주한 38선 이북에는 공산주의 정권이 섰다는 사실이 이러한 현상을 초래한 것으로 볼 수 있거니와, 어떤 긍정적 정치 이념이 형성되기도 전에 하나의 부정적 정치 이념을 앞세운 것은 분명히 커다란 착오가 아닐 수 없다.

'민주주의'의 이름을 앞세우고 출범한 이승만 정권이 실천한 것은 권위주의적 독재정치였다. 장면의 과도기적 정권을 거쳐서 무력으로 대권을 장악한 박정희 정권도 '민주주의'를 표방했으나, 그가 실천한 것은 군사적 독재정치였다. 무력을 동원하여 박정희 정권을 계승한 전두환 정권도 역시 군사적 독재정치로 일관하였다. 독재가 흔히 그렇듯이 한국의 역대 독재 정권에는 부정과 부패가 수반하였고, 그 결과로서 우리나라의 사회 현실은 많은 비리 속에서 혼란을 거듭하였다. 혼란을 거듭한 우리의 현실은 여러 가지 어려운 문제를 안게 되었고, 그들 문제 가운데 특히 심각한 것으로서 빈부의 지나친 격차의 문제가 대두하였다.

우리나라 정치의 비민주성과 경제의 불평등에 대해서 불만을 느끼는 사람들이 점차로 증가하게 되었고, 이들 불만 세력을 대변하며 일부의 대학생들이 움직이기 시작하였다. 1960년부터 지금까지 계속되어 온 '학생운동'이 바로 그것이다. 우리나라의 학생운동은 초기에는 독재에 항거하며 민주주의 정치의 실현을 촉구하는 방향으로 전개되었으나, 1970년대 후반부터는 경제적 불평등에 항거하는 급진주의의 색채를 강하게 띠기 시작하였다.

우리나라의 경제적 불평등이 사회의 구조적 모순에 기인한다고 단정한 일부 학생들은 자연히 마르크스주의 이데올로기에 관심을 갖게 되었고, 마르크스주의 이데올로기로 의식화된 운동권 학생들은 우리나라의 보수 세력에 대하여 정면으로 도전하기에 이르렀다.

일부 운동권 학생들과 이들에 동조하는 사람들이 마르크스주의 이념 또는 북한의 '주체사상'을 신봉하는 세력으로서 대두했다는 사실은 우리나라의 정신 풍토를 이념적 갈등의 상황으로 몰고 가기 마련이었다. 새로운 이념으로 무장한 급진주의 세력의 도전을 받게 된 보수 세력은 과거의 안일한 자세를 버리고 진지하게 대처하지 않을 수 없게 되었고, 존망이 걸린 도전에 진지하게 대처하기 위해서는 도전해 오는 정치 이념에 대응할 수 있는 자신들의 이념을 형성하지 않을 수 없었기 때문이다. 낡은 '반공 이념'으로는 도저히 새로운 사태를 감당할 수 없다는 사실을 깨달았을 때, 보수 세력은 그들이 표방한 '민주주의'의 이념을 적극적 시각에서 정리하고 제시할 필요가 있었던 것이다.

우리나라에서의 이념적 갈등을 보수와 급진 두 진영의 단순한 대립으로서 파악하기는 어려울 것이다. 보수의 진영으로 분류되는 사람들의 생각도 다시 몇 갈래로 나누어지고, 급진의 진영으로 분류되는 사람들의 생각에도 불일치가 생기게 되어, 실제로는 여러 갈래의 정치적 이념들이 복잡하게 헝클어져서 갈피를 잡기 어려운 것이 오늘의 상황이다.

이러한 상황을 분석하여 우리나라에서 지금 어떠한 정치 이념들이 어떠한 계보를 이루고 대립하였으며, 그 가운데 어느 것이 옳고 어느 것이 그른가를 성급하게 평가하자는 것이 이 자리에서의 필자의 의도는 아니다. 여기서 필자가 의도하는 바는 여러 가지 이념의 갈등을 지성적으로 해결하고자 하는 노력이 필요하다는 전제 아래 우리를 위해서 바람직한 정치 이념을 탐구하는 마당에 있어서 반드시 고려해야 할 점을 밝히고자 함에 있다.

2. 플라톤의 지혜

어느 공식석상에서 누군가가 "공산주의 정치는 나쁘지만 마르크스의 사상 그 자체는 나쁠 것이 없다."는 발언을 한 탓으로 보수적인 인사들로부터 호된 공격을 당한 적이 있었다. 이것은 10여 년 전에 있었던 일이지만 지금도 마르크스주의를 흉악한 사상이라고 생각하는 사람들이 적지 않을 것이다. 그것을 '흉악한 사상'이라고 단정하는 구세대와 그것을 '절대적 진리'라고 믿는 일부 젊은 세대의 시각의 차이는 너무나 크므로 그들 사이에 대화가 두절됨은 당연한 일이며, 두 세대 사이의 갈등이 심각한 지경에 이르는 것도 자연스러운 귀추다.

객관적 시각을 취하고자 하는 사람의 견해에 따르면, 마르크스주의는 흉악한 사상도 아니고 절대적 진리도 아니다. 마르크스의 사상 가운데 폭력혁명과 프롤레타리아의 일시적 독재를 불가피한 것으로 보는 등 문제가 되는 주장도 없지 않으나, 마르크스의 근본 의도는 이성이 지배하는 이성적 사회가 필연적으로 도래하리라는 것을 밝히고자 함에 있었으므로, 그의 사상을 흉악하거나 사악한 것으로 단정하는 데는 무리가 있다.

마르크스가 예언한 공산주의 사회의 그림은 지극히 아름답고, 그 그림과 같은 사회가 실현된다는 것을 과학적으로 밝힐 수 있다고 장담하기도 했으나, 지금까지의 역사적 진행은 마르크스의 예언을 뒷받침해 주지 않으므로, 마르크스의 사상을 절대적 진리라고 말할 수 있는 근거도 몹시 박약하다.

마르크스가 예언한 공산주의 사회에서는 토지와 자본, 그리고 공장 등 모든 생산재에 대한 소유권이 집단에 귀속한다. 생산재를 집단이 소유한다는 것은 집단을 구성하는 모든 성원들이 생산재에 대한 공동의 주인임을 의미하며, 모든 근로자들은 한갓 고용인으로 자본가를 위하여 일하는 것이 아니라 공동의 재산에 대한 주인의 한 사람으로서 일하게 됨을 의미한다.

자기 자신도 주인의 한 사람인 '우리 농장' 또는 '우리 공장'에서 일하게 되므로 모든 근로자들은 보람을 느끼며 열심히 일하게 될 것이고, 따라서 생산성은 크게 향상할 것이라고 마르크스는 내다보았다. 생산성이 향상되면 물자는 넉넉해질 것이고, 넉넉한 물자를 착취 없이 공정하게 분배하면 모든 사람들은 각자에게 필요한 소비생활을 해가며 각자가 타고난 소질을 개발할 수 있을 것이다.

마르크스가 예언한 바와 같은 공산주의 사회가 실현될 수만 있다면, 그것은 더할 나위 없이 바람직한 사회일 것임에 틀림이 없다. 그러나 러시아에서 공산주의 혁명이 일어난 지 70여 년이 지난 오늘날 아직 마르크스의 예언이 적중할 조짐은 보이지 않으며, 앞으로도 적중할 날이 오기는 매우 어려울 것으로 보인다. 공산주의의 이념이 실현되기 위해서 요구되는 인간의 높은 의식 수준에 비하여 현존하는 인간의 의식 수준이 너무 낮기 때문이다.

'능력에 따라서 일하고 필요에 따라서 분배하는' 공산주의 사회에 접근하기 위해서는 개인의 노력이나 업적이 분배에 반영되지 않더라도 모든 근로자들이 맡은 일에 최선을 다할 정도로 높은 도덕성을 가져야 하며, 집단의 살림을 맡은 사람들이 자기의 권한을 조금도 남용하지 않을 정도로 공평무사해야 한다. 그러나 이제까지 공산주의 체제를 도입한 여러 나라의 근로자들은 개인적 노력이나 업적이 분배에 반영되지 않는 일터에서 열심히 일하지 않았으며, 당간부나 관료들은 그들에게 주어진 권한을 사리와 사욕을 위하여 남용하였다. 그러므로 생산성은 자연히 떨어지게 되었고, 생산성의 저하를 막기 위하여 관료들의 감시와 독려를 강화할 필요가 있었으며, 당간부와 관료들의 절대적 권한이 요구되는 체제는 바로 독재가 요구되는 체제이기도 하였다.

일반적으로 말해서, 정치 이념이 지향하는 사회의 그림이 아름다울수록 그 그림을 실현할 사람들의 의식 수준이 높아야 한다. 이상적인 사회를 건설하기 위해서는 이상적인 인간상의 출현이 앞서야 하는 것이다. 이러한 맥락에서 볼 때, 『이상 국가론』을 저술한 플라톤이 그의 이상 국가를 실현하기에 필요한 인간상의 문제를 소상하게 다룬 것은 놀라운 탁견이라고 아니 할 수 없다.

플라톤도 일종의 공산주의를 주장했거니와, 그는 공산주의가 성공하기 위해서는 사람들이 이기심을 벗어나야 한다는 사실에 주목하여 특히 통치자 계층이 슬기롭고 공정무사해야 함을 강조하고, 인품이 탁월한 통치자 계층을 길러 내는 방법까지 구체적으로 제시했던 것이다. 그토록 용의주도했던 플라톤도 이상 국가를 건설하고자 한 시칠리아국에서의 시도에서 실패했음은 널리 알려진 사실이다.

3. 민주주의도 어려웠다

비단옷도 몸에 맞지 않으면 쓸모가 없고, 고급 가죽신도 발에 들어가지 않으면 소용이 없다. 외국 사상가가 제시한 정치 이념의 목표가 아무리 아름답다 하더라도, 우리 한국인의 의식 수준이 그 이념을 감당할 만한 높이에 이르지 못하면 '그림의 떡'에 지나지 않는다. 정치 이념이 지향하는 목표의 아름다움만을 보고 그 이념의 타당성을 믿는 것은 플라톤의 지혜를 망각한 단견이며, 정치 이념의 타당성 여부를 물을 때는 반드시 우리들 자신의 의식 수준도 함께 물어야 한다.

1948년에 이승만 정권이 수립된 이래 우리는 줄곧 '민주주의'를 표방해 왔으나, 민주국가의 실현은 아직도 하나의 과제로서 남아 있다. 사람들은 민주화가 제대로 되지 않은 책임이 위정자 집단에 있다고 비난하기를 좋아한다. 그러나 그 절반의 책임은 우리들 유권자 일반에게 있다고 보아야 마땅하다. 정치가들에게 자진해서 덕치와 선정을 베풀어 달라고 호소하거나 애걸하는 것은 어리석은 짓이다.

많지도 않은 금품을 받고 주권을 팔아먹은 유권자들이 부패한 선거로 선출된 정치인들에게서 당리와 사욕을 떠난 큰 정치를 기대하는 것은 어리석은 짓이다. 민주 시민으로서 지켜야 할 규범을 외면한 사람들이, 공동체의 안녕과 타인의 권익을 돌보지 않고 오로지 자기 하나만을 위하는 삶에 골몰한 사람들이, 민주 사회 건설에 실패한 것은 오로지 정치인들 때문이라고 비난하는 것은 개천을 나무라는 장님에게도 훨씬 못 미치는 어리석음이다.

필리핀에서 마르코스의 부패한 독재적 정권이 오래 지속한 데 대해서는 필리핀의 국민 일반에게도 책임이 있다. 마르코스를 몰아내고 아키노가 필리핀의 대통령 자리를 맡은 뒤에도 정국의 안정을 얻지 못하고 혼란을 거듭하고 있는 사태 역시 필리핀 국민 일반에게도 책임이 있다고 보아야 할 것이다. 슬기로운 대중만이 슬기로운 지도자를 오래 가질 수 있으며, 민주주의적 시민들만이 민주 사회를 실현할 수 있다.

민주주의의 실현이라는 것은 단시일 안에 이룩할 수 있는 용이한 과제가 아니다. 국민 일반의 의식 수준을 높은 단계로 끌어올리는 일이 단시일 안에 할 수 있는 일이 아니기 때문이다. 서구의 여러 나라들이 민주 사회를 건설하는 데 얼마나 오랜 세월을 보냈으며, 그 오랜 세월 동안에 얼마나 많은 시행착오를 거듭했는가를 상기할 때, 우리가 한국의 현실을 비관하거나 우리 민주화의 발걸음이 더딘 것을 초조하게 생각할 이유는 없다고 판단된다.

향상의 희망을 버릴 수 없는 까닭에 우리가 우리 현실에 대해서 불만을 느끼는 것은 어쩔 수 없는 일이다. 그러나 조용히 돌이켜 볼 때 민주화를 향한 우리들의 노력이 그동안에 아무런 진전도 보지 못한 것은 결코 아니다. 비록 욕심에는 차지 않지만, 우리는 엎치락뒤치락하면서 조금씩은 앞으로 걸어왔다고 자위한다 해도 근거 없는 자화자찬만은 아닐 것이다.

지난 30여 년 동안 민주화를 향한 우리들의 발걸음이 미흡하나마 다소간 앞으로 나아갈 수 있었던 것은 대학생들을 중심으로 한 젊은이들의 항거에 힘입은 바 적지 않다. 흔히 '학생운동'으로 불리는 젊은이들의 만성화된 집단 행위가 언제나 공동체의 이익에 도움을 주었다고 보기는 어려울 것이나, 그들의 비판적 시각이 한국의 민주화에 크게 기여했다는 사실도 공정하게 인정해야 할 것이다. 우리는 4·19와 6월 항쟁에서 보여준 젊은이들의 용기를 과소평가해서는 안 될 것이다.

그러나 우리나라의 젊은이들이 모든 것을 한꺼번에 해치우려고 성급하게 서두르는 경향에 대해서는 공감을 느끼지 않는다. 너무 서두르면 역사의 발걸음은 도리어 더디게 될 공산이 크다. 중국의 '천안문 사태'의 역사적 의의를 평가하기에는 아직 때가 이르다고 보아야 할 것이나, 필자의 개인적인 느낌으로는 중국의 젊은이들이 너무 성급했던 까닭에 중국의 개혁이 도리어 더디게 되는 것이 아닐까 걱정스럽다.

폭력을 사용하여 정권 또는 체제를 전복하는 것만으로 혁명이 이루어지는 것은 아니다. 진정한 의미의 혁명이 이루어지는 것은 국민 대중의 의식 수준과 새로운 체제가 조화를 얻은 연후의 일이다. 의식의 개혁이 따르지 않는 정치적 혁명은 한갓 외형적 혁명에 지나지 않는다.

우리들의 현실에 어떤 변혁이 와야 한다는 데 대부분의 지식인들이 의견을 같이하고 있다. 신구 두 세대의 지식인들이 모두 변혁을 희구해 온 가운데 젊은 세대는 더 적극적으로 그것을 추구한 반면에, 기성세대가 비교적 소극적 자세를 추구한 것은 세대간의 기질적 차이에서 오는 자연스러운 현상이었다고 보아야 할 것이다. 필자 자신도 늙은 세대에 속하므로, 변혁을 너무 서두르지 말았으면 하는 것이 솔직한 심정이다.

그러나 냉철한 논리를 따르기로 말하면, 변혁이 바람직한 것이라고 인정한 이상 전력을 기울여서 그것을 추구하는 적극적 자세가 더 합당하다고 보아야 할 것이다. 다만 적극적이라는 것이 반드시 서두름을 의미하지는 않을 것이며, 적극적이기는 하되 서두르지는 않는 태도도 있을 법한 일이다. 적극성과 신중함이 양립할 수 있는 두 가지 태도라면, 변혁의 문제에 대하여 적극적이기 쉬운 젊은 세대와 신중을 기하기 쉬운 늙은 세대가 힘을 합하여 같은 길을 걸을 수도 있음직한 일이다.

바야흐로 1990년대의 새 아침이 밝아 오고 있다. 우리 사회의 어둡고 병든 것을 물리치고 밝고 건전한 것으로 대체하고자 하는 변혁의 추구에 더욱 진지한 노력이 요구되는 시점이다. 변혁을 희구하는 노력이 우왕좌왕 방황하지 않기 위해서는 변혁의 이념이 정해져야 하고 변혁의 목표가 서야 한다.

변혁의 이념을 정립함에 있어서 이념이 지향하는 목표의 아름다움만을 보아서는 안 된다. 목표가 이상적일수록 그것의 실현을 위해서 국민의 높은 의식 수준이 요청된다는 사실을 명심하고, 우리 의식 수준의 현황도 깊이 고려해야 할 것이다.

그러나 오늘의 의식 수준에 지나치게 구애받으면 옳은 방향으로서의 변혁은 불가능하게 된다. 오늘의 의식 수준과 가장 잘 어울리는 것은 오늘의 현실일 것이기 때문이다. 그러므로 오늘의 의식 수준을 고려하되 그것보다는 한 걸음 앞서는 목표를 세워야 할 것이다. 오늘의 현실보다는 한 걸음 정도 앞서는 목표를 향한 변혁을 추구하되, 우리들의 의식 수준도 한 단계 높이도록 힘써야 한다.

짧게 말해서, 제도의 개혁과 아울러 의식의 개혁에도 응분의 정열을 쏟아야 할 것이다. 만약 한국의 대학생들이 그 정열과 조직력을 의식 개혁 운동에도 균형 있게 쏟아 붓는다면, 한국의 내일은 한결 밝고 건강하게 발전할 것으로 기대할 수 있을 것이다.

(1989, 「한국논단」)

3부
오늘의 시점에서 도산(島山)을 돌아본다

1장 오늘의 시점에서 도산(島山)을 돌아본다

1. 도산을 보는 시각

도산(島山)은 많은 사람들의 존경과 흠모의 대상이 되어 왔다. 도산의 생애와 사상을 전하는 저술들은 대개 그를 숭배하는 사람들에 의해서 작성되었고, 도산을 추앙하는 사람들의 평가에는 우상화의 심리에서 오는 지나침이 있다고 보는 견해도 없지 않다.

한편 비록 소수이기는 하지만 도산을 부정적 시각에서 바라보는 사람들도 더러 있다. 도산의 생존 시에도 그가 독립운동의 지도자로서는 우유부단한 사색가라는 이유로 비난을 받은 경우가 있었거니와, 특히 근래에 급진적 사회 개혁을 역설하는 목소리가 높아 감에 따라서, 도산의 점진주의와 서구적 민주주의의 경향에 대해서 불만을 표시하는 젊은 층이 늘어 가는 추세에 있는 것으로 보인다.

역사적 인물에 대한 서술과 평가는 객관성을 잃지 않는 것이 바람직하다는 원칙에는 이론의 여지가 없을 것이다. 다만 과거의 인물에 대한 기술은 많은 부분을 사람들의 기억과 주관 섞인 인상에 의존할 수밖에 없으며, 평가라는 것이 주관을 완전히 배제하기 어렵다는 사실을 감안할 때, 우리들이 요구할 수 있는 '객관성'에 어떤 한계가 있음을 자인하지 않을 수 없다. 다시 말하면 우리들의 힘이 허락하는 범위 안에서 객관적인 서술과 공정한 평가를 하도록 노력하는 것으로 우리는 만족할 수밖에 없을 것이다.

비록 역사적 인물이라 하더라도 과대한 평가로써 우상화하는 것은 바람직한 일이 아니며, 때로는 비판적 안목으로 그의 한계를 밝히는 것도 필요할 것이다. 그러나 과거의 인물을 평가함에 있어서는 그가 살았던 시대적 상황을 충분히 고려해야 할 것이며, 오늘의 요구를 기준으로 삼고 우리들의 선인을 평가절하하는 것은 바람직한 일이 아니다. 특히 어떤 역사적 인물의 행적 또는 사상이 자기의 뜻에 맞지 않는다 하여 애써 흠을 잡으려 하는 것은 옳지 않다고 생각한다. 한국이 낳은 역사적 인물들은 모두 우리 자신의 과거임을 명심하여, 나라의 보배인 문화유산을 아끼는 마음으로 애정을 가지고 바라봄에 인색함이 없어야 할 것이다. 우리의 선인들은 모두 우리 자신의 일부다. 오늘의 우리 자신을 비판하듯이 그들을 비판하는 시각도 필요할 것이다. 그러나 더욱 중요한 것은 오늘의 우리 자신을 아끼고 사랑하듯이 그들을 아끼고 사랑하는 태도가 아닐까 한다.

도산이 생존했던 일제시대에 우리의 선인들이 당면했던 문제들과 국토가 분단된 상황에서 오늘의 우리들이 당면하고 있는 문제들 사이에는 많은 차이점이 있다. 그러나 옛날의 문제와 오늘의 문제는 다 같이 큰 것을 위해서 작은 것을 버리는 지혜를 요구하며, 개인과 민족을 함께 살리는 협동의 정신을 요구하는 등 여러 가지 측면의 공통점도 가지고 있다. 만일 도산이 지금 살아 있다면 어떠한 말과 행동으로 오늘의 난국에 대처할 것인지를 짐작해 보는 것은 한갓 추측의 작업에 지나지 않을 것이나, 도산의 행적과 사상을 오늘의 한국 현실에 비추어 다시 조명해 보는 것은 결코 무의미한 낭비가 아닐 것이다.

도산은 어떤 한 가지 이름으로 규정하기에는 너무나 다방면의 활동을 한 인물이다. 도산은 단순한 정치인 또는 단순한 교육자로서 활동한 한 종류의 전문가가 아니라, 군사, 외교, 산업, 도덕, 이상촌(理想村) 등 여러 분야에 두루 관심을 기울인 종합적 사상가다. 그러나 이들 여러 분야에 대한 관심이 각각 서로 떨어져 있는 것이 아니라, 한국의 인간을 개조하고 국가를 다시 세우고자 하는 하나의 목표로 집결되는 것이므로, 그 모든 분야들을 따로따로 떼어서 남김 없이 다룰 필요는 없을 것이다. 여기서는 편의상 ① 정치가로서의 도산, ② 인간 개조와 사회 개혁을 아울러 달성하고자 하는 넓은 의미의 도덕가로서의 도산, ③ 교육자로서 도산, 이 세 가지 측면에 있어서의 도산의 근본정신을 간추려 본 다음에, 그의 근본정신이 오늘의 우리 한국 현실에 대해서 무엇을 시사하는가를 살펴보기로 한다.

그러나 도산은 한 사람의 정치인, 한 사람의 도덕가 또는 한 사람의 교육자이기에 앞서서 가족이나 친구들과 더불어 일상생활도 하는 한 사람의 인간이었다. 우선 한 인간으로서의 도산의 모습 가운데서 특기할 만한 사실들을 단편적으로나마 되새겨 보고, 그의 특기할 만한 사람됨이 오늘을 사는 우리에게 어떠한 교훈이 될 수 있는가를 대략 살펴보고자 한다.

2. 도산의 인품과 한국인상

도산의 전기 또는 그에 관한 회고록을 읽은 독자들은 특별히 크지도 작지도 않은 도산의 체구 안에 보통 사람의 경우에는 양립하기 어려운 상반된 성격 특질이 기묘한 조화를 이루고 공존했다는 사실을 발견한다. 일반적으로 말해서, 합리적 정신이 강하고 냉철한 사람은 정열이 부족하고 인정이 메마르기 쉬우며, 정열적이고 인정이 두터운 사람은 합리적 정신이 부족하여 냉철하지 못한 결함을 갖기 쉽다. 그런데 도산의 경우에는 이 상반된 성격 특질이 같은 인격 안에 별다른 갈등 없이 사이좋게 조화를 이루고 있다. 이 점은 도산의 인품을 고찰함에 있어서 특별히 주목할 만한 사실이라고 필자는 믿는다.

도산이 합리성을 존중하는 냉철한 성격의 소유자라는 것은 그를 가까이 모셨던 사람들이 한결같이 증언하는 바이다. 여기 장리욱 선생의 「도산의 인격과 생애」 가운데서 한두 구절만 인용하기로 한다.

> 도산이 모든 사물을 대처하는 데 있어서 어떻게 이렇게까지 합리주의에 철저할 수 있느냐 하는 것은 결국 그의 천성 때문이라고 나는 믿는다. … 끝까지 합리주의를 고집하는 지성 때문이다.

> 도산은 숫자와 통계와 사실을 존중한다. 그러기에 그는 자기의 사랑, 조선 민족에 대해서 누구보다도 철저하게 그 결함과 단점을 낱낱이 찾아냈고, 또 시인한 것이다. 아무리 가슴 아픈 일일지언정 이것이 사실일 경우 사실 그대로 받아들여야 한다는 것이 그의 신념이다. 슬픈 사실일지언정 현실적인 그 사실에 처한 계획을 가지고서만 부흥과 재건을 이룩할 수 있다는 것이 그의 교훈이다.[1]

다음은 도산 자신이 「동포에게 고하는 글」 가운데서 합리성을 역설한 대목 중에서 일부를 인용해 보기로 한다. 그가 얼마나 합리성을 소중히 여겼는가를 여실히 보여주는 구절이다.

---

1 장리욱, 「도산의 인격과 생애」, 『나의 사랑 한반도야』, 흥사단 출판부, 1987, pp.14-16.

> 부허는 패망의 근원이요, 착실은 성공의 기초이다. … 대저 착실이란 것은 무슨 일이든지 실질적 인과율에 근거하여 명확한 타산하에 정당한 계획과 조직으로써, 무엇을 어떻게 하여 어떠한 결과를 지어내겠다 하고, 그 목적을 달하기까지 뜻을 옮기지 않고 그 순서에 의지하여 각근한 노력을 다함을 이름이외다.[2]

한국 민족이 독립을 쟁취하기 위해서는 우선 힘을 길러서 준비부터 해야 한다는 도산의 지론도 합리주의의 발로이고, 모든 것을 한꺼번에 성취하려고 서두를 것이 아니라 차례차례로 순서를 따라서 하나씩 해결해 나가기를 강조한 그의 점진주의도 합리적 정신의 소산이다. 그리고 도산이 나에 대한 사랑과 남에 대한 사랑을 같은 비중으로 중요시하여 애기애타(愛己愛他)를 무실역행(務實力行)과 더불어 좌우명으로서 제시한 것도 합리적 정신의 또 다른 표현이라 하겠다.

투철한 합리주의자인 도산은 동시에 용광로처럼 뜨거운 애국자요 민족주의자였다. 그는 일신의 안락이나 가정의 행복 등의 개인적 목표를 돌보지 않고 오로지 겨레와 나라를 위해서 생애를 바쳤다 해도 과언이 아니다. 이러한 행적은 보통 합리주의자들에게서는 찾아보기 힘든 현상이며, 오로지 정열적인 성격의 소유자들에게서 간혹 그런 사례를 볼 수 있을 따름이다.

도산은 대단한 웅변가로도 알려졌다. 그의 연설은 처음에는 조용한 어조로 시작되다가 점점 언성이 높아지며 청중을 열광케 하였다고 한다. 이러한 열변도 역시 뜨거운 정열의 뒷받침이 있어야 가능한 일이다.

도산은 사사로운 대인관계에서도 인정이 많은 자상한 인품이었다. 장리

---

2 안창호, 「동포에게 고하는 글」, 『나의 사랑 한반도야』, pp.127-128.

욱 선생의 증언에 따르면, 도산은 사람을 대할 때는 누구에게나 매우 다정했고, 자기를 존경하고 따르는 사람들의 소박한 정표에 대해서도 항상 감사하는 마음을 잃지 않았다. 그리고 기회만 있으면 자기가 받은 인정을 정으로써 보답하기를 꾀하는 인간미를 간직한 호인이기도 하였다.[3]

도산은 남의 딱한 사정에 대해서 차마 냉정하게 대처할 수 없는 심약한 일면도 가지고 있었다. 예컨대 고등학교나 전문학교에 진학할 자녀를 가진 부모가 도산에게 자기 자녀를 위해서 힘이 되어 달라고 청탁을 했을 때, 도산은 이를 매정하게 거절하지 못했다. 이에 대해 "도산은 당신이 가까이 아는 어느 교사 혹은 어느 유력한 관계자에게 이런 학생의 입학을 위해서 그들의 영향력을 당부하는 데 주저하지 않았다."는 말도 전해진다.[4]

도산의 인품 가운데 발견되는 또 한 가지 기이한 점은 그가 도량이 매우 크면서도, 한편으로는 작은 일에까지 신경을 쓴다는 상반된 태도를 보였다는 사실이다. 도산은 사생활의 고락을 초월하여 민족의 독립을 위해서 일생을 바친 위인이다. 민족의 독립을 위한 그의 구상은 정치, 군사, 외교, 교육 등 여러 분야에 걸쳐서 방대하였다. 1919년에 발족한 상해의 임시정부가 세 갈래로 나누어질 위기에 처했을 때는, 도산이 맡았던 국무총리 대리직과 내무총장의 자리를 스스로 포기함으로써 사태를 수습하는 아량을 보이기도 하였다. 도산이 마음이 넓고 도량이 큰 인물이라는 것을 알려 주는 일화는 그 밖에도 많이 있다.

그러나 한편 도산에게는 지나칠 정도로 치밀하고 섬세한 일면이 있었다는 일화도 남아 있다. 대성학교에서 도산에게 사사한 어떤 문하생의 회고담에

3 장리욱, 「도산의 인격과 생애」, 『나의 사랑 한반도야』, p.21 참조.
4 같은 글, pp.22-23 참조.

따르면, 교장 선생인 도산이 학생들에게 하는 훈시 가운데는 세세한 것이 많았고, 변소에서 대소변을 똑똑히 보라는 훈계를 특히 자주 하였다. 그리고 아침마다 변소를 순시하고 불결한 곳은 손수 청소를 하여 모범을 보이곤 하였다. 또 성교육에 대한 관심도 지대해서, 학생들에게 수음의 해독에 관해서 노골적인 설교도 하고, 기혼의 학생들에 대해서는 부부간 성생활의 주의할 점을 간곡하게 타이르기도 하였다.[5]

함석헌의 증언에 따르면, 조카딸의 사과 깎는 모습을 지켜본 도산은 "그거 이렇게 하면 손에서 더러운 것이 묻지 않고 좋지 않으냐?" 하며 손수 모범을 보인 적이 있다. 그리고 밥상이 들어왔을 때, "여기만 닦으면 뭘해, 여기도 닦아야지." 하며 상다리를 손으로 문지르기도 하였다 한다.[6]

도산의 인격 속에서 이지와 정열이 잘 조화될 수 있었던 것은 그에게 사심이 없었기 때문일 것이다. 사심이 없었던 까닭에 도산의 합리성은 약삭빠른 이해타산으로 흐르지 않았고, 사심이 없었던 까닭에 도산의 정열은 편협한 독단으로 빠지지 않고 민족에 대한 큰 사랑으로 발전할 수 있었다.

합리적 정신은 사소한 이해관계를 영악스럽게 따지는 따위의 낮은 차원의 심리 작용으로서 발휘될 수도 있고, 민족 또는 인류의 행복을 위한 바른 길을 탐구하는 따위의 높은 차원의 정신 활동으로서 발휘할 수도 있다. 일반적으로 말해서, 합리적 심성이 옹졸한 사심과 결합할 때는 주로 낮은 차원의 이해타산을 일삼게 되고, 사심을 초월한 공정한 정신과 결합할 때는 공동체를 위한 경륜을 구상함에 큰 힘을 발휘한다.

인간의 정열은 자기와 자기에게 가까운 사람은 편애하며 자기로부터 먼

5 이만근 편, 『도산여록』, 흥사단 출판부, 1986, pp.199-201 참조.
6 같은 책, pp.247-248 참조.

사람은 미워하거나 물리치는 낮은 차원의 정념으로 타락할 수도 있고, 위대한 애국자나 인류의 스승들이 보여준 바와 같은 큰 사랑으로 승화할 수도 있다. 일반적으로 말해서, 소아(小我)에 대한 집착이 큰 사람일수록 그의 정열은 낮은 차원의 정념의 테두리를 벗어나기 어렵다.

도산의 경우는 사심이 없었던 까닭에 그의 합리적 정신은 조국의 광복이라는 큰 목적의 청사진을 낳을 수 있었고, 소아에 대한 집착이 없었던 까닭에 그의 정열은 나라와 겨레에 대한 큰 사랑으로 승화될 수 있었다. 그리고 높은 차원의 지성과 높은 차원의 정열은 조화를 이루기 쉬운 까닭에, 도산의 인품 안에서 냉철한 합리성과 뜨거운 정열이 갈등 없이 공존할 수 있었다고 생각된다.

도산의 세심함과 치밀함이 그를 자질구레한 사람으로 만들지 않고 도리어 인품에 보탬이 된 것은, 그에게 본래 큰 포부가 있고 그의 세심함이 그 큰 포부와 밀접한 연결을 가졌기 때문일 것이다. 다시 말해서, 도산이 일상의 사소한 일까지도 바르게 하라고 가르친 것은 습관을 바르게 길러야 민족의 대업을 이룩할 수 있다는 신념에 바탕을 둔 계산된 행위였던 까닭에, 그의 그러한 세심함이 큰 뜻으로 이어질 수 있었다고 필자는 생각한다.

도산이 보여주었던 합리적 사고와 정열적 언행, 그리고 거대한 포부와 세심한 배려 등의 바탕에는 그의 일관된 성실함이 깔려 있었다. 도산이 많은 사람들에게 그토록 큰 감동을 줄 수 있었던 가장 큰 원동력은 그의 투철한 성실성에 있었다고 보아야 할 것이다. 현대의 한국인 가운데 정치 이론이나 윤리학 또는 교육 사상 등에 있어서 도산의 수준을 능가하는 사람들은 도처에 많을 것으로 짐작된다. 그럼에도 불구하고 오늘도 도산이 우리들의 큰 스승이 될 수 있는 것은 사심을 초월한 그의 성실성을 아무도 따르지 못하기 때문이다.

오늘의 우리 한국인들 가운데는 서구적인 합리주의 정신이 몸에 밴 사람들이 적지 않다. 젊은이들 가운데는 현실의 부조리와 싸우기 위해서 목숨을 내놓고 싸울 수 있는 뜨거운 피를 가진 사람들도 적지 않다. 그러나 도산이 그랬듯이 냉철한 합리적 정신과 불같은 정열을 아울러 한몸에 지닌 균형 잡힌 인격은 찾아보기 어렵다. 오늘의 시점에서 우리가 도산을 깊이 되새겨야 할 이유의 하나가 바로 이 점에 있다.

싫든 좋든 산업화의 길을 걸을 수밖에 없는 오늘의 한국은 한국인의 전통적 정열의 기질과 서양에서 흘러들어 온 합리적 계산의 갈등을 어떻게 처리할 것이냐 하는 어려운 문제에 부딪치고 있다. 현대 산업사회의 생활양식과 인간관계는 불가불 합리적 생활 태도를 요구하거니와, 개인주의에 바탕을 둔 서구의 합리주의는 자본주의 사회의 금전 문화 속에서 이기주의로 흐르는 폐단을 보였으며, 이 이기주의에 내포된 문제점이 심각한 양상으로 드러나고 있다. 다시 말하면, 현대사회의 생활 조건이 요구하는 합리적 정신을 추구하고 발휘할 때, 한국인의 전통적 정(情)의 문화와 공동체 의식이 파괴되면서 새로운 문제가 심각하게 대두하는 것이다.

여기서 우리는 냉철한 합리성과 뜨거운 정열을 아울러 발휘할 수 있는 가능성에 대해서 진지한 물음을 제기하게 된다. 합리성과 정열의 양립 내지 조화의 가능성을 추상적 이론으로 전개할 수는 있을 것이다. 그러나 추상적 이론만으로 우리가 희망에 찬 신념을 갖기는 어려운 일이며, 그 이론과 부합하는 경험적 실증이 있을 때 우리는 실천적 용기를 얻게 된다. 그런데 도산의 존재는 바로 그 경험적 실증을 우리 앞에 보여주었으니, 앞으로 바람직한 한국인상을 모색함에 있어서 좋은 귀감으로서의 뜻이 크다고 생각된다. 도산의 인격이 우리에게 큰 희망의 빛을 던져 주는 것은 합리적 정신을 투철하게 밀고 나가더라도 옹졸한 이기주의로 흐르지 않을 수 있다는 것을 실천으로 보여주었다는 사실이 매우 중요하기 때문이다.

도산이 큰 도량과 세심한 마음씨를 아울러 가지고 있었다는 사실도 바람직한 한국인의 미래상을 위해서 많은 시사를 던져 준다. 현대 한국인 가운데도 이기적 욕심에 바탕을 두고 배포가 큰 사람은 많이 있다. 그러나 사심을 떠나서 도량이 큰 인물은 비교적 드물다. 컴퓨터처럼 치밀하고 세모시처럼 세심한 사람도 많이 있다. 그러나 치밀하고 세심하면서도 도량이 큰 인물은 만나기가 몹시 어렵다. 그런데 지나친 이기주의와 복잡한 문제들로 진통을 겪고 있는 현대사회는 소아를 넘어서서 도량이 큰 사람과 원자도 분석하는 치밀한 사람을 아울러 요구하고 있다. 이에 도산이 큰 도량과 세심한 마음씨를 한 인격 안에 갖추어 보여주었다는 것은 내일의 한국인상을 위하여 좋은 본보기를 제시했다는 중요한 의미를 지녔다고 생각된다.

성실성을 기본 바탕으로 삼고 뜨거운 정열과 냉철한 이지를 조화시켰으며, 큰 도량과 세심한 마음씨를 함께 갖춘 도산의 인품은 어떠한 이데올로기를 신봉하는 사회를 위해서도 바람직한 인품이다. 시대가 흐르면 사회의 객관적 여건에 큰 변화가 올 것이며, 그 변화를 따라서 지배적 이데올로기에도 변화가 올 가능성을 배제하기 어렵다. 사회 여건이 변동하고 따라서 지배적 이데올로기가 달라지면 그 시대가 요구하는 인간상도 달라질 수 있을 것이나, 도산의 인격 속에 실현된 덕성은 어떠한 시대를 위해서도 보배로운 미덕으로서 우리들의 거울이 될 수 있을 것이다.

3. 도산의 정치사상과 오늘의 한국

도산은 19세 되던 1897년에 독립협회에 가입한 것을 비롯하여 1928년 한국독립당을 결성하기에 이르기까지 여러 정치단체에서 활약하였다. 그는 신민회 창립에 깊이 관여하였고, 대한인국민회와 상해임시정부에서도 주동적 인물이었다. 이러한 사실을 두고 볼 때, 도산은 정치인으로서도 큰 인물이었음에 틀림이 없다. 그러나 도산이 당면했던 정치적 문제들과 오늘의 한국 정치인들이 부딪치고 있는 문제들 사이에는 많은 차이점이 있다. 따라서 오늘의 시점을 기준으로 삼고 도산의 정치적 행적을 평가하거나 오늘의 정치적 상황에 대해서 도산의 정치사상이 제시할 메시지를 촌탁하는 일은 자칫하면 부질없는 어리석은 짓이 될 염려가 있다.

이웃 나라에게 조국의 주권을 빼앗기고 우선 국권을 회복함이 민족 최대의 과제로서 인식되었던 시절에 도산이 취했던 정치적 태도와, 식민지 상태는 일단 벗어났으나 국토의 통일이 민족의 과제로서 남아 있고 그보다 앞서서 정치의 민주화와 균형된 사회 발전이 급선무로서 요구되고 있는 오늘의 상황에서 도산이 취할 법한 정치적 태도가 반드시 같으리라고는 생각되지 않는다. 다만 도산이 오늘의 한국에 생존한다고 가정했을 때, 몇 가지 기본적 문제들에 관해서 그가 취했을 공산이 큰 태도를 추측해 보는 일은 어느 정도 가능할 것이다. 그리고 도산의 기본 사상에 비추어서 오늘의 한국 후진들에게 그가 무엇을 가르칠 것인지도 어느 정도 짐작할 수가 있을 것이다.

그러나 "오늘의 한국 현실 앞에서 도산은 어떻게 할 것인가?"라고 묻는 것보다는 "도산의 정신에 입각한다면 오늘의 우리는 어떻게 할 것인가?"라는 물음을 출발점으로 삼는 것이 다소 나을 것이다. 왜냐하면 도산이 오늘의 한국 현실과 직면한다는 것은 불가능한 일이나, 오늘의 한국인이 도산의 정신에 입각한다는 것은 현실적으로 가능하기 때문이다. 그러나 '도산의 정신에 입각한다면'이라는 가정이 반드시 '도산의 정신이 절대로 옳다'는 가정까지도 함축할 필요는 없을 것이다. 도산의 정신을 본받는 것이 오늘의 한국 현실에 적합한지 적합하지 않은지 하는 문제는 별개의 문제다.

오늘의 정치인 가운데 도산의 정신을 본받는 사람이 있다면, 그는 첫째로 관심의 초점을 한국의 현실을 바로잡는 데 둘 것이며, 정권에 대한 욕심이나 자신의 영달을 위해서 동분서주하지는 않을 것이다. 도산은 평생을 통하여 많은 정치 활동을 했지만, 권세나 지위를 탐내는 동기에서 움직인 경우는 없었던 것으로 보인다. 1919년에 상해임시정부를 조직했을 때, 그가 주위 사람들의 반대를 무마해 가며 이승만을 앞세우고 이동휘와 이동녕 등에게 자리를 양보한 사실만 보더라도 도산이 사리사욕을 초월한 정치인이었음에 의심의 여지가 없다.

도산의 정신을 본받고자 하는 오늘의 한국 정치인은 둘째로 분단된 국토의 통일을 민족의 큰 과제로서 중요시할 것이다. 도산이 민족에 대한 뜨거운 사랑의 소유자였으며 한민족의 대동단합을 그토록 강조했다는 사실에 비추어 볼 때, 민족과 국토의 분단을 하나의 기성사실로서 긍정적으로 받아들이는 것은 도산의 정신에 충실한 태도라고 보기 어려울 것이다. 도산이 한국의 독립을 필생의 목표로 삼고 그 가능성을 낙관했듯이, 도산을 따르는 오늘의 한국 정치인은 민족의 통일을 기필코 달성해야 할 목표로 삼고 또 그 가능성을 믿을 것이다.

그러나 민족과 국토의 통일을 단시일 안에 이룩하기 위하여 큰 희생을 무릅쓰고 서두르는 것은 도산의 정신이 아닐 것이다. 동족상잔의 유혈극을 통해서라도 하루빨리 국토를 통일해야 한다고 도산의 정신이 가르칠 것으로는 생각되지 않는다. 평화적 통일을 기하는 것이 도산의 정신일 것이며, 순리적으로 통일이 이루어지도록 한 걸음 한 걸음 준비를 하는 것이 도산의 정신에 부합할 것이다.

도산의 정신을 숭상하는 오늘의 한국인은 셋째로 한국이 경제적으로나 군사적으로 또는 문화적으로 남의 나라에 예속되기를 거부할 것이다. 도산이 보여준 뚜렷한 민족주의의 정신에 비추어서 이러한 추론이 가능하다. 그러나 도산은 맹목적이요 배타적인 민족주의자는 아니었다. 도산을 따르는 오늘의 한국 정치인도 국제적 협력의 중요성을 소홀히 여기지는 않을 것이며, 다만 국가와 민족의 자주성을 전제로 한 국제적 협력을 중요시할 것이다.

장을병도 말한 바와 같이 도산의 민족주의는 개인을 민족 속에 몰입시키는 전체주의적 민족주의가 아니라, 개인 각자의 자주성을 전제로 한 민족주의였다. 다시 말해서, 도산은 민족주의자인 동시에 민주주의자였다.[7] 도산이 민주주의자였다는 것은 그의 「동포에게 고하는 글」 가운데 다음과 같은 구절이 있는 것으로도 알 수가 있다. "우리는 자유의 인민이니 결코 노예적 이어서는 아니 됩니다. 우리를 명령할 수 있는 것은 오직 각자의 양심과 이성뿐이라야 할 것이니 결코 어떤 개인이나 어떤 단체에 맹종하여서는 아니 됩니다."[8]

장을병은 도산이 조선 말기의 지배 계층이 속임수와 협잡을 일삼으며 무위도식했다고 비판했으며, 우리나라가 일본에게 망한 책임이 주로 당시의 지배 계층에 있었다고 주장했음을 근거로 삼고, 도산을 민중주의자라고 규정하였다. "바로 도산은 한국의 전통적 지배 계층의 과오와 약점을 이렇듯 간파하고 있었기에, 민족운동의 장래나 희망을 지배 계층에 걸어 보려는 생각은 추호도 없었다. 도산이 민족운동의 근거로 희망을 걸 수 있었던 것은 한국의 민중이었다."[9]

신철균이 논평했듯이, 도산의 '민중주의'에 대한 장 교수의 강조는 약간 지나치다고 생각된다.[10] 도산이 지배 계층을 제외한 '민중'만을 그의 민족주의와 민주주의의 주체로 보았다고 단정할 근거는 충분하지 않다. 주로 해외에서 망명 생활을 하면서 민족의 독립을 제일의 목표로 삼았던 도산으로서는, 한국 민족 내부의 '계층'의 문제 또는 '경제적 평등'의 문제에 대한 의식은 그토록 강하지는 않았을 것이다.

---

7 장을병, 「도산 안창호의 정치와 사상」, 『도산 사상 연구』 제1집, 흥사단 출판부, 1986, pp.49-50 참조.
8 안창호, 「동포에게 고하는 글」, 『나의 사랑 한반도야』, p.119.
9 도산사상연구회 편, 『도산 사상 연구』 제1집, pp.24-25.
10 같은 책, pp.55-56 참조.

그러나 도산이 오늘의 한국 현실 속에 살았더라면, 이 나라의 소외 계층에 대하여 깊은 관심을 표명했을 것이며, 경제적 평등의 문제를 심각한 정치 문제로서 의식했을 가능성이 높다. 왜냐하면 '나에 대한 사랑(愛己)'과 '남에 대한 사랑(愛他)'을 같은 비중으로 강조한 도산의 기본 정신은 다름 아닌 공정성의 정신이며, 모든 인간이 귀중한 존재임을 굳게 믿은 도산은 특히 서민층에 대하여 깊은 이해와 애정을 가졌기 때문이다.[11] 그리고 개혁에 대한 의지는 도산 사상의 근간이라고 볼 수 있으며, 그의 개혁의 의지가 현대 산업사회의 경제적 불평등에 대해서 무관심하리라는 것은 상상하기 어렵다.

도산의 정신을 본받고자 하는 오늘의 정치인은 정치의 민주화와 경제의 민주화를 아울러 추구하되, '민주주의'의 간판을 걸고 힘으로 밀어붙이거나 속임수로 국민을 기만하는 따위의 권모술수는 사용하지 않을 것이다. 그는 철두철미 대화와 타협의 정치를 시도할 것이며, 선거에 지는 한이 있더라도 공명정대한 태도로 일관할 것이다. 비록 남의 의견이 나와 다르다 하더라도 옳은 것은 아량으로써 받아들여야 한다는 것이 도산의 지론이었으며,[12] 그는 실제로 남의 의견에 귀를 기울이는 겸손한 지도자였다.[13] 그리고 평생을 성실로 일관하면서 굶어 죽는 한이 있어도 부정은 거부한 도산의 정신에 비추어 볼 때 속임수란 있을 수 없는 일이다.[14]

끝으로 도산의 정신을 거울로 삼는 오늘의 정치가는 여론을 중요시할 것이며 언론의 창달을 꾀할 것이다. '민의'를 조작하거나 일당에 유리하도록 언론 또는 출판을 통제하는 따위의 작태는 도산의 정신이 용납하지 않는

---

11 도산이 모든 사람들의 인격을 한결같이 존중했으며 특히 서민층에 대해서 깊은 애정을 가졌음을 입증하는 일화는 장리욱의 「도산의 인격과 생애」 가운데 여러 곳에 소개되고 있다.

12 홍사단 출판부 편, 『도산 안창호』, 1983, pp.188-189 참조.

13 장리욱, 「도산의 인격과 생애」, 『나의 사랑 한반도야』, p.25 참조.

다.[15]

설령 도산의 정치사상을 충실하게 따른다 하더라도 해답을 얻기 어려운 문제들이 오늘의 한국에는 적지 않다. 도산의 시야에는 들어오지 않았던 새로운 문제들도 있고, 비록 시야에 들어왔다 하더라도 그 당시에는 가장 시급한 문제가 아니었던 까닭에 도산의 관심 밖으로 밀려난 문제들도 있다. 어떠한 사상가에게도 개인 또는 시대의 제약에서 오는 한계는 있기 마련이며, 선인들이 해답을 제시하지 못하고 남긴 문제들에 대해서 창의를 발휘하여 대처하는 것은 후진들이 해야 할 중요한 과제다.

도산이 남겨 놓은 문제의 첫째는 그의 민족주의와 관련된 것이다. 도산이 제시한 민족주의는 우리 한국은 우리 한민족이 주인이 되어 한민족의 힘으로 지켜야 한다는 큰 원칙을 제시했으며, 그가 염두에 둔 '나라 지키기'는 단적으로 말해서 정치적 독립을 통한 국권의 회복이었다. 그러나 오늘의 한국이 당면하고 있는 민족주의의 문제는 주로 경제적 자립의 문제이며, 외국 문화와의 만남 속에서 우리 민족문화를 어떻게 발전시키느냐 하는 문제다. 그리고 도산이 생존했던 시대보다는 국제관계가 훨씬 긴밀한 현대에 있어서 국제적 협력의 요구와 민족주의의 요구의 갈등에서 오는 문제도 새로운 문

---

14 도산은 24세 때 이혜련과 결혼하고, 신혼부부는 여비만 겨우 마련하여 미국으로 떠났다. 그들이 샌프란시스코에 도착했을 때는 무일푼에 가까웠다. 이때 어떤 한국인이 중국 인삼을 한국 인삼으로 속여 파는 인삼 장사를 하면 이윤이 많다고 하며, 동업하기를 자청하였다. 그러나 도산은 일언지하에 그 청을 거절하였다(이혜련, 「도산과의 일생」, 『도산여록』, p.175). 도산의 장남 안필립의 회고담에서도 "무슨 말씀을 가장 감명 깊게 기억합니까?"라는 기자 질문에 "정직하라는 말씀이 가장 귀에 쟁쟁합니다."라고 대답하고 있다(안필립, 「아버지 도산」, 『도산여록』, p.180).

15 도산의 여론 존중에 대해서는 그의 「동포에게 고하는 글」(주요한 편저, 『안도산 전집』, 삼중당, 1963, pp.476-477) 및 장을병의 「도산 안창호의 정치와 사상」(『도산 사상 연구』 제1집, p.43) 참조.

제다. 이러한 새로운 문제들에 대한 해답을 오늘의 민족주의자들은 자신들의 창의로써 탐구해야 할 것이다.

도산이 남겨 놓은 문제의 둘째는 그의 민주주의와 관련된 것이다. 도산은 고전적 민주주의의 기본 개념인 자유에 대해서는 비교적 많은 의견을 제시했으나, 현대의 민주주의에서 크게 문제되고 있는 평등에 대해서는 명시적으로 말한 바가 별로 없다. 아마 그는 자유와 평등 사이에 심각한 갈등이 있다는 사실조차 크게 의식하지 않았을지도 모른다. 자유의 요구와 평등의 요구를 어떻게 조화시키느냐 하는 것은 우리들이 당면한 중대한 현실 문제의 하나이며, 이 문제의 해답도 오늘의 민주주의자들이 창의적으로 탐구해야 할 문제의 하나다.

4. 인간 개조와 사회 개혁

도산은 우리나라가 일본 제국주의의 제물이 된 것은 우리나라의 힘이 약했기 때문이라고 생각했다. 그리고 한 나라의 힘은 국민 각자의 인격의 힘의 총화로써 이루어진다고 믿었다. 결국 한국이 일본에게 망한 가장 큰 원인은 한국 국민 각자의 인격적 결함에 있다는 생각이다. 따라서 국권을 회복하고 나라를 다시 일으켜 세우기 위해서는 우선 우리 자신을 개조하여 힘을 길러야 한다는 결론을 얻게 된다.

도산은 개인의 힘의 중추를 도덕적 인격으로 보았다. 그리고 도덕적 인격은 타고난 소질과 후천적 습관의 결합에 의하여 결정된다고 믿었다. 도산에 따르면, 우리 한민족은 본래 타고난 소질이 탁월하고 "아름다운 산천에 생장하여 아름다운 역사의 교화로 살아온 민족이므로 근본이 우수한 민족"이었으나, 조선 말기의 지도자들이 잘못하여 불행을 자초한 민족이다. 따라서 습관을 바로잡기만 하면 한국인의 인간 개조는 무난히 이루어질 수가 있다.[16] 도산은 인격을 여러 덕의 결합으로 이루어진 체계로 보고 덕은 습관으로 형성되는 것임을 알았던 까닭에, 새로운 습관을 기름으로써 인간을 개조할 수 있다고 낙관했던 것이다.

습관을 고침으로써 인간을 개조하는 방법으로서는 타율적 교육의 방법과 자발적 노력에 의한 자율적 수양의 방법이 있다. 도산은 타율적 교육의 중요성을 인식하고 대성학교와 동명학원을 설립하는 등 교육 사업에도 많은 힘을 기울였으나, 그는 특히 자율적 수양의 필요성을 강조하였다. "우리는 각각 자기 자신을 개조합시다. 너는 너를 개조하고, 나는 나를 개조합시다."라고 그는 소리 높여 외쳤다.[17]

자율적 수양 또는 타율적 교육을 통하여 길러야 할 덕목들 가운데 특히 도산이 중요시하고 역설한 것은 거짓말을 하지 않음, 약속을 지킴, 서로 도움, 진실함, 협동함 등 주로 원만한 사회생활을 위하여 기본이 되는 것들이다. 그 가운데서도 그가 가장 자주 역설한 덕목은 정직이며, "죽더라도 거짓이 없어라."고 입버릇처럼 되풀이하였다.

도산이 "우리는 각각 자기 자신을 개조합시다."라고 외쳤을 때 그가 지목한 '우리'는 한국인이었다. 도산이 "거짓말을 말아라." "나를 사랑하고 남을 사랑하라."고 주장한 것은 윤리학자로서 보편적 도덕 원칙을 제시한 것이 아니라, 한국의 지도자로서 한국 동포에게 호소한 것이다. 다시 말해서, 도산이 윤리적 설득을 일삼게 된 애초의 동기는 쓰러져 가는 한국을 다시 일으켜 세우고자 함에 있었다. 도산이 동포를 향하여 "당신의 인격을 개조하라."고 말했을 때, 그 말은 "나는 나의 행복을 위해서 어떻게 해야 하겠습니까?"

---

16 『안도산 전집』, p.472 참조.
17 같은 책, p.548 참조.

하는 물음에 대한 대답이 아니라, "우리 한국이 독립을 하여 훌륭한 나라가 되기 위해서 우리는 어떻게 해야 합니까?" 라는 물음에 대한 대답으로서 주어진 것이다. 물론 도산을 전체주의자라고 볼 수는 없으므로, 이 대답에는 개인적 행복을 위한 처방으로서의 의미도 함축되어 있다고 보아야 한다. 그러나 도산의 주된 관심이 국가의 재건에 있었음을 감안할 때 "우리 자신의 인격을 개조합시다." 라는 가르침은 일차적으로 사회를 개조하는 데 필요한 처방으로서 제시되었다고 보는 편이 옳을 것으로 보인다.

사회를 개조하기 위해서는 우선 그 구성요소인 개인부터 개조해야 한다고 도산은 믿은 것으로 보인다. 그리고 도산은 누구나 결심을 하고 노력만 하면 자기 자신의 개조가 가능하다고 보는 소박한 생각을 가지고 있었던 것으로 짐작된다. 사람들의 의식구조가 사회 현실의 여러 가지 객관적 조건들, 특히 경제적 조건들에 의해서 좌우된다는 학설에 대해서는 그에게 별다른 문제의식이 없었던 것인지, 또는 정치적 통치권을 일본에게 강탈당한 그 당시의 사정을 감안할 때 사회의 제도나 구조의 문제를 거론하는 것이 현실적으로 무의미하다고 보았던 것인지 단정하기가 어렵다. 다만 사회의 객관적 조건들이 개인의 의식구조 내지 인격 형성에 미칠 수 있는 제약에 대해서 별로 언급이 없는 점으로 미루어 볼 때, 도산은 이 문제에 대해서 다각적으로 생각하지 않았을 가능성이 크다.

오늘의 우리 한국은 개혁을 요구하는 많은 문제들을 안고 있다. 빈부의 격차에서 오는 사회적 불균형의 문제, 불우한 노인과 반사회적 청소년의 문제, 날로 더해 가는 환경오염의 문제, 도덕적 민주 시민 양성에 실패한 전인 교육의 문제 등 해결을 요구하는 많은 문제들이 있다. 이러한 상황에서 한국 사회를 개조해야 한다는 견해를 가진 사람들이 많으며, 일부에서는 급진적 혁명을 주장하기도 한다.

도산이 역설했듯이 지금도 한국인 전체의 인간 개혁을 성공적으로 할 수만 있다면, 우리 사회의 개조도 무난히 이루어질 것이고, 우리가 당면하고 있는 사회문제들도 따라서 해결될 수 있을 것이다. 여기서 우리가 부딪치는 문제는 도산의 인간 개조론을 오늘의 한국을 위하여 성공적으로 활용할 수 있느냐 하는 문제다. 단적으로 말해서, 도산의 주장을 국민 윤리 교과서에 충분히 반영하고 도산의 가르침과 행적을 기록한 책자를 전 국민에게 읽힌다면, 우리나라의 근본적인 문제들이 해결될 수 있을 것이냐 하는 물음은 도산의 사상을 오늘의 시점에서 조명하고자 하는 우리로서 당연히 생각해야 할 문제의 하나가 아닐 수 없다.

실험을 해보지 않고 결과를 단정하기는 어려울 것이나, 인간 개조 내지 사회 개조의 문제가 그리 간단할 것으로는 생각되지 않는다. 도산은 국민 각자의 자율적 인격 수양과 가정이나 학교 또는 그 밖의 타율적 교육을 통하여 인간 개조가 가능하다고 보았으나, 이 두 가지 방안의 실천이 생각처럼 쉬운 일은 아니며, 그 실천이 소기의 성과를 거둘 수 있기 위해서는 대단히 어려운 문제들과 만나야 한다. 도산이 제시한 인간 개조의 처방이 전혀 쓸모없는 공론이라는 뜻은 물론 아니다. 그러나 인간 개조에 관한 도산의 가르침이 현실적으로 큰 힘을 발휘할 수 있기 위해서는 더욱 많은 이론적 연구와 실천적 노력이 있어야 할 것이다. 1960년대 이래로 인간 개조, 가치관의 정립, 의식 개조 등의 구호를 앞세우고 여러 가지 움직임이 있었으나 별로 실효를 거두지 못했다는 사실만 보더라도 우리의 문제가 더욱 종합적이요 체계적인 연구를 필요로 하는 문제임을 알기에 충분하다.

누구도 한 개인의 힘만으로는 감당하기 어려운 인간 개조 내지 사회 개조의 문제는 여러 분야의 전문가들이 힘을 합해서 공동으로 연구할 과제다. 다만 이 자리에서 한마디 강조하고 싶은 것은 개인적 인격을 형성하는 문제와 사회적 제도를 개혁하는 문제의 상호 연관성에 대하여 깊고 폭넓은 고찰이 필요하다는 사실이다. 이 고찰에는 제도적 혁명을 통한 사회구조의 근본적 혁신이 선행해야 한다는 급진론과 개인의 인격 형성과 사회의 제도적 개혁을 동시에 추진해야 한다는 절충론에 대한 비판적 검토도 포함되어야 할 것이다. 그리고 일반적이며 추상적인 이론의 비교와 평가에 그치지 않고, 우리나라의 현실적 여건을 고려한 구체적 탐구도 이루어져야 할 것이다.

"죽더라도 거짓이 없어라."라고 도산은 가르쳤다. 그러나 죽음을 무릅쓰고 정직하기란 보통 사람들이 누구나 할 수 있는 일은 아니다. 특별히 예외적인 사람의 경우가 전혀 없지는 않을 것이나, 보통 사람들은 정직해도 살 수 있는 사회라야 정직하게 행동하고, 약속을 지켜도 그것 때문에 파멸을 부를 염려는 없다고 예상될 때에 약속을 지킨다. 보통 사람들에게 있어서 가장 강한 동기는 어떤 도덕률을 지키고자 하는 욕망이 아니라, 남의 천대를 받지 않을 정도의 조건을 갖추고 살고자 하는 욕망이다. 따라서 보통 사람들이 어느 수준의 인격을 갖추는 일이 일반적 현상으로서 가능하기 위해서는, 그 인격 때문에 자기가 결정적 불이익을 당하지 않을 정도의 사회질서가 확립되어 있어야 한다. 그리고 사회질서는 개인의 힘만으로는 창출하기 어려운 집단 현상이다.

예컨대 '정직'과 같은 미덕이 정직한 사람에게 결정적으로 불리하지 않기 위해서는 다른 사람들도 대부분이 정직하게 행위해 주어야 한다. 일반적으로 말해서, 보통 사람인 내가 어떤 도덕률을 지킬 수 있기 위해서는 다른 사람들도 대개는 그 도덕률을 지키리라는 믿음이 있어야 하며, 나 혼자만의 결심으로 그 도덕률을 지킬 수 있는 것은 아니다. 그리고 어떤 도덕률이 일반적으로 지켜질 수 있기 위해서는 사회의 제도적 뒷받침이 있어야 한다. 도산은 인간 개조의 바탕이 될 수 있는 제도적 뒷받침에 대해서는 별로 의견을 말하지 않았거니와, 개인의 인격 개조를 위한 제도적 뒷받침에 관한 연구는 후진인 우리들이 보충해야 할 일이다.

5. 도산의 교육 이념과 오늘의 한국 교육

도산은 그의 인간 개조론에서 개개인의 자율적 인격 수양을 매우 강조하였으나, 타율적 교육의 중요성도 충분히 인식하고 있었다. 도산이 자율적 인격 수양을 강조한 것은 그의 교육 방법의 일환일 가능성이 크며, 그는 누구보다도 학교교육과 사회교육의 중요성을 깊이 알고 절실하게 느낀 사상가였다. 그러기에 그는 29세의 젊은 나이에 대성학교를 설립하여 직접 교단에 서기도 하고, 사회교육기관으로서 흥사단을 창립하여 필생 사업의 하나로 삼기도 하였다.

도산의 교육 이념과 교육자로서의 실천에 대해서는 이미 많은 연구와 문헌이 알려져 있으므로, 여기 다시 장황한 되풀이를 할 필요는 없을 것이다. 우리는 고찰의 초점을 도산의 교육 사상과 그의 교육적 실천이 오늘의 한국 교육 문제에 대해서 시사하는 바에 두고자 하거니와, 다만 서술의 순서를 위해서 과거의 사실에 대한 개괄적 언급만을 하고 넘어갈까 한다.[18]

도산의 교육 사상의 기본 특색 가운데서 첫째로 지적해야 할 것은 그가 교육의 일차적 목적을 민족의 독립이 요구하는 '힘'의 양성에 두었다는 사실이다. 대부분의 교육이 개인의 행복과 사회의 번영이라는 두 가지 목표를 아울러 달성함을 목표로 삼거니와, 자유주의 국가의 경우에는 어느 편이냐 하면 개인의 행복에 일차적 역점을 두는 경향이 있다. 도산이 자유주의에 가까운 민주주의자이면서도 민족 또는 국가의 목적을 앞세운 것은 특기할 만한 사

18 이 부분에서는 장리욱의 「도산의 인격과 생애」의 제3장 '스승 도산', 김정환의 「도산 교육 사상의 발전적 계승」의 제2절 '도산 교육 사상의 특색'(『도산 사상 연구』 제1집, pp.124-138), 도산의 「청년에게 부치는 글」, 「동포에게 고하는 글」 등을 참고로 하였다.

실이다. 이것은 도산이 그의 시대를 민족의 비상시로서 인식한 데 연유한 것으로 짐작되거니와, 한민족의 비상시는 아직도 끝나지 않았다고 볼 때, 도산의 민족 교육론 내지 교육 입국론은 한갓 '과거의 사상' 이상의 의미를 갖는다.

도산의 교육 사상의 기본 특색 가운데서 둘째로 지적해야 할 것은 그가 덕육, 체육, 지육의 종합을 포함하는 전인교육을 역설하였다는 사실이다. 민족의 주권을 회복하기에 필요한 일꾼으로서 '인간' 또는 '인격'을 길러 내야 한다고 믿었던 도산이 단순한 전문적 기능인에 머물지 않는 전체로서의 인간 교육을 지향한 것은 당연한 일이다. 이 전인교육의 목표 가운데는 무실, 역행, 충의, 용감 등의 덕목을 체득하는 일은 물론이요, 그가 「동포에게 고하는 글」에서 그토록 강조한 '대한 사람으로서의 주인의식'과 민족의 독립을 구심점으로 삼는 협동 정신의 함양 등도 포함된다.

도산의 교육 사상의 기본 특색 가운데서 셋째로 지적해야 할 것은 그가 일인일기(一人一技)를 포함한 직업교육 내지 노작교육을 중요시했다는 사실이다. 도산은 윤리적 인격의 양성이 요구하는 정신교육을 매우 중요시하는 한편, 국민 각자가 맡은 바 일을 훌륭하게 완수할 수 있도록 실용적 기량을 갈고 닦는 일도 역설하였다. 이것은 공리공론을 배격하고 산업과 노동을 숭상하는 도산으로서는 당연한 일이라 하겠다. 도산은 『동광』 1926년 12월호에 실린 「오늘의 대한 학생」이라는 글 가운데서 대한의 학생들은 모든 일을 저 혼자 하겠다는 허황된 야심을 버리고, 각자에게 적합한 일을 분담해야 한다고 힘주어 말했으며,[19] 1918년에 흥사단우들에게 발표한 담화문 「전쟁 결과와 우리의 할 일」 가운데서는 일의 귀천을 가리지 말고 여러 가지의 기능

19 안창호, 「오늘의 대한 학생」, 『나의 사랑 한반도야』, p.147 참조.

을 배워 두는 것이 독립으로 가는 첩경임을 역설하였다.

> 지금으로부터 1년 혹은 1년 반 후에는 각각 그 정도와 처지를 따라 혹은 대학으로, 혹은 중학으로, 혹은 소학으로, 단기 학교, 혹은 전습소로, 그렇지 아니하면 말 기르고 양 치는 마당으로, 삼림과 과목을 재배하는 동산으로, 생선 잡는 바다로, 쌀 찧고 밀가루와 죽가루 만드는 정미간으로, 장막 짓는 데로, 양철통 만드는 데로, 철공장으로, … 어디든지 배울 구멍을 뚫고 들어가 배워야 하겠고, 이것을 하려고 하면 할 수도 있다.[20]

도산의 교육 사상과 관련해서 넷째로 지적하고 싶은 것은 도산이 자기 자신의 교육 사상에 충실한 실천가로서 바람직한 스승의 모범을 보여주었다는 사실이다. 어떤 주장을 내세우기보다도 그 주장을 스스로 실천하기는 더욱 어려운 일이거니와, 도산은 자기의 교육 사상을 솔선해서 실천에 옮긴 겨레의 스승이기도 했다. 그는 나라 사랑을 입과 붓으로 외쳤을 뿐 아니라 일생을 바쳐서 애국을 했고, 전인교육을 역설했을 뿐 아니라 스스로 전인교육에 투신했으며, 스스로 고매한 인격자로서 생애를 일관하였다. 그리고 노동의 귀중함을 강조한 도산은 처음 샌프란시스코에 도착했을 때 이윤이 많은 속임수 인삼 장수를 마다하고, 가정 고용인으로 청소하는 노역에 종사하기도 하고, 청결을 주장한 그는 대성학교 교장으로서 손수 변소를 청소하여 학생들에게 모범을 보이기도 하였다.

현대 한국이 당면한 심각한 문제들 가운데서 가장 일반적이요 장기적인 관심사가 되고 있는 것은 교육의 문제다. 개인의 행복과 국가의 장래가 모두

20 안창호, 「전쟁 결과와 우리의 할 일」, 『나의 사랑 한반도야』, p.157 참조.

교육의 성패에 달려 있다 하여도 과언이 아니거니와, 오늘날 우리나라의 교육에 많은 문제점이 있다는 것은 어느 정도 사려 깊은 사람이라면 누구나 알고 있는 상식이다. 그리고 현재 우리 한국 교육이 안고 있는 문제점들의 대부분은 한국 교육의 현실이 도산의 교육 이념과 너무나 먼 거리에 있다는 사실에 연유한다고 볼 수 있는 성질의 것들이다.

1968년에 제정한 국민교육헌장에도 잘 나타나 있듯이, 한국의 문교정책은 애국애족하는 국민정신의 함양에 역점을 두어 왔다. 역대 정권 당국은 나라의 융성이 개인의 행복을 위한 바탕이라는 점을 강조하면서 국민 각자에게 국가 건설에 참여하고 봉사할 것을 호소하였다. 민족 독립이라는 공동의 목표를 위하여 모든 한국인이 협동할 것을 역설한 도산의 호소와 일맥상통하는 바 있다고도 볼 수 있을 것이다.

국가와 민족을 앞세운 한국의 문교정책이 국민의 의식 형성에 있어서 전적으로 실패했다고 보기는 어려울 것이나 크게 성공했다고 보기는 더욱 어렵다. 국민의 정신교육을 강조한 이제까지의 문교정책이 막연하고 추상적인 차원의 민족의식 내지 국가의식을 국민에게 심어 주는 데는 어느 정도 성공하였다. 예컨대 우리 민족의 역사적 유산에 자랑을 느끼는 마음 또는 국제적 운동경기에 있어서 우리나라 선수들을 열광적으로 응원하는 따위의 애국심을 심어 주는 일에 있어서는 상당한 성과를 거두었다고 보아도 좋을 것이다. 그러나 한 걸음 더 나아가서 자기 자신의 개인적 불편이나 불이익을 무릅쓰고 국가나 민족의 큰 목적을 위하여 대국적 관점에서 협동하는 국민의식, 즉 소아를 버리고 대아를 취하는 실천적 공동체 의식을 심어 주는 데는 별로 성공하지 못하고 있다.

한국 교육이 강한 공동체 의식을 함양함에 성공하지 못한 첫째 이유는 구심점이 될 수 있는 뚜렷한 공동 목표를 제시하지 못한 데 있을 것이다. 도산의 경우에는 '민족의 독립'이라는 설득력 있는 목표가 온 겨레의 공감을 얻고 구심점이 될 수 있었으나, 해방 이후에는 그것을 대신할 만한 공동 목표를 제시하지 못하였다. 6 · 25 이후에 '반공'을 국민 의식 교육의 중심 개념으로서 내세웠으나, '반공'은 어디까지나 소극적 개념에 불과했고, 6 · 25를 체험하지 않은 젊은 세대에게는 너무나 설득력이 약했다. '민족의 통일'을 공동 목표로서 내세우는 대안이 없었던 것은 아니나, 남한의 통일 논리와 북한의 통일 논리가 너무나 상반되게 대립한 까닭에 이 대안도 절실한 구심점을 마련하기는 어려웠다.

한국 정부의 국민교육이 공동체 의식을 함양함에 실패한 둘째 이유는 역대 정권이 국민 일반의 신뢰와 지지를 충분하게 받지 못했다는 사실에 있을 것이다. 한국의 역대 정권은 부패의 비난과 정통성의 시비 속에서 국민의 신망을 얻는 데 실패했으며, 신망을 잃은 정부가 앞세우는 국가의 목표 또는 그 정부가 주도하는 '정신교육'은 국민에 대한 강한 호소력을 갖지 못하였다.

한국 교육이 강한 공동체 의식을 길러 내지 못한 셋째 이유는 근래 점점 강해져 가는 개인주의적 자아의식과 금전, 권력, 관능적 쾌락 등의 경쟁성 강한 가치를 삶의 최고 목표로서 선택하는 가치관에 있을 것이다. 높은 수준의 개인주의는 대규모의 공동체 의식과 병행할 수도 있으나, 현재 한국에서 우세한 개인주의는 나와 남을 한가지로 존중하는 높은 수준에 이르지 못했을 뿐 아니라, 개인들이 각각 경쟁성 강한 목표를 추구함에 여념이 없는 까닭에, 공동 목표에 구심점을 둔 강력한 '우리 의식'을 나누어 갖기가 어렵다.

한국의 문교 당국과 일선 교사들은 전인교육의 중요성을 이론상으로 알고 있으며 공식적으로는 그것을 강조하기도 한다. 그러나 실제에 있어서는 오로지 지식 교육에만 치중하는 결과를 부르고 있으며, 정신과 육체에 있어서 건전한 인간을 길러 내고자 하는 본래의 목표에는 크게 미치지 못하고 있다. 그리고 이러한 본의 아닌 결과를 부르는 직접적 원인이 대학 입학시험이 차지하는 압도적 비중에 있다는 것은 널리 알려진 사실이다.

시험 준비 교육의 폐단을 극소화하기 위하여 중고등학교의 평준화 정책을 강행하기도 하였으나 큰 효과를 거두지는 못하였다. 이것은 우리 문제의 핵심이 입학시험제도에 있지 않다는 것을 의미한다. 우리 문제의 뿌리는 학생들과 학부모의 가치관에 있으며, 그보다 더 깊은 뿌리는 학력이 지나친 의미를 갖는 우리나라 사회제도의 모순에 있다고 보아야 할 것이다.

도산이 역점을 둔 노작교육 내지 기술 교육의 중요성도 오늘의 문교 당국은 모르는 바 아니다. 그러나 고도의 과학 기술이 아닌 일반적 기술 또는 육체적 노작에 대한 교육은 피교육자들에게 매력이 없는 까닭에, 육체적 훈련을 요구하는 노작교육 내지 기술 교육의 실제도 그리 활발한 편이 아니다. 일반적 기술 교육 내지 육체적 노작교육이 피교육자들에게 매력이 없는 가장 큰 이유는 몸으로 하는 일이 힘은 많이 드는데도 불구하고 경제적으로나 사회적으로나 지나치게 불리한 대우를 받는다는 사회 현실에 있을 것이다.

이상의 고찰을 통하여 우리가 얻는 첫째 결론은 현재 우리 한국이 당면하고 있는 교육의 문제들이 단순히 교육제도의 개선과 교육자들의 태도 변화만으로 해결할 수 있는 교육만의 문제가 아니라는 그것이다. 우리들의 교육이 정상적 궤도에 오르기 위해서는 단순한 교육 관계자들의 힘만으로는 이룩하기 어려운 여러 가지 준비 작업을 동시에 추진해야 할 것이다. 그 준비 작업 가운데는 다음과 같은 것들이 포함된다.

첫째로, 국민 일반에게 국가와 민족을 아끼는 공동체 의식을 확고하게 심어 주기 위해서는 옛날의 '민족의 독립'처럼 구심점의 구실을 할 수 있는 뚜렷한 공동 목표를 부각시켜야 할 것이다. '민족과 국토의 통일'을 먼 공동의 목표로 삼고 그것을 위한 중간 목표로서 '민주 한국'의 청사진을 호소력 있게 그려서 제시하는 것도 하나의 대안이 될 수 있을 것이다.

둘째로, 부패의 비난이나 정통성의 시비에 말려들지 않고 국민 대다수의 지지와 신뢰를 받을 수 있는 민주 정부를 수립하는 일에 정치인과 일반 국민이 진지한 노력을 해야 할 것이다. 이것은 정부가 주도하는 제도 교육과 제도 외적 인간 교육을 성공적으로 이끌어 가기에 필요한 조건이다.

셋째로, 금전과 권력 또는 관능적 쾌락 따위의 외면적이며 경쟁적인 가치를 삶의 최고 목표로 삼는 가치관과, 나 개인만을 자아의 전체로 의식하는 지나친 개인주의를 극복하고자 하는 노력이 광범위하게 이루어져야 할 것이다. 이것은 각자의 이기적 목표를 초월하여 공동의 목표에 협동하는 기풍을 조성하기 위해서 필요한 조건이다.

넷째로, 학력이 높고 정신노동에 종사하는 사람들과 학력이 낮고 육체노동 또는 일반적 기술직에 종사하는 사람들이 받는 경제적, 사회적 대우의 격차가 큰 현재의 사회제도에 대한 근본적 개혁이 있어야 할 것이다. 이것은 입학시험 위주의 지식 교육을 지양하여 전체적 인간 교육을 실시하기에도 필요하고, 각자의 능력에 맞는 여러 가지 기술 교육과 노작교육이 일반의 환영과 보람의 대상이 되기 위해서도 필요한 조건이다.

다섯째로, 도산이 모범을 보여준 바와 같이 솔선수범하는 스승들이 많이 나올 수 있는 교육 풍토가 조성될 수 있도록 광범위한 배려가 있어야 할 것이다. 우수한 자질을 갖춘 사람이 교사라는 직업의 길을 선택하도록 만드는 제도적 배려도 있어야 하고, 학부모들이 교사에게 금품을 제공함으로써 자기 자녀들에 대한 특별한 배려를 유도하는 따위의 풍조를 근절하기 위한 협동적 노력도 있어야 할 것이다. 어차피 교육의 문제는 백 년 앞을 내다보는 장기 계획의 과제일 수밖에 없다.

(1987, 도산사상연구회 세미나)

2장 법을 평가하는 기준의 문제

1.

이승만 정권이 수립된 이후 오늘에 이르기까지 우리 한국은 여러 차례 헌법을 뜯어고쳤다. 근래에도 헌법을 고치는 문제가 다시 거론되어 현행 헌법을 개정하자는 원칙에 여야가 합의했으나, 최고의 행정 책임자를 직접선거로 뽑느냐 또는 간접선거로 뽑느냐 하는 문제에 대한 의견의 대립으로 진통을 겪고 있다.

'개헌(改憲)' 문제를 둘러싸고 한국이 걸어온 길은 매우 중요한 철학적 문제를 제기한다. 법의 정당성을 평가하는 기준이 무엇이냐는 물음이다. 현행 헌법을 고치자는 의견과 그것을 그대로 지키자는 의견이 대립했을 때, 어느 의견이 옳은지를 판정하기 위해서나, 현행 헌법을 고쳐야 한다는 원칙에 합의했을 때 어떻게 고치는 것이 옳으냐를 결정하기 위해서나, 헌법의 정당성 여부를 평가하는 기준이 필요할 것이다. 이 기준은 헌법의 경우에만 필요한 것이 아니라 모든 법에 관해서 일반적으로 요청된다.

법의 정당성을 평가하는 기준의 문제는 옛날부터 논쟁거리가 되어 온 문제들 가운데 하나다. '있는 법'과 '있어야 할 법'을 나누는 구별 자체를 부당하다고 보는 견해도 있었으나, 여러 나라에서 기존의 법은 실제로 그 정당성이 왕왕 문제되었고, 기존의 법의 정당성이 부정되거나 새로운 법의 정당성이 주장되었을 때, 사람들은 법의 정당성을 평가하는 기준이 존재함을 암암리에 전제하였다. 기존의 모든 법을 옳다고 인정할 수 없는 한, 법의 정당성을 평가하는 기준은 사실상 전제되고 있는 것이며, 문제는 그 기준이 객관적 실재성을 가졌느냐 또는 다른 어떤 근거를 가졌느냐 하는 점에 남아 있을 뿐이다.

인간에게 욕구가 존재하는 한 인간은 가치 의식을 갖기 마련이고, 인간이 가치 의식을 버리지 못하는 한 인간의 욕구와 관계를 가진 모든 사물은 평가의 대상이 된다. 법은 인간 생활에 지대한 영향을 가진 것이므로 당연히 평가의 대상이 될 수밖에 없으며, 평가의 대상이 되는 한에 있어서 평가하는 기준의 필요성이 전제된다. 법도 평가의 대상이 되고 있다는 사실에는 의심의 여지가 없으며, 다만 그 평가의 기준이 무엇이냐 하는 문제만이 해결되지 않은 문제로서 남을 뿐이다.

법이 인간 생활에 지대한 영향력을 갖는 것은 그것이 인간의 행위를 규제하는 규범으로서 작용하기 때문이다. 따라서 법의 정당성의 문제는 법이 요구하는 행위의 정당성의 문제로 귀착하며, 법의 정당성을 평가하는 기준과 행위 일반을 평가하는 기준이 결국에 가서 하나로 통일될 수 있으리라는 것을 강력하게 암시한다. 다시 말해서, 윤리학의 근본 문제의 하나인 도덕 판단의 기준의 문제와 법철학이 부딪치는 법의 정당성의 기준의 문제는 많은 점에 있어서 같은 어려움을 안고 있다는 것을 짐작할 수 있다.

현실적으로 존재하는 법의 정당성을 평가하는 기준의 문제에 관해서 오랫동안 많은 철학자들의 지지를 받아 온 고전적 학설 가운데 가장 널리 알려진 것은 자연법설(natural law doctrine)이다. 물질계를 지배하는 자연의 법칙이 존재하듯이 인간의 행위가 따라야 할 법칙도 자연 안에 주어져 있다는 믿음에 근거를 둔 이 학설은 우주가 본래부터 가지고 있는 그 '자연법'이 여러 나라들이 가지고 있는 현실의 법들을 위한 거울이 될 수 있는 이상법(ideal law)이라고 주장한다. 인간의 행위가 따라야 할 법칙과 천체의 운동이나 꿀벌의 생태가 따라야 할 법칙이 내용에 있어서 동일하다고 보기는 어려우나, 물질의 세계를 지배하는 법칙과 마음의 세계를 지배하는 법칙이 같은 뿌리를 가졌다고 자연법론자들은 주장한다. 우주 전체를 이성적 체계로 보고, 같은 이법(理法)의 원리가 인간도 지배하고 인간 이외의 자연도 지배한다는 세계관에 입각한 이 자연법 사상은 고대에서 근세에 이르기까지 법의 절대적 보편성을 믿는 사람들에 의하여 널리 받아들여졌다.

그러나 자연법 사상가들 가운데 아무도 인간의 행위가 따라야 할 규범(norm)으로서의 자연법이 실재한다는 주장을 뒷받침할 만한 근거를 제시하지는 못했다. 자연현상을 지배하는 서술적 법칙(descriptive laws)이라면 같은 현상이 예외 없이 도처에서 반복된다는 사실을 그 경험적 증거로서 제시할 수도 있을 것이나, 인간의 행위가 따라야 할 규범적 법칙(normative laws)의 경우에는 가시적(可視的) 근거를 제시할 길이 없다. 자연계를 지배하는 서술적 법칙을 근거로 삼고 행위가 따라야 할 규범적 법칙을 유추해 내는 방법도 생각할 수 있으나, 자연현상의 종류가 너무나 다양한 까닭에 그것들이 따르는 여러 가지 법칙들로부터 통일된 행위의 규범을 유추해 낸다는 것이 사실상 매우 어렵다.

칸트(I. Kant)는 현상계를 지배하는 인과율의 법칙과 구별되는 이성의 원리가 존재한다고 전제하고, 그 이성의 원리를 법의 정당성을 평가하는 기준으로 삼았다. 이성의 원리에 맞느냐 어긋나느냐에 따라서 법의 정당성 여부를 가릴 수 있다고 보는 칸트의 견해는 큰 테두리에 있어서 자연법 사상과 바탕을 같이한다고 볼 수 있다.

법을 평가하는 기준의 한 대안으로서 공리주의의 원리를 생각할 수가 있다. 국민 전체를 위해서 가장 유익한 결과를 가져오는 법이 정당한 법이라고 보는 견해다. 이 견해는 우리들의 상식에 대한 호소력을 가졌다는 장점을 가지고 있는 반면에, '국민 전체를 위해서 가장 유익하다'는 말이 모호할 뿐 아니라, 법의 시행이 가져올 결과를 측정한다는 것이 사실상 매우 어렵다는 등의 난점을 가지고 있다. 국민 전체를 위해서 법이 존재한다는 관점을 살리되, '국민 전체를 위해서 가장 유익한 결과를 가져오는 법이 정당한 법'이라고 하는 대신, '모든 국민의 권익을 공정하게 옹호하기에 가장 적합한 법이 정당한 법'이라고 규정한다면 공리주의적 견해의 단점을 다소 보완할 수 있을 것이다. 그러나 그렇게 할 경우에는 어떠한 내용을 담은 법체계가 모든 국민의 권익을 공정하게 옹호하기에 가장 적합한 체계냐 하는 어려운 문제가 논쟁거리로서 남을 것이다. '공정하게'라는 가치어(價値語)에 대해서 여러 가지 이견(異見)이 대립할 수 있기 때문이다.

만약에 모든 국민 또는 각계각층을 대표하는 대의원들이 각자의 주장을 자유롭게 전개한 끝에 모두가 찬성하는 법을 제정할 수 있다면, 그 법은 모든 국민의 권익을 공정하게 옹호하는 법이라고 말할 수 있을 것이다. 그러나 모든 국민이 찬동할 수 있는 법안을 만든다는 것은 사실상 불가능에 가까운 일인 까닭에, '모든 국민이 찬동할 수 있느냐 없느냐'를 법의 정당성 평가의 기준으로 삼고자 하는 대안에도 현실적인 어려움이 따른다. 이 어려움을 극복하는 방안으로서 롤즈(J. Rawls)는 '무지의 장막'과 '대표자들의 합리적 사고' 등의 가설을 앞세울 것을 주장한 바 있으나, 모든 당사자가 만장일치로 합의할 수 있는 원리에 도달할 가능성을 충분히 밝혔다고 보기는 어렵다. 다만 입법 대표들이 사리사욕을 초월한 이성자(理性者)의 식견을 가지고 입법에 임한다면, 롤즈의 구상을 따라서 만인이 찬동하는 원리를 발견할 가능성의 문이 열릴 것이다.

2.

위에서 법의 정당성을 평가하는 기준에 관한 서로 다른 견해 몇 가지를 약술한 것은 이 문제에 관한 모든 학설을 망라해 보자는 의도에서가 아니라, 서로 다른 견해임에도 불구하고 그것들 밑바닥에 어떤 공통된 생각이 깔려 있음을 발견할 수 있지 않을까 하는 기대에서였다. 다시 말해서, 법의 정당성을 평가하는 기준에 관해서 서로 다른 여러 가지 견해가 대립해 왔지만, 그들 서로 다른 견해의 바탕에 이성적 사고를 법의 정당성 평가의 기준으로 삼아야 한다는 신념이 공통으로 깔려 있다고 볼 수 있지 않을까 하는 기대를 검토하기 위해서였다.

자연법 사상가들은 우주 만물이 이법(logos)의 지배 아래 있다는 믿음에서 출발하여 인간에게 내재하는 이법(理法)을 이성(理性)으로 보았다. 자연법이란 바로 우주를 지배하는 이법이요, 인간에 내재하는 이성이기도 하다. 그렇다면 경험 사회의 다양한 법들의 정당성을 자연법에 비추어서 평가할 수 있다고 함은, 곧 이성적 판단에 물음으로써 현실적 법의 정당성 여부를 판정할 수 있다는 믿음과 크게 다를 바가 없다. 칸트에 이르러서는 그가 말하는 이성(Vernunft)의 법칙과 자연법론자들이 말하는 이법을 동일한 것으로 볼 수 있느냐는 문제는 있지만, 이성이 도덕과 법을 위한 원리라는 것을 분명하게 말하고 있다.

공리주의자들은 아무도 이성을 앞세우지는 않았다. 그러나 '최대 다수의 최대 행복' 내지 '전체를 위해서 가장 유익한 결과'를 추구함이 바람직하다는 생각 또는 "모든 국민의 권익을 공정하게 옹호해야 한다."는 믿음의 바탕에 합리주의적 사고가 깔려 있음은 부인하기 어렵다. 경험론자들이 존중하는 합리주의적 사고와 합리론자들이 강조하는 이성적 사고를 같은 것으로 보기는 어렵다 하더라도, 그 사이에 어떤 공통된 바탕이 있다는 것은 인정해도 좋을 것이다.

전체 또는 대다수의 찬동을 정당한 법의 기준으로 삼을 수 있다는 발상의 바탕에도 이성적 사고 내지 합리적 사고의 타당성을 믿는 관념이 깔려 있다고 볼 수 있다. 이해관계를 달리하는 여러 사람들이 하나의 길로 의견을 모을 수 있기 위해서는 당사자들의 이성 내지 합리적 사고의 힘이 결정적 구실을 해야 하기 때문이다. 계약론적 정의관에 입각하여 결정 과정의 절차를 중요시한 롤즈가 칸트의 이성주의적 윤리설을 크게 원용한 것은 결코 우연한 일이 아니다.

이 글의 서두에서 언급한 바와 같이, 우리 한국은 1948년에 헌법을 제정하고 나라를 다시 세운 이래 여러 차례 개헌 파동을 겪었고, 지금도 헌법 개정 문제로 심각한 진통을 겪고 있다. 현존하는 법을 물리치고 새로운 법을 세울 때는 항상 현존하는 법과 새로 제정될 법에 대한 평가가 따르기 마련이다. 현존하는 법이 못마땅하다는 평가와 새로 제정될 법이 더욱 바람직하다는 평가가 없이는 법의 개정이란 있을 수 없는 일이다. 그렇다면 그동안 여러 차례의 개헌을 감행하고 지금 또 개헌을 논의하고 있는 우리 한국의 정치가들이 헌법 평가에 적용한 기준은 무엇이었을까?

한국의 정치인들이 개헌을 논의했을 때, 자연법 사상을 배경으로 삼고 기존의 헌법 또는 새로 제정될 헌법을 평가한 흔적은 거의 없다. 공리주의의 척도를 따라서 평가한 흔적도 없으며, 그 밖의 어떠한 철학적 근거에 기대어서 개헌 작업에 임했다는 흔적도 거의 없다. 일국의 정치를 맡은 사람들 또는 헌법을 다루는 사람들이 철학을 외면하고 그 중대한 임무를 수행한 것이다.

지난날의 개헌에 있어서 헌법 평가의 기준이 된 것은 정권의 연장이었다. 정권 연장에 지장이 되는 헌법은 폐기되어야 할 헌법이고, 정권 연장에 힘이 되는 헌법은 바람직한 헌법이었다. 오늘의 개헌 논쟁에 있어서도 근본은 마찬가지다. 여당을 위해서는 정권 연장의 공산이 큰 헌법이 바람직한 헌법이고, 야당을 위해서는 정권 쟁취의 전망이 밝은 헌법이 바람직한 헌법이다.

민주주의를 실현하기 위해서는 정치하는 사람들이 민주주의의 철학을 몸에 익혀야 한다. 헌법을 민주주의 철학의 시각에서 바라보는 태도는 민주주의를 실현하고자 하는 정치가들이 몸에 익혀야 할 태도 가운데서 가장 기본적인 것이다.

(1987, 정신문화연구원 토론회 발제)

3장 한국 철학의 과제

1. 한국에서 철학이 걸어온 길

해방 직후 새로 시작한 우리나라 대학에서 철학을 강의한 사람들은 대부분 일제 치하에서 독일 철학을 공부한 학자들이었다. 그런 연유로 해방 이후의 우리나라 철학은 독일 철학에 중심을 두고 시작한 모양이 되었다. 적어도 약 20여 년 동안은 독일 철학이 압도하는 가운데 한국에서의 철학은 그 초기 단계를 보냈다 하여도 과언이 아니다.

1970년대에 이르러 미국에서 분석철학을 공부하고 돌아온 젊은 학자들의 숫자가 점점 늘어남에 따라서 한국의 철학계에 새로운 바람이 불기 시작했다. 본래는 유럽 대륙에서 싹이 텄으나 영국과 미국으로 건너가서 크게 발전한 분석철학은 독일식 고전철학에 대한 비판이론으로서의 성격이 강했던 까닭에 이제 겨우 독일의 고전철학을 받아들이기 시작한 한국 철학자들에게 그것은 때이른 충격이 아닐 수 없었다.

일본을 거쳐서 들어온 철학이든, 미국에서 직수입한 분석철학이든, 그것들은 모두 서양에 기원을 둔 외래 사상이라는 공통점을 가지고 있었다. 그것은 우리의 것이 아닌 '서양철학'이었다. 여기서 "우리 자신의 것을 찾자!"는 구호를 앞세우고 '동양철학' 또는 '한국 철학'을 지키고자 하는 또 한 가닥의 세력이 고개를 들기 시작했다. 이 셋째 가닥의 대두는 물질만능의 서양문명이 그 심각한 폐단을 드러내기 시작한 시기를 타고 철학을 모르는 사람들로부터도 뜨거운 환영을 받았다.

독일의 관념론을 공부한 사람들이나, 영미의 분석철학을 공부한 사람들이나, 인도의 불교철학을 공부한 사람들이나, 한국의 성리학을 공부한 사람들이나, 그들은 모두 각기 자신이 전공하는 분야의 전적(典籍)을 연구하는 일에 몰두했다는 공통점을 가지고 있었다. 우리나라에는 고대 그리스의 고전과 중세 철학의 고전을 전공하는 학자들도 있으니 결국 동서고금의 모든 전적을 서로 분담해서 연구한다는 결과가 된다. 이것은 철학의 기초를 튼튼히 다진다는 뜻에서 매우 잘된 일이라고 볼 수 있다. 선철들의 연구를 이어받는 것은 철학도들이 해야 할 중요한 임무의 일부다.

한 개인이 동서고금의 모든 탁월한 철학적 저술을 연구한다는 것은 능력의 한계를 넘는 일이므로 여러 사람들이 그것들을 나누어서 전공하는 것은 실천이 가능한 유일한 길이다. 그러나 여러 사람들이 동서고금의 모든 탁월한 철학서를 나누어 연구함으로써 한 천재가 그것들을 모두 연구하는 것과 같은 결과를 얻기는 어렵다. 왜냐하면 한 사람의 천재는 여러 가지 계열의 철학서를 냉정한 마음으로 공정하게 비교 연구할 수가 있을 것이나, 여러 사람들이 나누어서 연구할 경우에는 각각 자신이 연구하고 있는 철학을 옹호하는 경향이 생길 가능성이 높기 때문이다.

우리가 철학의 한 분야를 선택해서 공부를 시작할 때는 이미 그 분야에 대한 선호의 심리가 작용하고 있다. 설령 처음에는 우연하게 어떤 분야에 발을 들여놓았다 하더라도, 그 연구가 밥벌이의 수단이 될 경우에는 그 분야를 옹호하는 심리가 발동하기 쉽다. 독일 철학을 전공하는 사람은 독일 철학이 가장 진리에 가깝다고 주장하기 쉬우며, 영미 철학을 공부하는 사람은 영미 철학이 제일이라고 주장하기 쉽다. 중국 철학으로 밥을 먹는 사람은 중국 철학이 가장 심오하다고 주장하기 쉬우며, 한국의 성리학을 공부하는 사람은 한국 성리학이 한 걸음 앞섰다고 강조하기 쉽다.

자기가 신세를 지고 있는 계열의 철학이 가장 값진 철학이라 함은 다른 철학과의 비교를 전제로 삼고 하는 주장이다. 우열을 비교할 때 나의 것을 높이는 데 그치지 않고 남의 것을 낮추는 경우는 흔히 있는 일이며, 이해도 못하면서 남의 철학을 좋지 않게 말하는 사람들도 있다. 더러는 자기가 이해하기 어렵다는 바로 그 사실을 남이 하는 철학이 보잘것없는 것이라는 평가의 근거로 삼기도 한다. 상황이 여기에 이르면 경쟁심은 학문 발전의 촉진제가 되기보다는 도리어 그 저해 요인으로 작용한다.

선철들의 연구 결과를 분석하고 주석을 다는 것은 철학을 공부하는 사람들이 거쳐야 할 중요한 기초 과정이기는 하나, 그것이 철학의 본령(本領)이라고 보기는 어렵다. 탈레스가 처음 철학을 시작했을 때는 읽어야 할 고전이 없었을 것이며, 소크라테스나 석가모니의 철학도 고전의 분석에서부터 시작하지는 않은 것으로 안다. 철학은 본래 남이 무슨 소리를 했는가가 궁금해서 시작하는 것이기보다는, 우주와 인간 또는 삶에 대한 의문을 풀고자 하는 염원에서 시작하는 것으로 보아야 마땅할 것이다.

우리나라의 철학이 걸음마 단계에 있었던 초기에는 "누구의 철학을 전공하십니까?" 하는 물음이 철학하는 사람에게 던져지는 가장 흔한 질문이었다. 이러한 물음은 매우 자연스러운 물음이었고, 따라서 "나는 칸트를 전공합니다." 또는 "하이데거가 내 전공입니다." 하며 자랑스럽게 대답하는 것도 매우 자연스러운 일이었다. 그러나 이러한 단계는 머지않아서 벗어나게 되었고, 그 다음에는 '독일 철학을 전공하는 사람', '영미 철학의 전문가' 하는 식으로 학문의 시야가 다소 넓어졌다.

1980년대 초반부터 학자 중심의 철학을 벗어나서 문제 중심의 철학을 해야 한다는 반성이 철학계 일각에서 일어나기 시작했다. '한국철학회'나 '철학연구회'의 연구 발표회 때 그전에는 일정한 주제 없이 각자가 개별적으로 연구하는 것을 따로따로 발표하는 것이 고작이었고 토론다운 토론도 없었으나, 하나의 공통된 주제를 내걸고 같은 문제를 여러 각도에서 접근하는 새로운 경향이 생긴 것도 이때부터이다. 예컨대 '자유' 또는 '사회정의'의 문제를 공동의 주제로 삼고 함께 토론하는 기회를 마련하기도 하였다. 그럴 경우에도 토론에 참가한 사람들은 자신의 목소리로 어떤 주장을 내세우기보다는 저명한 외국 철학자들의 주장을 앞세우는 종전의 방식을 벗어나지는 못하였다. 그러나 남의 주장을 논평하기도 하고 비교하기도 하는 가운데 제한된 범위에서나마 자기의 목소리를 섞기 시작하였다.

1970년대 후반에 한국철학회는 철학의 전문성을 심화하기 위하여 분과회를 조직하였다. 논리학 분과회, 윤리학 분과회, 사회철학 분과회, 분석철학 분과회, 한국철학 분과회 등이 조직되어 각기 분과 활동을 시작하였다. 이 분과회들 가운데는 그 뒤에 독립을 선언하고 현상학회, 분석철학회, 한국철학회 등으로 이름을 바꾸고 활발하게 학회 활동을 계속하는 단체도 생기게 되었다.

철학의 여러 분야가 각각 그 전문성을 심화하게 된 것은 학문의 발달을 위해서 크게 바람직한 일이다. 그러나 분야별 전문성의 심화만으로는 부족하다. 여러 분과의 철학자들이 다시 모여서 '전일(全一)의 학'으로서의 '철학'으로 다시 돌아올 필요가 있다. 옛날의 위대한 철학자들이 그랬듯이 한 개인이 철학의 모든 분야에 통달함으로써 전일의 학으로서의 철학 체계를 수립하기는 사실상 어려운 실정이므로, 여러 분야의 철학자들이 상호 보완함으로써 전일의 학으로서의 철학으로 되돌아올 필요가 있는 것이다.

여러 분과의 철학자들이 상호 보완하여 전일의 학을 이룩하기 위해서는 전공을 달리하는 철학자들 사이의 대화가 성공적으로 이루어져야 한다. 그러나 우리 한국의 철학계는 이 점에 관해서 크게 미흡한 단계에 머물러 있다. 특히 동양철학과 서양철학 사이의 대화가 원활하지 못하며, 관념적 철학과 경험적 철학 사이의 대화에도 어려움이 남아 있다.

2. 앞으로 우리가 해야 할 일들

이 세상에서 처음 철학을 시작한 사람들은 그들이 일상생활에서 부딪친 생생한 문제에 대답하기 위해서 그것을 시작했을 것이다. 우주 자연의 신비를 탐구하기 위하여, 또는 삶의 물음에 대답하기 위하여 철학에 해당하는 사색을 시작했을 것이다. 그러나 세월이 흘러가는 사이에 '철학'이라는 전문 영역이 생겼고, 이 전문 영역이 문화 안에서 중요한 자리를 차지하게 되었으며, 이 영역에 종사함을 직업으로 삼는 전문가들이 나타나게 되었을 것이다. 그렇다면 철학자들은 두 가지의 임무를 가지는 형편에 이르렀다고 보아야 한다. 즉 오늘의 철학자들은 그들과 그들의 사회가 부딪치는 현실적 문제들을 푸는 일에 무엇인가 기여하는 바가 있어야 할 것이며, 나아가서 '철학'이라는 학문의 발전을 위해서도 무엇인가를 보태는 바가 있어야 할 것이다.

한국에서 오늘날 '철학자'로 알려진 사람들은 그 대부분이 대학 강단에서 철학을 가르치고 있거나 가르치기를 원하는 사람들이다. 대학에서 철학을 강의하는 직업인으로서 우선적으로 해야 할 일은 철학에 대한 지식을 쌓는 일이다. 다시 말하면, 대학 강단에 서기 위해서는 선철들의 고전에 담긴 학설에 익숙해야 하며, 현대의 선진국 철학자들의 연구 업적에 대한 정보와 이해가 앞서야 한다. 그러므로 대학의 철학과를 지망하던 당시에는 자기 자신이 생활 속에서 부딪친 의문 또는 문제와 대결하고자 하는 의도를 가졌던 젊은이도 철학을 공부하는 가운데 그 공부를 밥벌이의 수단으로 활용하지 않을 수 없는 현실적 요구에 부딪치게 되면, 삶의 현실 속에서 만나는 철학적 문제와의 대결은 잠시 뒤로 미루고, 우선 선철들의 고전 또는 현대 선진국 철학자들의 연구 업적을 읽고 이해하는 일에 몰두해야 한다. 우리 한국과 같이 철학이 뒤떨어진 나라의 경우에는 선철들의 고전을 연구하고 현대 선진국의 업적을 살피는 일만으로도 힘에 벅차다. 결과적으로 '잠시'라고 생각하며 뒤로 미루었던 자기 자신의 현실적 철학 문제로 되돌아오기가 사실상 어렵게 된다.

그러나 다른 나라 사람들이 써놓은 저술의 연구에만 파묻혀 있게 되면, 책 속에 사는 학자로서 부딪치는 문제에 대한 해답을 얻을 수는 있을 것이나, 학자 이전의 한 인간으로서 부딪치는 철학적인 물음은 외면하는 결과에 이르고 말 공산이 크다. 만약 한국의 모든 철학자들이 책 속에 사는 학자로서의 문제에만 골몰하고 한 인간으로서 부딪치는 문제를 외면하게 된다면, 철학자들의 발언은 철학자들 내부에서만 오가는 말이 될 것이며, 철학자들과 일반 생활인과의 대화의 길은 끊어질 것이다.

연구실 밖의 세상일은 모르고 오로지 연구실 속의 학문에만 몰두하는 철학자의 존재를 과소평가해서는 안 될 것이다. 우리 사회는 그런 순수한 학자도 필요로 한다. 그러나 철학이라는 학문에 대해서, 그것이 단순히 철학자들의 것으로 그치지 않고, 한 시대 또는 한 사회를 위해서 무엇인가를 밝혀주는 구실까지도 맡아 주기를 기대하는 철학 밖으로부터의 여망에 부응하는 철학자들도 조만간 나와야 한다고 생각된다.

철학자들의 모임은 수석회(壽石會)나 낚시 동호회와는 성질이 다르다. 수석회나 낚시 동호회의 회원들은 자기들끼리만 놀아도 좋지만, 철학자들은 자기들끼리만 이야기를 나누는 것만으로는 부족하다. '낚시꾼의 시대적 사명'이라는 말은 어색하지만, '철학자의 시대적 사명'이라는 말은 별로 어색하게 느껴지지 않는다는 사실은 무엇인가 암시하는 바가 있다고 필자는 믿는다.

우주 자연과 인간의 삶의 문제를 모두 철학이 맡아서 단독의 힘으로 해결할 수 있다고 믿는 사람은 없을 것이다. 그러나 우주 자연과 인간의 삶의 문제를 해결하고자 하는 인간 사회의 공동 노력 가운데서 철학자들이 담당해야 할 중요한 몫이 있다는 사실을 의심하는 사람도 없을 것이다. 인간이 모여서 어울려 살기 마련인 사회적 존재라는 사실은 인간이 생활 속에서 부딪치는 문제의 많은 부분에 '공동의 과제'로서의 성격을 부여하였다. 인간이 부딪치는 공동의 과제 가운데는 정치, 경제, 교육, 문화 등 여러 분야에서 일어나는 심각한 문제들이 있으며 이러한 문제들을 해결함에 있어서 매우 중요한 일의 하나는 문제들이 놓인 상황과 그 문제들 자체의 성격을 거시적 안목과 치밀한 분석을 통하여 심도 있게 파악하는 일이다. 그리고 문제의 상황을 모든 시각에서 두루 파악하는 동시에, 날카로운 분석으로 깊이 통찰함으로써 그 문제의 정확한 모습을 파악하고, 나아가서 그 문제에 포함된 실천적 요구를 위해서 해답의 방향을 제시하는 일은 철학자들의 임무임에 틀림이 없다.

옛날의 선철들이 남겨 준 고전 속에서 오늘의 우리 한국이 당면한 문제를 해결함에 도움이 되는 가르침을 찾아낼 수 있으리라는 것을 부인하자는 것은 아니다. 우리는 공자의 말씀 또는 소크라테스의 명언 속에서 오늘을 사는 지혜를 찾아볼 수 있을 것이다. 그러나 『논어』나 『소크라테스의 변명』을 무수하게 거듭 읽어도 그것만으로는 한국의 현실이 안고 있는 문제를 해결해 줄 지혜는 떠오르지 않을 것이다. 우리들의 사회적 현실에 대해서도 깊고 넓은 통찰이 있어야 할 것이며, 이 현실에 비추어서 공자나 소크라테스의 사상을 다시 조명할 때 선철들의 사상 가운데서 우리들을 위한 실천적 지혜가 될 수 있는 원리가 무엇인가를 찾아볼 수 있을 것이다.

한 사회가 안고 있는 실천의 문제들 가운데서 가장 심각한 것은 사람들 사이의 갈등의 문제이며, 그 갈등의 양상은 그 사회가 처해 있는 여러 가지 여건과 그 사회를 구성하는 사람들의 의식구조 내지 생활 태도에 따라서 결정된다. 그러므로 여러 시대의 여러 사회가 풀어야 할 갈등의 문제는 각 사회의 여건과 그 구성원의 특수성에 따라서 서로 다르다. 사회적 갈등이 해결을 요구하는 문제 상황이라고 전제할 때 바람직한 사회를 위한 보편적 원리가 존재한다 하더라도 특정한 사회가 안고 있는 문제의 진단과 처방은 그 사회의 특수성에 따라서 다소간 차이가 있을 수밖에 없다.

실천철학에 있어서도 보편성을 가진 원리를 발견하는 것이 우리들의 이상이다. 이제까지 제시된 실천철학의 원리들 가운데서 보편타당성을 가진 것이 있느냐 없느냐 하는 것은 논의의 여지가 있는 문제다. 만약 보편성을 가진 실천의 원리가 아직 제시된 바 없다면, 그런 원리의 발견이 가능한가의 여부를 규명하는 문제가 앞으로의 일거리로서 남아 있을 가능성이 있다. 만약 그러한 원리의 발견 내지 제시의 가능성은 밝혀졌으나 실제로는 아직 발견되지도 제시되지도 않았다면, 그것을 발견 내지 제시하는 일이 앞으로 우리에게 남은 문제가 될 것이다. 이러한 남은 문제들은 우리 한국의 철학도에게도 열려 있다고 보아야 하며, 외국의 학자들에게만 일임해 두었다가 그들이 어떤 대답을 내놓았을 때, 그 대답의 학설에 대해서 논평을 가하고 각주를 다는 것이 우리 한국 철학자들의 임무라고 단정할 이유는 없을 것으로 생각한다.

보편타당성을 가진 실천의 원리가 이미 제시된 바 있다 하더라도, 우리 한국의 철학자들에게 남은 문제는 그 영원한 원리에 대해서 각주를 다는 일에만 국한되지 않을 것이다. 그 원리를 우리 한국의 현실에 응용하는 문제도 각주를 다는 일보다는 중요한 일이며, 이 일에 대해서는 한국의 철학자들이 매우 유리한 위치에 있다고 보아야 한다. 실천철학의 일반 원리를 특정한 사회에 적용할 경우에 깊이 고려해야 할 것이 그 사회의 전통과 현황(現況)이며, 한국의 전통과 한국의 현황을 이해함에 관한 한 한국인이 유리한 위치에 놓여 있기 때문이다.

위에서 실천철학에 관하여 말한 바는 이론철학에 관해서도 어느 정도 타당성을 가질 것이다. 이론철학의 분야 안에서도 아직 풀리지 않은 인식론 또는 형이상학의 문제는 적지 않다. 이러한 문제들이 해결 가능한 문제인가, 또는 해결이 불가능한 문제인가를 밝히는 일에 한국의 철학자가 도전한다 해도 이상할 것은 없다. 해결이 가능한 문제로 여겨지면서도 아직 해결이 안 된 문제들에 대해서도 한국의 철학자들이 직접 도전할 수 있는 날이 빨리 와야 한다고 생각한다. 한국의 철학도 이제는 그 연륜이 깊어 가고 있으며, 철학자들의 질과 양도 근자에 크게 향상되었다. 서두른다고 될 일은 아니지만, 언제까지나 각주를 전담하는 후진국으로서 만족한다면, 앞으로도 큰 발전을 기대하기는 어려울 것이다.

3. 한국 철학의 새로운 지평

지금 우리나라 철학계는 '동양철학'을 전공하는 사람들과 '서양철학'을 전공하는 사람들로 크게 나누어진다. 두 진영의 철학자들이 한자리에 모여서 세미나를 열기도 하고, 두 진영의 논문들이 한 권의 잡지에 실리기도 하지만, 두 진영 사이의 내면적 교류는 지극히 미미한 단계에 머물러 있다. 동양철학과 서양철학은 본래 그 기본 개념이 다르고 방법도 다르므로 각각 독자의 길을 갈 수밖에 없다는 생각을 가진 사람들도 있는 것으로 보인다.

동양철학과 서양철학이 각각 독자의 길을 걷는 동안, 우리나라의 철학이 국제적 수준에 도달하기는 좀처럼 어려울 것이다. 학문 가운데서도 특히 장구한 역사를 가진 철학은 유구한 문화 전통을 밑거름으로 삼고 성장한다. 그러므로 이른바 서양철학에 관한 한 서양에서 출생하여 서양의 문화 전통 속에서 자란 서양 사람들이 우리보다 월등하게 유리한 기반 위에 서 있다고 보아야 한다. 이러한 여건을 고려할 때, 한국에서 출생하여 한국에서 성장한 우리가 저 서양철학에만 몰두하여 서양철학으로 서양 선진국의 수준에 오르기는 어려울 것으로 예상된다.

여기서 우리는 동양철학에 주력함으로써 우리나라 철학의 위상을 높이는 길을 생각하게 된다. 그러나 이때의 동양철학 내지 한국 철학은 선철들의 업적으로서 남아 있는 고전을 중심으로 이루어질 수밖에 없을 것이며, 고전의 해석 내지 주석을 내용으로 삼는 동양철학 내지 한국 철학은 우리 조상들이 탁월한 철학을 가졌다는 사실을 밝힐 수는 있을지 모르나, 현대의 한국에 탁월한 철학이 있음을 밝히는 길이 되기는 어려울 것이다.

이에 우리가 세 번째로 생각하게 되는 것은 동양의 철학과 서양의 철학을 어떤 형태로든 융화시킴으로써 우리나라 철학의 새로운 지평을 열 수 없을까 하는 가설이다. 이 경우에 고욤나무 바탕에 감나무 가지를 접목시키는 것과 같은 시도는 성공하기 어려울 것으로 보인다. 동양의 철학과 서양의 철학을 융화시키는 길이 가능하다면, 그것은 동양의 철학 내지 사상도 알고 서양의 철학 내지 사상도 아는 사람들의 마음속에서 잉태하여 어떤 진통을 겪고 새로이 탄생할 수밖에 없을 것이다.

가장 바람직한 것은 어학의 재능이 특출할 뿐 아니라 창조의 재능까지도 겸비한 사람들이 다수 있어서, 동서고금의 철학 원전을 독파함으로써 얻은 지식과 지혜를 도구로 삼고, 오늘의 현실 속에서 부딪치는 문제들에 대한 해답을 탐구하는 가운데 철학의 새로운 지평을 여는 일일 것이다. 그러나 어학의 재능과 창조의 재능을 아울러 갖기는 어려운 일이며, 어학의 재능이 특출한 사람이라 하더라도 서양의 여러 나라 말과 동양의 한문과 산스크리트에 모두 통달한다는 것은 결코 쉬운 일이 아니다. 설혹 그것이 가능하다 하더라도 그토록 여러 가지 언어를 배우기까지에 너무 많은 세월을 보내는 결과를 피하기 어려운 것이다.

대안으로서 생각할 수 있는 길은 분업과 협동을 통해서 철학의 새로운 지평을 개척하는 방안이다. 즉 동양의 고전을 독파한 사람들과 서양의 고전을 독파한 사람들이 서로의 지식을 교환함으로써 각자의 부족한 점을 보완하는 방안이다. 이 길이 가능하기 위해서는 동양의 고전을 읽은 사람들과 서양의 고전을 읽은 사람들 사이의 의사소통이 원활해야 할 것이다. 다시 말하면, 동양의 고전과 서양의 고전에 사용된 술어를 모두 현대의 우리말로 옮겨놓는 일에 최선을 다해야 하며, 특히 중요한 고전들은 우리의 현대어로 번역하는 작업도 추진해야 할 것이다.

불교 철학이나 유학에서 사용되고 있는 개념들은 특수한 뜻을 가진 것이므로 그 어원(語源)을 그대로 쓰지 않고서는 원전의 뜻을 제대로 전할 수가 없다고 말하는 사람도 있다. 그러나 고대의 그리스 철학의 원전들도 현대의 우리말로 옮기는 시도가 이루어지고 있음을 상기할 때, 동양의 옛말에 해당하는 현대의 동양어를 찾아볼 수 없다고 미리 못을 박을 필요는 없을 것으로 보인다.

동양철학과 서양철학은 본래 그 기본 가정이 다른 까닭에 두 가지를 하나로 융화시키는 것이 과연 가능하겠느냐 하는 의문도 제기할 수가 있다. 충분한 시도가 있기 전에는 이 의문에 대해서 어떤 확실한 말을 하기는 어려울 것이다. 성질이 크게 다른 두 계열의 사상을 함부로 연결시킬 때 터무니없는 오류를 범할 수 있다는 위험성에 대해서도 충분히 경계해야 할 것이다. 그러나 철학이 어떤 보편적 원리의 발견을 궁극의 목적으로 삼는 것이라면, 모든 가치 있는 철학 사상은 어디에서인가 서로 만나는 자리가 있을 것이라는 희망을 가져도 좋을 것이다.

형이상학이나 인식론의 분야에서 동양의 철학과 서양의 철학이 어디서 어떻게 만날 수 있을지에 대해서 어떤 직관적 예상을 말하기는 어려울 것으로 보인다. 그러나 불교 철학, 유학 또는 노장 철학 속에 담겨 있는 윤리학적 지혜 가운데는 이른바 서양철학에 종사하는 사람들에게도 공감을 불러일으키는 것들이 적지 않다는 사실을 우리는 과소평가해서는 안 될 것이다. 그리고 아무도 자기가 현재 신봉하고 있는 철학설이 완전무결하다고 장담할 수 없는 이상, 자기의 것과 반대의 견지를 취하는 학설로부터도 무엇인가를 배울 수 있다는 사실에도 주목해야 할 것이다.

우리가 동서의 선철들의 저술을 벗어나서 생활 속에서 부딪치는 문제와 직접 대결함으로써 우리나라 철학의 새로운 지평을 열게 된다면 한국 철학이라는 개념의 외연이 확대되는 결과가 따르게 될 것이다. 이제까지는 한국 철학이라는 말이 지시하는 바는 원효와 지눌, 퇴계와 율곡 등 우리나라 선철들의 사상과, 그들의 사상에 대한 해설과 주석 또는 조명 등에 국한되었으며, 따라서 한국 철학의 핵심은 전통의 계승과 불가분의 관계를 가진 무엇으로서 이해될 수밖에 없었다. 그러나 책 속에서 발견되는 문제뿐 아니라 생활 속에서 부딪치는 문제로도 시선을 돌림으로써 우리들의 철학적 지평이 확대되는 날에는 한국 철학의 범위도 따라서 크게 넓어질 것이다.

비록 한국의 국적을 가진 철학자의 논문이라 하더라도 그것이 외국 철학자의 학설을 소개하거나 그것에 주석을 다는 데 그친다면, 그의 논문을 한국 철학 논문이라고 부르기는 어려울 것이다. 그러나 외국에 가서 이른바 서양철학을 공부하고 돌아온 한국의 학자가 자기 자신의 문제의식을 가지고 어떤 창의적 연구 업적을 쌓는다면, 비록 그의 연구에 서양철학의 영향이 역연하다 하더라도, 그의 업적은 서양철학이 아닌 한국 철학의 업적으로서 분류되어야 마땅할 것이다. 우리가 퇴계의 업적을 중국 철학으로 분류하지 않고 한국 철학으로 대접하는 것과 같은 논리가 현대 한국인의 업적에 대해서 적용되지 못할 이유는 없다.

앞으로 한국인 철학자들의 붓이나 입을 통하여 발표되는 이론 또는 사상을 한국 철학이라고 불러도 별로 어색하지 않게 들릴 때, 그때가 우리나라 철학이 국제 수준에 도달하는 날이라고 보아도 좋을 것이다. 그러나 한국인의 철학이 국제 수준에 도달하게 되거나 그를 능가하여 세계 철학의 일익을 담당하게 되는 날에는 굳이 한국 철학이 여기 있노라고 소리칠 필요가 없게 될 것이며, 한국 철학이라는 말의 사용빈도도 자연히 줄어들게 될 것이다. "옛날 한국의 고유한 철학이 있었는가?" 그것이 가장 중요한 문제는 아니다. "오늘의 한국에 철학이 있는가, 없는가?" 이것이 우리에게 더욱 절실한 문제다.

(1990, 한국철학자연합 학술대회)

편　　집 : 우송 김태길 전집 간행위원회

간행위원 : 이명현(위원장), 고봉진, 길희성, 김광수, 김도식,
김상배, 김영진, 박영식, 손봉호, 송상용, 신영무,
엄정식, 오병남, 이삼열, 이영호, 이태수, 이한구,
정대현, 황경식

우송 김태길 전집

철학 그리고 현실
우리 현실 무엇이 문제인가

지은이　김태길

1판 1쇄 인쇄　2010년 5월 20일
1판 1쇄 발행　2010년 5월 25일

발행처　철학과현실사
발행인　전춘호

등록번호　제1-583호
등록일자　1987년 12월 15일

서울특별시 종로구 동숭동 1-45
전화번호 579-5908
팩시밀리 572-2830

ISBN 978-89-7775-719-6　94100
978-89-7775-706-6 (전15권)
값 20,000원

●잘못된 책은 교환해 드립니다.